NAOMI OSAKA

NAOMI OSAKA

大坂直美

大坂なおみ

觸地有聲的非凡旅程

NAOMI OSAKA

Her Journey to Finding Her Power and Her Voice

Ben Rothenberg

班・羅森柏格——著　蔡心語——譯

方舟文化

獻給我的爸爸，感謝他滿懷著愛與熱情，
不遠千里參加運動賽事，
開啟了這顆網球在全世界滾動的旅程。

目次

引言

出類拔萃，無人能及

Like No One Ever Was

我第一次見到大坂直美（Naomi Osaka）時，她的世界排名是第一百二十七位。當時她年僅十八歲，還沒有在巡迴賽中打過完整的賽季，也不曾在任何職業公開賽獲勝。儘管她在媒體上沒沒無聞，我依然堅信讀者應該認識這號人物。

我於二〇一六年第五度為《紐約時報》（*The New York Times*）報導澳洲網球公開賽（Australian Open，簡稱澳網），憑藉多年網球新聞報導經驗，我已練就一雙慧眼，知道媒體喜歡什麼題材。《紐約時報》最好的報導不是照本宣科的比賽摘要，而是引起廣大讀者興趣的故事——透過網球和球員探討更廣泛的社會、文化主題與議題。

根據我對大坂直美的了解，她似乎是完美人選。身為海地（Haiti）與日本混血的美國人，她的出身橫跨多個文化圈。她在球場上代表出生地日本出賽，但不論從外貌或不擅長說日語兩方面來看，她似乎都不符合傳統上純日本人的狹隘定義。在墨爾本（Melbourne）參賽時，蜂擁而上的日本記者連珠炮般的提問，令她倍感壓力。日本是全球種族最單一的國家之一，在許多人看來，「日－X」（X代表另外的國家）混血當中的連字號就像減號，彷彿意味著該出身就等於不完整。混血日本人被稱為「ハーフ」（Hafu），源自英文的「half」（一半或不完整）。

事實上，直美的外貌常令人困惑，他們認為日本球員不可能或不應該出現這種長相。「從小我只要走進球場，人們就會盯著我看並交頭接耳：『她就是那個黑人日本女孩。』」直美長大後表示：「他們不知道該把我歸在哪一類。」因此，當她在墨爾本首次參加會內賽時，看到看台上的日本球迷把她當成自己人一樣支持，令她非常振奮。「我總覺得，他們知道我是日本人時都很意外。」她在贏得第二輪比賽後說：「所以，看到日本國旗和象徵日本的東西，我真的很感動。」

此外，直美也贏得了墨爾本球迷的歡呼，這讓她覺得自己可能有某種海內外通吃的吸引力。「也許是因為他們無法明確定義我的身分。」她曾經這麼說：「所以情況變得像是任何人都可以為我歡呼。」在澳洲網球公開賽中，她確實為球迷締造很多值得歡呼的精彩片段，她以強勁的擊球贏得五場比賽，三場是資格賽，兩場是會內賽，成功打進第三輪。她的部分球技仍處於磨練期，還沒有達到爐火純青的境界，但她已經具備成為明日之星的所有要素。

多年來，我聽慣了球員以陳腔濫調偽裝自己，直美進入網壇後，我發現她的坦率和強勁的球技一樣引人注目。公開賽通常設有休息室，球員、教練、家長、經紀人、隨行人員與球迷等都在裡面焦急地等待比賽開始，並偷偷觀察對手。當我和直美在休息室面對面坐著進行採訪時，她表明自己還不太習慣成為眾所矚目的焦點，更不用提出現在偶像塞雷娜．威廉絲（Serena Williams，俗稱小威廉絲）面前。直美先前便在公開賽中看到過小威廉絲，她告訴我當時她竭力隱藏自己。「我假裝自己不存在。」她說：「我縮在角落裡，假裝滑手機，因為我害羞得不敢現身。」

直美幾年前與小威廉絲有過一次珍貴的合照，她告訴我，現在她們共用更衣室，這只讓她更加害羞。「我覺得我永遠無法擺脫這個情況。」她說：「因為我覺得，一旦你被當成球迷介紹給某個人，對方就再也不會平等地看待你。」

雖然直美承認自己在偶像面前羞怯不已，但談到球場上的表現和未來的發展，她立刻充滿自信，前後高度反差的態度令我深深著迷。當我問到對職業生涯有哪些期盼和夢想時，直美停頓一下，然後咯咯笑起來。「『宇宙無敵，無人能及』*。」她高聲宣布，然後自豪地露出笑容。我沒聽懂這個玩笑，她向我道歉：「不好意思，這是《寶可夢》（ポケモン）的句子。」她說：「出自《寶可夢》的主題曲。不過，沒錯，我要成為頂尖高手，盡我所能向前邁進。」

⋯⋯⋯⋯

大坂直美發下豪語，但終將兌現《寶可夢》的承諾。三年後，她在離我們那天坐的地方不遠的球場上贏得澳網冠軍，並榮登世界女子單打排名第一的寶座，成為史上第一位登峰造極的亞洲網球選手。幾個月前，她也贏得美國網球公開賽（U.S. Open，簡稱美網）冠軍；幾年後，她再次贏得這兩項冠軍，大滿貫單打冠軍數多了一倍，增加到四個。她的魅力橫掃美國和日本兩大市場，二十二歲就獲得豐厚的代言費，成為史上收入最高的女運動員，年收入達到令人驚訝的五千萬美元。日本奧會指定大坂直美在二〇二〇年東京奧運開幕式上點燃聖火，她是史上第一位獲此殊榮的網球選手。

然而，《寶可夢》誓言的「無人能及」才是她人生輝煌的巔峰，她的發展遠比任何人預料的都要偉大和強大。大坂直美不僅贏得比賽，也為「冠軍」一詞賦予全新定義，造成的迴響遠遠超出網球場範圍。在她還是嬰兒時期，

* "Be the very best, like no one ever was.", Jason Paige(1999), *Pokémon Theme*.

父母便已為她選定將來從事網球運動，事實證明，大坂直美將在網球領域中開創個人專屬的全新境界。她在墨爾本向我展現混合了自信與自我懷疑的面貌，這樣的特質將吸引全球目光，並對勝利與失敗、掌控與脆弱的核心概念發起挑戰。曾經，大坂直美因過度緊張不敢直視偶像小威廉絲；短短幾年後，卻在史上最激烈的網球比賽中戰勝對方，成為全球超級巨星。然而，大坂直美卻無法面對賽後記者會，她向外界坦承為此掙扎不已，從而成為全球關注的話題。

大坂直美之所以為一個世代的代表性人物，原因與她的網球佳績愈來愈無關。她的名字成為人們討論種族、性別、心理健康、社會運動、多元文化主義、政治、商業和世代交替的跳板。沒有哪位公眾人物像她一樣站在這些議題的交會點，在融合運動和文化的道路上造成如此深遠的影響。

為了成為無人能及的頂尖高手，大坂直美必須在震耳欲聾的喧鬧和毛骨悚然的寂靜中獲得勝利。她勇於挑戰世人不敢觸碰的議題，除了憑藉網球戰績獲得運動方面的榮譽，也將因為下列事蹟贏得全面讚譽——在世界舞台上分享心路歷程與掙扎、找到自己的力量和聲音，並迫使變遷中的文化重新思考在運動界與全世界的範疇內，強與弱之可能及應該具備的樣貌。

這就是她的故事。

01 天堂

Paradise

印地安泉網球花園（Indian Wells Tennis Garden）周邊掛著許多「歡迎來到網球天堂」的橫幅，圖案採用柔和的西班牙粉色和明亮的奶黃色，以確保每位遊客都能獲得更高境界的享受。

印地安泉（Indian Wells）是加州（California）沙漠的小型度假社區，位於棕櫚泉（Palm Springs）東南方，主辦一年一度的網球公開賽。如今它已是全球規模僅次於四項大滿貫賽事（Grand Slam）*的比賽，為期兩週的公開賽吸引了世界級頂尖選手前來參加，搭配完美天氣及超過九百萬美元獎金的雙重承諾。

自從甲骨文軟體公司（Oracle）創始人兼億萬富翁賴瑞・艾里森（Larry Ellison）於二〇〇九年買下這項賽事，網球天堂的極致享受便要價不菲，對顧客來說是一大負擔。場內最貴的套票高達一萬三千美元，在俯瞰二號球場的諾布餐廳（Nobu）裡，龍蝦沙拉配烤蘑菇的價格為六十五美元，炙燒 A5 和牛牛排每盎司三十八美元，低消規定是四盎司。這兩道菜都可以搭配每杯三百五十美元的人頭馬路易十三千邑香檳（Rémy Martin Louis XIII Grande Champagne），風味令人讚不絕口。

* 譯註：即澳洲、法國、溫布頓及美國公開賽。

每年三月，成千上萬的人或從洛杉磯（Los Angeles）開車過來，或從北美寒冷地區搭機湧入當地，只為了在澄藍到無需濾鏡的天空，以及連綿山峰與整排棕櫚樹的襯托下到處精心擺拍、上傳ＩＧ。對他們來說，為了讓別人滑到自己的頁面時羨慕個幾秒鐘，這些代價不算什麼。在印地安泉，無論你的視線投向何方，都有標語或風景提醒你這裡就是天堂，從遠處看，你的人生完美無瑕。

⋯⋯⋯⋯⋯⋯

人們很容易忘記，來印地安泉的還有另外一種人，不是為了吃喝玩樂和炫耀，而是觀看網球比賽。這裡除了幾座大型運動場館吸引著運動愛好者，它也是熱情網球迷的朝聖之地，他們希望在練習場上近距離觀看網壇巨星的一舉一動。只要花二十美元買到一張通行證，事先規劃好的球迷就能在愜意而私密的環境中找到一個位置，觀看喜歡的球員進行熱身運動。對那些最熱情、最放得開的球迷來說，若能巧妙地將座位安排在球場出入口附近，說不定還有機會可以獲得簽名和合照——只要徵得球員同意即可。

二〇二二年三月十二日星期六，二十四歲的網球選手大坂直美被安排在下午五點於一號練習場進行賽前練習。直美這麼晚練習，是因為她的上場時間很晚。她第二輪賽事的對手是俄羅斯的維若妮卡·庫德梅托娃（Veronika Kudermetova），被排在週六晚間第二場，已經有點脫離印地安泉的黃金時段，但對於日本觀眾來說，卻是週日下午看球賽的好時間。

一號練習場周圍有幾百個看台座位；在大坂直美預定抵達的幾分鐘前，現場已座無虛席。有一排人只能站在後排座位後方的側邊空間，視線越過坐著的觀眾。不久，第一排站立的人後面出現第二排，接著很快出現第三排，他們雖然被一、二排擋住，仍努力踮起腳尖，到處尋找縫隙，盼望有機會一睹這位四屆大滿貫冠軍的廬山真面目。

時針和分針剛過下午五點，直美的名字和臉龐出現在球場邊的電子看板上，卻不見本尊的身影。「她來了沒？」五點零六分，有個小男孩問道。五點十分，孩子們愈來愈焦急，他們都拿著特大號網球，準備蒐集選手的簽名。「也許她想晚點出來，到時一上場就會得到更熱烈的歡迎。」一位男士發表看法。五點二十分左右，那些背對球場朝選手中庭張望的人終於看到直美現身，但她和團隊沒有左轉進入一號練習場，而是直接穿過場地，前往空無一人的七號練習場。一號練習場的觀眾群中只有少數人發現直美繞去了別處；他們悄悄離開，以防人群爭先恐後，否則他們在更小、更隱蔽的球場就很難搶到最佳位置了。

直美帶著團隊抵達七號練習場，其中包括擔任教練長達兩年半的四十一歲比利時人維姆．菲塞特（Wim Fissette）、力量與體能教練中村豐（中村豊）、物理治療師茂木奈津子（娜娜），以及年輕的比利時練球搭檔塞佩．庫柏斯（Seppe Cuypers）。直美穿著一身黑，這是她最喜歡的顏色。腳上是及膝黑色緊身褲，上身則是黑色運動衫，衣服上唯一的圖案是三個主要贊助商的白色商標：耐吉（NIKE）、軟體公司工作日（Workday）和美容品牌金洛（Kinlò）。她戴著黑色帽子，正面有耐吉為她繡上的白色姓名首字母「NO」，帽子側面有另一個主要贊助商萬事達卡（Mastercard）的紅黃相間標誌。

當少數球迷悄悄在練習場上方和後方的數十個空座位就坐，直美開始慢跑熱身，中村和茂木陪著她，兩人拍著手縱聲大笑。直美用健身球做完伸展運動，拿起球拍走上球場，與庫柏斯隔網相對。開球後，兩人站在網子近處對打，力道很輕。直美只用左手握拍，在擊球空檔燦笑著原地轉圈。隔天，一位球迷上傳這段影片，配樂是活潑的日本流行音樂，標題寫著「世界上最可愛且熱愛練習的女孩。」

直美和庫柏斯（二十三歲，ATP*最高排名第一千四百四十九位）擊球時漸漸向後退，逐漸加大揮拍力道，最後站在球場底線，全力來回擊球。儘管觀眾愈來愈多，現場愈來愈嘈雜，依然掩蓋不了球與聚酯纖維球拍中心接觸的「啪啪」聲，清脆響亮的擊球聲響暴露了她在七號練習場的位置；球迷的目光始終尊重甚至透著虔敬，因為他們深知自己正在觀看職業選手練習。不過，從看台的角度望去，畫面相當有趣，直美始終面帶微笑地打出強勁的正手拍，每當球擦網彈起，導致庫柏斯揮拍落空，她會調侃地說：「尷尬哦，尷尬哦！」而當她在網前成功截擊，則會對庫柏斯飛快地尖聲說：「對不起！」

直美與庫柏斯練習時沒有注意到場後聚集的人群，但在換邊空檔時，一位年輕球迷見她走近，便對她說了聲：「嗨，直美！」她抬頭察看，然後微笑著揮手。

發球練習持續幾分鐘後，菲塞特上前，與直美討論在接下來比賽中對戰庫德梅托娃要採取何種攻守模式。「第一次發球可以往任何方向打，那第二次發球呢？」直美問道。菲塞特柔聲回答，刻意壓低音量，讓觀眾聽不到。菲塞特以互相合作的模式與直美對談，多半都在傾聽而不是單方面指導。直美生性恭順，但菲塞特與一般教練不同，他不會利用這一點來主導談話。

練習即將進入尾聲，菲塞特朝直美輕輕打了幾個球，讓她全力擊打，以強勁的揮拍結束短暫的訓練，為她增強信心。直美揮出最強勁的幾次擊球後，數百名觀眾報以輕聲但熱烈的歡呼，宛如欣賞了煙火表演。直美和團隊在練習場上只待了二十分鐘就結束訓練，接著收拾裝備。這時直美的姊姊麻里走過來，直美頑皮地拿水瓶戳她，被麻里拍開。

大坂麻里（Osaka Mari）以前也打網球，但已經退役了，現在姊妹倆只剩下直美還在這條路上堅持出戰。

直美的團隊離開練習場，轉身朝更衣室走，但她丟下裝備袋，往反方向跑去。球場遠遠的角落有一條走道拉上封鎖線，後方聚集了一群球迷，她跑過去為等在那裡的每個人簽名及合照。事後，直美也沒有直接回更衣室，而是跑到遠處練習場和更衣室之間的角落，那裡還有幾十名球迷靠在圍欄邊等待。她來到隊伍最遠的那一端，沿著圍欄走去並與球迷互動。每張照片裡的直美都抿嘴微笑，豎起兩根手指，這是日本人拍照的典型姿勢。幾位年長球迷因生疏而不太會使用手機的拍照應用程式，直美便接過手機，點擊按鈕，然後定格自拍，再把手機還給他們。從他們的反應來看，手機被網壇巨星拿去，非但不覺得受到冒犯，反而高興得不得了。

直美沿路走去，球迷心滿意足地離開圍欄，興高采烈地互相比較照片。「不要推！」直美來到圍欄盡頭時，保全大聲喊道。

⋯⋯⋯⋯⋯⋯

其他運動項目的選手可以根據每天的賽事精心規劃時程，但網球選手往往因為前面的賽事時間長短不一，無法預期自己的比賽何時開始，只能坐立不安地等待。那個週六晚上，第一場比賽拖了很久；史蒂芬諾斯・西西帕斯（Stefanos Tsitsipas）花了兩個半小時以上，才終於在第三盤的決勝局戰勝傑克・索克（Jack Sock）。當西西帕斯結束採訪離開球場時，直美已經等了將近一小時，期間多半待在更衣室裡獨自思考。公開賽經理通知她上場，她便乘坐高爾夫球車，從更衣室前往球場入口。

直美走進一號球場，頭上戴著白色 Beats by Dre 耳機，下方是黑色耐吉遮陽帽，耳朵被耳機罩遮住。

* Association of Tennis Professionals 之縮寫，職業網球聯合會（男子網協）。

「各位女士先生，她就是我們的二〇一八年度冠軍！」公開賽主持人安德魯・克拉斯尼（Andrew Krasny）透過四面八方的擴音器宣布：「有請大坂直美！」

……………

配有高額獎金的印地安泉公開賽被人暱稱為「第五大滿貫」，事實上，大坂直美在奪得這項賽事的二〇一八年度冠軍之前，從未在任何地方得過正式職業比賽的冠軍，即便是最低級別的賽事也沒有。為了在這次公開賽中贏得獎盃和豐厚的一百三十四萬零八百六十美元獎金，直美必須贏得七場賽事，與大滿貫冠軍相同。當時年僅二十歲、世界排名第四十四位的直美在該公開賽中遇到眾多大牌球星，打了好幾場硬仗。她首輪即遭遇五屆大滿貫冠軍瑪麗亞・莎拉波娃（Maria Sharapova），第二輪遇上前世界第二的阿格尼耶斯卡・拉德萬斯卡（Agnieszka Radwańska），八強賽遇上前世界第一的卡羅利娜・普莉絲可娃（Karolína Plíšková），四強賽遭遇排名世界第一的西蒙娜・哈勒普（Simona Halep）。直美分別以直落二擊敗四位知名球星後，又在冠軍賽中以直落二戰勝同樣二十歲的網壇明日之星黛莉亞・卡薩特金娜（Daria Kasatkina）。

直美以六比三和六比二戰勝卡薩特金娜。在隨後的頒獎儀式上，她必須按慣例向場內和電視機前的觀眾發表得獎感言，但與場上令人驚嘆的爆發力和迷人的姿態相比，她看起來似乎毫無準備，只是不安地撥弄外套領子，不知道該不該伸手觸碰麥克風，這極大的反差就成了觀眾對她生涯首場決賽的印象。

「嗯，大家好？」直美說完，咯咯笑了幾聲。「嗯，嗨，我是直——哦，算了，別理我。」致詞從頭到尾不順暢，接近尾聲時，直美乾脆宣布自己有多麼失敗：「這可能會成為，那什麼，史上最爛的得獎感言。」

不過，儘管直美的致詞吞吞吐吐、語無倫次、不時停頓，觀眾還是被徹底迷住。或者該說是，**正因為**她吞吞吐吐，大家才會那麼喜歡她。結束時，就連前排原本板著臉的億萬富翁兼公開賽老闆艾里森也綻出一抹笑容。沒錯，她確實很笨拙，但人們反而覺得這樣的她看起來非常親切又謙遜，尤其是那些與她年齡相仿的Z世代。

印地安泉公開賽那天，大眾在直美身上清楚看到三項特質，而多年來密切觀察她的人早已明白——

大坂直美是世界上最傑出的網球選手之一。

大坂直美與眾不同。

大坂直美很酷。

在一個普遍將運動員包裝得光鮮亮麗的舞台上，直美這位冠軍選手有著某種與眾不同而真實的特質。在看台上和世界各地的電視機前，大量球迷與贊助商開始注意到她，這個狀況將持續整個二〇一八年。

「這個地方確實給我留下很多非常美好的回憶，也讓我的信心增長。」直美後來在二〇二二年印地安泉的記者會上談到。

二〇一八年，直美在印地安泉公開賽奪冠，短短幾天後又在邁阿密（Miami）擊敗小威廉絲——那是她們生平第一次交手。六個月後，在美國網球公開賽冠軍賽中，直美再次擊敗小威廉絲，奪得生涯第一個大滿貫冠軍。二〇二二年三月，直美已擁有四個大滿貫冠軍頭銜，是當時現役女子巡迴賽中除了小威廉絲外獲得最多大滿貫冠軍的選手。打球之餘，她也多方進行投資，而且還在不斷增加，其中包括持有新興加密貨幣網站ＦＴＸ的股權。短短幾個月內，直美便創辦專屬的運動管理和媒體製作公司，如今每年的代言收入超過五千萬美元，她似乎正朝首位億萬富翁女運動員的目標邁進。

大坂直美四年來的成績格外優異，但到了某個週六晚上，她的排名已然大幅下滑。值得注意的是，她的四個大滿貫冠軍頭銜比當時其他參賽選手都多，但她來到印地安泉時，排名已降到第七十八位，多虧了賽前幾位排名更高的選手臨時退賽，她才勉強擠進抽籤名單中。直美在印地安泉坦承，這不僅僅是能不能參加比賽的問題——她也常用排名來衡量自我價值。「對我來說，排名就是一切。」直美在印地安泉談道：「我不敢說已經徹底改變這種心態……我會想，如果我對別人來說更有價值，他們就會對我更好之類的，你知道這種心情嗎？」她說。

在二〇二二年的這個晚上，幾乎沒有人懷疑直美的體能適不適合繼續進行世界級網球比賽。然而，她的心理準備不夠，反而帶來前途未卜的陰影。直美在上一年曾因心理健康因素退出法國網球公開賽（French Open），她聲稱自首次贏得大滿貫後就「長期遭受憂鬱症折磨」。幾個月後，她重返辛辛那提（Cincinnati）賽場參加巡迴賽，再次面對以往令她焦慮無比的記者會時，她淚流滿面地離開。幾週後，她頂著衛冕冠軍頭銜在美網第三輪失利，再度在台上淚流滿面。「老實說，我不知道什麼時候才會再上場比賽。」她說話時聲音有些發顫：「我想，我會暫停打球一段時間。」她只休息了三個月左右便復出，並對外界表示，雖然離開的時間很短，但給了她一種前所未有的掌控感。「我只是大聲宣告『我要休息一段時間，等我真正愛上這項運動，知道自己想做什麼時再回來』，便有了時間重新為自己找到定位。」

直美數度將自己的脆弱公開示眾，與世界冠軍選手通常在鏡頭和對手面前表現的強悍作風截然不同，人們對球場內外的直美也因而改觀。她回到印地安泉時，注意到球迷以一種「更親近」的方式與她交流和互動。「過往我走在街上，人們會說『祝妳旗開得勝！』或者『我買了決賽門票，到時見！』之類的話。」她說：「然而，最近每個人都只是對我說『希望妳開心打網球』。我知道這並不是什麼多大的改變，但對我來說真的很重要。」

．．．．．．．．．．．．．．．．

大多數明星球員都在印地安泉公開賽首輪比賽中獲得輪空資格，可以直接進入第二輪。直美遠低於三十二強門檻，因此需要參加首輪比賽。她抽到了強勁的對手——排名第三十八位的斯隆・史蒂芬斯（Sloane Stephens），這位天賦異稟但表現時好時壞的美國選手曾在二〇一七年奪得美網冠軍，比直美的美網首勝還要早一年。在陣風高達時速六十四公里的惡劣條件下，直美以三比六、六比一和六比二艱難取勝。

直美戰勝史蒂芬斯後，教練維姆・菲塞特在與斯圖爾特・杜吉德（Stuart Duguid）（直美多年的經紀人）的談話中表達了欣慰和信心。「還記得我當時說：『斯圖爾特，我真的覺得，那場比賽後，我真的覺得麻煩已經過去。』」菲塞特後來與我對談時，提起這段回憶。「那種感覺就像——我們的狀態都很好，這一定會是了不起的一年。」菲塞特隨後泛起一抹苦笑，搖了搖頭：「然後，沒錯，隔天馬上又是另一回事了，對吧？」

隔天，直美的第二輪對手是俄羅斯的維若妮卡・庫德梅托娃。她和直美都是二十四歲，但戰績沒有直美優秀，排名第二十四位，是她當時的生涯最好成績。那場比賽是大坂直美當年第七場比賽，是庫德梅托娃第十四場比賽，直美在擲硬幣中獲勝，選擇先發。晚上九點剛過，比賽開始，一萬六千一百個座位的運動場已經坐滿一半左右的觀眾。許多人堅持觀看直美比賽，不惜等到這麼晚；其他人則在可樂娜啤酒（Corona）和酩悅香檳（Moët & Chandon）等贊助商的帳篷間來回穿梭了整天，可能打算等到稍微清醒就開車回飯店。

開賽後，庫德梅托娃擊中直美的二發，一記乾淨俐落的反手拍打出接發球得分，就此展開快攻戰術。「直美喜歡主動進攻，喜歡站在主導地位。」庫德梅托娃的教練謝爾蓋・德梅欣（Sergey Demekhin）對我說明他們的擾亂對手戰術：「當你逼她處於防守位置，那不是她習慣的方式，會讓她很不舒服，無法接受。」庫德梅托娃第二次接發球得分，讓她以〇比四十領先，然後，又一次自信的反手拍，制勝首局。

兩位選手交換場地，庫德梅托娃以一比〇領先，雙方各自站在底線上開始第二局。「維若妮卡・庫德梅托娃發球。」主審寶拉・維艾拉・索薩（Paula Vieira Souza）對著麥克風說道。但維艾拉・索薩話音未落，後面忽然出現另一個女人的聲音，穿過沙漠稀薄的空氣傳了過來。

「直美，妳爛透了！」

聲音來自運動場東北角下層看台高處的某個地方，也許是包廂。人群中立刻響起抗議聲浪。「把她趕出去！」另一位女士高喊。「沒錯！」又有一個人附和。「把她趕出去！」第三個人附和。

「謝謝，請安靜。」維艾拉・索薩坐在主審椅上說道，希望平息騷動。庫德梅托娃正準備發球，直美的聲音忽然出現在叫囂聲中，帶著幾分歉意。

「對不起。」直美開口：「但說真的，妳可以下令嗎？可以嗎？」

觀眾開始歡呼，直美撥弄遮陽帽，走到維艾拉・索薩的座椅前。「把她趕出去！」幾名球迷再次喊道。他們很高興，認為直美既然挺身而出，干擾比賽的人就應該會被逐出場外。

「抱歉，我沒聽清妳剛才說的話。」直美走近後，維艾拉・索薩說道。

「妳能把那個人趕出去嗎？」直美重述。

「那個人？」維艾拉・索薩問道。

「對。」直美回答。

「我不知道，」維艾拉．索薩的聲音夾雜在觀眾的歡呼聲中：「我可以問問。但如果保全不知道是誰，我也不會知道是誰。不過我可以請他們留意一下。」

直美點了點頭表示明白，然後往回走，但隨即不滿意地停下來。「但是，呃，如果有人可以指出她大概在哪個方向呢？」直美詢問維艾拉．索薩。「我只是問問。」她很快又加了這句話，並舉起雙手表示無奈。

「好，我們會試著請保全幫忙，再看看可以採取什麼行動。」維艾拉．索薩說。

直美轉身跑回底線繼續比賽。她在球場上跳來跳去，金色波浪捲髮隨著動作彈跳，彷彿想要幫她揮別情緒低落的陰霾，讓她重新振作起來。她揮出一個正手拍，再一個反手拍，試著將注意力拉回賽場上。

比賽重新開始，庫德梅托娃雙發失誤，直美很快以十五比四十握有兩個破發點，有機會追平比數。但庫德梅托娃穩住陣腳，俐落地連得四分，第一盤以二比〇領先，她急速吼了一聲「加油！」為這局畫上句點。

球僮把球從庫德梅托娃的場地滾到直美的場地，再將兩個球彈給直美，讓她在第三局發球。不一會兒，直美把握著兩顆球的左手舉到眼前，擺出開球姿勢，順便遮擋淚水。她隨後將黑色耐吉遮陽帽的帽簷壓低，以便遮住眼睛。運動場的球迷和鏡頭三百六十度包圍著她，四周還有大螢幕的臉部特寫，根本無處可躲，但直美依然努力掩飾。她抬起右手，用手腕的黑色耐吉護腕擦拭右眼淚水，然後擦拭左眼，再擦拭右眼。接著她走回底線，發球時間到了，再耽誤下去就要受罰。

觀眾看見她陷入掙扎，歡呼聲愈來愈大：「我們愛妳，直美！」直美頻頻拭淚，他們大聲吶喊。她猛吸了幾口氣，再呼出幾口氣，讓自己冷靜下來，然後發球繼續比賽。這個回合相當漫長，來回打了十球，這讓直美有機會打出閃身正拍制勝球（她的招牌絕技）來結束這一局。她邁出兩小步，來到場地中央，揮出拍子，然而球卻嚴重偏離，遠遠地落在右側邊線之外。

「加油！」庫德梅托娃再次高聲為自己打氣。

直美再度轉身背對球場呼氣，試圖冷靜下來，她的嘴噘了起來，有點像是吹口哨的嘴型。隨後，她雙發失誤。

庫德梅托娃在下一分的回擊中失誤掛網，觀眾大聲歡呼，聲勢遠遠超過一般失誤的反應。直美在開場幾分鐘內就已經露出敗象，現場數千名觀眾正試圖把她拉回來。

但網子另一邊的庫德梅托娃不會手下留情。網球選手們訓練有素，向來善於察覺對手的弱點並加以攻擊，就像綜合格鬥選手一樣，網球選手會在對手表現不佳時窮追猛打。但網球賽並不像格鬥賽可以一拳擊倒對手或時間一到就取得勝利；你必須不斷揮拍才能獲勝，哪怕只是稍微手下留情，都有可能給對手重新振作的機會。雙方輪番祭出反手拍，庫德梅托娃再次破掉直美的發球局，以三比〇領先，比賽迎來第一次的換邊暫停。

直美低著頭慢慢走回座位，播音員播放起洛·史都華（Rod Stewart）的〈你覺得我性感嗎？〉（Da Ya Think I'm Sexy?）混音版。她剛走下球場，突然靈機一動，立刻回身，抬頭看著坐在主審椅上的維艾拉·索薩。

「可以把妳的麥克風給我嗎？」直美問維艾拉·索薩。

維艾拉·索薩不明白，直美重複了一遍，指指主審椅。「我能借用一下妳的麥克風嗎？」

「我得問問監督可不可以。」維艾拉·索薩雖然以安撫的口氣回答，卻不以為然地微微搖頭：「我去問問他們。妳想說什麼？」

「我只是要說——我不會罵人，我本來就不罵人——我有些話不吐不快。」直美一邊說著，一邊輕拍胸口，聲音微微發顫。無論是在記者會還是社群媒體上，公開說出感受往往能讓直美摒除雜念並且恢復平靜，但她從來沒有在比賽中這麼做。

「好吧！」維艾拉·索薩說道。直美隨即坐下，維艾拉·索薩拿起對講機，朝監管揮揮手。「克蕾爾？妳能不能過來一下？」

克蕾爾・伍德（Clare Wood）是當晚值班的WTA*監督，她從球場角落的座位走到主審椅前，證件上別著烏克蘭國旗顏色的絲帶，以示支持幾週前遭到俄羅斯入侵的烏克蘭。維艾拉・索薩說明情況後，伍德來到直美身旁，問她想說什麼。

「嗯，我只是想說，呃……」直美說了幾個字，然後停頓幾秒鐘，顯示她還沒想好要說什麼。「我明白每個人都想大聲表達自己的意見，但是，呃，有不一樣的表達方式……。」她愈說愈小聲。

「現在說這個可能不太適合。」伍德搖頭回答：「請保持冷靜，繼續比賽。這件事害妳分心嗎？」

「我是說，我很難專心比賽。」直美告訴她：「那聲音一直在我腦子裡迴盪。」

直美用毛巾遮住眼睛。伍德告訴她，如果這個人再發出聲音，他們會把她找出來。直美雖不滿意，但還是站起來繼續比賽，並再次拉低帽簷遮住眼睛。比賽延遲了將近四分鐘，遠遠超過規定的九十秒換邊時間。

直美重新走上球場，觀眾為她歡呼。「我們愛妳，直美！」的呼喊再次響起，有幾聲是童音。接下來又是你來我往、勢均力敵的比賽，但庫德梅托娃贏了又贏，以五比〇領先。「在這裡看她真的很難熬。」琳賽・達文波特（Lindsay Davenport）在網球頻道（Tennis Channel）談到直美。「比賽一開始，她明顯受到某種刺激。你知道，當下你只想找個人過去抱抱她，或是設法讓她團隊的人和她談談。不幸的是，這不是網球比賽的慣例。對於這種單一選手的運動，你不能暫停，也不能換人。我為她感到心碎。」

庫德梅托娃勢如破竹，以六比〇拿下第一盤。伍德再次回到直美身邊，雖然事情沒有進展，但伍德仍試圖安

* 譯註：Women's Tennis Association 之縮寫，國際女子網球協會。

撫她，儘管語氣有些官腔。「是啊，但他們為什麼可以對我大喊大叫？」直美在這次談話中問伍德：「我滿腦子想的都是這個……我只想說點什麼。」

根據賽事規定，大會可以找到並驅逐喧嘩人士：「我們保留以下權利：拒絕任何人入場及為任何人提供服務，重新安置、移走或驅逐任何不與工作人員合作或不遵守『印地安泉網球花園』規則與規定或以其他方式從事非法、破壞性危險行為的人。」購買入場券時你會看到這幾行小字。但是，他們沒有確認該名女子身分，也沒有說服直美相信他們已經竭盡全力，或許他們本來就無心解決這件事。

……………

黛莉亞．薩維爾（Daria Saville）是名熱情外向的澳洲好手，週六下午剛贏得第二輪比賽。她告訴我，她回到更衣室時，發現直美在賽前就已出現情緒低落的樣子。當晚看到直美在球場上陷入掙扎，她感到很無助。

「後來我在電視上看到這一幕，我就想：『哦，真要命，這時候任何事都有可能讓她崩潰。』」薩維爾說：「所以這真的很令人難過，你真的無能為力……我當時想，天啊，真希望我可以，就是，過去抱抱她。」薩維爾說她對直美向來友好，但認為自己沒有資格在比賽前接近並關心她。「你要給他們空間，畢竟他們還有自己的團隊。」薩維爾談到自己在更衣室裡對待其他選手的態度。「我覺得並不適合擅自跑過去問：『妳還好嗎？』也許她根本沒事；我不知道啦！說不定我問了一句『妳還好嗎？』就會害她崩潰。」

……………

直美贏下第二盤的首局，終於在這場比賽中拿下第一局。第二盤順利進行，戰況更為激烈，但庫德梅托娃在第七局破發，以四比三取得領先。終場，庫德梅托娃以六比〇、六比四得勝，直美一邊朝網子走去，一邊迅速向庫德梅托娃點頭致意，這是她職業生涯中最微妙卻又最明顯的日式作風，然後兩人握手。

直美再次走近主審，並與伍德交談。「我**現在**能說幾句話嗎？」她再度問道。這次請求獲准。主持人安德魯．克拉斯尼按照慣例首先採訪了獲勝的庫德梅托娃。

「首先，我想說，這場比賽對我來說是一場硬仗。」庫德梅托娃說：「我的對手是直美——她是偉大的選手、優秀的戰士。我對自己今天的表現非常滿意，我非常專注，很高興能來到這裡，在大家面前比賽，謝謝你們。」

「薇若妮卡．庫德梅托娃。」克拉斯尼說：「祝妳第三輪好運。」

直美原本披著毛巾坐在座位上，此時站了起來。「各位女士先生，呃，大坂小姐是我們這項賽事的前冠軍。」克拉斯尼告訴觀眾：「她要求用麥克風說幾句話。」

直美拎著球拍袋走近麥克風，觀眾再次為她歡呼並吹口哨，整個晚上熱情不減。直美露出大大的笑容，但嘴唇緊閉，看起來反而像苦瓜臉。

直美說過，她緊張時聲音會變得更高、更尖。「嗨！」她開口說道，聲音比平時高了好幾度：「呃，我只是想說聲謝謝。」

現場響起更多歡呼聲，更多觀眾高喊：「**我們愛妳，直美！**」

直美再次抹掉眼淚，然後失落地笑了起來：「唔，好吧，我覺得我在鏡頭前哭得夠多了，但是……我只是想要說，呃……。」

「**別為那些傻瓜煩心！**」一位女士在人群中喊道，引來更多歡呼聲。留在場邊觀看這一幕的庫德梅托娃也輕輕鼓掌。

「嗯，老實說，我以前也被嘲諷過，好像不覺得怎樣。」直美繼續說道：「但是，嗯，那個，**在這裡**被嘲諷，讓我想起以前看過維納斯與塞雷娜*在這裡被嘲諷的影片，沒看過的人都應該看看。不知道為什麼，它一直在我腦海裡重播，我試著不要哭，但……。」

「**妳可以的！**」

「呃，我只想說聲謝謝。還有，恭喜妳。」直美陳述完意見，朝庫德梅托娃舉起手：「嗯，謝謝妳。」

直美拿起球拍袋轉身走向出口，克拉斯尼迅速插話，他既想安慰這位心煩意亂的球星，又想在這突然降臨的黑暗時刻力挽狂瀾：「直美，我想，我必須代表在座的各位告訴妳，在大約一萬人中，一個人的聲音無法蓋過九千九百九十九人。」克拉斯尼說：「我們愛妳，知道嗎？各位女士先生，大坂直美。」

「**沒錯！我們愛妳！**」

克拉斯尼說話時，直美頻頻拭淚，努力擠出一絲笑容，但她沒有停步，而是朝更衣室直直走去，很快地離開球場。

「我愛她——她太敏感了。」當時一位黑人婦女站在看台底層為直美加油打氣，她後來對我說：「那位主持人說得很對。這就是我們常常會遇到的情況：明明表現得很好，注意力卻全都放在某個負面的事情上，因而整個人大受影響。言語會傷人，誰也無法收回那些話。」

「直美，妳爛透了」短短六個字在那天晚上刺穿直美的心防。而她在球場上說的那件事，與賽事最黑暗的時刻有關，一下子撕開了網球天堂二十一年來努力遮掩的舊疤。

二〇〇一年印地安泉決賽期間，十九歲的小威廉絲身穿亮粉色連衣裙，紮著金色辮子，亮麗的外型本應成為南加州賽事的寵兒。眾所周知，小威廉絲在西邊一百六十公里處的康普頓（Compton）長大，但在那個陽光明媚的週六下午，一萬五千九百四十名觀眾大多對她起了反感。

小威廉絲原定於週四夜間的四強賽與姊姊維納斯對打。這是一場轟動網壇的姊妹賽事，但卻在開始前幾分鐘取消，大威廉絲因膝蓋肌腱炎臨時退賽。備受矚目的比賽在開賽前取消，激怒了已經入場且熱烈期待的數千名觀眾，並再次引發了傳言——姊妹倆的比賽結果都由父親理查（Richard Williams）事先決定。艾琳娜・德門蒂耶娃（Elena Dementieva）在八強賽中遭大威廉絲擊敗，有人請她預測威廉絲姊妹在四強賽的成績，她表示一切都將取決於她們的父親。「我不知道理查怎麼想；我認為他會事先決定明天由誰勝出。」德門蒂耶娃如此說。謠言傳得沸沸揚揚，但當天路透社（Reuters）記者問理查關於大威廉絲退賽一事，理查不僅沒有多做解釋，甚至聲稱自己不會說英語——這對平息謠言幾乎沒有任何作用。

嬋達・魯賓（Chanda Rubin）曾是一九九〇年代中期頂尖的黑人球員，當時威廉絲姊妹剛剛崛起。魯賓告訴我，她看到以白人為主的網壇不願意接受「這項運動中從未出現的兩位選手」。魯賓說：「從我的角度來看，網壇始終潛藏著排斥的情緒，但你**必須**接受她們。哪怕你很不情願，也不得不接受。」

女子決賽選手通常會獲贈花束。當小威廉絲捧著花入場，印地安泉絕大多數白人觀眾發出噓聲鼓譟，清楚表

＊ 編註：此指網球名將「威廉絲姊妹」，「大威廉絲」維納斯・威廉絲（Venus Williams）與「小威廉絲」塞雷娜・威廉絲。

明他們已經受夠了威廉絲姊妹。當觀眾發現理查和大威廉絲正沿著通道向場邊座位走去時，噓聲再次響起。理查走到座位時，轉身高舉拳頭，一來向黑人權力（Black Power）致敬，二來挑釁那些鼓譟的觀眾，此舉又引來了一些噓聲。雖然ESPN團隊刻意避免評論此事，但英國球評西蒙．里德（Simon Reed）就在歐洲體育台（Eurosport）的解說中毫不留情指出：「美國觀眾對一個美國家庭喝倒彩。」里德沉痛地說：「不得不說，這確實有點種族歧視的味道。」

「我抬起頭，只見一大群有錢人，大部分都是白種老人，站在那裡狂熱地發出噓聲，就像那種有教養卻又鼓吹私刑的暴民。」小威廉絲後來寫道：「我不想用煽動性的字眼來描述當時情景，但這就是我在球場上看到的，這些人簡直就像賽後會來找我麻煩一樣。」

觀眾為小威廉絲的比利時對手金．克莉絲特斯（Kim Clijsters）熱烈歡呼，但小威廉絲在第三盤將分數拉開，逼得他們閉上嘴巴。她以一記正手拍將球打向對角結束比賽，終場四比六、六比四、六比二獲勝。小威廉絲來到球場角落向家人報喜；父女倆相擁時，揶揄聲愈來愈大，兩人後來都說聽到有人用種族歧視的字眼謾罵他們。

那天起，這家人便在沙漠賽場上劃下明確界線。小威廉絲隔年沒有再回到印地安泉衛冕，大威廉絲也沒有，兩位美國網壇巨星從此謝絕美國第二大網球公開賽整整十四年。二〇〇八年，WTA重新調整巡迴賽制，將印地安泉公開賽列為一定排名以上的職業選手必須強制參加的比賽，但也專為威廉絲姊妹增加了除外條款，允許她們繼續缺席。

在抵制行動持續八年後，小威廉絲寫道：「因為在某個地方可能有某個小女孩正在看著。」對於那些仰望她的人，她必須堅守信念。「如果我不在這件事上表明自己的小小立場，將來她們會更難表明自己的小小立場。」

二〇〇一年，還是孩子的大坂直美在網路上找到小威廉絲在印地安泉比賽的影片，看得如癡如醉。直美的父母從孩子嬰兒時期就以威廉絲家為藍本，從日本舉家搬到紐約，再搬到佛羅里達州（Florida），將女兒的童年全獻給網球，期盼她們在網壇登峰造極。直美看著小威廉絲面臨人生最艱難的時刻，受到了前所未有的啟發。「對我來說，那是一種『一個人怎麼能這麼堅強？』的啟示，」直美後來告訴《不敗》（*The Undefeated*）雜誌的索拉婭．納迪婭．麥克唐納（Soraya Nadia McDonald）：「這就是我深愛她的原因之一。」直美曾在參加低競爭、低獎金的青少年比賽中崩潰，因為年輕對手的父母或朋友會奚落或嘲弄她，但她表示，那次在螢幕上看見的小威廉絲，讓她找到了全新的力量，她不曾想過世界上真有這種力量。二〇一四年，十六歲的直美告訴日本記者內田亞紀，觀看小威廉絲比賽為她上了永遠難忘的一課：「即使在這樣的逆境中，你也能獲勝。」

二〇一五年，小威廉絲在大張旗鼓的宣傳和慶祝下重返印地安泉。一年後，大威廉絲也回來參賽。但在二〇二二年的那一夜，大坂直美歷經一年面對公眾的掙扎後，卻僅僅提及小威廉絲當年的痛苦，沒有揭露自己的心路歷程。

直美在第二輪出戰庫德梅托娃，無論誰勝誰負，本都不該成為大新聞，尤其這場賽事遲至週六深夜才結束，新聞媒體幾乎不打算報導。然而，直美先是落淚，接下來還挖出網球天堂的陳年醜聞，這場比賽瞬間成了當季網壇最大的新聞之一。無論大坂直美的排名下滑到什麼程度，在製造頭條新聞和轟動輿論方面，她依然是網球界佼佼者。

比賽剛結束幾分鐘，《洛杉磯時報》（*Los Angeles Times*）和《紐約時報》記者已經開始撰稿。當時已接近淩晨兩點，紐約的體育版編輯部早已下班，《紐約時報》記者慌忙找到亞洲分社某個清醒的編輯，以處理這位超級巨星的突發新聞。

按照巡迴賽規定，直美必須在賽後召開記者會，但她卻遁入夜色之中。「當下我落荒而逃。」後來她對我說。雖然直美開溜，但隔天一早，她淚眼婆娑的照片仍占據了各大新聞媒體和運動網站的頭條，熱門程度僅次於俄羅斯入侵烏克蘭。最終奪得印地安泉公開賽冠軍的是泰勒·弗里茲（Taylor Fritz）和伊加·斯威雅蒂（Iga Świątek），他們獲得的媒體關注度還不如在第二輪就失利的直美。

庫德梅托娃的教練謝爾蓋·德梅欣告訴我，他的球員獲勝後，隔天早上他觀看網球頻道。「我看到一些集錦、幾個要點、直美的採訪，還有球評談論直美的情況……沒有任何維若妮卡贏得比賽或是賽後發表談話的報導。」德梅欣說：「這個圈子本來就是這樣，你也只能習慣。」

印地安泉其他球星被問及直美時，也紛紛表示同情和不捨。「我唯一希望的就是她能再站起來，祝她一切順利。」拉斐爾·納達爾（Rafael Nadal）說：「但人生沒有十全十美的事，不是嗎？我們需要為逆境做好準備。」

雖然更衣室裡的人對直美有一定程度的同情，但她所引起的風波為網球天堂的藍天形象蒙上一層陰影，令辦公室裡的人相當沮喪。更令人沮喪的是，大眾對她的心理健康過度關注，這個情況正愈來愈頻繁地影響賽事，使得氣氛變得暗淡又陰沉。印地安泉公開賽總監湯米·哈斯（Tommy Haas）告訴我，雖然他「絕不會容忍」直美受到那種嘲諷，但他認為她應該要處理得更好。「我知道她有點沮喪。」哈斯說：「但她也應該具備足夠的職業素養，可以對外宣稱：『聽著，你知道，不過就是一個球迷說的話，我不會把它放在心上，我就是盡力而為。』」對於直美賽後在球場上逗留，最後挖出哈斯的難堪回憶，這一點也讓他火冒三丈。「她在場上耐心等待機會，然後發表聲明，讓回憶浮上台面，那個事件發生時她頂多只有兩、三歲。」哈斯說：「到頭來，這對任何人都沒有幫助。」

……………

就和前幾次一樣，大坂直美淚痕斑斑的臉成了主流媒體的文化墨跡測驗（Rorschach test）*。有些人稱頌直美勇於展現內心的脆弱，例如《印地安納波利斯星報》（*The Indianapolis Star*）的葛列格・多耶爾（Gregg Doyel）。「大坂直美站在麥克風前，努力壓下哭泣的衝動，我看著電視播出的畫面，默默祈禱她能宣洩出來。」多耶爾寫道：「沒關係，直美，真的。做妳自己——強悍但溫柔，擁有超群的運動天賦，但還是有非常人性化的一面。哭吧，直美。」

但也有持相反意見的人，尤其是保守球評，把直美的痛苦當做文化戰爭的武器。「一千次歡呼對上一次嘲諷，脆弱，沒用，丟臉。」傑森・惠特洛克（Jason Whitlock）寫道：「這次的新聞重點不是她被嘲諷，而是我們創造一種推崇軟弱和受害的文化。」在網路節目《無畏的傑森・惠特洛克》（Fearless with Jason Whitlock）中，他邀請

* 譯註：瑞士精神病學家赫曼・羅夏克（Hermann Rorschach）於一九二一年推出的心理測驗。以不規則形狀墨跡的卡片，詢問受試者對該圖案的想法，藉以測驗受試者的心理狀態與個性。

共和黨（Republican）國會候選人羅伊斯・懷特（Royce White）一同探討，將直美的情況與社會弊病連結起來。「我認為大坂這次崩潰也許是對當今文化盛行的覺醒主義最大的控訴。」懷特聲稱。

這次事件到處流傳，甚至成為深夜喜劇的素材。在《與塞斯・邁耶斯共度深夜時光》（*Late Night with Seth Meyers*）的短劇中，喜劇演員安珀・魯芬（Amber Ruffin）以這段對白向直美表示絕對的支持：「直美，我們多麼為妳驕傲，我們愛妳，無論妳做什麼，我們都會支持妳。」同時對那位不知名的嘲諷人士進行卡通式威脅。「我要把妳像一張紙一樣撕碎，妳想要大喊『直美，妳爛透了』？那妳知道什麼最爛嗎？就是妳的生存機會。」

⋯⋯⋯⋯

撇開網路、電台與電視上的喧囂，在主辦方為直美租下的豪宅內，一場安靜但更為激烈的對話以她為中心展開。「隔天，我們開了一場嚴肅的會議，所有人都到場。」教練維姆・菲塞特後來告訴我：「比賽結束後，你不會去逼一個絕望到哭泣的人。但隔天，嗯，我們進行重要談話，沒錯，這就是現在需要做的事。」

社會上針對心理健康的重要性一直有很多討論，直美始終是這方面的代表人物，她也曾經登上《時代》（*Time*）雜誌的封面，搭配標題〈不ＯＫ也ＯＫ〉（*It's O.K. to Not Be O.K.*）。此外，她也和現代健康公司（Modern Health）簽約，為這家心理健康服務公司代言。但她身邊的人都知道，她的公眾形象和私底下的真實樣貌有很大差距，她自己並沒有得到任何心理專業的協助。這場團隊與直美之間的重要談話相當微妙，不僅僅因為她是雇主，對團隊每個人的聘用和解雇都握有唯一決定權；也因為前一天她當眾陷入掙扎，他們見狀決定伸出援手。經紀人斯圖爾特・杜吉德已經開始尋找她會喜歡的治療師人選。

中村豐也參加這次全員會議。「我是力量與體能教練，維姆也是教練；她還有練球搭檔等等，但她需要一個可以談心的人。」中村告訴我：「直美知道團隊無意批判她，而她只是需要另一個與網球無關，可以在個人層面上陪伴她的人。我們針對這個問題討論後，她也同意了。」

菲塞特告訴我，在她上一次當眾陷入掙扎之後，他便建議在團隊中增加一名心理教練，這次直美更願意聽他的意見。

「呃，我之所以拖了這麼久，是因為我不太擅長跟人交談。所以對我來說，呃，對別人敞開心扉有點難，尤其是某個我應該把所有煩惱都告訴他的人。」直美後來解釋：「有些事，呃，我甚至不會告訴我姊姊或家人。所以，學習如何信任別人真的很難。」

事實上，直美的姊姊是這次全員會議的關鍵人物。「麻里也發言，」菲塞特回憶道：「她說：『直美，我是妳的姊姊，時候到了。』」

直美一直想自己解決問題，但後來她說麻里「似乎非常擔心我」，這讓她更加認真看待團隊的懇求。雖然這個世界對大坂直美有很多意見，但只有麻里從一開始就陪在她身邊。當年來自地球兩端的父母找到對方並結為連理，他們不惜一切追逐的願景，後來在女兒身上看到了實現的希望。

02 故鄉

The Motherland

在有著「旭日之國」稱號的日本，晨光首先照耀根室。這座經年受海風吹拂的漁業之都位於北方大島——北海道的最東端，是人口稠密的日本最偏遠地區之一，約有兩萬七千居民。根室不僅在地理上位於邊緣地帶，在地緣政治上也一樣。根室半島東北方有幾個比它小一點的島嶼和小島，屬於千島群島一部分，當中距離根室半島最近的僅三．七公里。蘇聯在一九四五年八月，亦即二戰最後幾週入侵並占領千島群島，自此日俄一直對這幾個離日本最近的島嶼所有權存有爭議。時至今日，日本仍聲稱擁有這些島嶼的主權，稱其為「北方領土」，並劃入根室振興局；但俄羅斯始終沒有放棄管理。儘管二戰已結束多年，俄方巡邏艇仍會在狹窄的珸瑤瑁海峽巡航，定期展示武力。居住在島上的漁民大坂一家在蘇聯人到來時被迫離開土地，此後再也無法返回。生於戰爭末期的大坂鐵夫（大坂鉄夫）一直住在根室，盡可能接近失去的故土。蘇聯巡邏艇和日本漁民間偶爾會爆發小衝突，鐵夫身為當地漁民合作社負責人，自然無法置身事外，但撇開這類偶發事故不談，他在根室的生活可以說封閉而寧靜。

日本投降結束第二次世界大戰，整整過了二十七年後，根室在世界地圖上一度成為世人矚目的焦點。一九七二年初，北海道首府札幌成為歐美以外第一個冬奧主辦城市，聖火沿著風景優美的環島路線傳遞。其中一支聖火一直傳遞到與世隔絕的根室，讓這個偏遠小城短暫而燦爛地沐浴在全球盛會的光芒中。

聖火的精神火花似乎引燃了根室最年輕居民的熱情。當年聖火經過家鄉時，鐵夫的小女兒大坂環才一歲，但火光彷彿照亮了她這一生即將行走的道路——離開根室，來到北海道另一端的世界級城市札幌，就此打開與家鄉截然不同的多元文化之門，也打開她對運動夢想的執著追求。有朝一日，環的女兒也將親手接過這支聖火。

……………

環的母親高中時期名列前茅，但那個時代的女性幾乎沒有機會上大學。她畢業後不久便嫁給鐵夫，從未外出工作過。「我不知道這是否與她的成長背景有關，但她始終讓孩子做自己想做的事。」環在二〇二二年出版的回憶錄《穿越隧道》（トンネルの向こうへ）中提起了母親：「我想，她可能是希望孩子盡情去做她自己沒有機會做的事。」

環十四歲那年，母親鼓勵她參加札幌的高中入學考試，這座城市位於北海道另一端，人口多達兩百萬。母親知道，只要環能就讀札幌的高中，就可以接受精英教育，將來有望進入知名大學——這是自己當年遙不可及的夢想。環帶著母親的祝福，從根室坐三個小時火車前往西邊的釧路參加入學考試，並順利通過。正如環在《穿越隧道》中的描述，送女兒去遠方上學的想法遭到父親反對：「為什麼要這樣？女孩子不一定非要去上札幌的學校不可！」但母親最終依然實現了願望。

從札幌到北海道最東端的根室約需七小時車程，十幾歲的環初次離家獨自生活。在札幌第二年，她將主修的鋼琴改為英語，將學習觸角延伸到另一個層次。英語可以為島國子民打開一扇通往世界的大門，環從小就對學習這門語言很感興趣，在根室便參加過課外英語班，有時還與城裡的美國傳教士對話。「英語能力後來大大改變了我的命運。」環在《穿越隧道》中寫道。她在英語班找到志同道合的同學，他們和她一樣具有冒險精神，因此她花了很多時間探索札幌。假期間她回到根室，感到自己與家人的距離愈來愈遠。「他們從未離開家鄉，從未涉足未知的世界。」環寫道：「每次從札幌回到父母家，心裡那種格格不入的感覺愈來愈強烈。」

環自高中和兩年制大學學業後，在札幌一家提供漁業貸款的銀行找到文職工作。某天下班後，環和朋友一起去購物。在商店工作的外國男子試圖用英語和環的朋友交談，但朋友緊張地跑去洗手間。環不怕與陌生人說英語，於是便問了倫納德・馬克西姆・法蘭索瓦（Leonard Maxime François）一個問題。

「你來自哪裡？」

⋯⋯⋯⋯

倫納德最初的回答令環相當困惑，以為他說的是「愛知」，愛知是將近一千公里外日本南部的一個縣。但其實他說的是「Haichi」，意思是「海地」，這是半個地球外的加勒比海（Caribbean）小國。雖然海地是倫納德的故鄉，但他十幾歲便搬到布魯克林（Brooklyn）並入籍美國，環在書中將倫納德介紹為「來自海地共和國（Republic of Haiti）的美國人」。倫納德是個嚴謹而保守的學生，原本在紐約開計程車，某個晚上在曼哈頓（Manhattan）遊玩時認識了日本朋友，後來與對方一起到日本旅行。他非常喜歡日本，決定永久移居，甚至說服了幾位布魯克林的海地朋友一同前往。抵達日本後，倫納德出乎意料地成了名人。日本著名喜劇演員和遊戲節目主持人北野武曾在節目中反覆播放一段籃球比賽影片並介紹倫納德，他的扣籃打得當地人毫無招架之力。「他是了不起的運動員。」佩德羅・赫里沃（Pedro Herivaux）告訴我——他是從布魯克林跟隨倫納德來到日本的海地朋友之一——對於倫納德在扣籃比賽中「簡直要跳出屋頂外」的表現讚嘆不已。赫里沃笑著告訴我，儘管倫納德這個運動健將因節目走紅，成了日本的麥可・喬丹（Michael Jordan），「但在美國，他就只是個無名小卒，不過在日本應該可以成為優秀的籃球選手。」他說。

倫納德在節目中被稱為「籃球馬蘇」（Basketball Max-u），他還利用名氣參加了其他活動，甚至和赫里沃一起出現在某個滑雪度假村的《癲瘋總動員》（*Cool Runnings*）主題廣告活動中。倫納德在札幌經營商店，販售包括虎步（FUBU）在內的美國潮牌服飾，女人都會來這裡一睹他的風采。

環是無意中走進這家店的，但倫納德迫不及待想要再見到她。他向她要電話號碼，但她沒有手機，而且當時父母已經搬去札幌，跟她合租一間公寓，於是她給了他銀行的電話號碼。

不久，他打電話給她，兩人開始暗中約會。在《穿越隧道》中，環描述他們的戀愛過程就像九〇年代的愛情喜劇，包括在札幌豐平川（豊平川）畔溜直排輪的場景。倫納德比環大五歲，兩人幾乎沒有共通點，但深深相愛。最後，當父親開始為環介紹各種合格的追求者，希望她可以找個對象交往並結婚，環決定不再隱瞞真相，告訴了父親自己已有男朋友。當她說出男友的名字，父親赫然發現女兒交往的竟是外國黑人，又驚又怒地表示：「黑人只適合在電視或電影中觀看，不適合交往。」

父親試圖切斷這段關係，禁止環在札幌騎腳踏車，每天開車送她去上班，下班後再接她回家。

環和倫納德長達一年無法見面，直到一九九五年夏天。某天他打電話給她。當時他已搬到一千公里外的西南部，在大阪住了下來，希望她能過去看他。倫納德幫環買了一張機票，她匆匆找了一個圓筒行李袋，收拾妥當後便前往機場，沒有告訴父母她要離開北海道。

他們在大阪繼續交往，很快就準備結婚。但為了獲得結婚所需的文件，環不得不返回根室。雖然她偷偷行動，但還是有一位根室的朋友向她的父母告了密。當初她在札幌無故失蹤後，父母便已向警方報案。環和倫納德婚後不久，警方在她父母陪同下，敲開這對新婚夫婦在大阪的公寓大門。當時環正懷著第一個孩子，警方懷疑她被綁架，便對她進行盤查；她向他們保證，自己是出於個人意願跟倫納德結婚的。

環繼續留在大阪，並於一九九六年四月三日生下大女兒大坂麻里。一年半後，一九九七年十月十六日，第二個女兒大坂直美出生。來自地球兩端的父母都將自己的國籍傳承下去，兩個女兒擁有日本和美國雙重國籍。但為了方便在日本生活，夫婦倆選擇讓女兒從母姓，因為在日本，外國人的名字常會引起人們驚愕。環在《穿越隧道》中還寫道，她也希望為女兒選擇容易理解和發音的姓氏，即使不懂日語也無妨。她希望女兒能準備好迎接她不曾接觸過的廣闊世界。

⋯⋯

倫納德是有名的籃球好手，喜歡很多運動，也參加過札幌馬拉松比賽；他認為，若能在年輕時得到適當栽培，他一定可以成為頂尖選手。環也喜歡運動，熱愛游泳和競速滑冰。直美七個月大時，父親像往常一樣在單間公寓裡打開電視觀看運動比賽。這天晚上，倫納德收看的運動賽事讓這間小公寓充滿了遠方泥土的橘紅色光芒。這是一九九九年法國網球公開賽（French Open，簡稱法網）的女子雙打決賽，由四位青少女選手參加——瑪蒂娜·辛吉斯（Martina Hingis）和安娜·庫妮可娃（Anna Kournikova）對戰大威廉絲和小威廉絲。當天稍早安德烈·阿格西（Andre Agassi）贏得了男子單打冠軍，使得這場女子雙打決賽相形失色。比賽被大雨延誤，時斷時續，外加狂風大作，計分板上的分數也和天氣一樣不時劇烈變化。十八歲的大威廉絲和十七歲的小威廉絲率先拿下第一盤，第二盤雖以五比一暫時領先，卻被對方後來居上。第三盤來到五比四時，庫妮可娃發球，威廉絲姊妹赫然發現自己失去了冠軍點；姊妹倆頑強追擊，庫妮可娃漸露敗象，在破發點上雙發失誤。四局過後，威廉絲姊妹再度破了庫妮可娃的發球局，終場以六比三、六比七（二）、八比六獲勝，贏得了生涯第一個大滿貫冠軍。她們高舉雙臂跳起來，緊緊相擁，然後走到看台上擁抱母親。「整場比賽非常戲劇化。」大威廉絲在二〇二一年的ＩＧ貼文中回憶到。

在世界另一端，有一對生了兩個女兒的父母看到的不只是戲劇化的賽況。「我和他都因為這些黑人女性和姊妹的精彩表現而大受震撼。」環在《穿越隧道》中寫道：「我認為自己找到了一直在尋找的未來……威廉絲姊妹是帶來希望的一線曙光。」

巧合的是，理查．威廉絲當年也是在電視上收看法國網球公開賽並受到啟發，從而決定讓尚未出世的女兒接觸網球——一九七八年的冠軍維吉尼亞．魯茲奇（Virginia Ruzici）兩萬美元獎金入袋，讓他相信網球可以賺大錢。一九九九年，大小威廉絲贏得雙打冠軍後，各自有大約十萬美元獎金入袋，但對於當時的倫納德和環來說，他們關注的焦點不在於錢，而是在這些年輕黑人女性身上看到自己女兒的未來。「在對未來充滿迷茫與未知的情況下，我更想灌輸一個夢想，而不是賺錢。」環在二〇二三年說：「（威廉絲姊妹）環遊世界並影響社會的方式讓我大開眼界。」

……………

網球教練告訴環，她的兩個幼兒還太小，不能這麼早就開始學打網球，於是她先讓她們上體操課，以便練習平衡。麻里終於在三歲時進入網球場；當時直美只能站在圍欄邊觀看，她曾經表示，對日本最清晰的記憶就是小時候看麻里打網球。女兒還很小，環用嬰兒推車帶她們去球場。她們在大阪的濱海網球公園．北村（マリンテニスパーク・北村）進行訓練，公園占地遼闊、設施完善，有二十五個球場，靠近醫院和小港口。他們還在自己的小公寓裡搭建臨時球網，扔球讓女兒來回追逐。

在環所謂的「極度貧困」時期，夫婦倆開始訓練女兒接觸網球。平日他們在大阪辛勤工作，努力維持生計。環早已和父母斷絕經濟上的往來，在一家郵購目錄公司擔任兼職客服；倫納德除了進口美國潮牌服飾，也和人合夥經營海地主題酒吧佐茲（Zoz's）。雖然也有過快樂時光，包括海地說唱明星懷克里夫．金（Wyclef Jean）大駕光臨佐茲，但兩項生意都沒有盈利。「與其像籠子裡的鳥兒受人愛護，不如像野鳥一樣自由自在地生活，即使這意味著很難找到住處甚至食物。」環寫道。她想盡各種辦法省吃儉用，比如等到傍晚再買豆腐，因為這時的豆腐已經不太新鮮，通常會打八折。

貧困的日子還在繼續，「看到威廉絲姊妹，讓我們暫時忘了維持生計的困難，開始夢想小女兒能有更光明的未來。」環在二〇二二年談道。儘管女兒還十分幼小，父母的夢想已經成為她們的全部，其中包含孤注一擲的希望。「網球是我們家成功的唯一途徑。」環在《穿越隧道》中寫道，他們把省下的錢都用來實現夢想：「我和丈夫為了孩子而狂熱地追求網球夢。」她寫道。

這股對網球的狂熱追求讓他們靜極思動。麻里和直美好不容易擠進競爭激烈的幼稚園，環已買好制服，但夫婦倆為了大阪缺少網球發展機會而發愁，因為當地很少有兒童或青少年級別的比賽。這時，倫納德的母親傳來消息：他的姊姊搬出紐約的家，她希望他回去幫忙。

與家人重聚固然具有吸引力，但網球的吸引力更大。倫納德和環讓女兒開始接觸網球時，正逢新舊世紀交替，日本幾乎不曾成功培養出職業網球明星，只出過一位女子單打排名前十的伊達公子；沒有一位日本男子選手進入過ATP前四十強。

倫納德深知，如果女兒想效法威廉絲姊妹，必須回到他的祖國——美國。「藍圖已經在那裡。」倫納德後來說：「照著它做就對了。」

二〇〇一年春天，倫納德和環離開大阪，舉家遷往紐約。搬家時，直美只有三歲零五個月大，此後將近十年都沒有回日本。美國有個好處，環和倫納德可以光明正大做一對異國夫妻，自由自在地生活和相愛，他們和兩個混血女兒也不會像在日本那樣被人指指點點。多年後，環在她的社群媒體專頁用了「自由」這個名字，並慶祝「洛文訴維吉尼亞州案」（Loving v. Virginia）週年紀念日。這是一九六七年美國最高法院的一項裁決，廢除了十六個州禁止跨種族通婚的法律。「我曾是家族的『恥辱』，在沙漠和叢林中待了幾十年，但我仍然活了下來。」環寫道：「＃洛文勝訴快樂。」

在接下來的十年裡，鐵夫與環慢慢重建關係。麻里和直美有時會與鐵夫通電話，她們稱他為「Ojiichan」（おじいちゃん），也就是日語的「爺爺」。環說，父親和孫女們聊天時熱情、風趣又溫和；他有時會寄一盒日本點心來美國，供女兒享用。但當她自己與他通話時，他的口氣會突然改變：「妳在美國會淪落到無家可歸，最後死在路邊。」這是她聽到的話。

03 夢想開始的地方

Where Dreams Are Made Of

這家人當初在大阪獨自過活，與環的父母疏遠，但到了紐約，他們身邊圍繞著當地的家人，還有整個美籍海地裔社區。倫納德和環仍然缺錢，但他們的支援系統比以前強多了。倫納德的家人在納蘇郡（Nassau County）郊區的埃爾蒙特（Elmont）買了新房子，這個地方有多元種族，西邊緊臨皇后區（Queens）。

麻里和直美在離家三公里的奧爾登社區小學（Alden Terrace Elementary）上學。麻里告訴我，雖然新環境比種族單一的日本多元化，但在這所以黑人為主的學校裡，其他孩子有時會因為她們的眼睛和頭髮長得不一樣而欺負她們，不過兩個女孩也交到了朋友。麻里拿手的科目是藝術，上學前和放學後都還要上課。麻里八歲、直美六歲時，曾一起參加當地政治家在學校舉辦的「閱讀挑戰賽」並受到報紙表揚。

課餘時間，姊妹倆的重心都放在網球上。倫納德和理查．威廉絲以前一樣，常常抽空研究這項運動的書籍和教學影片，他也會閱讀並觀看理查的訪談。「在霧中行車時，前車的車燈是你唯一的路標，看著它們就可以繼續前進。」環在《穿越隧道》中寫道：「我們就是這樣追隨威廉絲姊妹的，沒有她們，我們家在網壇永遠無法成功。」倫納德在皇后區和納蘇郡公園的破舊球場訓練女兒。為了找到更特別的場地，他們偶爾會前往法拉盛草原（Flushing Meadows）的美國網球協會（U.S. Tennis Association/USTA，或簡稱美國網協）國家網球中心（National

Tennis Center）——這裡也是美國網球公開賽的舉辦場地。倫納德在上學前、放學後和週六訓練女兒。「我只記得眼巴巴看著其他孩子放暑假，而我們必須待在球場上。」直美在二〇二二年時說：「現在，我很高興他要我們這麼做。但當時，我非常羨慕其他人。」

有一次，有人問直美是否被父母強迫打網球，她猶豫了一下。「我想一開始是的，肯定是這樣，但隨著我長大，你知道……我開始覺得，那是我真正想要實現的夢想。」她說：「所以，沒錯，我覺得這更像是一種推動。」姊姊麻里說得更直白：「這其實不是我們的選擇。」

環說，圍觀者和公園管理人員多次報警，要求警方阻止倫納德長時間在球場上訓練女兒。有一次，公園保全因為倫納德沒有教練許可證而報警；他們認為倫納德一定是收費教練，因為他在球場上準備大量的球訓練女兒。環後來寫道，她認為這些干擾帶著歧視意味。「網球仍然是白人圈子的運動。」她說：「想必有很多白人因為看到黑人和亞洲人苦練網球而心裡不痛快。」

這家人不僅練習，還投入賽事。二〇〇四年二月，年僅六歲的直美在華盛頓港（Port Washington）第一次參加正式比賽，對手是七歲的卡翠妮・斯蒂芬森（Katrine Steffensen）。結果很不理想，直美以一比六、〇比六輸掉比賽。將近二十年後，斯蒂芬森告訴我，她至今依然記得當時情景，因為直美採取不擇手段的戰術，拚命地想要扭轉局面，包括站在發球線上回擊，還有在斯蒂芬森發球後，不等球落地彈起便試圖在半空中回擊。兩個年幼的孩子並不知道這樣做是否符合規定（當然不符合），斯蒂芬森記得她媽媽在一旁觀賽時笑個不停。「她一開始截擊我的發球，我就知道這一定是她第一次比賽。」斯蒂芬森談到直美時說道：「我們當時都還很小。不過，沒錯，或許那是一次很有趣的回憶，顯然也是我的成名之戰。」

六歲的直美生涯前八場比賽都是直落兩盤慘輸；在那段期間，比她大十八個月的麻里則贏了大約一半的賽事。不過，早期成績不佳沒有讓這家人灰心喪志，為了支持全家的網球夢想，環在遙遠的曼哈頓辦公室裡長時間工作。「我記得有很多次，母親凌晨四點就要起床趕公車或是火車。」直美二〇二〇年時這樣說。

環經常想出一些很特別的省錢辦法，有一次，女兒要求去洛克菲勒中心（Rockefeller Center）溜冰，於是她在家裡地板上倒一些油，讓她們在上面滑來滑去。「現在回想起來，我真不知道當時為什麼要這麼節省。」她後來說。

環長時間工作和通勤，倫納德則沒有任何全職工作，而是把時間花在球場上訓練女兒，以及在球場外實現另一個夢想。

…………

倫納德用全名倫納德・馬克西姆・法蘭索瓦（有時則是馬克西姆・法蘭索瓦）參與三部獨立電影的選角、製片、拍攝、導演和剪輯。他在銀幕上講述的故事無比黑暗，與他樂觀的網球夢想形成鮮明對比。在這三部英語、海地克里奧爾語（Creole）並用的長篇電影中，倫納德主要探討的是自我毀滅的行為和敗德毀譽的事件，故事中交織著問題婚姻、通姦、厭女、暴力、法律風險和移民議題等情節。美籍海地裔音樂家兼演員本丘米・伊萊恩（Bennchoumy Elien）主演這三部影片，每次都扮演一個有缺陷的角色，在與心魔的搏鬥中失敗。伊萊恩是英俊的男主角，在與倫納德合作的第一部長片中，獲得兩位青澀的搭檔——直美和麻里。

《自私的愛》（*Selfish Love*）是倫納德拍攝的第一部長片，描述一段關係惡劣的婚姻，他讓女兒分別飾演劇中的兩個孩子瑞秋（Rachel）（直美）和艾麗西亞（Alicia）（麻里）。拍攝地點定於住家和周邊，大部分場景都在他位於埃爾蒙特的住家和附近一些地方。多數演員來自他的大家庭和一些鄰居，這些人全都是門外漢。伊萊恩為倫納德引薦蘇拉．比恩．艾梅（Sulaah Bien Aime），這位美籍海地裔作家在短短兩週內就根據倫納德的構思創作出劇本。

在某個高潮場景中，女兒目睹父親毆打母親，麻里飾演的角色打電話報警——這是影片中**第四次**出現毆打的情節。比恩．艾梅告訴我，她在拍攝中問過倫納德，對女兒出現在這些暴力場景中有何感受。「這些暴力場景雖然都是假的，但我不知道他希望女兒涉入多深。」比恩．艾梅告訴我：「他回答：『唔，我想拍一部電影告訴她們，要是遇到類似情況，她們知道該怎麼做，也不必默默忍受。』」

比恩．艾梅說，場景以倫納德住家為主，現場往往有十五到二十人。「我們日夜不停地拍攝，」她告訴我：「只要他家裡有地方，我們就會躺下來小睡一下，沒多久又立刻爬起來。」比恩．艾梅還一手包辦多項劇組工作，比如幫演員化瘀傷妝。「我們都全心投入拍攝工作。」她回憶。

這部小規模小成本影片只用一台攝影機，在倫納德實現夢想的計畫中，所有參與的人員都是無償奉獻。比恩．艾梅說，他們的工作是送給倫納德的禮物，大家都稱呼他馬克斯（Max）。「有這麼多人支持馬克斯是一件了不起的事。」她說：「這也和他的個性有關，他非常安靜低調，但你絕對不會忽略他的存在。他身上自帶一股強大的氣勢，你一定感覺得到，但他也非常放鬆和悠閒。」

歷經幾週緊鑼密鼓的工作之後，他們終於完成拍攝。「在他臉上洋溢著自豪，就像在說：『沒錯，這就是我完成的。』」比恩．艾梅說：「他真的非常自豪，你知道嗎？因為每個人都有夢想，而當你有夢想時，往往需要一個團隊來實現。」

直美後來成了世人矚目的焦點，但倫納德涉獵電影的這段經歷很少被提及，因為看起來與這家人的故事很不協調。「人們有時會把我在電影裡露面的片段傳給我看，真的很尷尬。」直美在二〇二三年時說：「但對於小時候的我來說，那真是一段美好的日子。」

比恩．艾梅認為，看到父親實現拍電影的夢想，可能對直美帶來正面而持久的影響。「我認為，無論你信還是不信，一旦看到父母投入一件事並貫徹到底，這種記憶就會在需要時推動你前進。」她說：「什麼領域並不重要，重要的是一定要完成。很多人都想投入某件事，卻不知道如何完成。」

⋯⋯⋯⋯⋯⋯

這家人雖然已在紐約紮根，但倫納德對她們在紐約打網球的進展不太滿意，因為當地一年中有幾個月太冷，無法在戶外打網球。室內球場又少又貴，每小時要價約一百美元。此地的網球熱度也不夠，沒有人像他一樣懷抱雄心壯志，大多數父母並無意栽培孩子成為職業選手，只希望他們透過這項運動獲得大學的體育獎學金。

倫納德繼續按照威廉絲姊妹的藍圖行事，他清楚看到下一步該怎麼走。二〇〇六年十一月，又一個冬天即將來臨，他突然宣布要搬去佛羅里達。雖是一時興起，但倫納德迫不及待地執行這個想法。他匆匆幫女兒辦了轉學手續，然後收好行李，把它裝進二手的日產（Nissan）Quest 小廂型車裡，命令女兒上車，向母親道別。「離開時我真的很難過。」直美多年後說，她尤其遺憾沒能和學校裡最好的朋友茉莉（Jasmine）道別。

之前從日本搬到紐約有經過環的同意，但倫納德這次的突然變動令她措手不及。她是家裡唯一的經濟支柱，也很喜歡曼哈頓的工作，總覺得不應該就此離開。倫納德見環猶豫不決，便私自決定帶走女兒，把她留在紐約。

「這不就是綁架嗎？」她在《穿越隧道》中寫道。

突然一個人和公婆一家住在一起的環，只好在網路上尋找佛羅里達的工作機會。曼哈頓的工作需要一個會說英語和日語的人，公司要求她再待一個月，以便找到合格的替代人選。倫納德愈來愈不耐煩，開始指責她不忠又不守婦道。「『妳一定有男朋友。不能馬上來實在可疑，我懷疑妳是不是在密謀什麼。』」環在《穿越隧道》中回憶他當時說的話，接著表示在電話中聽到女兒「媽媽，媽媽！」的聲聲呼喚。

迫於壓力，又不忍心與女兒分離，環在丈夫和女兒離開三週後，毅然丟下還沒找到接替人手的公司並離開紐約，來到這個全球夢想家追逐網球名利但前途未卜的希望之地，全家終於再度團圓。

直美曾說，無論是當時還是之後的許多年，她都沒有質疑過父親為了網球而遷居的決定。「這看起來絕對是一場很大的賭博，我們本來可以像普通孩子一樣去上學之類的。」直美在二〇一九年時說：「但對我來說……他的所作所為塑造了我的心態，變成現在這樣，那就是不要過度懷疑。」

南佛羅里達在網球界獨具意義，如同納許維爾（Nashville）在鄉村音樂界占據重要地位，只要手中有絃樂器，心中有夢想，那裡就是實現夢想的地方。一九七〇年代，這些彈跳的黃綠圓球*已經和柑橘類水果一起成為佛羅里達的經濟「作物」。一九六八年，大滿貫賽事開始頒發獎金並允許職業選手參賽，佛羅里達全年溫暖的氣候使此地成為培育網球人才的溫室。一九七八年，在網球「公開化年代」（Open Era）滿十年之際，網球教練尼克・波利泰尼（Nick Bollettieri）在佛羅里達的布雷登頓（Bradenton）開辦與他同名的網球學院。在網球場和棕櫚樹的烘托下，波利泰尼學院（Bollettieri Academy）看起來就像座熱帶度假村，但它其實是職業學校，為年輕學生提供世界上最全面的網球教育，幫助他們在利潤日益豐厚的職業網壇中嶄露頭角。

波利泰尼培養了幾位網壇明星，安德烈・阿格西和莫妮卡・莎莉絲（Monica Seles）都是他早期的得意門生，於是佛羅里達各地開始出現更多網球學校。波利泰尼學院依然是規模最大的，為數百名網球選手提供服務（後來被運動管理集團ＩＭＧ收購，開始培訓其他領域選手）。克里斯・艾芙特（Chris Evert）退役後，在博卡拉頓（Boca Raton）成立了艾芙特網球學院（Evert Tennis Academy）。美國網協也共襄盛舉，在博卡拉頓開設培訓中心，後來又在奧蘭多（Orlando）開設大型綜合培訓中心。

幾乎所有的頂尖網球選手在養成過程中都至少會進入一所網球學院，就連威廉絲姊妹也不例外。一九九一年，她們從康普頓搬到佛羅里達州，在瑞克馬奇網球學院（Rick Macci Tennis Academy）待了四年，由馬奇本人出資。†

儘管在威廉絲姊妹的傳奇中，馬奇經常被排除在外，但只要仔細研究她們的故事，依然會發現他和佛羅里達這幾年的培訓功不可沒。「『從康普頓到培訓中心球場』的說法總是更好聽一些。」馬奇告訴我。家長紛紛在自己孩子身上看見網球冠軍的希望，於是成群結隊來到他的學院。「你得明白，一九九五年以來，我聽過成千上萬次這句話：『我家有下一個大威廉絲和小威廉絲。』」馬奇告訴我：「這很殘酷，也很不幸。」馬奇說有些父母會把女兒的頭髮編成小辮並套上珠子，就像威廉絲姊妹小時候的髮型，以一種角色扮演的方式來展現她們的相似之處。「有人告訴我，他家的孩子會比小威廉絲更傑出，但這些小孩平常根本不打網球！」馬奇說：「我心想：『呃，至少讓小孩開始打球吧！』實在太瘋狂了。」

不過，馬奇也並不否認在選手的生涯藍圖中，佛羅里達是終極聖地，無論氣候還是文化都非常適合運動員。「說到天氣，你可以每天訓練，這是第一個好處。」馬奇說：「第二，這裡是一個大熔爐，世界各地的移民都有。」

---

* 國際網球總會（International Tennis Federation, ITF）於一九七二年允許使用黃綠色球，因為在電視轉播中，黃綠色球比以前的白球更顯眼。

† 直到二〇二一年電影《王者理查》（*King Richard*）問世，編劇查克・貝林（Zach Baylin）將馬奇（強・柏恩瑟〔Jon Bernthal〕飾演）和他的學院列為劇本重要元素，馬奇的貢獻才得到更多認可。這次改編讓他感到無比欣慰。「這是件大事。」馬奇說：「因為這本來就是事實。」為了慶祝好萊塢為他平反，馬奇把學院徹底裝飾了一番，在各個角落掛上電影海報及自己和威廉絲一家在首映會上的合照。每天晚上，馬奇學院的擴音器都會播放《王者理查》原聲帶中獲得奧斯卡（Oscar）提名並由碧昂絲（Beyoncé）主唱的〈活著〉（Be Alive），就像播放國歌一樣。電影上映後，馬奇將私人教練鐘點費提高了數百美元。

從西棕櫚（West Palm）到邁阿密，每個週末都有比賽。」

氣候溫暖，賽事熱烈無比。前WTA選手妮哈．烏貝羅伊（Neha Uberoi），曾在普林斯頓大學（Princeton University）和哥倫比亞大學（Columbia University）攻讀學位，並成為心理治療師與社會工作者。談起當年從紐澤西州（New Jersey）搬到野蠻生長的「佛羅里達青少年網球叢林」時所受到的「文化衝擊」，她說：「每一個在界內且離線還有十五公分的球都會算界外，你不知道該怎麼辦。你會受到非常不同的教育，其實這對退役後的生活依然大有幫助，你可以識破騙子和作弊者，並知道如何處理。」

⋯⋯⋯⋯⋯⋯

就在大坂一家搬家期間，線上自學開始問世，使得佛羅里達網球學院如雨後春筍般出現。在接下來的童年生活裡，麻里和直美沒有上過一般學校，在紐約時她們有朋友和鄰居，但在佛羅里達的生活模式導致她們的社交圈子幾乎封閉。「我的成長過程——我不想說『受到保護』，但我這輩子只認識五個人，你明白我的意思嗎？」直美後來說。她直到十八歲才有手機，她解釋那是因為：「我總是和父親在一起，沒有朋友。」

這種轉變對姊妹倆來說非常難熬。「我不喜歡在家自學。」麻里告訴我：「生活方式完全不一樣，從身邊充滿同齡朋友變成六、七年只見到父母和妹妹這三個人。除非我爸帶我們去學院受訓，否則很少有機會和（其他）人交流。我經常抱怨沒有朋友，也常想離家出走。」

姊妹倆多半透過螢幕與家庭以外的世界互動。麻里在紐約的小學喜歡上藝術課，改為在家自學後，她上非常藝術（DeviantArt）和蓋亞（Gaia Online）等數位藝術論壇活動。直美也在網路上磨練個性和幽默感。「我覺得自己是網路的孩子。」直美十八歲時第一次接受我的採訪，當時她這樣描述自己：「我等於是被網路養大的，那上面的笑話可能在某些時候顯得不太入流，所以我會把它們鎖在心裡……如果你挖掘 YouTube 的黑暗面，沒錯，你會看到一些我會講的笑話。」

••••••••••••••••••••

佛羅里達的名牌網球學院博得世人關注，也吸引許多頂尖人才，對於那些用錢堆起來但資質普通的學員，大可以向他們的父母收取最高額學費。然而，追逐網球夢想的孩子和家長實在太多，因而也催生了新型態的教練，他們在南佛羅里達的公園開設小班課程，把那些無力支付名牌學院高額學費的孩子納入班底。

安德烈．科茲洛夫（Andrei Kozlov）便是這類型的教練。他曾在馬奇學院工作，擔任珍妮佛．卡普莉亞蒂（Jennifer Capriati）等球員的練球搭檔，但愈來愈不滿意低廉的時薪。拿到綠卡後，科茲洛夫租下彭布羅克派恩斯（Pembroke Pines）CB 史密斯公園（CB Smith）的公共球場，創辦自己的學院。科茲洛夫曾是俄國青少年網球冠軍，明顯俄式操練風格，他讓孩子們慢跑，並在集體訓練時要求他們站成一排，把磨損嚴重的網球拋給他們。這種簡樸而軍事化的訓練模式與科茲洛夫本人的旺盛精力相當一致，他「一年工作三百六十二天」，每年只在妻子生日時休息幾天。

大坂一家搬到了彭布羅克派恩斯，位於住家以西六．四公里處的科茲洛夫網球學院（Kozlov Tennis Academy）是姊妹倆受訓的第一站。「大坂直美剛從紐約搬來，她過來找我。」科茲洛夫以典型的直率方式回憶：「我記得她看起來沒什麼特別的……在網壇，你永遠不知道會怎樣。」

科茲洛夫欣賞倫納德對網球的執著，但這還不夠。倫納德說，他付不起科茲洛夫要求的時薪，但科茲洛夫做的是小本生意，不付錢的顧客會讓他吃不消。她們在科茲洛夫網球學院只待了一週就離開。「她沒有錢，付不出學費，之後她就去了另一個地方。」科茲洛夫談到當年的直美。

這個基本商業公式似乎不言自明，沒錢等於沒教練。他們在南佛羅里達的公園間遊走，倫納德找到一些願意免費幫助他們的人，也對其他人許下承諾，這些人以為會得到回報，但從來沒有。

⋯⋯⋯⋯⋯⋯

倫納德多半都是獨自在布洛瓦郡（Broward County）的公園裡訓練女兒，雖然她們沒有繼續接受安德烈・科茲洛夫的指導，倫納德還是經常帶麻里和直美回到ＣＢ史密斯公園。安德烈的兒子斯蒂芬・科茲洛夫（Stefan Kozlov）憑自己的本事成為ＡＴＰ選手，他說至今依然清晰記得，當年常常看到大坂一家的廂型車停在附近，以及姊妹倆在場內場外接受訓練。「我記得總是看到她們在山坡上練跑，認認真真地跑山。」斯蒂芬・科茲洛夫告訴我：「差不多早上七、八點，她們一直跑山，她們的爸爸在旁邊督促。」

與大坂姊妹一起受訓多年的薔妮絲・雷諾（Johnnise Renaud）表示，說到這個家庭對網球的投入，顯然「一開始由爸爸主導」，但這種方式最終對女兒產生了感染力。「身為父母，當你放下工作或一切，把所有精力投注在孩子身上，孩子也會感受到你的用心。」雷諾說。

這家人在南佛羅里達的郊區到處尋找免費或便宜的球場。艾利塞奧・塞拉諾（Eliseo Serrano）是米拉馬爾（Miramar）湖岸公園（Lakeshore Park）和庫珀市（Cooper City）布萊恩皮科洛運動公園（Brian Piccolo Sports

Park）的網球部負責人，他記得倫納德和女兒每天在他的球場上打網球三到四個小時。塞拉諾告訴我：「從週一到週五，她們練得很勤。」他說，週末則專門用來參加各種當地比賽。塞拉諾說，公共硬地球場可以免費使用，但在紅土球場打球需要繳納維護費（這個差異可能對直美的網球生涯造成了長期影響）。塞拉諾說，有時候其他教練和家庭也會來，但八〇%的時間都是他們三個人，環偶爾也會在閒暇時過來觀看幾分鐘。塞拉諾仔細觀察他們，對於看到的情景表示讚許。「父親對孩子很好，也非常努力訓練她們。」塞拉諾說：「你知道嗎？他很有耐心，雖然很忙，但很有幽默感，從不生氣……有些父母不會這樣對待孩子。」

大坂一家有時獨自練習，有時也會和一些教練及球員一同練習。比爾．亞當斯（Bill Adams）住在德拉海灘（Delray Beach）時曾與威廉絲一家短暫合作過，他認為這可能是吸引大坂一家找上他的原因。亞當斯是蓋亞那（Guyana）裔美國人，曾是澳洲傳奇教練哈利．霍普曼（Harry Hopman）的學生，長期與來自加勒比海各地的球員合作，比科茲洛夫更樂於改變收費模式來提供幫助。「我不提供非營利訓練課程。」亞當斯在二〇一九年告訴《南佛羅里達太陽哨兵報》（*South Florida Sun Sentinel*）。「但有時你看到某個人，看到他們充滿熱情，這時若發現他們沒有錢，你會幫忙想辦法。」

亞當斯告訴我，說起大坂姊妹：「顯然沒有多少錢。」但他在倫納德身上看到熱情，於是提出協議：如果倫納德在亞當斯的球場上幫助其他學生練習，他的女兒就可以免費受訓。「他會在我的其他球場丟球給學生練習，這就是我們談好的不收費模式。」亞當斯告訴我：「我非常滿意，通常我不會這樣安排；我很少這麼做。但是，沒錯，我很喜歡這家人。」

大坂一家經常使用球場，亞當斯乾脆給他們鑰匙，讓他們自己開門，隨意進出。然而，大坂一家後來合作的幾位教練都沒有這麼信任他們。

海地網球選手克里斯多夫．尚（Christophe Jean）於二〇〇一年搬到南佛羅里達，很快開始擔任教練。他在龐帕諾海灘（Pompano Beach）網球場告訴我，他在那裡每週五天訓練大坂姊妹長達兩年。「每天在球場上訓練五、六個小時。」他說：「你必須在兩年內努力打球，才能不斷進步。訓練量很大，我們在球場上花很多時間。我把她們逼得很緊，她們也沒有任何問題。」

龐帕諾海灘網球中心（Pompano Beach Tennis Center）的負責人艾迪．斯波薩（Eddie Sposa）給了大坂姊妹免費時段，讓她們和他最喜歡的員工尚合作。「每小時七．五美元。」斯波薩告訴我球場的費率：「不妨全部加起來，看看有多少錢。」

然而，尚不像亞當斯那樣是大型計畫的知名教練，他說自己無法在零報酬的情況下長期訓練大坂姊妹。他承認，這家人也付不起他的鐘點費。「他們那時沒錢。」尚告訴我：「我跟那位爸爸說，每個月給我三百美元也好，至少可以買球和加油。」但僅僅支付了一個月的費用，他們就吃不消了。「他告訴我：『克里斯多夫，家裡只有我妻子在工作。』為了網球夢想，當時他沒有工作，所以也沒有錢。」

科茲洛夫在這家人付不出錢時停止訓練，尚則因為雙方都來自海地，以及他在女孩們身上看到潛力，想要為她們盡點心。「我不喜歡拒絕有天賦的孩子。」他告訴我：「我知道孩子們會成功，我不想拒絕她們。倫納德也是海地人，對我來說，為他們做這些事感覺很好……我們之間有一種連結。你看，當你遇到海地人，即使本來不認識，你還是會了解他們。」

尚說，他會在清晨和傍晚為其他客戶上課，以便賺取足夠的生活費。「我們海地人怎樣都可以過活。」他告訴我：「當時我住在一間小公寓，需要支付的帳單不算多，所以還能勉強度日。但那都是為了她們，我把所有時間花在她們身上，因為我知道她們會很棒。」

儘管如此，尚說他的私人課程通常每小時收費六十美元，他希望有一定程度的財務保障。合作幾個月後，尚的朋友幫忙寫了一份合約：

「克里斯多夫・尚和倫納德・法蘭索瓦代表大坂麻里*、大坂直美（網球選手），茲協議如下：雙方同意，固定酬金為代表大坂麻里、大坂直美簽訂的每份網球合約或金錢協議的百分之二十，聘用期限不定。」

這份合約的日期為二〇一二年三月二十一日，經過公證，由尚和代表女兒的倫納德共同簽署。「他接受一切條件。」尚告訴我：「問題是，當時他們不知道直美後來會表現得那麼好。他太希望女兒成功，即使我要求百分之三十，他們也會給。」

尚說，但是他們什麼也沒給。大坂姊妹不久便離開，換了另一個教練。

* 編註：原合約此處是寫 Marie Osaka。

派翠克・陶瑪（Patrick Tauma）是來自瓜地洛普島（Guadeloupe）的法國人，從創辦學院起就開始擔任大坂姊妹的教練，他們因共同的加勒比海法語區血統而結緣。「我一眼就看出彼此之間的連結。」陶瑪告訴我：「那位父親很酷，各方面都很好。」陶瑪說，有一次直美在比賽中表現優異，他答應為她做棒果可可醬可麗餅。他去他們家，這才意識到這家人的生活多麼拮据。「我帶了食物和需要用到的器具，為她做了可麗餅。」陶瑪回憶：「踏進他們家，我才知道他們的收入有多低。公寓裡只有兩個房間，連餐桌都沒有。」

陶瑪跟之前的尚一樣，明白這家人無法支付他的報酬，但他希望獲得一定程度的財務保障。「他們沒錢，那也沒關係。我說：『重點是，我要你們簽一份合約。』」陶瑪說：「那位父親當然會說：『哦，拜託，你可是我們家的一分子，我們永遠不會忘記你。別這樣，我們之間不像其他人的關係，我們不是那樣的。』我說：『沒錯，但你知道嗎？我真的很需要錢。』」

陶瑪說，雙方開始合作幾週後，他寄了一份合約給倫納德，但對方一直沒簽。「幾個月後，我說：『嘿，你看過合約沒？』」陶瑪回憶。「他說：『看了，但你知道，我妻子在日本，你知道，必須等她回來，她在那邊很忙。』好吧。又過了一個月，『呃，你看了嗎？她回來了嗎？』『嗯，但是，呃，我的律師要開庭之類的，他很忙。』倫納德永遠有藉口。」

倫納德繼續在佛羅里達拍電影，並接了一些攝影方面的兼差工作，也為陶瑪和陶瑪的一些球員製作宣傳影片，以表達謝意。陶瑪說，他努力向贊助商和經紀人介紹這家人，希望他們願意出錢，但他們每次都拒絕。陶瑪就這樣無償工作了一年，並承擔練球搭檔和理療等費用，他說自己已到了崩潰邊緣。「我說：『聽著，我還是沒有拿到合約或任何東西，覺得很沒保障，我需要它，你知道嗎？』」陶瑪告訴我，然後拍了一下桌子，彷彿在向我展示他聽到倫納德的回答時心臟的跳動聲。「他說：『聽著，派翠克，我們不會簽合約。』我覺得他（一直）

知道，他根本不會簽。」

⋯⋯

後來，大坂一家找到羅德岱堡（Fort Lauderdale）的資深教練哈羅德・所羅門（Harold Solomon）。所羅門是二〇〇四年國際猶太運動名人堂（International Jewish Sports Hall of Fame）的入選者，他經營的學院規模不大，但客源穩定。所羅門與尚以及陶瑪不同，一開始和大坂一家合作，他便明白也接受他們不會付錢。「我在網球和其他方面已經有不錯的成就。」所羅門說：「對我們來說，沒有報酬不是什麼大事。這裡還有其他拿獎學金的孩子；不是只有大坂姊妹這樣。」

直美的發球和正手拍令所羅門歎為觀止。「直美的力量很驚人，前途不可限量。」他回憶道：「如果你打了兩記好球，通常在網球比賽中就夠了。顯然，她身材高大，球也打得非常好。我是說，她的擊球力道非常強勁。她是未經雕琢的天才，雖然移動技巧不太好，身材也不是最完美，但她還年輕。」

湯姆・唐斯（Tom Downs）是曾為所羅門工作的澳洲資深教練，他全力指導直美在擊落地球時運用更多腿部力氣來產生揮拍力量。但對唐斯來說，戰術調整同樣重要，直美曾形容自己早期的心態是「苦練女王」，擊球時她必須果斷堅定並強力進攻——他認為這樣才能展現她體格方面的天賦。

「她真的有很強的攻擊力和優勢，但她並沒有好好擊球，你知道嗎？」唐斯回憶：「她只是把球打出去罷了。一旦她克服這個問題，並開始打出適合的球路，她就會急起直追了。有一點最為關鍵：讓她運用體格優勢在場上支配對手——這是我們使用的術語。」

最終，所羅門和直美的合作關係宣告結束，並不是因為資金不足，而是他覺得她不夠努力，辜負了他的付出。

「在雙方的協議中，我對她們最終的表現抱著預期心理。」所羅門告訴我：「我對這件事的態度非常強硬，並希望她能明白——如果要我花時間和妳一起上場，因而占用了別人的時間，那麼我希望妳全力以赴，百分之百且無時無刻地全力以赴。」

當所羅門發現直美總是不夠努力，忍不住爆發。「我和她還有麻里一起在場上練習，她付出的努力在我看來不合格。」他說：「我給了她幾次機會，我說：『聽著，努力一點，否則我就讓妳回家。』她沒有照辦，於是我要她回家。我說：『妳走吧，我不想在球場上和妳浪費時間。』」

直美就這樣離開他的球場，再也沒有回來。

倫納德當晚打電話給所羅門，告訴他小女兒不會再去找他了。「『她認為你不尊重她。』」所羅門回憶倫納德說的話：「我說：『唔，我真的覺得是她不尊重我，沒有達到在球場上應該努力的程度。』」

唐斯將這個問題歸咎於要求嚴格的美國教練和內斂的日本學生之間的文化衝突。「我很希望事情沒有演變成那種局面。」唐斯感嘆地說：「我希望他們解決問題，希望直美回來，因為我認為我們教得很好，她也有很大的進步。不過，不管怎樣，後來她的表現確實很傑出。」

05 初試啼聲

Early Start

大坂姊妹不僅三歲開始打網球，第一次參加ＩＴＦ的職業巡迴賽時，年齡也很小。ＷＴＡ的手冊載明規定：「未滿十四歲的球員不得參加任何職業網球賽事。」麻里於二〇一〇年七月第一次參加職業比賽，當時她十四歲又三個月。但還發現，年齡規定中還有一項鮮為人知的條款：「球員的年齡以公開賽單打會內賽的開始日期為準。」下一屆公開賽會內賽將於二〇一一年十月十七日星期一開始，直美可以參加在她十四歲生日前一天舉辦的資格賽。

直美迫不及待，一心只想趕快上場，接下來要做的就是找一個直美在十三歲又三百六十四天時可以參加的比賽。那一週唯一一場美國本土的賽事在南卡羅萊納州（South Carolina）的石山（Rock Hill），從他們佛羅里達的家往北大約要開車一千一百二十公里。對大坂姊妹來說，這項賽事沒什麼希望，因為有很多經驗豐富的美國選手可能會參賽，輪不到直美這種沒有排名的選手上榜。他們必須找到更偏僻的賽事，最終決定不開車往北，而是搭機朝南方飛行將近九百公里。

理查·拉塞爾（Richard Russell）決心讓牙買加（Jamaica）的名號在網球界嶄露頭角。在WTA榜上有名的一千兩百多名女選手中沒有牙買加人，來自加勒比海各國的選手也屈指可數，因此牙買加網壇元老拉塞爾率先在蒙特哥灣（Montego Bay）舉辦了一系列經核可的最低級別職業賽事，它被樂觀地取了一個稱號：「未來賽」（Futures）。

未來賽的獎金少得可憐，資格賽不僅沒有獎金，還需支付四十美元的報名費；若在會內賽中首輪失利，只能獲得九十八美元。即使是冠軍，獎金也只有一千五百六十八美元，說不定只能勉強支付一週的機票和花費。拉塞爾的比賽更有價值的獎勵是排名積分，因而吸引了全球排名墊底和沒有排名的新秀來到蒙特哥灣，希望自己能擠進WTA的排名榜。「有些球員想找機會打一場實力普通的比賽，而我們這裡讓他們有機會獲得一些積分，因此很受他們歡迎。」他告訴我。參加未來賽的球員，只要在會內賽首輪獲勝就可以獲得一個排名積分，賽事的總冠軍可以獲得十二個排名積分。比起大滿貫冠軍可獲得兩千積分和數百萬美元獎金，實在是微不足道，但再怎麼高明的選手都免不了要從零開始。

大坂直美隨姊姊和父親來到蒙特哥灣時，其他參賽選手從來沒有聽說過這號人物，但她的年齡看起來很小，很快引起了人們的注意。「我報名參加抽籤的那天下著雨，大家都在聊天。」多年後，直美接受日本記者內田亞紀採訪時，回憶起當時情景。所有球員都擠在一起躲雨，有人問直美幾歲。她回答「十三歲」時，由於低於ITF規定的年齡，頓時引起眾人注意。「大家都很好奇。」她說。

拉塞爾說，他「依稀記得」直美參加過他的比賽。他說，她當時的身高和明顯的力量讓他留下深刻印象。「從她的年齡和外表，你可以看出她是非常有前途的年輕人，她從眾多女孩中脫穎而出。」

直美在資格賽遇到的第一個對手是另一位沒有排名的選手，她的成長歷程截然不同。二十二歲的阿娜米卡·

巴爾加瓦（Anamika Bhargava）曾在馬里布（Malibu）的佩珀代因大學（Pepperdine University）打過四年網球，從小到大，這項運動一直是她的生活重心，她希望自己在決定放棄之前，先給職業網球一次嘗試的機會。「和大多數職業選手一樣，我從五歲就開始打網球，它基本上就是我生活的全部。」巴爾加瓦告訴我：「每天都是如此。」巴爾加瓦從小就把生命獻給網球，進入大學一直是她的首要目標，由於天賦異稟，她獲得佩珀代因大學提供的全額獎學金。她說：「不上大學這個選項絕對不會列入考慮。」

巴爾加瓦在紐約出生並在孟菲斯（Memphis）附近長大，大學畢業之前曾以業餘選手身分參加過幾次職業比賽，蒙特哥灣是她畢業後嘗試真正職業比賽的第一站。「很多新手都去牙買加，而且是第一次參加比賽。」她回憶。抽籤結果出來後，巴爾加瓦看到了自己第一場比賽的對手，便上谷歌搜尋。她打上「Naomi Osaka」搜尋之後，幾乎一無所獲。

不過，兩人上場後，她很快就認清了大坂直美的實力。「還記得才剛上場沒多久，我就發現她打得嚇嚇叫。」巴爾加瓦說：「我當時想：『哦，天哪。』」巴爾加瓦習慣和比她更強的選手打球；她的戰術是以輕輕的網前吊球、切球和下旋球打亂對手節奏，這種打法經常被描述為「垃圾球」，毀譽參半。

巴爾加瓦記得，賽前直美和父親一起做高強度的熱身運動，但十三歲的她看起來完全沒有準備的樣子，面對垃圾球這種不高明的打法，直美顯得很不適應，失誤愈來愈多，但戰況始終緊張而激烈。「我記得當時比分非常接近，壓力很大——畢竟，那可是十三歲的孩子，不能輸！」巴爾加瓦說：「她非常賣力地打球，但也頻頻失誤。」最終，當著記憶中「寥寥無幾的觀眾」面前，巴爾加瓦以六比三、六比四獲勝，讓直美在期待已久的首場職業比賽中失利。一起來到蒙特哥灣參賽的麻里也沒有好到哪裡去，她在第二場資格賽宣告失利。姊妹倆離開牙買加時，既沒有獎金，也沒有排名積分。

蒙特哥灣位於直美父親的海地家鄉雅克梅勒（Jacmel）以西，兩地相距僅約五百六十公里。但由於加勒比海地區極少職業賽事，這也是直美最後一次在當地參賽。「那次比賽過後，我再也沒有去過牙買加。我真的很想去。」直美在二〇二〇年接受《少年時尚》（*Teen Vogue*）採訪時，談起人生中各種第一次。「不過，沒錯，我輸了那場比賽，沒有留下最美好的回憶。」

巴爾加瓦在蒙特哥灣待了一週，延續擊敗直美的氣勢，一共贏得五場賽事，直到決賽失利。巴爾加瓦在職業網壇的初試啼聲表現亮眼，後來又進過一次未來賽的決賽，但生涯巔峰到此為止。三年後，她的排名已降到六百零八位。巴爾加瓦幾年來「為了獲得積分一直轉戰各地的低級別賽事」，她於二十五歲那年退役，在三年的轉戰中獲得獎金兩萬兩千零九美元。「放棄一件每天都在做的事很難。」她說：「你不知道下一步該怎麼走。」

巴爾加瓦封拍後在舊金山（San Francisco）一家人力資源公司找到工作，但仍持續關注那次在蒙特哥灣遇上的對手。「我從沒想過她會成為網壇一姐，但她做到了。」巴爾加瓦說。她認為，成功的種子當時便已播下。「這要歸功於她強勁的擊球及她父親的嚴格要求，讓一切成真。」隨著直美在別的賽事崛起，那些曾在蒙特哥灣與她接觸及對打的人，憶起當年情景，都以自己能見證她的生涯開端為榮。「看到她這樣的球員小小年紀來過牙買加，後來成為世界級選手，我們都覺得又驚又喜，非常非常開心。」拉塞爾說：「我們真的很高興。」

06 姊妹相爭

Sister Act 2

對於旁觀者來說，即使完全不了解大坂姊妹的背景與崛起事蹟，也能夠清楚看出她們以誰為榜樣。「我和姊姊在公共球場之類的地方練球時，隨便什麼人都會說：『妳們是下一個大威廉絲和小威廉絲嗎？』」直美在多年後回憶。

大坂姊妹各自追隨與自身背景相同的榜樣，姊姊麻里支持大威廉絲，妹妹直美則是小威廉絲的忠實球迷。這兩個家庭之間雖有顯著差異，但兩對姊妹都有一個內在的共通點——麻里和直美與大小威廉絲一樣，也常被拿來比較。

……………

迄今為止，大小威廉絲被公認為二十一世紀女子網壇最傑出的兩位選手，但出乎許多早期觀察家的意料，最先受矚目的並非小威廉絲。一九九〇年代初期，大威廉絲首度獲得全國媒體關注，而小威廉絲通常只是在報導末尾才被提及，或者隻字未提。即使是那些近距離觀察她們的人，早年也對大威廉絲的印象更深刻。

當年瑞克・馬奇舉家搬到佛羅里達並開設學院，他告訴我，大威廉絲的身心素質都比較好，他確信她會是姊妹當中更成功的那一位。「我總是這樣告訴別人：我認為大威廉絲應該是史上最優秀的球員。」他說：「她擁有小威廉絲缺乏的天賦，她是下一個女版麥可・喬丹，跳躍力非常驚人，還有她的切球……我敢說，小威廉絲不會比大威廉絲更好。」

大坂姊妹小時候得到的關注雖然遠遠不及大威廉絲，但姊姊麻里同樣是姊妹當中更受人矚目的焦點。「直美小時候在網球方面的天賦似乎沒有姊姊突出。」環在《穿越隧道》中寫道。

比爾・亞當斯是大坂一家在佛羅里達合作的第一批教練之一，他說這家人第一次來找他時，他就把重點擺在麻里身上了。「一切都是為了麻里。」他說：「直美根本不在考慮範圍之內。」

蕾妮絲・雷諾經常在亞當斯的球場上與大坂姊妹一起受訓，她說毫無疑問，麻里是「最重要的」，而直美則「不是主要焦點」，多半是因為她在青少年比賽中成績不佳。「直美以前常常只能坐在場邊，往往第一輪就出局，我和麻里則繼續打下去。」雷諾說。

克里斯多夫・尚曾長期擔任大坂姊妹的教練，他說，訓練她們時，麻里的打法更吸引他。「她是我當時最好的球員。」尚如此評價麻里。

直美曾說，她因為被低估而燃起了鬥志。「小時候，人們認為我沒有出息，所以我總覺得有必要證明他們看錯了。」她說：「我覺得，這種想法後來一直延續到成年，我會說，我確實在很小的時候就意識到（這個動機），但並不確定是好事還是壞事。」

……………

直美小時候沒有被評為最有前途的運動員，還有一個可能有點膚淺的原因。「她的身材其實有點走樣，那時她是個胖女孩。」雷諾說：「老實說，每個人最在乎的就是她的嬰兒肥。」

尚在二〇一九年接受《南佛羅里達太陽哨兵報》採訪時更加直言不諱。「她很胖。」尚談到直美時，指著她經常癱坐的一個角落說道：「她就坐在那裡，很累，她爸爸說她吃得很多。我的訓練很嚴格，會讓她們進行大量跑步和體能鍛鍊。」

雷諾說，她看到了直美最終的轉變。「隨著時間過去，她褪去嬰兒肥，變得亭亭玉立。」她說。

除了外貌，亞當斯說他曾經打從心底懷疑，直美對於成為網球選手沒有多大興趣。「其實我最近剛見過她，我說：『直美，妳知不知道，一開始我以為妳不喜歡網球。』」亞當斯告訴我：「我可是教練，你懂吧？如果一個孩子在球場上表現出熱情和動力，你絕對看得出來。但是，我在直美身上沒看到。」

．．．．．．．．．．．．．．

雖然大威廉絲先天的身體素質可能比小威廉絲更勝一籌，但父母說，小威廉絲終將成為更好的球員，因為她有驚人的鬥志。「她比姊姊更兇狠。」母親奧拉森．普萊斯（Oracene Price）在一九九九年時說：「維納斯比較有自制力。但如果你對塞雷娜做了什麼，她會斤斤計較，而且牢牢記住，然後找機會反擊你。」

所謂的「反擊」有時候真的是某種攻擊。「你得明白，塞雷娜是有史以來最殘酷的競爭者。」大小威廉絲的早期教練瑞克．馬奇說：「我的意思是，她會為了喝水把別人推開。我們第一次在沙坑裡玩捉人遊戲時，共有四十個孩子，塞雷娜進去時可是握緊了拳頭，一副準備大幹一場的氣勢！我說：『嘿，小威，停，停，停！妳必須張開手玩！』」馬奇說，隨著年齡增長，小威廉絲學會將憤怒化為動力，為她的職業生涯注入火箭般的威力。

不過，小威廉絲的怒火並沒有對準大威廉絲，符合威廉絲家渴望對大眾呈現的團結一致形象。他們希望講述的故事是威廉絲家征戰全世界，而不是大威廉絲與小威廉絲相爭。這個選擇與大小威廉絲在巡迴賽的共存方式一致。廣告宣傳或贊助商常將姊妹倆對戰的賽事渲染成終極對決，但觀眾屢屢發現，她們的對決不僅沒有額外的看頭，反而有點無聊。

「這對她們來說不是件容易的事。」馬奇告訴我：「如果她們全力以赴，將會是地表最精彩的表演。但事實並非如此，因為戰況不夠激烈，她們沒有奮力擊球，沒有全力以赴。姊妹倆對決時，比賽往往不精彩，因為到最後，她們都覺得自己贏了。人在打球時，比起想要贏球，通常會更討厭輸球，但在她們比賽時你看不到這一點。」

不但在比賽中看不到姊妹相爭的激烈戰況，在銀幕上也同樣看不到。從希臘作家艾斯奇勒斯*到英國作家莎士比亞（Shakespeare）的作品，再到美國影集《繼承之戰》（*Succession*），在許多史上最偉大的真實或虛構的戲劇中，手足相爭是不可或缺的元素，大大增添了戲劇張力。但是，二〇二一年，威廉絲家籌拍的電影《王者理查》，劇情描述姊妹倆的崛起歷程，卻明顯省略了大小威廉絲需要對戰及搶奪獎盃的情節。

在大小威廉絲的公開生活中，即使沒有隔著球網對打，也很少（如果有的話）出現姊妹間的嬉鬧或摩擦。無論是身為一個人還是球員，她們談到對方時都會表現出最大的尊重、克制和敬意。

儘管大坂家一直努力仿效威廉絲家的藍圖，但麻里和直美的相處跟威廉絲姊妹完全不一樣。直美拒絕效法長幼有序的精神，任何事都不肯輕易讓步。環在自傳中曾講述一段往事——直美認為麻里多拿了一些燻鮭魚，兩個女孩因而大打出手。母親在佛羅里達某個練習場拍攝女兒打高爾夫球的家庭影片時，也出現過手足間的競爭。「我能用妳的木桿嗎？」十二歲的麻里問十歲的直美：「一下子就好。」直美搖搖頭，不想跟姊姊分享。她打出下一桿，轉頭對媽媽微笑。「高爾夫好好玩！」直美一邊看著自己的球一邊說。然後鏡頭轉向姊姊。「讓我們看看麻里可以打到哪裡。」環在一旁解說。麻里仍然一副不高興的樣子，球還沒有安上球座，她已經朝地面猛力揮桿，球只向前滾了幾公尺。「傻眼耶！」環毫不掩飾地低聲驚呼，然後停止錄影，去給沮喪的麻里一些提示。

從一開始參加巡迴賽，麻里和直美就以時大時小的嬉笑怒罵交鋒。和威廉絲姊妹一樣，年紀較小的直美也是「比較兇狠」的那一個。她第一次參加WTA巡迴賽時，被問及是否與姊姊存在「競爭關係」，當場冷冷地回答：「不存在競爭關係，因為我顯然更優秀！」直美答道：「但她可以試試，我覺得她認為自己總有一天會贏過我，但不用想也知道，我會一直贏下去，真為她感到難過。總之，她還是會繼續努力！」

直美毫不避諱地聲稱自己與小威廉絲一樣，都是「比較兇狠」的妹妹，她說這可能是她在球場上的優勢。「我覺得她有點太過善良。」直美曾這樣評價球員時期的麻里。「呃，我是兇狠的妹妹，她是善良的姊姊。在某些情況下，我覺得她人真的太好……哪怕對手作弊，她也不會以作弊來反擊，諸如此類。」

直美在球場上樂意施展不光彩的手段，平常對姊姊也採取類似做法。二〇一六年，針對姊妹倆當時透過簡訊進行的「嘲諷大戰」，直美解釋：「基本上我們在詆毀對方，所以我不停地把她的照片發到網路上。」直美說：「就是那些最不光彩的醜照，一段時間後，她就不再回應了。我想我傷了她的心，但不管怎樣，我們還是最好的朋友。」

麻里似乎可以無視直美對她的戲弄，不會因此受傷。正如艾琳娜・伯傑隆（Elena Bergeron）二〇二〇年在《紐約時報》撰寫的報導，麻里將直美比作「動畫片《蓋酷家庭》（The Family Guy）的葛屁（Stewie Griffin），這個

---

* 編註：Aeschylus，古希臘悲劇詩人。

角色一方面受限於嬰兒的身分，另一方面卻又生性邪惡。」

‧‧‧‧‧‧‧‧‧‧‧‧‧‧‧‧

由於麻里年齡較大，總是比妹妹率先展開網球生涯的每個新階段。而其父母是第一次教育年輕網球選手，大抵處於「盲人摸象」模式，只能透過不斷的嘗試和錯誤來學習。等到直美開始參加比賽，父母已經更有經驗，對她比對麻里更有耐心，讓她受益匪淺。

環在《穿越隧道》中寫道，倫納德在麻里剛開始參賽時很難接受女兒失利，她引用他說的話：「妳為什麼一再犯同樣的錯誤？好選手第二次就會調整過來，妳為什麼不攻擊對手的弱點？」

「沒有人會刻意輸掉比賽。」環寫道：「我阻止他，因為我考慮到麻里的感受。她落敗後已經比任何人都還難以接受，但他仍不停對她說教，不管是在回家的車上，還是到家之後，他執意在她的傷口上撒鹽。」

環說，倫納德原本對她的抗議不理不睬，但最後還是改採較為溫和的方式。他在練習期間播放比賽影片，而不是輸球後對女兒大發雷霆。直美開始打球後，他們的方式也有所改進。「我們常常對麻里進行嘗試，然後在直美身上修改。」環寫道。不過，她擔心這種改變可能太晚。「想到他當年的批評至今還在麻里心頭留下傷痕，我就百感交集。」

成年後，直美領悟了一個道理，因為凡事有姊姊領頭，她的經歷截然不同。「我確實認為父母對我的管教比對姊姊更寬鬆。」直美在二〇一九年談道：「某種程度上，我保有自我，可以探索的範圍比她更廣，姊姊一定會說我被寵壞了。」

提姆·威格莫（Tim Wigmore）和馬克·威廉斯（Mark Williams）在二〇二〇年出版的《一個頂尖運動員的誕生》（*The Best: How Elite Athletes Are Made*）一書中，整理了幾項研究，揭露弟妹在運動方面的優勢，包括二〇一〇年針對七百對參加過美國職業棒球大聯盟（Major League Baseball）的兄弟所進行的研究。「弟弟在職業生涯中取得優異打擊成績的機率是哥哥的二·五倍。」他們寫道：「整體而言，在打擊手和投手之中，弟弟比哥哥的職業生涯平均多二·五年，總共多打兩百二十六場比賽。」這項棒球研究也顯示，弟弟更大膽、更勇於嘗試盜壘，次數是哥哥的十·六倍。

世界上許多最偉大的運動員都是從家中的第二名起步。麥可·喬丹說，有一個可以挑戰的哥哥，讓他培養了鬥志和威力，成為他在球場上的正字標記。「我認為，從競爭的角度來看，如果沒有與哥哥對抗，我不會走到今天。」麥可·喬丹在紀錄片《最後一舞》（*The Last Dance*）中談道：「當你和深愛的人較勁，內心每一絲鬥志都會被點燃。我總覺得自己在和賴瑞（Larry Jordan）爭奪父親的注意力……這種經歷很痛苦，因為我希望獲得認可，想要那種自信，所以我下定決心要和哥哥一樣好，甚至比他更好。」

直美在二〇二一年與麻里一起拍攝的耐吉影片中也說了很多同樣的話。「姊姊一直是我的動力。」直美說：「現在的我之所以有這種個性，可能和她有很大的關係，因為小時候，她每天都會打我。」

「對！」麻里插嘴，打斷直美的話。

「妳就非要說點什麼不可。」直美瞪著眼睛，帶著一種妹妹特有的惱怒，直到麻里咯咯地笑起來。

「我覺得（輸給麻里）造就我的競爭力。」直美繼續說道：「讓我非常想贏得所有比賽。身為哥哥姊姊的人在這方面應該獲得更多誇獎，所以，我一直都很感激她，雖然她大多時候很煩人。」

直美登上世界排名第一的寶座後，將榮耀歸於麻里。「如果沒有她，我想我不會站上今天這個位置。」直美說：「從小到大，我們倆互相督促；主要都是她在督促我，因為我一直輸。」

⋯⋯⋯⋯⋯⋯

直美確實輸了很多比賽。網球招募（TennisRecruiting.net）網站記錄直美從六歲到十三歲的兩百六十八場比賽之戰績，分別是一二一勝：一四七負（勝率四五・一％），輸的場次比較多。這個階段的麻里戰績比她好，但也不算出色，分別是一九五勝：一三一負（勝率五九・八％）。

她們之間的正面交鋒紀錄則一面倒，在網球生涯大部分時間裡，每次麻里都能在對打訓練中擊敗直美。姊妹倆也進行過兩場青少年正式比賽，分數被列入網球招募網站的紀錄，麻里以六比零、六比零贏得第一場，並以六比三、六比二贏得第二場。之後她們被安排在青少年比賽中對戰，直美兩度以生病為由臨時退賽。「在勝負紀錄上，她的領先次數多達上百萬之類的。」直美曾經這樣說。

但直美從未屈服。「明天我要打敗妳」成了她每天掛在嘴上的口頭禪。她說，打敗麻里是她堅持打網球的動力。「我不記得自己喜歡打球。」直美說：「最重要的是我想打敗姊姊。」

直美首度贏麻里一盤的確切日期已不可考，應該是在十五、六歲左右。比分同樣不可考，直美常常提起這件事，有時說是六比二，有時又說是六比四。但她清楚記得是在綠土球場，這是她最滿意的一點，因為綠土球場是她最不喜歡的場地。

直美最終打敗姊姊，但並沒有因此自滿，她是一位謙遜的贏家，這是別人的評價，不是她自封的。「終於抹去她那令人討厭的笑容。」直美在二〇一六年第一次接受我的採訪時談道。

「我回家後跟媽媽炫耀。」直美在二〇一九年如此告訴美國有線電視新聞網（CNN）。

「她的藉口是前幾天太累，但她前幾天根本沒做什麼！」直美在二〇二二年時說：「老實說，那是我最大的勝利，唔，可以說空前絕後，比所有大滿貫之類的冠軍還重要，我會把它當做這輩子最棒的勝利。而且，她哭了！我是有點抱歉啦，但還能說什麼呢？我說過我早晚會贏妳！」

「我記得當時的妳就是這種表情，世界上最討厭的嘴臉，我巴不得揍妳一拳。」麻里在二〇二〇年一次聯合採訪中告訴直美。

……………

直美在訓練時第一次打敗姊姊，她多次聲稱這是職業生涯的轉捩點。當我對麻里提起此事，她並不記得當時有這麼熱烈的盛況，這也是人之常情。「其實我們之間的比賽從來沒有那麼激烈過，因為不是她年紀太小決定放棄，就是我們大了以後，我決定放棄。」麻里說。

麻里印象比較深刻的是在ＩＴＦ職業巡迴賽上與直美進行的兩場正式比賽。第一次是二〇一二年九月，在佛羅里達東北角阿米莉亞島（Amelia Island）附近舉辦，兩人於四強賽中對決，獎金一萬美元。第二次是二〇一四年三月，在墨西哥（Mexico）中部城市伊拉普阿托（Irapuato）舉辦，兩人於第二輪對決，獎金兩萬五千美元。麻里說，這些比賽都有父親的指示。「第一次我贏了，但那是爸爸要直美讓我贏。」麻里告訴我。「第二次，他要我讓直美贏，因為他不想看到我們賽後吵架。比賽時我還是照打，但大部分時間都很克制。在阿米莉亞島那次，直美若是全力出戰，我不確定她能不能贏我，但我知道在伊拉普阿托我有能力贏她。」

麻里說，她認為父親的賽前指示是為了保持姊妹之間的和平，理查．威廉絲曾被懷疑在更大的賽事上給女兒下過類似指示。麻里說：「我們是非常親近的姊妹，因此平時常常吵架。我想，爸爸是不希望回家路上看見我們在後座不停爭吵。」

……………

在姊妹倆的遺傳基因方面，直美也被證實是贏家。麥可．喬丹明顯長高後才開始擊敗哥哥賴瑞．喬丹。賴瑞的身高僅僅一百七十三公分，比超級球星弟弟整整矮了二十五公分，成為頂尖籃球選手的希望就此落空。少女時期的大坂姊妹在身高上也有著明顯落差，麻里只長到一百六十四公分，比一百八十公分的直美矮了十六公分。直美的身高和臂展讓她更容易打出威廉絲的金字招牌——主導型強力發球；麻里則因身材而受限，只能做個頑強且靈巧的反擊手。

哈洛德．所羅門在直美排名超過麻里後開始擔任姊妹倆的教練，他曾與倫納德坦率地談論兩個女孩的發展模式。「她雖然有一點進步，但與直美相比，她的進步是漸進式的。」所羅門談到麻里時說：「我和她們的父親談過這件事，我說：『聽著，她們當中有一個會非常傑出，到時就會知道傑出到什麼程度，總之會非常了不起。另一個雖然很努力，在球場上也很認真，但身體素質比較不好，所以會出現巨大的差距，麻里遲早要面對這個事實。』她確實很努力，但顯然底子不夠好。我的意思是，看看她們的體型差距，你甚至會以為她們來自不同家庭，她們的體型完全不一樣。」

達倫．卡希爾（Darren Cahill）曾在二〇一四年觀看過姊妹倆的比賽，雖然麻里依然經常擊敗直美，但他看得出來，隨著時間過去，一旦所有發展到位，直美一定會成為更傑出的球員。「你絕對可以看到直美在比賽中進步的潛力，現在的她身材稍微高了點，速度稍微快了點，力量稍微大了點。」卡希爾告訴我。

麻里的發展較為受限，但卡希爾認為，她在球場上樹立的積極榜樣有助於將直美塑造成冠軍。他說：「每個人手中都有各自的底牌，也會盡量利用現有資源，麻里的職業道德、奮鬥精神、在球場上的笑容以及態度都無可挑剔，她讓比賽充滿樂趣。老實說，我覺得她很討人喜歡。她可能也是直美如此傑出並獲得傲人成就的功臣之一，因為這些年來，麻里始終是直美的完美襯托，也是她最棒的朋友。」

卡希爾認為，麻里在突破極限時經歷的掙扎，除了給直美吃下定心丸，也對她產生激勵作用，讓她「以正確的心態看待一切，並對自己的成功心存感激」。他說：「她看到姊姊在賽場上辛苦奮戰，努力要以打網球維生，知道這是非常困難的事。她已經挺過難關，也以比姊姊稍微輕鬆的程度突破極限，我認為這在一定程度上幫助她一步一步地走過來。」

直美經常坦承，很多事情麻里都做得比她好，姊姊是技藝更高超的藝術家。她的舞跳得更好，日語說得更流利。「我一直覺得有點奇怪，我只擅長一件事，就是打網球，」直美曾在二〇二一年談及自己和姊姊的不同之處：「我可以說是努力不懈地在網壇耕耘。」

大坂家對威廉絲家藍圖的執著包括效仿理查的獨特決定，不讓女兒參加十八歲以下的ＩＴＦ青少年公開賽，以保持她們在ＷＴＡ巡迴賽上首次亮相的新鮮感。大威廉絲當初在南加州的十二歲以下賽事取得亮眼成績，隨之而來的是競相簽約；再加上理查在採訪中生動描述自家「貧民窟灰姑娘」故事，這股熱潮使得大威廉絲年僅十歲便登上《紐約時報》頭版。一九九〇年代早期，人們一直在猜測威廉絲姊妹有哪些本事，以及她們何時會大放異彩。「不妨問問看台上的觀眾，他們多半只聽過大威廉絲的名號，不知道五號選手叫什麼名字。」邁克・梅肖（Michael Mewshaw）在《球場上的淑女》（*Ladies of the Court*）書中引用氣憤的經紀人所說的話，時值一九九一年賽季，大威廉絲年僅十一歲。

直美曾說，小時候與大人打球有很多好處。「我一直認為父親的心態很好，我覺得自己因此變得很強。」她說：「我總是被安排和那些力道強勁或體格更壯的人打球。」

威廉絲姊妹在世界性舞台初次亮相之前，避開青少年賽事的做法增加了神秘感和吸引力；然而大坂姊妹依樣畫葫蘆卻得到反效果，變得沒沒無聞。兩個女兒都沒有大威廉絲在青少年賽事的不敗戰績，也沒有在職業賽場上大放異彩，因而很難在人們心目中留下深刻印象。此外，倫納德和環也沒有理查那種吸引經紀人和媒體的口才。除了合作過的教練和在低級別賽事中對打的選手，網球界沒有人知道她們是何方神聖。

大坂姊妹不是大型學院或國家級協會成員，因而得不到支持，孤立無援。環找了一些可能對姊妹倆有興趣的機構、贊助商和設備製造商，一一發送電子郵件詢問，但沒有得到任何回覆。「我這裡那裡到處問，得到的回答都是『不』，或是根本沒有回覆。」她在《穿越隧道》中寫道：「連一個好消息都沒有。」

後來，環的堅持總算得到回報。她被日本球拍製造商優乃克（Yonex）的美國分公司拒絕後，寫了一封親筆信寄給日本總部的總裁米山勉（優乃克創始人米山稔的兒子）。

環的信成為優乃克的傳說。「環非常絕望，她在信中坦白（傳達）心境。」優乃克美國分公司現任總裁下條紀臣（下条紀臣）告訴我：「米山勉開始思考，在這個有電子郵件、電話和其他通訊方式的時代，她居然親手寫信來說『請支持我們』。這是一家日本公司，而他們也是日本人。」

米山勉連絡當時的美國分公司負責人海老原宏明，命令對方協助「姓大坂的網球運動員的母親」。協議上並沒有提供直接的經濟支援，但免費和打折的優乃克商品是重要的救命繩。「雖然當時得到的支持並不多，但多虧了那些球拍、球鞋和許多運動衫，我們才能度過艱難的時期。」環寫道。

環的小女兒拿到這些球拍後，要想邁出下一步，必須展現她的實力。

……

二〇一三年某個閒散的春日，全球運動管理公司八方的維吉尼亞州麥克萊恩（McLean）辦事處助理丹尼爾·

巴羅格（Daniel Balog）查詢了公司最有前途的客戶——瑞士天才少女貝琳達·本西琪（Belinda Bencic）最近的成績。本西琪十六歲就參加十八歲以下級別的比賽，在全球獨占鰲頭，取得三十九場連勝，包括法國網球公開賽和溫布頓網球錦標賽（The Championships, Wimbledon，簡稱溫網）的女子單打冠軍。

二〇一三年，本西琪的職業排名一路飆升，進入到前兩百名。儘管過程中她多次戰勝前一百名的選手，卻難得地有一場失利，這讓巴羅格非常詫異。在阿拉巴馬州（Alabama）一場小型職業比賽中，她在首輪以六比三、六比三的懸殊戰績輸給了排名第一千零二十四位的選手。

這位選手比本西琪小七個月，但從未參加過ＩＴＦ青少年比賽，任何找得到的出版品中也都沒有關於她的報導，巴羅格不由得感到困惑。「我就想，『呃，這個打敗貝琳達·本西琪的女孩究竟是何方神聖？』」巴羅格談起這段回憶。他在網路上找不到令人滿意的答案，只能問自己。接下來，他開始深入挖掘，想看看能不能找到神秘的大坂直美的任何資訊。

……………

打贏本西琪讓十五歲的直美嶄露頭角，但比賽當天，她在阿拉巴馬佩勒姆網球俱樂部（Pelham Racquet Club）的開始不太順利。當天比賽被安排在較晚的時段，但直美從早餐後就沒有吃過東西，快要上場前，她發現肚子一直叫。「我當時在想：『噢，我有點餓了。』」直美回憶道：「我應該餓著肚子參加比賽嗎？」她和父親認為不應該，於是倫納德跑到商店買了一些鳳梨丁。

直美不確定該不該吃東西，但倒是很清楚對手的底細。「我記得，呃，其他選手都在談論她。」直美告訴我：

「她有很多我無法理解的戰術或做法。」本西琪年紀輕輕就相當成功，不僅有贊助商提供最新款的愛迪達（Adidas）服裝，還在衣服上縫了五個其他贊助商的商標，使她看起來就像美國賽車協會（NASCAR）的賽車手。「我當時想，『哦，她已經有這樣的東西了，挺酷的。』」直美回憶。

伊凡．本西琪（Ivan Bencic）是貝琳達的父親，也是她當時的教練，他告訴我，他們從來沒料到直美是這麼強的對手。「因為貝琳達已經打敗所有、全部、每一個同齡女孩，所以我們根本沒把直美放在眼裡。」他笑著說道。

儘管兩人的服裝和血統不同，但直美展現出她已經為了這一刻做好準備。在沒有球僮和線審的綠土球場上，直美隨心所欲地強力擊球，讓本西琪應接不暇。直美的力道，尤其是猛力的發球，連她自己都很意外。「我十五歲時，突然發現自己的發球非常強勁。」直美說：「沒錯，我這輩子曾經有一段時間是拚盡所有力氣在打球。」

直美的凌厲攻勢讓本西琪留下深刻印象。「我確實記得那場比賽，在阿拉巴馬的佩勒姆。」九年後，貝琳達．本西琪笑著重提往事：「我記得她當時已經打得很猛，我是說，比以往面對的其他青少女選手更猛。很明顯，她與眾不同，沒有把自己當成青少女，所以她已經習慣和比我厲害的成年女性對戰。」

伊凡．本西琪在一旁觀賽，目睹女兒對直美新發現的發球威力束手無策，她從未在同齡對手身上看到這麼強勁的發球。「貝琳達在連串來回球方面更勝一籌，但無法破掉她的發球局，找不到機會。」他說。

直美完成最後的破發，一記反手對角球讓本西琪手忙腳亂地趕到左邊，球拍僅能勉強碰到球，終場以六比三、六比三獲勝。「讚～啦！」直美走到網前握手時，輕鬆而滿意地說。

「從那時起，我們就認識了大坂直美這號人物。」伊凡．本西琪又笑著說。

直美在佩勒姆的下一場比賽輸給了莫妮卡．普伊格（Monica Puig），但因晉級第二輪，獲得了九個排名積分，破了生涯以來的最高紀錄。憑藉這些積分，直美的排名一口氣躍升兩百多位，躋身前一千名，超越數百位比她年長的選手，並且首次超越麻里。

倫納德頗有先見之名，賽前便在場地的後方柵欄安裝攝影機，記錄小女兒與本西琪的比賽。女兒最強勁的幾次擊球和戰勝本西琪的瞬間，成為年度精彩回顧的重要片段。短短幾週後，即使只有那場比賽的分數出現在巴羅格的電腦螢幕上，也已足以讓大型經紀公司首次注意到直美了。

…………

巴羅格得知大坂一家住在佛羅里達，便查出環的電話號碼並打了過去。幾週後，巴羅格飛到佛羅里達，觀看大坂姊妹的訓練。「我還記得那些公共球場，地上都有裂縫。」巴羅格說：「直美強勁的力道首先吸引我的注意，她打出去的球明明很猛，揮拍卻彷彿無比輕鬆。我當時只是剛入行的經紀人，但心裡想著——哇，真讓人大開眼界。」巴羅格曾在喬治亞州立大學（Georgia State University）打過網球，他很快就做了決定。

這家人請律師審核合約並簽了字。巴羅格說，大坂一家很高興網球界有人相信他們，而他也很高興自己的第一份客戶名單上有她的名字。「這是我為八方簽下的第一個客戶。」巴羅格告訴我：「我在網球界的第一個客戶是直美。」

…………

網壇經紀人總是守在青少年賽場上，等待最有潛力的年輕選手大放異彩。巴羅格一反業界常規，在付出大量心血後，終於發掘了沒沒無聞的直美。大滿貫第一週的激烈賽事結束後，第二週時，大多數經紀人和贊助商都會待在球場外圍，尋找全球最優秀的青少年，看看誰的擊球最讓人刮目相看，誰的外表又最吸引人。

巴羅格與大坂姊妹合作後，對於她們是否加入青少年巡迴賽的問題依然懸而未決。「我們一直在爭論該不該參加青少年比賽。」巴羅格回憶：「因為按照慣例，所有品牌方都會去大滿貫觀賽。我們權衡利弊，結論是如果去打青少年賽事，可能會不太順利，被相中的機會可能會稍微受到影響。我記得當時就是這麼考慮的，而我也能接受這個決定。」

由於直美避開了贊助商一貫注重的青少年賽事，巴羅格必須竭盡全力，才能讓直美成為吸引他們的目標。在佛羅里達一年一度的著名青少年賽事「橘子碗」（Orange Bowl）舉辦期間，他邀請贊助商來賽事附近觀看直美練習。「乾脆去找那些一定會去佛羅里達的品牌方，請他們來看看直美，對吧？」他告訴我：「乾脆自己辦個小小的發表會。」巴羅格說，愛迪達、王子（Prince）和威爾勝（Wilson）等品牌代表都來看直美練習，很多人都留下深刻的印象，但沒有人打算交易。

08 進展

Making Moves

二〇一九年，大坂直美排名世界第一，獲得數千萬美元獎金和代言費。她解釋，儘管高居世界第一，她仍認為自己在網球方面並沒有比其他選手強。「到了一定程度，天賦不再有用，從那時起，你必須比別人更想贏。」她對《誘惑》（*Allure*）雜誌說：「我想，這是我從小就注意到的重點，所以我一直很幸運。我的意思是，我的成長歷程和周圍環境迫使我這樣想。

「父母不是最富有的人，那我該怎麼辦呢？」她繼續說道：「我也不是最聰明的，但你知道嗎？我一輩子都在打網球。所以，我想像不出自己（還能）做什麼，要不成為頂尖好手，要不窮到無家可歸。」

二〇一四年夏天，她所謂的「窮到無家可歸」差點成真。

⋯⋯⋯⋯

二〇一四年七月七日，在當週的ＷＴＡ排名中，大坂直美的名字旁邊寫著第三百六十七位，姊姊大坂麻里的名字旁邊則是第五百六十位。

在另一個資料庫中，當週大坂夫婦的名字旁邊寫著 COWE-14-006889，這是他們在布洛瓦郡法院（Broward County Court）的新案件編號，他們即將被強制驅離住宅。

這家人的彭布羅克派恩斯公寓新房東已於六月向大坂環和倫納德・法蘭索瓦下達驅逐令，要他們在一個月內遷出。「租戶未能且拒絕將房屋所有權交還原告。」七月八日提交的訴狀上寫道。兩天後，戈恰法律服務公司（Gotcha Legal Services, Inc.）的員工在大坂家門上張貼驅逐令。

環和倫納德在接下來的幾個星期與房東達成和解，同意「在大坂一家遵守本協議條款的前提之下搬出公寓，無須支付任何租金。大坂一家應在二〇一四年八月十八日下午三點前完全撤離房屋，並搬走所有個人物品和垃圾，使房屋處於『完全淨空』的狀態」。如果這家人未能遵守協議，將會被追繳每月一千兩百美元的租金。

姊妹倆在比賽中拿到的獎金寥寥無幾，始終無法支付家庭開銷。上一屆在厄爾巴索（El Paso）舉辦的小型賽事中，直美曾經打進決賽，但這一屆她在第一輪就輸了，排名也從先前的三百六十七位跌到四百名之外。至於麻里，職業排名一直沒有打進前五百名，兩人都在低級別的賽場上徘徊，還有很長的路要走，暫時看不到突破的希望。儘管這家人盡可能節省開支，比如開車去參加遠在德州（Texas）的比賽，帶一個電爐在旅館房間裡煮飯，但收入還是遠遠不夠應付開銷。直美在二〇一四年上半年的收入只有六千兩百九十美元；麻里只有兩千一百六十美元。兩人都沒有找到願意投資的贊助商。

…………

環負責安排女兒的賽程，對於所有可以參加的賽事，她都密切關注有哪些選手報名。花旗銀行公開賽（Citi

Open）是WTA巡迴賽最低級別的賽事，二〇一四年的比賽訂於七月下旬在華盛頓特區（Washington, D.C.）舉行，環為直美報名，讓她進入資格賽候補名單。環打的如意算盤是——只要退賽的選手夠多，直美就能第三度進入WTA巡迴賽的資格賽（之前在魁北克〔Quebec〕和東京舉辦的WTA巡迴賽中，她都在資格賽首輪即失利）。

環也為女兒們報名大型賽事，當做長期備選方案，但這類比賽的晉級率世界聞名地低，環不過是「冒險一試」。但突然間，直美開始在比賽中過關斬將。西部銀行精英賽（The Bank of the West Classic）*在加州帕羅奧圖（Palo Alto）的史丹佛大學（Stanford University）舉行，年復一年吸引眾多世界頂尖選手前來參賽。世界排名第一的小威廉絲和另外八位排名前二十的選手都共襄盛舉，大威廉絲也已報名。

在最初的參賽名單中，最後一位進入資格賽的選手是排名第一百九十四位的薩吉亞・維克里（Sachia Vickery），此後，參賽選手開始迅速退出。環已經為家人在華盛頓訂好旅館，但隨著直美的戰績愈來愈好，愈來愈有希望參加史丹佛賽事，她決定讓直美改去加州。環為父女三人預訂機票和一個兩張床的旅館房間。排名第四百零六位的直美和第五百四十二位的麻里將進入資格賽，從開啟網球生涯到那時為止，這是她們最重要的一次比賽，而且姊妹倆只能擠在一張床上，因為家中經濟狀況正面臨最危急的時刻。

「如果她按照原定計畫參加華盛頓特區的花旗公開賽，我不知道結果會如何。」多年後，環憶起那個永遠改變直美職業生涯的重要決定，在回憶錄中寫下這幾句話：「我不知道那個岔路口會通往哪裡。」

⋯⋯⋯⋯⋯⋯

在史丹佛的第一場資格賽中，直美迎戰了排名第一百三十位的俄羅斯選手艾拉・庫翠雅芙絲娃（Alla

Kudryavtseva）。她是古典摔跤世界冠軍的女兒，最著名的比賽是六年前在溫布頓網球錦標賽第二輪擊敗瑪麗亞・莎拉波娃。直美曾經打敗排名與莎拉波娃相當的選手，比分為六比四、三比六、六比一。直美是家中唯一曾經闖進第一輪的選手。儘管麻里的抽籤結果更為有利，對手是排名第三百七十位的瑪麗娜・沙梅科（Marina Shamayko），但三盤過後還是敗下陣來。

現在全家都將希望寄託在直美一人身上，她也順利打進資格賽第二輪——也是最後一輪。對手是排名第一百九十七位的佩特拉・瑪蒂奇（Petra Martić）。直美在決勝局輸掉第一盤後奮起直追，最終以六比七（四）、六比四、六比一獲勝，首次獲得WTA會內賽的入場券。

瑪蒂奇是克羅埃西亞（Croatia）選手，幾年前曾進入世界排名前五十，她告訴我，史丹佛比賽結束後，她才知道大坂直美的年齡，使得她對這位年僅十六歲的對手印象更為深刻。「她的戰術很高明，懂得何時進攻，何時防守。」瑪蒂奇告訴我：「我覺得她的年紀很小，但非常成熟。」馬蒂奇說，那天在史丹佛賽事上，比起擊球技巧，直美的氣勢、專注和沉著更令她難忘。「她當時已經有那種氣場。」馬蒂奇說：「你會立刻感受到她旺盛的氣勢，這只能在現場感受，很難以言語表達。我感覺她上場就是為了完盡職責；她並不在乎這是她第一次參加WTA的比賽。換做其他女孩第一次上場，你會感覺到她非常緊張，並發現她有點不知所措之類的。但直美看起來就像早已身經百戰，所以我心想，嗯，不是每個人都能這樣沉著冷靜。」

隔天，直美首次有機會展現實力，對手是世界頂尖選手之一，這也是全世界第一次注意到她。

＊編註：矽谷網球精英賽（Silicon Valley Classic）一九九二～二〇一七年因贊助商而使用之賽事名稱，又稱「史丹佛精英賽」（Stanford Classic）。因遷移賽事版權至華盛頓，已於二〇二三年終止。

大坂直美在史丹佛會內賽抽到籤王，遭遇最強勁的對手——世界排名第十九位的澳洲選手珊曼莎．斯托瑟（Samantha Stosur），她曾在兩年多前，也就是二〇一一年的美國網球公開賽決賽中擊敗小威廉絲，可以說一鳴驚人。

斯托瑟是三十歲老將，發球威力強勁，正手重炮是她的金字招牌。但斯托瑟對直美一無所知，而且從未見過她。斯托瑟告訴我，在這場比賽前，她對直美的感覺僅限於多年來征戰巡迴賽的一些刻板印象。「雖然偶有例外，但你還是會知道捷克人的反手拍打得很好、澳洲人的發球很強，而美國人的正手拍通常不錯。」斯托瑟說：「所以，你心裡大概會有個底。我記得在名單上看到一位日本籍選手，但我沒有看過資格賽，不知道她是誰。」

「我想：好吧，日本人，那麼她一定是小個子，典型的日本球員。」斯托瑟笑著說：「不料一上場，我看見她，心裡就想：『呃，和我想的不一樣。』」

直美一頭捲髮緊緊地盤成髮髻，身高足有一百八十公分。她的兩邊手腕戴著珠串，塗著粉色指甲油，搭配粉色短褲、粉色遮陽帽和粉色領子的黑運動衫。

她們走上球場，熱身運動開始，斯托瑟隨即發現自己要與一位「發球炸彈」型選手交鋒，對方的擊球威力與她不相上下，甚至更勝一籌。

直美球拍發出的威力引來陣陣驚呼。第一盤一開始，直美第一次發球，場邊的螢幕顯示時速一百九十三公里，她在女子網壇強力擊球手當中絕對名列前茅。接下來，直美大膽地在斯托瑟伸出的正手拍前打出第二記愛司球，時速高達一百八十一公里。

儘管兩人年齡相差十四歲，排名相差三百八十七位，而且直美從未與實力接近斯托瑟水準的選手對戰，但這場比賽還是打得難分難解。「你熱身時發現對手身材高大，恐怕是個威脅，努力想要理出一個頭緒並調整好心態，但她不讓你有太多機會鑽研球路。」斯托瑟回憶：「她的發球很猛，總是試圖打出攻擊性強的球，並隨時準備以正手拍回擊。你可以看出她是優秀的選手，只是當時還很青澀。」

斯托瑟拔得頭籌，以六比四拿下第一盤。第二盤進入決勝局時，斯托瑟以七比六取得賽末點。但直美力挽狂瀾，隨後又贏得兩分，將比分追平，迫使比賽進入第三盤。

西蒙・雷亞（Simon Rea）當時擔任斯托瑟的教練，這是他第一次率領選手參加公開賽，他說這場賽事出乎意料地激烈，他不知道自己的球員如何才能掌控局面。「我只記得站在那裡看著比賽，腦子翻來覆去地想，卻看不出對手哪裡有弱點，也找不到明顯的漏洞。」雷亞對我形容直美在那場比賽的表現：「事實上，不管是左右兩側還是發球，都有一堆殺傷力很強的砲彈朝你襲來。」

有時候，直美似乎會受到現場影響，只想躲開有生以來最多觀眾的時刻，換邊往返休息區時，她都會用毛巾蓋著頭。但直美似乎也有準備得異常充分的時候，例如：當斯托瑟後退一步，希望在時間和空間上都能更從容應付直美強勁的發球時，直美便會巧妙地打出角度更小的側旋發球，讓球循著彎曲的球路從對手身邊掠過。

「我一直在想，唔，小珊的水準最終會占上風。」雷亞說：「小珊在這裡有過輝煌戰績，一定會設法打贏這場比賽，但她還是失敗了。我們看到直美面對壓力時無所畏懼，自始至終都以積極態度做為後盾，並搭配巧妙而威猛的擊球技術。」

斯托瑟第三盤以五比三暫時領先，但直美接著連下四局，終場以四比六、七比六（七）、七比五戲劇性地贏得了比賽。

斯托瑟還記得，自己茫然地走到史丹佛運動場附近的跑道上，獨自面對這場令她震驚不已的失利。「輸給這位不知名的選手，讓我非常沮喪，士氣有點低落。」斯托瑟告訴我：「我當時真的這樣想——噢，這到底是怎麼回事？然後，很明顯，歷史多少證明了這不是一次非常糟糕的失利。」

就在斯托瑟苦苦思索到底是怎麼回事時，有些人看了這場沒有轉播的比賽的最終比分，並注意到一個新的名字，而這個名字剛剛爆了今年最大的冷門。

「大坂直美是誰？」英國網球作家漢娜．威爾克斯（Hannah Wilks）在推特上寫道：「我應該知道嗎？這很重要嗎？」

⋯⋯⋯⋯⋯⋯⋯⋯

WTA公關經理凱文．費舍爾（Kevin Fischer）在史丹佛賽場詢問眾家媒體記者，看看他們有沒有興趣與大坂直美舉行賽後記者會。他半開玩笑地問一屋子記者：「你們的日語好不好？」這個問題很實際，因為大多數代表日本參加巡迴賽的球員很少說英語，往往導致採訪流於表面，球員無法暢所欲言，記者也不清楚他們的想法，而且雙方都會覺得很不自在。

費舍爾無法像女同事那樣直接進更衣室找女選手訪問。他看見倫納德和麻里坐在場外，便問他們直美能不能參加英語記者會。他們給予肯定的答覆之後，費舍爾便帶著直美走進採訪廳。大多數賽事的一貫做法是將記者會和媒體工作間區分開來，而史丹佛則將兩者併入同一個空間。因此，坐在位子上用筆記型電腦趕稿的記者，只要稍微抬頭望向另一邊，就會看到一個身穿白色寬鬆運動衫的十六歲女孩坐在台上，準備第一次向全球媒體正式介紹自己。

「有問題要問直美嗎？」費舍爾問全場。

「在妳的職業生涯中，妳如何評價這次勝利？」《今日美國》（*USA Today*）的道格．羅布森（Doug Robson）問道。

「嗯，我是要對著這個東西說話嗎？」直美朝著麥克風問道。

「這可能是我人生中第二好的勝利，或許吧？」直美開口說：「最好的則是我第一次打敗姊姊，我當時心想：『哇哈哈，終於把妳打得落花流水。』」直美停頓一下，然後補充說明：「嗯，對。」表示很滿意自己的回答。

「這麼說，打贏家人要比，呃，打贏巡迴賽更重要？」羅布森追問。直美突然提及的姊妹相爭不僅讓他感到意外，還把他給逗樂了。

「你知道，唔，我每天都會想：『我終於打敗妳了』。」直美證實：「所以，是的。」

羅布森又問了幾個關於比賽和強力發球的問題，接著針對直美明顯的美國口音發問，說她聽起來「就像在美國待過一段時間」。直美解釋，她三歲就搬到美國，現在住在羅德岱堡，哈洛德．所羅門曾經在那裡教過她「幾個月」。

「在妳的職業生涯發展過程中，是否還有其他人對妳的影響更大？」羅布森問道。

「不算有，沒——呃，我爸可以算一個。」直美回答。

另一位記者接著告訴直美，她在這個新環境看起來很自在。「妳似乎沒有被這樣的場合震撼到。」他開口問道：「那是因為妳相信自己能贏得這種規模的比賽嗎？」

「是的。」直美回答：「我認為比賽時沒有人會覺得自己不行，或是認為自己不配來到這裡。我覺得我確實有資格來到這裡，就這樣。」

「妳在網球方面的目標是什麼？」《網球內幕》（*Inside Tennis*）雜誌的比爾·西蒙斯（Bill Simons）問道：「妳希望達到什麼目標？」

「用一句老生常談來回答，那就是成為世界第一，盡可能拿下大滿貫冠軍。」直美回答，聽起來對這個想法有一絲厭煩。

「妳覺得自己做得到嗎？」西蒙斯問道。

「欸？」直美突然帶著誇張的怒氣回答，引來哄堂大笑。「這個問題挺傷人的。」

「還要多久？」西蒙斯繼續犀利提問。

「嗯，嗯嗯……」直美猶豫了一下，說：「我覺得被問倒了，還要多久？我盡快，這樣可以嗎？」

「太好了。」西蒙斯笑著回答。

直美隨後回答，她的家人為了網球而移居美國，在那之前他們定居大阪。

「妳的名字和家鄉發音相同，純屬巧合嗎？」西蒙斯問道。

「不，每個在大阪出生的人都姓大坂。」她一本正經地回答，幾位記者被她逗笑，其他人則開始緊張起來，不曉得她說的是真還是假。「不，我只是在開玩笑。對不起。」直美的話打破緊張氣氛，也引來如釋重負的響亮笑聲，大家終於聽懂她在開玩笑。「沒錯，這只是巧合。」

「這是妳第一次在會內賽中獲勝，妳認為妳能將這股氣勢延續下去嗎？」羅布森問道。

「可以。」直美立即回答。「就這樣。」她補充一句，引來全場更多訝異的笑聲。

「妳認為自己更適合做網球選手還是記者會主持人？」西蒙斯問道：「我之所以這麼問，是因為妳主持得非常好。」

「哦，是嗎？謝謝你。」直美的口氣明顯訝異。「我不太會說話，所以有點緊張。」

賽後記者會很少引起評論，直美卻獲得好評，她離開後不久，滿屋記者就在社群媒體上對她讚不絕口。羅布森在推特上寫道：「很頑皮，充滿自信。」網球頻道助理馬特·道威爾（Matt Dowell）在推特上寫道：「非常歇斯底里。」《運動畫報》（*Sports Illustrated*）的蔻特妮·阮（Courtney Nguyen）在推特上寫道：「大坂直美在她的生涯首次記者會上大放異彩。」當時我正在華盛頓報導同期舉行的比賽，收到阮發來的電子郵件，裡面是記者會的音檔，標題寫著「你一定要聽聽這個」。

……………

記者會接近尾聲時，直美最後一次挖苦姊姊：「我顯然比她強。」之後，羅布森問她從小到大最崇拜誰。

「小威廉絲。」直美立刻回答。

「為什麼？」羅布森問道。

「嗯，因為她無所不能？」直美回答：「我只是喜歡她陷入低潮後還可以重新振作並贏得比賽的氣勢，你永遠不會知道她什麼時候又站起來。我在休息室看到她時，心裡想：『哦，天哪！』」

直美第一次見到小威廉絲是在史丹佛的球員休息室。「我離得遠遠的。」直美談起當時情景，第一次對媒體露出羞澀的模樣。

「妳害怕嗎？」西蒙斯問道。

「應該沒有吧？」直美的回答沒什麼說服力。

直美隔天接受《運動畫報》採訪時表示，她把小威廉絲當做偶像來崇拜，她怕有人會將這件事告訴小威廉絲。「那真的超恐怖的。」直美說：「我不知道和一個『哦，天哪』等級的人比賽會是什麼感覺。」

但過了幾個鐘頭，兩人真的見面了。WTA公關經理費舍爾前一天目睹直美在採訪廳大放異彩，於是隔天就帶著她參加貴賓見面會，並接受主持人安德魯・克拉斯尼採訪。小威廉絲身為賽事頭號種子和明星選手，也出席了這場活動，費舍爾決定介紹兩人認識。

「她說一直想認識塞雷娜，但很害羞，至少那時是這樣，所以她永遠不會主動提出來，我是這麼覺得的。」費舍爾告訴我：「現在回想起來，讓她們碰面純屬臨時起意，但整個過程很有趣。塞雷娜心情很好，她在史丹佛公開賽通常都這樣，因為比賽很輕鬆。」

兩人簡短地聊了幾句，小威廉絲問直美住在哪裡，接著兩人打趣地說，她們都住在南佛羅里達，那是個「很棒的社區」。三十二歲的小威廉絲和十六歲的直美還一起自拍，由小威廉絲按下快門。

「直美可能想朝我扔飛鏢，因為這確實不是她會採取的方式。」費舍爾說。不過，儘管直美尷尬地縮著脖子，還是對這次會面欣喜若狂。二〇二二年，當賽事主辦方轉發兩人當年的自拍照時，直美回覆：「哈哈，我記得當時心裡想著：這是我這輩子最美好的一天（哭泣表情符號）。」

• • • • • • • • • • • • • •

直美在隔天的第二輪比賽再次登場，對手的排名比斯托瑟高了一位，是排名第十八位的德國選手安德麗婭・

佩特科維奇（Andrea Petkovic）。這是直美生平第一次遇到有電視轉播的比賽，國際和美國本土的網球頻道都有轉播。

「一場非常吸睛的賽事。」網球頻道主播泰德・羅賓遜（Ted Robinson）開場時對觀眾說道：「今年在法國網球公開賽四強戰中大放異彩的老將安德麗婭・佩特科維奇再度披掛上陣，對手是我們從未聽過的大坂直美。」場邊記者蕾娜・史塔布絲（Rennae Stubbs）在開場前採訪了兩位選手，直美告訴她：「嗯，老實說，我只有一個想法：反正沒有人認識我，我也沒有什麼可失去的。但同時，我也在試著判斷自己到底是興奮還是緊張。」

被問到她對這次的對手有什麼看法時，直美告訴史塔布絲，她「看過這裡所有人的比賽」，包括佩特科維奇。但對方就沒看過直美的比賽了，這不難理解。「唔，我很清楚她是非常有天賦的選手，如果你第一次參加WTA的賽事，首輪就能擊敗斯托瑟，那麼你的實力一定很強。」佩特科維奇說：「所以我準備得非常充分。我通常會在比賽前一天在YouTube上觀察對手，但對方是十六歲的選手，能找到的影片不多。正如我所說的，我非常清楚她多麼天賦異稟，總之我已經準備好，一定會全力以赴。」

佩特科維奇確實做好迎接挑戰的準備，比賽沒什麼懸念。雖然直美有幾次連續失分並迅速輸了幾局，但史塔布絲和球評琳賽・達文波特第一眼看到這位十六歲小將時，立刻找出幾個令她們興奮期待的理由。

「她有好幾項**超強**優勢。」史塔布絲滔滔不絕地說：「我的意思是，一旦她控制住一切，控制住緊張和激動，你可以看到，她一定會打上幾次漂亮的勝仗，只要她年紀再大一點，經驗再豐富一點。」

「球員需要時間養成。」達文波特表示同意：「特別是當你擁有這些優勢，你得要學會使用它們，還要懂得算準時機扣動扳機，尤其在最高級別的賽事上。但妳說得沒錯，蕾娜，只要看到她的發球速度和勇猛追擊的正手拍，就知道她潛力無窮，這些都是很好的特質。」

「得分過程中，我在這裡看得忍不住連連驚叫『哇啊！』不禁感到這個人確實擁有強大的優勢。」史塔布絲在場邊的座位上說：「那就是她。」

第二盤中段，史塔布絲的播報變得更熱烈，直美以六比二、三比〇暫時落後，這時她開始更自如地揮拍，並以最強力道打出正手拍。「不要忘了，你們剛才看到的是慢動作重播。」史塔布絲重播直美第二盤第八個正手制勝球時提醒觀眾。「今天大坂準備擊球時，我在她身上看到，世界上沒有多少球員的力道能像她那樣強勁。」史塔布絲補充說明：「我知道這個說法有些誇張，但是……只要她繼續努力，苦練基本功，我們將有很長一段時間會在球場上看到她。」

佩特科維奇終場以六比二、六比二獲勝，她隔著網子伸出手揉揉直美的肩膀，對悶悶不樂的對手說了幾句鼓勵的話。直美隨後走到場邊，幾位球迷正在那裡等著她。「球員輸掉比賽時還能在場邊簽名，這樣的場面可不多見。」達文波特說。

「那些球迷，他們把賭注押在未來，不是嗎？」羅賓遜補充說明。

對於佩特科維奇來說，儘管她照例又贏了比賽，但對手的力量還是令她深受震撼，尤其直美以超過一百六十公里的時速打出了一記正手制勝球，這種速度在女子網壇聞所未聞。「你有看到她的正手拍嗎？」佩特科維奇賽後問記者：「我是說，那是什麼鬼啊！」

佩特科維奇在記者會上一陣連聲地稱讚：「她太有天賦了，正手拍和發球都非常狂野，我覺得發球時速應該有一百九十三公里，而且她今年才十六歲！我現在的發球都沒那麼強，也已經二十六歲了。我想起十六歲的自己，有很好的擊球技巧，但偶爾可能會不夠專注，也會做出錯誤的決定，畢竟經驗太少。我知道，這場比賽只要我穩紮穩打，她就會陷入苦戰。但我想，今後我們會聽到很多關於她的消息。」

大坂直美帶著晉級第二輪的一萬美元獎金離開史丹佛，非常接近她在整個二〇一二和二〇一三賽季的獎金總和（一萬零五美元）。在家中經濟亟需幫助時，這筆意外之財足以穩定財務狀況和網球事業。今後，她再也不會與教練發生薪資糾紛。直美這一次還贏得了八十個關鍵的積分，排名從四百零六位躍升至兩百七十二位。

更重要的是，直美獨特的個性讓記者團留下了深刻印象，他們在而後的歲月裡一直為之著迷；而戰勝斯托瑟也讓她贏得了頂尖高手的認可和尊重。幾年後，直美出現在重要巡迴賽的舞台上，高手們紛紛關注她。「我當時想，唔，我知道這小妞是誰。」斯托瑟笑著對我說。

小威廉絲在那次的史丹佛賽事中奪冠，她表示曾經觀看直美戰勝斯托瑟的比賽。「我看過那場比賽。」小威廉絲在二〇一六年時說：「她真的很年輕，攻擊性很強。她是非常優秀、有天賦的球員。非常年輕，非常危險。」

••••••••••••••

巴羅格安排了下一次的贊助商展示會，許多品牌對直美的興趣大大增加。巴羅格告訴各大品牌，直美將於美國公開賽期間，在約翰·馬克安諾*位於紐約蘭德爾島（Randall's Island）的學院進行展示。對於這位曾擊敗珊曼莎·斯托瑟的少女，耐吉和愛迪達都渴望一睹她的風采，於是支付了直美一家前往曼哈頓的機票和飯店費用。巴羅格

* 編註：John McEnroe，前單打世界球王，七座大滿貫得主，國際網球名人堂成員。

為球衣公司安排了為期三天的試練會，耐吉、愛迪達和亞瑟士（Asics）各一天。這一次，有更多公司競價，巴羅格是德國人，愛迪達的德國代表和他交情特別好，出價也最高，給直美開出的條件價值每年五～七萬美元。「就當時的行情來看，這個報價很不錯，我覺得很有誠意。」巴羅格說：「其他品牌的意思是：好吧！如果有人願意開這種價位，你們不妨接受。」

……………

在與直美簽訂多年合約前，愛迪達的下一步計畫是在拉斯維加斯（Las Vegas）的訓練基地進行試訓。在服裝贊助商中，愛迪達的做法始終獨一無二——他們長年實施養成計畫來幫助旗下贊助的球員，聘請優質教練來訓練他們，以盡可能提高獲勝機率，從而提升自家品牌的能見度——這種合作性質的教練工作通常是由國家級網球協會來做。

達倫・卡希爾是澳洲教練，美國球迷都知道他是ESPN 最佳男網球評，他也是愛迪達的明星教練之一。卡希爾曾擔任安德烈・阿格西和萊頓・休伊特*的教練，後來又擔任西蒙娜・哈勒普的教練，助她奪得大滿貫冠軍。卡希爾不太了解十七歲的直美（或十八歲的麻里，她和妹妹一起前往內華達州〔Nevada〕），便和倫納德談話，想要多了解她們的背景。倫納德提到一件事，令卡希爾大吃一驚。「他對我說：『我的小女兒能以一百九十三公里的時速發球。』」卡希爾回憶道：「我說：『什麼？』他說：『沒錯，她能以一百九十三公里的時速發球。』我說：『哦，天哪！』他說：『是啊，這是優點，但缺點是她的第一次發球成功率只有百分之十五。』我大笑起來，接著說：『真的嗎？』他說：『她就是使勁把球打出去，第一發都是如此。』」直美的發球成為卡希爾關注的重點之一，他盡力幫助她解決發球的問題。

卡希爾說，從教練的角度來看，他發現更棘手的是與直美談話，因為她「說話時聲音非常小」，而且似乎不太主動參與談話。「你不知道你說的話她有沒有聽進去。」卡希爾說：「你對她說了一些話，走開時心裡納悶：『我不太確定她有沒有在聽我說話，我不能百分之百確定她聽進去了。』就是這樣，但兩天後，她會說：『嘿，聽著，你在球場上對我說的那件事……我想過了。部分同意，但部分不同意，原因在這裡。』所以，沒錯，她是一個想得非常非常深入的人。她會吸收很多東西，自己消化整理，試圖找出她認為正確和錯誤的根本原因，然後她會回過頭來，要不對你的觀點提出質疑；要不就同意你的觀點。她的腦子要處理很多事，這一點你很早就能看出來。」

了解直美的心態、想法與背景是愛迪達的主要評估項目，卡希爾說他對這個家庭的大部分了解都來自球場。「更重要的是了解他們的為人還有親子關係。」他說：「了解他們正在經歷的事，問很多背景方面的問題、問他們如何跨入網球領域，還有他們的夢想和目標是什麼，諸如此類的問題。」儘管兩人的網球運動背景有相當大的差異，但卡希爾對倫納德的印象特別深刻。「我非常喜歡他。」卡希爾說：「他是一個非常好的人，非常務實，也非常善於傾聽。我問了很多問題，他對網球可以說無所不知……顯然密切關注著網壇的現況，也旁觀很多教練與這兩名球員的合作。」

直美在內華達參加練習賽，對手是愛迪達聘為練球搭檔的亞美尼亞（Armenia）退役ATP球員薩吉斯・薩格西恩（Sargis Sargsian），還有直美的姊姊。「當我們開始進行計分賽和競賽，直美會立刻活躍起來。」卡希爾說：

＊編註：Lleyton Hewitt，前單打世界球王，兩座大滿貫得主，國際網球名人堂成員。

「你可以看到她燃起熊熊的鬥志，然後他們便開打。」

她切入比賽模式後，給卡希爾留下極為深刻的印象。卡希爾說：「我在她十七歲時對她說過的每一句話現在依然適用——你把她放在一個大球場上，讓她在壓力下與頂尖選手打一場激烈的比賽，那就是她登峰造極的時候。」卡希爾說：「這時你會看到大坂直美真正偉大之處，因為她熱愛壓力，而且抗壓性很好。」

在拉斯維加斯拜訪球員的行程即將進入尾聲時，卡希爾奉命向愛迪達高層提交一份「全面性」的書面報告，包括他對球員優缺點、背景、家庭和教練需求的評估。「對於某個人該不該穿上繡著三條紋標誌的服裝這件事，我當然會列出我的看法。」他談到愛迪達的商標。「至於直美，我的答案肯定是『應該』……這個女孩將成為明星。無論需要做什麼，都要確保與她達成交易，因為她前途無量。我認為她具備年輕選手所需要的一切，一定會取得難以置信的成功。」

……………

卡希爾向愛迪達高層熱情推薦直美，於是公司決定在接下來的四年贊助她。之後，卡希爾打算向第二家大型球衣公司推薦大坂直美。雖然愛迪達的三條紋標誌會出現在她的服裝上，但卡希爾認為美國國旗的十三條紋出現在直美身上也會非常漂亮。

直美、麻里和倫納德離開拉斯維加斯後不久，卡希爾打電話給好友兼 ESPN 同事瑪麗・喬・費南德茲（Mary Joe Fernández）。費南德茲曾兩度進入大滿貫決賽，是國際女子團體賽聯邦盃（Fed Cup）*美國隊的隊長。卡希爾是澳洲人，但與費南德茲在球員時代就關係密切；他持綠卡在美國生活，也喜歡推動美國的網球前景。「我覺得應該讓瑪麗·喬知道，在我看來，這個女孩會成為網壇好手。」他說：「我告訴她：『聽著，我在拉斯維加斯找到這個年輕女孩，她會非常傑出，我很看好她將來能代表美國隊參加聯邦盃。妳必須確保有本事能留住她、好好照顧她，把她納入體系，因為她前途無量。』」

* 編註：該賽事在二〇二〇年已更名為「比莉·珍·金盃」（Billie Jean King Cup）。

09 一鳴驚人

Rising Sun

二〇〇八年美國網協於佛羅里達的普蘭塔申（Plantation）舉辦全國紅土錦標賽（National Clay Court Championships），僅限美國青少年參加，大坂麻里參加了十四歲以下女子組賽事，被列為彭布羅克派恩斯居民。沒有人會懷疑大坂姊妹的美國血統，她們繼承倫納德的美國國籍，一出生就成為美國公民，而且自幼在美國生活。但是，當麻里和直美開始參加職業賽事之後，每當主辦單位要求選手在報名表填寫單一國籍，她們的國籍認同卻總是選擇日本。直美十四歲生日前一天首次參加牙買加職業網球賽時，身為在美國生活十多年的雙重國籍者，她在表單上填寫的是「大坂直美（日本）」。這個關鍵性的決定經過深思熟慮，始終沒有改變，對直美的職業生涯產生深遠影響。

「我們當時經常討論這個問題。」直美第一任經紀人丹尼爾・巴羅格告訴我，他們面臨直美應該代表哪個國家的兩難選擇。「我們在想：萬一真的闖出一片天，哪邊的市場更好？告訴你，我們本來考慮的是美國，當時討論了很久。」

一九三〇年代，「美國夢」蔚為流行，作家詹姆斯・特魯斯洛・亞當斯（James Truslow Adams）將它定義為：「一種社會秩序，置身其中的每個男人和女人都能達到與生俱來的最高境界，無論出身貴賤或地位高低，都能得到他人的認可。」根據這些抱負的標準，大坂夫婦當年移居美國，是希望孩子在這片充滿獨特機會的土地上能夠進步並達到自我實現，他們的網球夢便是典型的美國夢；他們生活的地方也是美國。

但是，他們在美國也刻意維持著多元文化生活，當面臨選邊站的抉擇時，他們並沒有自動為自己貼上美國人的標籤。

⋯⋯⋯⋯⋯⋯

美國在整個二十世紀都是網壇頂尖好手的熱門移民地，和其他職業運動一樣，許多優秀選手在生涯中轉而代表美國出賽。冠軍好手莫拉・比尤爾斯泰特・馬洛里（Molla Bjurstedt Mallory）在業餘時期與美國股票經紀人富蘭克林・馬洛里（Franklin Mallory）結婚，在贏得一九一五年～一九二六年共八次美國公開賽冠軍後，她從代表祖國挪威（Norway）轉為代表美國。還有一個更戲劇性的例子，十八歲的瑪蒂娜・娜拉提洛娃（Martina Navratilova）在一九七五年美國公開賽的四強賽失利後，於生涯早期就逃到美國，請求政治庇護，以躲避祖國捷克斯洛伐克（Czechoslovakia）共黨政權嚴格控管她巡迴世界各地比賽。娜拉提洛娃後來以美國人身分贏得十八個大滿貫單打冠軍。其他高調轉入美國籍的選手是在職業生涯後期，包括捷克斯洛伐克的伊凡・藍道（Ivan Lendl）和南斯拉夫（Yugoslavia）的莫妮卡・莎莉絲，他們都在各自國家於一九九〇年代解體後成為美國公民，轉為代表美國參賽。

冷戰解除後，愈來愈多球員移居美國，在佛羅里達的學院追尋網球夢想，卻不再因為換了居住地就改變效忠對象。其中最有名的是出生於西伯利亞（Siberia）的瑪麗亞・莎拉波娃，她七歲時隨父親尤里（Yuri）移居佛羅里達，後來一直住在美國。她很快就融入當地生活，說起英語絲毫沒有外國口音，並獲得美國大型贊助商合約。儘管有許多美國人認為莎拉波娃會順理成章地代表美國，但她在整個職業生涯仍然代表俄羅斯出戰。「我覺得莎拉波娃應該為美國隊效力。」長期擔任聯邦盃美國隊隊長的瑪麗・喬・費南德茲告訴我：「但是，你知道，有些人轉向美國，有些人沒有。」莎拉波娃很少代表俄羅斯隊參加聯邦盃賽事，也很少回俄羅斯參賽，但她在大滿貫的成功意味著她仍然是俄羅斯母親最喜愛的女兒之一。在二〇一二年倫敦夏季奧林匹克運動會上，莎拉波娃被選為開幕式的俄羅斯國旗掌旗手；二〇一四年在她家鄉索契（Sochi）舉行的冬季奧林匹克運動會，莎拉波娃獲選為開幕式上高舉聖火進入賽場的選手。

莎拉波娃在二〇一五年接受美國國家廣播公司商業頻道（CNBC）採訪時表示，她和家人從未認真考慮過代表美國參賽。「如果我想的話，我會考慮的。」莎拉波娃說：「但實際上，在我的家庭或團隊中，要不要改變國籍從來不是問題。」莎拉波娃從來沒有仰賴俄羅斯企業贊助。她說，她感覺與俄羅斯緊密相連，因為當地具有「豐富的文化」，而且她在那裡度過童年，至今依然認為這對她的成長有重要影響。「我知道，這麼多年來，這些經歷塑造了我這個人。」她說：「不一定是國家，而是那裡的人民、心態、堅忍不拔和永不放棄的精神。」

雖然她從未改變俄羅斯國籍，但俄羅斯人仍批判她明顯的美國化，並表達惋惜。二〇一八年，莎拉波娃發布一張照片，畫面中母親和她緊緊相擁，一同站在洛杉磯布洛德博物館（The Broad）一件藝術品前，那是賈斯珀・瓊斯（Jasper Johns）畫的美國國旗。照片在莎拉波娃的俄羅斯球迷中引起了強烈且分歧的反應，他們在留言區爭論她不愛國還是不忠誠。「瑪莎（Masha）已經不屬於我們。」一位俄羅斯球評感嘆：「她再也不會回來了。」

繼莎拉波娃後，美國網協的放任政策在二〇一三年更為明顯，在長達四十年的ATP排名歷史中，首次沒有一位代表美國的男子網球選手進入前二十名。不過，前二十名中有幾位球員住在美國，包括擁有雙重國籍的德裔美國人湯米．哈斯和美國永久居民凱文．安德森（Kevin Anderson），後者代表南非參賽。哈斯從十三歲起就在美國生活，他說如果能讓排名好看一點，他不介意被算做美國人。「在很多方面，我覺得我是美國人，所以或許你們也應該這樣想。」他說。

但時任美國網協球員發展部總經理的派翠克．馬克安諾（Patrick McEnroe）告訴我，他的職責不包括勸說外籍球員為協會的球隊效力。「我當然樂見湯米．哈斯成為美國人，但這是他的個人自由。」馬克安諾說：「我知道他幾年前就考慮過這個問題，但我以美國網協成員的身分告訴你，我們不會刻意招攬任何擁有雙重國籍的球員。我永遠不會主動去找湯米．哈斯並對他說：『嘿，我真的很希望你能為美國隊效力。』就我在美國網協的職責來說，我不會做這種事。」

卡翠娜．亞當斯（Katrina Adams）曾在二〇一五～二〇一九年擔任兩屆美國網協總裁兼主席，她也告訴我：「協會的運作模式並不在於積極推動球員成為美國公民。」亞當斯說，美國網協為球員提供自主選擇的空間。「這就是美國的特色，你可以成為自己想成為的人。」她告訴我：「我可以說出二十位在美國成長和訓練，同時代表其他國家成為世界排名前五的球員。但你就是你，所以，是的，（直美）小時候住在紐約，但她是日本人。這就是她所代表的身分，這就是她的選擇。」

隨著這個趨勢的發展，進入二十一世紀後，不僅外國球員不再選擇轉投美國，許多美國人也選擇在其他土地落地生根，寄望自己在人才匱乏的國度能夠一枝獨秀。

一九九〇年代中期，阿米爾．德利奇（Amer Delić）全家以波士尼亞（Bosnia）難民身分逃到傑克遜維爾（Jacksonville），之後他成為伊利諾大學（University of Illinois）的網球冠軍，並代表美國成為ATP選手，生涯最高排名曾達到第六十位。但在職業生涯晚期，德利奇選擇轉為代表波士尼亞與赫塞哥維納（Bosnia and Herzegovina），那是他十幾歲就離開的地方。雖然當時沒有進入世界前兩百名，但德利奇立即成為排名最高的波士尼亞選手。後來，他成為該國的台維斯盃（Davis Cup）隊長。

小艾力克斯．博戈莫洛夫（Alex Bogomolov Jr.）的父親是前蘇聯網球教練，舉家遷往邁阿密開辦網球學校，他的兒子在那裡成為美國最被看好的青少年網球天才之一。但在美國生活二十年後，博戈莫洛夫被俄羅斯官員說服，轉而投效幼時離開的祖國。當時他的世界排名是第三十三位，在美國所有選手中名列第四，但回到祖國後，他立刻變成排名最高的俄羅斯選手。他承認，對於從俄羅斯到美國的典型路程來說，他的經歷是極為罕見的大逆轉。「我受到譏諷：『怎麼會有人跑回去俄羅斯呢？』」博戈莫洛夫說：「但那是我的故鄉，也是家人的故鄉。」

莫妮卡．普伊格如果選擇繼續代表老家美國參加二〇一六年里約熱內盧（Rio de Janeiro）奧運會，那麼她就不可能獲得參賽資格，這個情況與她剛展開青少年職業生涯時一樣。普伊格長期住在佛羅里達，二〇一六年奧運入圍名單公布，美國分到四個參賽名額，當時她的世界排名位居第四十九，遠遠低於美國其他四位頂尖選手，沒有機會入選。但由於普伊格在職業生涯早期就選擇代表出生地波多黎各（Puerto Rico）參賽，因而獲得了專屬席位。波多黎各曾經隸屬美國，自一九四八年便擁有獨立的奧委會。普伊格充分利用這次機會，締造了一生中最輝煌的成績，技驚全場，為波多黎各贏得奧運史上第一面金牌*。美國在里約熱內盧贏得四十六面金牌，普伊格若是為星條旗贏得第四十七面金牌，可能不會引起人們注意。但在波多黎各，普伊格是永垂不朽的體壇英雄。

近年來，有愈來愈多美國選手被其他國家網羅。艾內斯托・艾斯科貝多（Ernesto Escobedo）是土生土長的洛杉磯人，強勁的正手拍是他的金字招牌，於二〇一七年達到生涯最高排名六十七位，在當時的美國男子選手中名列第九。到了二〇二三年一月，艾斯科貝多的世界排名已經下滑到第三百一十位，落後其他二十七名美國男子選手。但在澳洲網球公開賽資格賽中，艾斯科貝多突然成為所屬國家的頂尖球員，因為他在比賽中途改為投效墨西哥，而這個國家沒有其他男子單打進入ATP前五百強。

「我一直想為墨西哥隊效力，你知道嗎？呃，差不多從小就有這個想法。」艾斯科貝多在二〇二三年一月接受《球拍之後》（*Behind the Racquet*）播客節目的麥克・凱申（Mike Cation）採訪時，談到這段心路歷程。「即使我在美國洛杉磯出生，還是被養育為墨西哥人。我和家人一起在墨西哥文化的薰陶下長大，一直很喜歡回到（家人的）家鄉薩卡特卡斯（Zacatecas）。」

在很多方面，這是一個合情合理的選擇。艾斯科貝多曾告訴《紐約時報》，他為自己的名字旁邊畫著美國國旗而感到尷尬，因為唐納・川普（Donald Trump）以種族主義及反墨西哥言論贏得總統大選；艾斯科貝多至今難忘二〇一六年十一月的某次集訓，羅傑・費德勒請他說明川普如何贏得選戰。

祖先的故鄉對許多亞裔美國人來說特別具有吸引力。莊吉生（Jason Jung）出生於加州，父母都是台灣人，他曾代表美國隊參賽，直到二十六歲才轉而代表中華台北隊（國際賽事中對台灣的稱呼）參賽。「我當時的世界排名大概兩百多，但仍然覺得待在美國沒有什麼收穫。」莊吉生告訴我：「我決定轉去台灣，反正也沒有壞處。」

＊ 波多黎各選手吉吉・費爾南德斯（Gigi Fernández）曾在一九九〇年代贏得兩面奧運女子雙打金牌，但她是以代表美國的身分參賽。

經濟上的好處顯而易見，儘管沒有進入ATP前一百強，但身為台灣的頂尖運動員，莊吉生得到台灣大哥大之類的大品牌贊助以及政府的額外資助。這些收入讓他能夠聘請教練和物理治療師，職業生涯的延續遠遠超過美國選手時期的預期，畢竟以前的他根本負擔不起這樣的花費。「我在這裡可以打得更久。」他說。

出生於華盛頓特區的崔特・休伊（Treat Huey）說，被網羅代表菲律賓（Philippines）出戰是「這輩子遇過最棒的一件事」，這為他躋身前二十強雙打選手提供身分並奠定了基礎，否則他的職業生涯不會如此輝煌。「如果我沒有一年三次參加台維斯盃的收入，也許我還沒來得及成為職業網球選手就已經放棄了。」休伊告訴我：「我的經濟狀況一直不錯，即使我在雙打世界排名前二十的位置上待了幾年，但美國總是有更好的球員、更響亮的名字。因此，我在網壇依然會是無名小卒，也不會得到任何贊助，但我代表菲律賓就有不錯的待遇。」

除了經濟支持*，來自小國的精神支持也很有意義。對於像莊吉生和休伊這樣的球員來說，在名字旁邊加上「TPE」或「PHI」字樣，能吸引大批散居海外的球迷來到球場。「世界各地的比賽都會有菲律賓球迷進場觀看。」休伊說：「我很喜歡所到之處得到的支持，始終都有一群固定球迷，從這個意義上來看，這絕對稱得上夢想成真。」

多位美國亞裔球員都選擇代表父母的祖國而不是美國參賽，包括莊吉生、休伊及大坂姊妹，因為他們意識到，在缺少網球頂尖好手的國家，他們的成就會得到更多讚譽。「我認為現在的人懂得市場運作是怎麼一回事。」莊吉生說：「如果你是亞洲人，在運動方面表現傑出，你就會成為偶像，我認為人們已經意識到這一點。」†

這話說得一點都沒錯，二十一世紀亞洲體壇最紅的兩位巨星都是網球選手，他們名利雙收的歷程重塑了大坂家的網球事業前景。

中國選手李娜在二〇一一年法國網球公開賽奪冠，成為亞洲首位大滿貫單打冠軍，隨後她迅速成為網壇史上最富有的選手之一。中國人對網球這項運動相當陌生，國內外贊助商都想利用李娜在中國的知名度，打進這個尚未開發的市場。李娜在二〇一四年澳洲網球公開賽又贏得生涯兩個大滿貫當中的第二個，耐吉為了留住她，不惜改變長期以來禁止在他們服裝上出現其他贊助商標誌的規定，老虎伍茲（Tiger Woods）、小威廉絲、羅傑·費德勒和拉斐爾·納達爾等耐吉巨星未曾享有此等殊榮。李娜奪冠後，ＷＴＡ巡迴賽大幅調整比賽路線，許多大型賽事移師亞洲，包括李娜的家鄉武漢，球迷更戲稱以後協會的名稱應改為「女子職業網球亞洲協會」（WTAsia）。

除了李娜，東亞男子網壇還有一個成功典範，對大坂家的未來具有重要影響力。這個故事始於日本的西部郊區，一位名叫錦織清志的工程師從夏威夷出差回來，給五歲的兒子錦織圭帶了一份禮物——一個小網球拍。這個小小的禮物後來改變了亞洲網球的發展史。錦織圭十二歲時在東京的網球選拔賽被發掘，得到資本雄厚的索尼公司前高層盛田正明資助，很快進入佛羅里達布雷登頓由尼克·波利泰尼創辦的ＩＭＧ學院，十四歲時就獨自搬

---

* 美國網協向離開的球員索討在代表美國期間獲得的補助，球員還得先償還這筆債務，才有可能獲得國外的贊助。莊吉生說，轉入台灣網壇前，他償還了大約六千～一萬美元，他說他從未料到他們可以向他索討這筆錢。「他們有一些我十三、四歲時簽署的協議，說我向協會拿了一些補助金。」莊吉生說：「他們想要回那些錢。」博戈莫洛夫則需要支付更多錢才能轉投俄羅斯，他離開時償還了七萬五千美元。加州選手柴原瑛菜告訴我，她轉到日本時償還了大約兩萬美元。

† 這種現象不只網壇，出生於舊金山的自由式滑雪選手谷愛凌也在二〇二二年北京冬奧前轉為代表中國參賽，成為世界收入最高的運動員之一；二〇二三年女子世界盃足球賽菲律賓隊的二十三名球員中，就有十八人在美國出生。

去當地並成為全職球員，比大坂一家搬到佛羅里達另一邊還早了幾年。不過，大坂一家只能獨自闖蕩佛羅里達的網球叢林，錦織圭則被安排在精確規劃的成功之道上。盛田的夢想是打造日本史上最優秀的男子職業網球選手，於是派錦織圭轉戰世界各大賽事。這項任務被稱為「四十五號計畫」，因為日本男子網球選手的最佳排名是松岡修造在一九九二年獲得的第四十六位。佛羅里達的管理團隊對「四十五號計畫」給予極大關注和資源，他們成立十四人團隊，包括教練和經紀人，以及媒體訓練、心理調適、運動生物力學、體能訓練、營養和瑜珈等各方面的專家。

四十五號計畫獲得空前成功，二〇〇八年，年僅十八歲的錦織圭在佛羅里達德拉海灘舉行的ＡＴＰ小型賽事中奪冠，首次躋身ＡＴＰ前一百名。後雖歷經肘部受傷並缺席賽事，但仍一舉超越第四十五名的目標，在二十一歲時躍居前三十名。

世人很快就明白，ＩＭＧ學院對錦織圭為何有如此濃厚的興趣並投注高額資金——二〇一三年，《富比士》（*Forbes*）雜誌首次將錦織圭列入全球收入最高的網球運動員前十名。當時二十三歲的錦織圭從未進入ＡＴＰ前十強，而且只打入過一次大滿貫八強賽。但身為日本明日之星，他受到世界第三大經濟體無數企業的關注。那一年，錦織圭的贊助主要來自日本企業，總共獲得九百萬美元的代言費，是一百五十萬美元獎金的六倍。

幾十年來，音樂界一直用「日本限定巨星」來形容在日本知名度遠遠超過世界其他地方的藝人。錦織圭的收入經常超過拉斐爾．納達爾和小威廉絲等國際巨星，這讓網壇裡的每個人都看到了「日本限定巨星」對網球運動的重要性。

錦織圭的成績愈來愈亮眼，他在二〇一四年美國公開賽打入冠軍戰，成為首位進入大滿貫男子單打決賽的亞洲選手，並躋身ＡＴＰ前十強，代言廣告也愈來愈多。到了二〇一六年，錦織圭已躋身富比士名人榜前一百名，據估計，他的年收入高達三千三百五十萬美元，超強吸金功力與魔力紅樂團（Maroon 5）和紅髮艾德（Ed Sheeran）等人齊名。根據報導，他與日本服裝品牌優衣庫（Uniqlo）簽訂的合約每年就超過一千萬美元。

「當年的錦織圭，看得出來在日本絕對是超級巨星。」直美當時的經紀人丹尼爾・巴羅格說：「大家都知道，如果你非常優秀，日本市場絕對夠大，他們願意真正支持你……她在日本可以說是一枝獨秀，競爭對手沒那麼多；而美國的優秀選手滿坑滿谷，不是嗎？跟你一起競爭的有小威廉絲、麥迪森・基絲（Madison Keys），太多了。所以我覺得去日本發展是個好主意，我覺得很棒。」

同時，大坂姊妹也有充分理由審慎考慮美國網協的合作邀約，因為她們看到協會當時對旗下黑人神童的所作所為。

……

泰勒・湯森（Taylor Townsend）比大坂直美大一歲，二〇一二年僅僅十五歲便贏得澳洲網球公開賽青少女組單打冠軍，比大多數選手小了好幾歲。來自芝加哥（Chicago）南區的湯森在墨爾本以出人意料的老式風格贏得比賽和球迷的心，她的「發球上網」打法是以同為左撇子的瑪蒂娜・娜拉提洛娃的 YouTube 影片為藍本。湯森在頭髮上繫了一個白色大蝴蝶結，使得她看起來比十五歲還要年輕。她在決賽擊敗俄羅斯選手尤利婭・普丁塞娃（Yulia Putintseva）時露出燦爛的笑容，金屬牙套在澳洲陽光下閃閃發光，和她的銀色獎盃一樣耀眼。

憑藉在墨爾本奪冠和其他賽事的成功，湯森於二〇一二年四月登上青少女組世界排名第一的寶座。無論是數據顯示或觀眾親眼所見，湯森都具有明日之星的潛力，然而，美國網協卻在她身上看到一個亟待解決的問題——

她的體重。據《華爾街日報》（*The Wall Street Journal*）已故名記者湯姆．佩羅塔（Tom Perrotta）報導，當時湯森是青少女組世界排名第一的好手，而且沒有受過傷，但美國網協居然要她退賽，直到她的體重減輕。協會要她退出在聖地牙哥（San Diego）舉行的十八歲以下全國公開賽（如果在這項賽事奪冠，她就能獲得美國網球公開賽女單會內賽的外卡），轉而回到位於博卡拉頓的美國網協學院，進行雙倍體能訓練。「我們關心的是她的長期健康，這是第一優先考量；以及她身為球員的長期發展。」時任美國網協球員發展部總經理的派翠克．馬克安諾告訴《日報》（*The Journal*）。在二〇一二年的美國公開賽中，湯森是青少女組頭號種子選手，但美國網協要求她放棄參賽。然而，宛如直升機父母的協會沒有左右大滿貫參賽名單的權力，因此湯森還是參加了比賽，由母親為她支付費用。

美國網協逼迫少女湯森坐冷板凳的消息很快引起大眾、退役老將和現任球員的憤怒。湯森的偶像娜拉提洛娃說，這個決定「太不負責任」，反映了「可怕的無知」。琳賽．達文波特和娜拉提洛娃一樣，剛開始參加巡迴賽時也被認為體重超標，她亦表達了自己的憤怒：「我十五歲時並不苗條，也不健美。」達文波特說：「如果他們說我不能上場比賽，我的意思是，那可能會毀掉我的職業生涯……這個年齡的女孩本來就非常辛苦，你的做法對她來說可能有害，足以改變她的一生，你不能因為一個人的體型而懲罰她。」

小威廉絲的體重在職業生涯中也經常被人拿放大鏡檢視，她聽說湯森的遭遇之後，表示這是一個「悲劇」。「對於女性來說，特別是美國女性，尤其非裔美國女性，沒有必要面對這種事。」她贏得二〇一二年美國網球公開賽後，隔天接受採訪時表示：「女運動員有各種身材、體型和膚色。我認為比起其他賽事，這個特質在網球巡迴賽裡最為明顯。」

湯森在二〇一二年美國網球公開賽贏得青少女組雙打冠軍，美國網協的決定遭到輿論炮轟後，也改口表示願意讓她報銷費用。幾年後，湯森在職業賽場上屢獲佳績，但當她試圖在職業巡迴賽中找到自己的定位，體型引發的負面關注仍然是揮之不去的陰影。「最重要的就是讓她明白，她沒有問題。」二〇一四年，湯森在法國網球公開賽首次贏得職業賽事時，時任教練齊娜・加里森（Zina Garrison）賽後談道：「每個人的體型都不一樣，她現在非常清楚這一點。」

大坂姊妹從一開始就目睹了湯森的遭遇。二〇〇六年九月，十歲的麻里受邀參加在洛杉磯舉行的美國網協訓練營，同時受邀的還有來自全國各地前途看好的女選手，湯森也包括在內；八歲的直美也一起同行。大坂姊妹、湯森和幾位女孩被分在同一組，並以黑眼豆豆樂團（Black Eyed Peas）的〈加油〉（Pump It）創作隊呼：「用力打！」訓練營雖然有趣，但這群年輕女孩的身體也被人拿放大鏡檢視，令她們相當不舒服。陪同孩子參加二〇〇六年訓練營的一位家長（不願透露姓名）回憶，美國網協公開羞辱了當時年僅十歲的湯森。「我們去加州參加訓練營時，他們秤了女孩的體重並當眾公布。」這位家長告訴我：「泰勒的體重顯然超過其他女孩，我覺得她看起來很不高興的樣子，其實她的個子比她們都高。後來訓練營決定汰除她，因為她不符合他們想要的體型，我認為這太殘忍。」

⋯⋯⋯⋯⋯⋯

二〇一五年，雖然美國網協還在設法說服大坂一家合作，但有幾個人告訴我，這家人很可能早已做了決定。大坂姊妹搬到佛羅里達後，蕾妮絲・雷諾曾與她們一起訓練，她說，小時候與她們在一起時，她便知道她們的國籍認同是一個「懸而未決的問題」，但她認為，她們心中可能早就種下對美國網協的怨恨，因為大坂一家早期缺乏支持，她說這種怨恨在覺得自己被忽視的美國網球家庭中很常見。「你會覺得很受傷。」雷諾解釋道：「你明明非常努力，到了某個地方後，卻覺得自己配不上他們，不符合他們的期望……這時你會想：我為什麼要為對職業生涯毫無幫助的國家效力？」

直美的潛力開始受到網壇矚目後，曾有幾人代表大坂姊妹與美國網協洽談，其中包括二〇一四年擔任直美和麻里教練的哈洛德・所羅門；他向美國網協女子網球部主管奧拉・瑪律姆奎斯特（Ola Malmqvist）推薦大坂姊妹，比卡希爾向聯邦盃隊長瑪麗・喬・費南德茲推薦的時間還早了幾個月。所羅門告訴我，他認為美國網協提供的幫助太少也太遲，而日本網球協會（日本テニス協会，以下簡稱日本網協）提供的支持，在這家人經濟拮据時發揮了關鍵作用。「日本當時願意為她做更多事，包括讓她獲得參加比賽的外卡，並幫助他們籌措一點資金。」所羅門告訴我：「他們沒有錢……這可能是把姊妹倆推向日本的原因。」

所羅門說，他認為美國原本可以爭取並說服大坂姊妹轉而代表美國，但美國網協錯過時機。「我認為，如果美國當時站出來說：『聽著，我們願意投資，願意這樣做，或者為她指派教練並支付她的費用。』我的意思是，她們很有可能會轉而為美國效力。」他說。

大坂姊妹選擇日本，當地網壇人士可能比美國人更感到意外。主播弗洛倫特・達巴迪（Florent Dabadie）讀了直美二〇一四年在史丹佛戰勝斯托瑟的簡短報導後，便向土橋登志久打聽大坂直美這號人物。土橋登志久當時任職於日本網協，後來成為聯邦盃日本隊隊長。「他說：『唔，我們一直在關注她，但不確定她想不想成為日本人。』」達巴迪回憶土橋所說的話：「『事實上，她挺美式作風的。我們和她接觸過，甚至也找過她的練球搭檔，但我們認為她不可能選擇日本，也就沒有繼續下去。』」

直美透過日本網協獲得外卡，參加了二〇一四年幾場日本比賽，但她本人、家人和經紀人仍繼續聽從美國網協的指示。因此，當瑪麗．喬．費南德茲根據達倫．卡希爾的推薦安排會面時，大坂姊妹已經準備好在約定時間和地點給對方留下深刻印象。

為美國網協進行的展示會安排在大型賽事附近，也就是二〇一五年的邁阿密網球公開賽（Miami Open）。與直美幾年前第一次為服裝贊助商展示一樣，但這次的場地豪華得多，費南德茲為直美預訂了南邊三公里處的比斯坎灣（Key Biscayne）麗思卡爾頓飯店（Ritz Carlton）球場。這座大型度假村提供一片綠土球場，兩旁種植了整排高聳的棕櫚樹，費南德茲在場上與直美對打，展現美國對她天賦的興趣。費南德茲當時四十三歲，早已退出巡迴賽十多年，知道自己應付不了這位少女的威力，於是她帶了一位朋友，兩人與直美進行二對一練習，美國網協的瑪律姆奎斯特在一旁觀看。在費南德茲的記憶中，這次訓練安排得相當隨意，「只是想驗證一下我的想法，順便給她一點建議之類的。」但她立刻被這位穿著寬鬆粉色運動衫和黑色緊身褲的少女所具備的力量和心態折服。「天哪！你一眼就能看出她的專注力和冠軍特質。」費南德茲告訴我：「我始終記得她是多麼專注、多麼熱切。你知道嗎？她讓我想起小威廉絲，當我和她交談時，她不停強調『我要威猛地發球，我要強力地擊球』，你很早就能看出她有這樣的特質。」

那天，不僅僅是美國網協想一睹直美的風采。不久前剛與超級巨星客戶羅傑．費德勒共同創辦經紀公司的經紀人，費南德茲的丈夫托尼．戈德西克（Tony Godsick），也帶著濃厚的興趣在場邊觀看直美展示球技。愛迪達的代表馬茨．默克爾（Mats Merkel）也在場，並為德國網球部落格拍攝了部分內容。「看得出來她個子很高，但動作很靈活。」默克爾在鏡頭前以德語敘述：「她的擊球力道非常強勁，技術還有待加強，但潛力無窮，很高興她能加入愛迪達。現在她正和瑪麗．喬．費南德茲一起在球場上練習。」

美國網協最終向大坂姊妹提供了整套計畫，除了資金贊助，也會讓她們與一些頂尖人員共事。根據《華爾街日報》記者佩羅塔的報導，計畫內容包括由總教練荷西・希格拉斯（José Higueras）提供數週球技指導，並由知名的力量與體能教練派特・艾切貝里（Pat Etcheberry）提供相關指導，他曾與安德烈・阿格西和皮特・山普拉斯（Pete Sampras）等名將合作。「我們和她談話，為她提供一些非常好的服務。」瑪律姆奎斯特告訴佩羅塔。

巴羅格說，與費南德茲的對打展示結束後，大坂一家仍未做出決定。「想必他們還在討論。」他說：「但最終，我們——或者該說是家長——做了決定。」

直美曾說，當時是倫納德做出最後決定的。「我不知道他為什麼會那樣。」二〇一八年，《隊報》（*L'Équipe*）詢問直美當初為何選擇日本，她答道：「你得問他。」

倫納德提出各種理由來解釋他為女兒選擇日本的理由。「我的兩個女兒在日本出生，儘管我和妻子遇到很多問題，但我在那裡受到歡迎。」他在二〇一八年告訴《隊報》：「這就是我想讓她們捍衛這面國旗的原因，為了表示敬意。」

二〇一六年，當我第一次針對這個決定詢問倫納德時，他遲疑了一下，然後提到文化因素。「呃，其實是因為文化，她在家裡和所做的一切都跟文化有關。」他告訴我：「在某種程度上，她更接近日本文化，在這個圈子裡感覺很好。何況現在已是全球化的世界，我覺得這樣做會讓她舒服自在。」

我在二〇一六年第一次詢問直美為何做此決定時，她也給了我類似的答案，表明日本更適合她的個性和品味。「一開始並不是我決定的。」直美告訴我：「呃，其實就是順其自然。我還算喜歡這裡的食物和其他東西。而且，呃，這座城市真的很酷，每個人都很好，就這樣。而且我很內向，覺得自己更適合那個地方。」

接下來談到有沒有和美國網協洽談，直美的回答是否定的。「我不太清楚，我只是專心打網球。」她咯咯笑著說：「所以我沒有考慮網球以外的事，唔，就像其他人一樣。」

二〇一六年，我問倫納德有關美國網協的問題，他明確表示，他對他們提出的條件並不動心。「我們和美國網協談了一下。」他說：「但對方提出的東西讓我們覺得，好像沒有必要答應——你知道，以她當時的情況來看，他們開出的條件不算優渥，真的。」

直美在二〇一八年贏得第一個大滿貫冠軍後，很多美國網壇人士質疑美國網協怎麼會錯過她這樣的球員。大坂一家寄電子郵件給《華爾街日報》，說明他們的決定。「我們在直美很小的時候就做出代表日本參賽的決定。」他們寫道：「她在大阪出生，在日本和海地文化的家庭中長大。很簡單，直美和姊姊麻里一直覺得自己是日本人，所以這是我們唯一的理由。這個決定從來都不是出於經濟動機，我們也沒有受到任何國家級協會影響。」

事實證明，美國網協的損失成為日本的收穫。「不用想也知道，我們當然非常希望她為美國隊效力，畢竟她在佛羅里達待了那麼久。」費南德茲告訴我：「我完全理解她為日本隊效力的決定，但如果我的球隊裡有她，就太好了。」

不久，直美選擇的日本身分將為她打開一扇門，通往難得的展示場合，使她登上世界舞台。

10 明日之星

Rising Star

二〇一五年九月，距離大坂直美在史丹佛賞心悅目的初次亮相已經過去一年多，雖然期間沒有締造出讓網壇矚目的成績，但可以肯定的是，她正穩定地進步中，包括在兩項ＩＴＦ職業巡迴賽（低於ＷＴＡ巡迴賽的級別）中闖入決賽，以及首次參加大滿貫（溫布頓網球錦標賽和美國網球公開賽）資格賽，並首次名列ＷＴＡ前兩百強。由於排名並不高，而且整個網壇都在關注小威廉絲的大滿貫賽事，直美在二〇一五年穩定但小幅的進步並沒有引起多大注意，這也是意料中的事。然而，到了年底，情況開始改變——但不是拜擊球威力所賜，而是選票的影響。

從上一個年度開始，ＷＴＡ便請球迷投票，選出在「明日之星」（Rising Stars）示範賽中最想看到的四位年輕球員。ＷＴＡ執行長史黛西．阿拉斯特（Stacey Allaster）在二〇一五年宣告明日之星賽事時談道，協會希望這項運動的「年輕好手……體驗一下協會的大舞台，讓球迷共襄盛舉。」

阿拉斯特所謂的「大舞台」指的是ＷＴＡ年終總決賽（WTA Finals），這是僅限賽季排名前八的選手參加的循環賽。為了投資亞洲市場，除了舉辦明日之星賽事，協會也在一年後將年終總決賽的場地移師新加坡。阿拉斯特將巡迴賽的未來寄託在亞洲市場的成長，但她的「女子職業網球亞洲協會」策略在首次移師新加坡的賽前便遭遇打擊，因為中國冠軍好手李娜退役——過往協會為了她帶來的巨星效應不惜改變賽程，如今向亞洲市場迅速擴張之際，卻在單打賽場上失去真正的亞洲明星。為了在新的土地上重新播種，協會刻意將新一屆明日之星賽事四個名額中的兩個保留給亞太地區。

直美和家人利用父親的攝影和剪接技術，在二〇一四和二〇一五年的明日之星活動中爭取到日本人和外國人的投票。第一次嘗試時，直美在東京到甲府的火車上用英語發言（畫面下方打上日文字幕）。「請投我一票，讓我去新加坡。」直美說：「可以多次投票，所以……只要每五秒鐘投一次票，我就會入選。」這次嘗試宣告失敗，隔年一家人用英文和日文製作多部影片。直美手持絨毛玩具皮卡丘（ピカチュウ）和寫有「WTA明日之星大坂直美」字樣的彩色牌子，為自己造勢。在二〇一五年的第二部影片中，「#WTARISINGSTARS」和「#NAOMIOSAKA」等字樣後方還閃爍著亮紫色光芒，對協會用來計票的社群媒體致意。

二〇一五年九月八日開始投票，正逢美國網球公開賽進入第二週，在亞太地區七位候選人當中，排名第兩百零二位的直美最年輕，排名也最低。十月初，兩百多萬張票統計完畢，直美獲選，正式成為前往新加坡參賽的明日之星。

⋯⋯⋯⋯⋯⋯

投票結束後直美滿十八歲，此時還不到前往新加坡的日子，今後她將不再受限於WTA的年齡規定，但她仍是入選明日之星賽四位選手中最年輕的一位。她在新加坡不得不參加各種宣傳活動，包括賽前的球員派對，這是她第一次涉足紅毯時尚——在這方面她完全沒有經驗。雖然直美在七年後成為大都會藝術博物館慈善晚宴（Met Gala）的頭號明星，但第一次嘗試在鏡頭前盛裝出席並不順利，也讓她疲憊不堪。「我通常不會盛裝打扮，也不穿高跟鞋。」直美後來解釋：「那天晚上我到十一點才睡。平常九點就上床了，所以真的，呃，挺累的。」直美參加球員派對的服裝是媽媽和姊姊行前精心挑選的。「我有點驚訝，這衣服還挺好看。」直美談到麻里為她挑選的衣服：「說真的，很像原宿風格，全身都是。」

直美也有了機會在新加坡與威廉絲姊妹再次見面，這次她見到以候補選手身分待命的大威廉絲（小威廉絲當時仍排名世界第一，但她在美國網球公開賽四強戰中慘敗給羅貝塔・文琪〔Roberta Vinci〕，大滿貫夢想破滅，也結束了她的二〇一五賽季）。雖然之前在史丹佛曾與大威廉絲短暫會面，但直美在偶像面前依然緊張得說不出話，她說自己「因為沒有開口，場面有點冷，有點嚇到她。她在說話，我只會回答『嗯哼，對，嗯哼』。」直美回憶與大威廉絲見面的情景：「我不太記得我們聊了什麼，因為我當時，唔，真的嚇壞了。」

這次與大威廉絲的短暫接觸圓了直美的追星夢，而為四位明日之星選手安排的宣傳活動則讓直美第一次有機會與姊姊以外的職業球員接觸。其他三位選手包括卡洛琳・賈西亞（Caroline Garcia）、昂絲・加博（Ons Jabeur）和朱琳都是二十出頭的年輕人，都參加過青少年巡迴賽。直美比其他人小三歲，沒有參加過青少年巡迴賽，對她們來說是個完全陌生的對手。

來自突尼西亞（Tunisia）的加博性格外向，曾在二〇一一年法國網球公開賽上締造新局面，成為第一位贏得青少年大滿貫的阿拉伯女孩，她把陪同這位安靜的新人（還有對方同樣安靜的爸爸）視為一種任務，決心要「打破僵局」。「你也知道我這個人，喜歡和每個人開玩笑，若是看到害羞的人，我就會稍微用點技巧，試著逗她笑什麼的。」多年後，加博告訴我。

四年後，直美被問及對明日之星賽事的回憶，印象最深刻的就是加博努力了解她的舉動。「老實說，我只記得昂絲，她不停跟我說話。」直美說：「我真的很感謝她，因為，呃，我當時的害羞程度比現在還要嚴重多了。」

對我來說，新加坡就等於昂絲。」

…………………

由於邀請賽不算正式比賽，明日之星賽採用實驗性賽制——以一盤四局而不是六局決勝負，而且教練可以全程坐在場邊，為球員提供建議。四位選手的循環賽在WTA年終總決賽前幾天舉行，場地很小，距離主賽場步行約十分鐘。大多數場次都有幾百名觀眾到場觀看，雖然人數不多，但氣氛熱烈。直美與賈西亞和加博的前兩場比賽均告失利，但每一場都打進第三盤，戰況可以說相當激烈。直美在循環賽最後一場賽事對上朱琳，並在第三盤決勝盤中獲勝。

直美一勝二敗的戰績竟能晉級冠亞軍賽，令她有些意外；因為朱琳和加博的戰績也是一勝二敗，但她們各有一場直落兩盤的失利，因此直美晉級決賽，與三勝零敗的賈西亞對決。

卡洛琳．賈西亞是新加坡明日之星賽事的佼佼者，以她當時的資歷來參加這項比賽，幾乎可以說是大材小用。「正在和莎拉波娃對打的女孩有一天會成為世界第一。」二〇一一年法國網球公開賽第二輪，十七歲的賈西亞領先莎拉波娃，安迪．莫瑞（Andy Murray）在推特上發表了著名評論：「卡洛琳．賈西亞，多麼傑出的球員，你在這裡第一次聽到這號人物。」賈西亞來到新加坡時二十二歲，世界排名第三十五位，比曾經生涯最高的第二十五位稍微遜色。當時她已締造七次擊敗世界排名前十的紀錄，前一年在波哥大（Bogotá）首度贏得WTA單打冠軍，並獲得年終總決賽雙打的參賽資格。

因此，當賈西亞以不敗之姿在明日之星的循環賽中過關斬將，並在決賽開盤就以三比〇領先了直美，大家都覺得是意料中的事。這是明日之星賽事中第一場與會內賽同時進行的比賽，在有一萬兩千個座位的新加坡室內運動館舉行，也是直美生涯以來參加過最大的比賽場地。「一開始我真的很緊張，因為那個地方真的很大。」直美說：「而且，我從來沒有在那裡練習過，所以我光是站在那裡就緊張得不得了。」

但經過對她不利的幾局比賽後，直美逐漸進入狀態，將第一盤的比分追到了三比三，不過賈西亞仍以五比三拿下這一盤。第二盤，賈西亞拿到四個賽末點，但直美一一化解，最終以八比六進入決勝盤並輕鬆取勝，終場以三比五、五比四（八比六）、四比一獲勝。雖然這次的邀請賽並非正式比賽，也不計入排名，但有一點特別值得注意——這是直美首度贏得職業單打冠軍，而且是在有些恍神的狀態下。

「這是妳職業生涯中最重要的日子。」頒獎儀式上，主持人安德魯·克拉斯尼採訪直美時，滔滔不絕地談道：「四個賽末點，妳今天對所有人證明了妳是努力不懈的鬥士！」

克拉斯尼說話時，直美緊張地把玩著自己的辮子，先是一臉驚訝，然後咯咯笑著問道：「她有四個賽末點？哦，好吧！」

「也許妳不知道反而好。」克拉斯尼發表評論，然後問直美參加明日之星示範賽的感受。

「真的很特別，因為這是，呃，頂尖高手的比賽。」直美說：「來到這裡讓我覺得自己是頂尖高手，雖然我並不是。」

「唔，我有個消息要告訴妳，我想全場都會同意我的觀點——妳就是頂尖高手。」克拉斯尼回答道：「所以，讓我們把獎牌交給妳吧！」

直美接過嵌著粉紅拼貼磚的大銀盤，站在賈西亞和協會新任執行長史蒂夫·西蒙（Steve Simon）身邊，臉上掛著清晰但雙唇緊抿的微笑。「她的正手拍和發球已經擁有強勁的力道，令人印象深刻，但她非常害羞，有點像是不敢炫耀。」多年後，賈西亞告訴我：「我在頒獎儀式上暗想，我輸了，但跟她比起來，我彷彿是笑得最開心的那一個。這絕對是一次很好的經驗，而且，她對所有人證明，當時的她絕對是明日之星。」

直美戰勝賈西亞的比賽成了明日之星示範賽最後一場賽事；儘管這項賽事對精準找出未來可期的明日之星，可以說相當成功，但僅僅舉辦了兩屆，WTA還是決定予以終止。加博和賈西亞的排名都進入前五，大坂直美的前景也相當看好。

「我來自歐洲，昂絲來自突尼西亞，直美來自日本——應該是一半日本加一半美國之類的——這是很好的組合，比賽風格各不相同。」賈西亞說：「看得出來，球迷做了正確的選擇。」

多年後，在二〇二一年澳洲網球公開賽對戰賈西亞前，直美談到當年的明日之星賽事，她覺得這是職業生涯中「壓力最大但也最有趣的事情之一，被名列前十的高手包圍，看看每個人如何打球，對我來說真的很有趣，也是一種鼓勵。」直美說：「但我要說，我有點覺得自己不屬於那裡，就像是我需要努力證明自己……我是那裡排名最低的人，但為了融入，我真的很想好好表現。」

……………

就像直美在史丹佛第一次參加巡迴賽的情況，她再度在新加坡採訪廳為媒體留下最難忘的印象。頒獎儀式結束後，她照例參加記者會，一小群國際記者第一次見到她，對於她不加修飾的回答、幽默自嘲與大威廉絲見面的窘況，尤其是對循環賽輸給賈西亞後如何逆轉勝的回答，在在令他們讚嘆不已。

「這是美國用語，最近才出現：我不想變成『米克·米爾』（Meek Mill），唔，意思就是接連輸球，你知道嗎？」直美說：「我不喜歡一次又一次輸給同一個人。所以，對，如果有人沒聽懂這個笑話，很抱歉。」這個笑話指的是那年夏天加拿大饒舌歌手德雷克（Drake）和美國饒舌歌手米克．米爾的說唱比賽，德雷克連續演唱兩首帶有吐槽意味的歌，被公認為勝利者，第二首便是〈一輸再輸〉（Back to Back）。在場只有少數幾位記者立刻明白她的意思，但直美熱情洋溢的表達方式讓每個人都樂在其中。

體育記者莉姆．阿布利爾（Reem Abulleil）在報導中提及直美對米克．米爾的調侃「讓我趕快上『城市詞典』（Urban Dictionary）網站查詢，忽然覺得自己好老。」儘管摸不著頭腦，但阿布利爾依然被直美徹底征服，並聲稱直美是「WTA年終總決賽的亮點」，儘管比賽才剛剛開始。「大坂擁有可怕的正手拍和古怪的個性。」阿布利爾寫道：「絕對是未來值得關注的選手。」

11 翻譯 Translating

網球「大滿貫」四大賽事——澳網、法網、溫網和美網，在獎金和聲望方面都令其他巡迴賽望塵莫及。對一般球員來說，哪怕在大滿貫首輪就輸掉比賽，得到的獎金也比在小型巡迴賽事奪冠還要多。在衡量頂尖高手時，大滿貫冠軍頭銜是最有價值的指標，即使世界排名很高甚至第一的選手，只要沒有得過大滿貫冠軍，都會被認為沒有經過考驗，而且不配被稱為頂尖高手。

大坂直美參加二〇一六年澳洲網球公開賽時排名第一百二十七位，在新加坡舉行的示範賽沒有排名積分，她仍然需要參加資格賽，才能獲得當年第一場大滿貫的會內賽席位。在前幾個月的溫布頓網球錦標賽和美國網球公開賽資格賽失利後，直美在首次墨爾本之旅一掃之前的陰霾，贏得了三場比賽，首度在大滿貫會內賽一百二十八個席位中占有一席之地。

當然，這時體壇多數人都還沒有注意到她，但少數近距離看過她打球的人，對她的到來相當開心。「她的市場還很小眾，就像地下樂團和知名音樂公司簽約前的狀態。」直美首次在大滿貫亮相，當週我的搭檔蔻特妮·阮在《圓滿完賽》（*No Challenges Remaining*）播客節目中評論道：「她很生澀、笨拙、怪異，但又非常迷人。沒錯，不知道為什麼——她就是會讓你在不知不覺間入迷。」阮是十八個月前少數在史丹佛見過直美的加州記者之一，眼見直美登上世界舞台，她先知先覺地稱直美為「多元文化的潛在偶像」。已經被直美深深吸引的美國媒體對她讚不絕口，《今日美國》和《紐約時報》都在二〇一六年澳洲網球公開賽期間專文介紹她，然而在抽籤名單和排名資料上，她的名字旁邊都有著一面他國國旗，恐怕不是那麼容易讓人接受。

由於錦織圭已成為世界排名前十的選手，也是大滿貫冠軍寶座的固定競爭者，大批日本體育記者都來到二〇一六年澳洲網球公開賽的現場。這項賽事以「亞太地區大滿貫」為號召，而且澳洲與日本幾乎沒有時差，對日本球迷來說很方便。身為日本媒體頭號關注焦點的錦織圭，每兩天只有一場比賽；幸運的是，直美的賽事恰好被安排在他的休息日，於是日本記者能全員到場報導她的比賽並出席賽後記者會。

直美生涯第一次在大滿貫會內賽取勝，以六比三、六比二輕鬆擊敗排名第一百零四位的唐娜·維基琪（Donna Vekić），接著她首次參加大滿貫的賽後記者會。她被安排在二號採訪廳，大約有一小時——這個地方原先是辦公場所，比賽期間提供媒體使用，有一個小講台和二十張椅子。直美第一次在大滿貫賽事後進入採訪廳與媒體見面，現場座無虛席，另外十五名左右的記者只能站在走道上或者牆邊。「我沒想到有這麼多人。」她在講台上落座時說道。

主持人以為這位選手會說兩種語言，因此說了一句標準開場白：「一開始先以英文提問。」

「哦，天啊。」直美喃喃地回答，赫然發現他們希望她也可以當眾說日語，她的表情變得窘迫：「好吧……可以只說英語嗎？」

就在命中註定的那一天，環第一次走進札幌那家商店，因為她會說英語，兩人得以展開進一步交往，最後成為直美的父母。倫納德還要在這個國家再待個幾年才能說流利的日語，之後日語就成了全家人的共通語言，是女兒幼時說的第一種，也是唯一一種語言。

環在回憶錄《穿越隧道》中寫道，全家搬到紐約時，麻里和直美唯一會說的英語是「你好」。入學後，她們分別上英語課，但繼續和母親說日語，在家也會說英語和海地的克里奧爾語。環寫道，學校的英語老師告訴她，和女兒說日語會耽誤她們學習英語的進度，因此她在家裡改說英語，甚至到處黏貼英語單字，幫助女兒學習。

環說，女兒十幾歲開始代表日本參加職業比賽時，她們已經「完全忘記日語該怎麼說」。她曾考慮給她們報週末日語班，但她們的行程表已經塞滿了練習和比賽。「畢竟，網球才是第一優先考量。」環寫道：「所以，到頭來，日語變得沒那麼重要。」

英語是網球巡迴賽的默認語言，幾乎每位球員都能流利地使用英語，或至少能回答一些基本問題並與主辦方交談。然而，參加巡迴賽的日本球員和媒體往往對自己的英語能力毫無自信。樂天公司（Rakuten）二〇一六年的調查顯示，在二十～六十九歲的日本成年人中，只有八．七％自認英語水準「好或很好」；六九．六％則自認英語水準「差或很差」。直美在日本只參加過幾次小型比賽，前往墨爾本參加澳洲網球公開賽之前，她沒有面對過任何規模的日本媒體。如果直美是英語選手，代表一個英語普及的國家參賽，這也許不是什麼問題。然而，一旦日本記者發現這位新日本選手不會用日語回答任何問題，成為巡迴賽中唯一不能用母語回答問題的選手，那麼擠在採訪廳的眾多日本記者就會感到一定程度的恐慌。

直美選擇代表日本，勢必要「對日本媒體負起回答問題的責任」，當美國人問她是否對此感到畏懼時，直美堅稱自己正在努力。「我正在，呃，試著學習日語，但一聽到日語我就會很緊張。」她說：「唔，這個語言的語速真的很快，你知道嗎？有時聽起來就像在唱饒舌歌。所以我常會想：『哦，天啊，我沒聽清問題的前半部』。然後，我會當場看起來活像個白癡，但我可不想那樣。」

一位日本記者開玩笑地問：「那麼，和日本人開記者會以及在球迷和觀眾面前參加大滿貫比賽，哪個更讓妳緊張？」

「好惡毒的問題啊！」直美應道，引得眾人發笑。「嗯，天哪。無可奉告？我是說，雖然我喜歡接受採訪，只是，有時候如果不是全世界流行的笑話，人們就聽不懂我在說什麼，所以我必須先搞清楚提問的人是誰。」

事實上，直美的怪癖和文化傾向甚至讓少數英語流利的日本記者也不敢保證聽得懂她說的事。為日本《高壓扣殺》（*Smash*）網球雜誌報導澳洲網球公開賽的資深自由記者內田亞紀告訴我，雙方存在著明顯的文化鴻溝。「對我們來說，要了解她的個性真的很難。」當時她說：「她總是開一些我們聽不懂的玩笑，很難應付。我們不知道這是不是文化不同或個性使然，也可能是世代隔閡。」直美在首次澳洲網球公開賽記者會上有一句特別引人注意的評論，她說日本的國家訓練中心「很小」，因為只有兩個硬地球場。日本記者團聞言紛紛皺眉並嘀咕。「我們不明白她只是在開玩笑，還是在說實話？或者她有點傲慢，或這只是文化差異之類的。」內田說：「如果一個日本人發表這種評論，也許我們會不高興，或者認為對方只是在開玩笑。但大家當下都是滿臉問號，不知道她到底是什麼意思。」

內田說這些語言問題使得「我們報導她挺困難的」，不過她也表示，日本媒體在直美身上發現許多日本人的特質。「她肯定在努力適應日本文化。」內田說：「她對我們鞠躬，看起來真的是日式作風。她一直說她想頂著日本國旗參加二〇二〇年的東京奧運，這種說法讓日本球迷相當開心。只要她以日本人自居並獲勝，我們就會很高興。」

直美在澳洲網球公開賽會內賽中再下一城，以六比四、六比四擊敗排名第二十一位的艾莉娜．斯維托麗娜（Elina Svitolina）。自從在史丹佛擊敗排名第十九位的珊曼莎．斯托瑟以來，這是直美在對戰排名上的最佳戰績，而且很多方面更令人印象深刻。斯維托麗娜與球路飄忽不定的斯托瑟不同，她以穩定著稱，直美必須藏起大部分最強勁、最冒險的擊球，不管多麼想要全力揮拍，也一定要沉得住氣。「贏球很有趣，如果我什麼球都打卻輸掉比賽，那就不好玩了。」她在賽後說：「我寧願保持穩定，贏得比賽。」

斯維托麗娜曾在一年半前的WTA大阪公開賽中擊敗直美，對手在短時間內球技大為成熟，令她相當訝異。「她的力道控制比之前好太多了。」多年後，斯維托麗娜告訴我：「我真的很意外，因為這次和她對戰時，我還記得以前交手的情況。」

除了勝利和八萬一千一百一十九美元的獎金——這是她職業生涯以來最大一筆收入，比她在史丹佛打進第二輪的一萬美元多了八倍以上——以及打進第三輪帶來的排名提升之外，直美還獲得墨爾本的日本球迷支持，這讓她非常感動。隨著不斷獲勝，前來觀看她比賽的日本球迷愈來愈多。「有很多日本人，他們真的在為我歡呼。」她在賽後說：「所以呢，我真的很高興……我總覺得他們很意外我竟是日本人。所以，現場有日本國旗之類的東西，呃，真的讓人好感動。」在主辦方公布的資料和計分板上，她的名字旁邊都寫著「JPN」，但直美從未覺得人們會立刻認出她的日本身分。

那一年，我們在墨爾本為我的《紐約時報》專欄採訪直美時，我問她是否想過自己在世界的定位。「嗯，我確定我是日本人。」她回答：「毫無疑問。只是，我也不知道，一開始，我只是想融入這個世界，但後來我發現，做自己才正常。所以，他們來看比賽，為我歡呼，讓我覺得開心，唔，也覺得被接納。」雖然她對自己的國籍認同感到滿意，但她告訴我，她對自己一直不會說日語很不滿意。「我真的在努力學日語，而且我覺得，呃，不能和更多日本人交流，真的很難過。」她說：「某方面來說，我覺得有點，嗯，不好意思，所以我正在學。」

•••••••

直美的第三輪比賽場面極為盛大，於澳洲網球公開賽主要場地的羅德·拉沃競技場（Rod Laver Arena）舉行，這裡可容納多達一萬五千名觀眾。她的對手是兩屆澳網冠軍、前世界排名第一的維多利亞·阿扎倫卡（Victoria Azarenka）。場上有明亮的燈光和攝影機，但賽程很短，直美僅在開局順利破掉阿扎倫卡的發球，接著很快以六比一、六比一被淘汰，無法繼續出戰第三輪賽事。直美受到腹部拉傷的影響，發球威力大打折扣，但她還是在這場決定性的失敗中找到一點正面價值。「我可以把這次比賽當做很好的經驗。」她說：「如果擊敗她，我想我學不到這麼多。」

阿扎倫卡當時的教練維姆·菲塞特認為，直美是「愛炫技但不穩定的選手」，有明顯的優勢，也有可以利用的弱點。「你知道她會打出一些愛司球，但你也知道她的動作不太順暢。」菲塞特告訴我：「所以，如果你能讓她忙著防守，她就會陷入困境，還會主動出現一些失誤。直美這些年來始終如此。」

•••••••

直美與眾多日本媒體的再一次交鋒是在四個月後的年度第二項大滿貫賽事，也就是在羅蘭・加洛斯（Roland-Garros）舉行的法國公開賽。這一次，她覺得自己已經準備好，打算試著說日語。主持人凱薩琳・惠特克（Catherine Whitaker）在結束直美賽後記者會的英語採訪時說道：「我聽說妳不想說，就由妳自己決定吧！」直美深吸一口氣說：「唔，沒關係，可以試試。」第一個日語問題與她剛剛擊敗的第一輪對手耶萊娜・奧斯塔朋科（Jelena Ostapenko）有關。*

「嗯……可惡。」直美回答，引來全場哄笑：「不，我的腦子一直想著英語，但我不想放棄——好，開始吧：（說日語並咯咯笑）那個……該怎麼用日語說『如果我把所有注意力都放在自己身上』？（說日語）對，哦，天啊，真抱歉……好吧，她很強，但如果我把所有注意力都放在自己身上——你剛才是問這個？」記者隨後以日語補充澄清，直美以英語回答，她認為奧斯塔朋科的反手拍打得很好。第二個問題以日語提出，直美立刻以英語回答：「我經常練習反手拍，因為我覺得——哦，天啊，抱歉——」然後換成她本來想說的日語。「因為和我之前的正手拍相比，我的反手拍太弱。」接著，她再次以英語詳細解釋她的反手拍戰術。記者繼續以日語提問，她的回答愈來愈偏向英語。這成為她職業生涯的固定模式——日本媒體以日語提問，直美則以英語回答，這也是她日常與母親交流的方式。

* 奧斯塔朋科隔年在法網奪冠。

直美以英語回答問題，對日本的平面媒體記者來說具有挑戰性，而對日本的電視播報員來說尤為困難，因為他們想為國內觀眾採訪她。

二〇〇二年，日本國家足球隊為了參加世界盃足球賽聘請了法國教練，並由法國人弗洛倫特・達巴迪擔任翻譯，他因此聲名大噪。後來 Wowow 頻道拿下有線電視的大滿貫賽事轉播權，他多次負責實況轉播。「（直美）非常熱衷於賽後與她母親的娘家親戚打招呼。」達巴迪告訴我：「她變得非常受歡迎，因為她很真誠，我們可以明確看出她真的熱愛日本。」

達巴迪說，直美講日語的方式就像一般十二歲女孩閒聊她熟悉的話題一樣。「要她說日語沒問題，她可以流利地談論一些隨意的事，也可以說想說的話。」他說：「但如果你問技術性或戰術性問題，她顯然沒有辦法應付，我自己也是，因為直美和我的日語程度可能是一樣的，所以我完全理解。」

雖然直美說英語時表現得更加自在，卻讓 Wowow 頻道的觀眾相當失望；達巴迪將她的回答翻譯成日語時，觀眾在螢幕上看到她的有限時間被占去一半。Wowow 在後續幾場比賽中努力尋求解決之道，最後在東京的轉播室裡安排了同步翻譯人員，為直美的回答進行現場配音，對於報導本國選手的日本媒體來說，這是一筆史無前例的開銷。

電視台面臨的還不只是技術方面的挑戰。日本選手即使被問到最平淡無奇的問題，他們依然會禮貌性地配合並回答，然而，達巴迪說，只要話題引不起直美的興趣，她的注意力就會立刻飄走，而不會假裝感興趣的樣子。「這確實給我們上了很好的一課，因為（其他）所有日本球員都非常有禮貌；即使你的採訪很糟糕，他們也會禮貌地詳答你的問題。」達巴迪說：「但她不會，如果我們問得亂七八糟，她會有點不想答理。」

二〇一六賽季結束後，直美上了幾個月日語課，二〇一七年出席記者會時開始全程說日語。但直美在平面報導上經常看到自己不夠精確的日語回答被誤解，為了避免這個情況，她又恢復用英語回答，從此便很少在公開場合說日語。後來接受《WTA內部報導》（*WTA Insider*）採訪時，直美解釋，她不願意在公開場合說日語，最主要是「完美主義作祟。我腦子裡知道自己想說什麼，也知道一些可以表達那些意思的詞彙，但我可能不知道正確的語法。」她解釋：「所以，通常我會說英語——儘管我的英語沒轉換得很好。」

達巴迪說，對直美來說，與其在融入日本圈子的壓力下逼迫自己，搞得自己很彆扭，不如還是以英語回答問題，至少會顯得更真誠。「在日本，你真的必須表現出你的日本特質。」他說：「我認為她不喜歡把自己塑造成不真實的角色，你知道，人會做這種事，要不是為了賺錢，就是為了受歡迎。」

12

更上一層樓

Close

二〇一六年美國網球公開賽是大坂直美首次在比莉．珍．金國家網球中心（Billie Jean King National Tennis Center）舉辦的會內賽上亮相。這座大型球場位於法拉盛草原（Flushing Meadows），直美和麻里在長島（Long Island）度過的童年時光中，也經常來這裡打球。直美以排名第八十一位進入美國網球公開賽，這也是她第一次獲得會內賽席位。

她的第一個對手是二十八號種子選手可可．范德韋（CoCo Vandeweghe），這位二十四歲女將近十年來都被譽為美國網壇的「下一個大人物」。她以暴躁及好戰聞名，第一盤打出六比四的好成績，一坐到椅子上就大喊：「加油！」當時直美正走過她身邊。

直美沒有表現咄咄逼人的氣勢，而是在內心配樂，默默為自己唱著〈不要傷害自己〉（Don't Hurt Yourself），這是碧昂絲幾個月前發行的《檸檬汁》（*Lemonade*）專輯中最搖滾、最火辣的曲目之一，她一邊唱一邊拿下賽事的主導權。無論在得分當下還是來回之間，無論范德韋發動什麼樣的攻勢，直美都能見招拆招。比賽進行到一半，范德韋以一記愛司球保住發球局，她對直美搖搖手指，但直美沒有動搖。

在第三盤末段直美獲得的第一個賽末點上，范德韋打出一記強勁的上旋發球，球彈向直美的左肩。直美往左邊一跳，反手回擊，將球打到場地中央。范德韋想利用直美柔弱的擊球，打出一個大反拍回擊，球卻不幸掛網，比賽就此結束。范德韋憤怒而沮喪地將球拍往地上狠狠砸去，空著手走到網前與直美握手。接下來，她噘起嘴，拒絕和主審弗格斯・墨菲（Fergus Murphy）握手。前排的日本支持者展開旗幟和彩繪紙扇，為他們的贏家揮舞，十三號球場周圍的無座觀眾席也響起熱烈掌聲。

現場可能很少人知道，在所有選手當中，直美與這個場地有著最深的淵源。儘管在她收起球拍前，電視台轉播賽事的解說員已經盡職地提醒觀眾，直美具有美國和日本的雙重國籍。

⋯⋯⋯⋯⋯⋯

輸掉比賽後，悶悶不樂的范德韋做了一件直美的對手後來永遠不會——或者應該說是不可能——再做的事：聲稱自己沒聽過這號人物。

「她之前在大滿貫表現傑出，她的打法有什麼地方讓妳印象特別深刻？」賽後記者會開始，我問范德韋。

「我要說，我對她有點陌生。」范德韋談到直美：「所以，她能打贏大滿貫，讓我感到很意外，因為我沒有聽過她。」

美國網球公開賽的網站和應用程式似乎也沒有注意到直美，計分板上有范德韋的笑臉，對面是直美的名字，旁邊卻只有一個空白的長方形，上面寫著「無照片」。

⋯⋯⋯⋯⋯⋯

直美在那個週一下午首度贏得美網會內賽，但除了十三號球場周圍數百名球迷熱烈歡慶，並沒有引起外界太多關注，但它預示了兩年後發生的幾件事。二〇一八年，在美國網球公開賽的決賽中，直美出戰小威廉絲並迎來生涯最引人注目的勝利。

首先，對手與主審長時間爭論並數度情緒失控，很多球員往往會因此而受到嚴重影響，但直美絲毫不為所動。「當她開始抱怨，你通常不會覺得太好過，除非你是馬克安諾之類的老將。」直美說：「我不知道這對你來說管不管用，不過，沒錯，我只是盡量避免想太多。」

直美也展示了她的強勁擊球風格可以媲美並打敗最強大的對手，也許是因為她可以將最佳狀態完全發揮出來。當她陷入困境，包括在第三盤面臨到三個破發點時，直美會對自己說一句簡單的話，喚醒內心的超級力量。

「我想著：『小威廉絲會怎麼做？』」在賽後記者會的日語採訪時段，直美忽然用英語解釋。」

「妳在腦中想像自己像小威廉絲那樣擊球嗎？」日本記者內田亞紀問道。

「是的，有一點，因為她總是在落後時，呃，打出愛司球。」直美解釋。

「這麼說，單憑在腦海裡想像或描繪，妳就能在現實中真正做到？」內田不可置信地問。

「是的。」直美回答。她雖然笑著回應，卻絲毫沒有開玩笑的意思。

⋯⋯⋯⋯

直美在美國公開賽第二輪的賽事面臨新壓力，她生涯中第一次在賽前就被看好贏得大滿貫會內賽。此戰對手是排名第一百零三位的段瑩瑩。直美以六比四、七比六（三）獲勝，但她承認被看好是一種陌生且不舒服的感覺。

「這場比賽好像大家都覺得我會小勝，這讓我很緊張。」直美第一次在美國網球公開賽的球場舉行賽後記者會，她對蜂擁而入的記者說：「下一場比賽應該會很有趣。」

下一場比賽將是直美職業生涯以來最重要的一場比賽——可以說一點都不有趣。

‧‧‧‧‧‧‧‧‧‧‧‧‧‧

二〇一六年美國網球公開賽，直美在第三輪首度站上這項運動的最大舞台——亞瑟．艾許球場（Arthur Ashe Stadium）。這座球場於一九九七年啟用，名字源自人權鬥士和職業網球史上最傑出的黑人男子球員，美國網協希望將它打造為最大且最好的球場，共可容納兩萬三千七百七十一位觀眾，比任何一個美國職籃或職業曲棍球球場都要大，也是目前全球最大的網球專用球場；第二大的印地安泉球場僅能容納一萬六千一百零二人，遠遠落後亞瑟．艾許球場；其他大滿貫賽事的主場最高也不過一萬五千人左右。直美小時候曾和家人坐在亞瑟．艾許球場的上層看台，幾乎像是在空中俯瞰下面遠處的比賽，球員的臉都小得難以辨認——即使是最大牌的球星，站在這種巨型球場上也會顯得渺小。

直美之所以在亞瑟．艾許球場比賽，是因為對手是八號種子選手麥迪森．基絲，這位二十一歲美國女將實力強勁，被定位為威廉絲姊妹的主要接班人。基絲與直美第一輪的對手可可．范德韋一樣，近十年來被譽為美國網壇前景最為看好的選手之一。不過，范德韋個性暴躁又極端，基絲則被公認為和藹可親、穩紮穩打的選手。

基絲和直美有很多共通處，為了全力追尋網球夢想，她們一家人從伊利諾州的岩島（Rock Island）搬到佛羅里達。兩個女孩都是從小就能強力擊球，關鍵只在於如何將這種力量化為可靠的優勢。「麥迪森十四歲時就能把發球或正手拍打得和職業巡迴賽大多數女孩以及一些頂尖高手一樣強。」約翰・艾弗特（John Evert）曾在二〇〇九年對家鄉的《方城時報》（*Quad-City Times*）如此說道。此外，兩個女孩都是混血，父親都是黑人，網球生涯都是在電視上看到威廉絲一家後開始的。

她們打進亞瑟・艾許球場的歷程並不相同，但同樣引人注目。大坂姊妹幼兒時期就被父母送上網球場；麥迪森・基絲則是四歲時在電視上看到大威廉絲參加一九九九年溫布頓網球錦標賽，在轉播畫面中被大威廉絲的白色銳跑（Reebok）藍邊連衣裙給迷住。

「那是一件露肩又露背的連衣裙，非常性感。」她的母親克莉絲汀・基絲（Christine Keys）告訴我：「（麥迪森）從電視機前面走過，立刻對我說：『噢，我能買一件這樣的裙子嗎？』我說：『唔，那妳必須參加這項運動。』她說：『哦，好吧！就這麼辦！』兩週後，她說：『嘿，我什麼時候才能買到那件裙子？還有那支拍子？』」

基絲憑著那支拍子聲名大噪，在青少年橘子碗比賽中贏得十二歲以下級別的冠軍，小小年紀便成為前景最被看好的明日之星。「十二歲時，他們就說她十八歲會贏得大滿貫。」克莉絲汀・基絲告訴我：「這說法也太不公正了吧？」

這種炒作來自基絲周圍的體系運作。大坂姊妹的網球生涯游離於兩個網球體系之間，既不完全屬於日本，也不完全屬於美國；但基絲從小就是美國網球界看好的潛力股。全家搬到佛羅里達後，基絲被送進位於博卡拉頓的艾芙特網球學院。十四歲生日那天，她轉為職業網球選手，與IMG學院的馬克斯・艾森布德（Max Eisenbud）簽約，這位經紀人最輝煌的紀錄是讓瑪麗亞・莎拉波娃坐上全球收入最高的女運動員寶座。兩個月後，基絲獲得二〇〇九年佛羅里達WTA賽事的外卡，成為十四年來協會會內賽最年輕的選手。從第一場比賽開始，她就和艾森布德所有大客戶一樣，穿上了耐吉的網球服。

大坂夫婦為了圓女兒的網球夢省吃儉用，但麥迪森的父母瑞克．基絲（Rick Keys）和克莉絲汀．基絲都是律師，收入豐厚而穩定，麥迪森不需要冒著高度風險和龐大的壓力追求夢想。「最重要的是，如果我們負擔不起，就不會投入這件事。」二〇一一年，麥迪森首次參加美國網球公開賽會內賽，瑞克．基絲接受《紐約時報》採訪時談道。

即使擁有優渥的家庭背景，也無法讓基絲的生活輕鬆一些，她成為萬眾矚目的焦點，體重屢遭議論，使得她在青少年時期便患上飲食失調症，進而影響了網球事業。「我任由其他人改變我對自己的觀感。」多年後，基絲告訴《球拍之後》的記者：「這傷害了我從四歲起就一直努力實現的夢想。」

⋯⋯⋯⋯⋯⋯

在紐約的那個星期五，直美和基絲的另一個重要差異是經驗。基絲曾在職業生涯中三次登上亞瑟．艾許球場；直美則是第一次在這座全球最大的網球場上比賽。倫納德坐在直美包廂的前排，戴著墨鏡，帽子和上衣都是愛迪達的，只見他緊張地嚼著口香糖；環和麻里在第二排並肩坐著，剩下的座位坐滿了球拍贊助商優乃克的代表和日本網協的教練。

直美一開賽就破掉基絲的發球局，但基絲回破，將比分追平成二比二。基絲在第十二局再次破發，以七比五拿下第一盤。第二盤比賽一直維持互相保發，直到第九局直美破發之後又保發，以六比四拿下第二盤。兩位強力擊球手打從比賽開始就頻頻打出令對手無法招架的發球、致勝球與失誤，使得比賽節奏相當明快，前兩盤只花了一小時十六分就結束；第三盤將成為值得記念的一盤。

基絲被逼進第三盤時，亞瑟．艾許球場的觀眾開始緩慢但穩定地增加；周圍球迷都注意到雙方比分相當接近，很想看看這位名不見經傳的選手如何撼動美國前途最被看好的明日之星。多達五位數的觀眾在場目睹直美表現突飛猛進。她在九局比賽中拿下八局，讓基絲望塵莫及，並在第三盤締造兩次破發，使得比分來到五比一。只要再拿下一局，直美就能首次擊敗世界排名前十的選手，也會首次打進大滿貫賽事的第四輪。

基絲保住發球局，比數來到五比二，這是直美兩次發球致勝機會的第一次。距離直美職業生涯以來的最大勝利還有四分，但基絲憑藉兩記猛撲截擊贏得華麗的一分，讓亞瑟・艾許球場內的觀眾為之歡呼，風向迅速轉變。「那點燃了我的鬥志，讓我開始發威。」基絲談到這一分時說。她的確開始發威，周圍和上方成千上萬的美國球迷也紛紛支持她。現場的美國觀眾愈來愈有信心，他們為基絲送上歡呼，還有許多人高喊著：「美國！」

另一邊的直美則愈來愈頻繁地望向教練團，顯得緊張而苦惱。在一次重大失誤後，直美回頭看著倫納德，父親露出大大的笑容，試著讓她放鬆下來。直美的球迷僅占少部分，大多數觀眾都因為局面明顯轉變而愈發興奮。他們開始為基絲贏得的每一分歡呼，包括直美因雙發失誤而面臨的破發點。基絲完成破發，隨後保發，將直美的領先優勢縮小到五比四。「當她打出，呃，五比二、五比三、五比四時，我真的嚇壞了。」直美賽後說。

勝算愈來愈小，但直美仍有機會在五比四的情況下靠發球致勝。她伸長了手揮出正手拍但落空，失去第一分。接下來，她打出一個較弱的第二次發球，基絲以正手拍猛力回擊，直美準備以反手拍接下，但球快速掠過，她撲了個空，再次點燃全場觀眾的熱情。直美壓低白色遮陽帽的帽簷，遮住眼睛，緩緩呼出一口氣以平撫心情。坐在包廂裡的父親和其他人紛紛鼓掌，試圖讓她振作起來。直美似乎穩住了情緒並贏得了接下來的兩分，將比數追平，現在距離勝利只差兩分了。局面來到三十比三十，基絲的回擊球觸網，看起來直美就要贏得一個賽末點。但球沒有往回掉，反而從緊繃的鋼網邊緣彈飛，向斜前方飛出去一小段距離後落下，直美不得不衝上前搶救。這是直美生涯以來最重要的一分，偏偏來到她最不適應的網前。基絲朝她揮出一記正手拍，直美僵硬地打出正手拍截擊。

球還沒落地，直美就開始尖叫，她知道球會遠遠飛出底線。她轉過身，用手捂住嘴，絕望地呆看著自己的休息區，急促地喘氣。

直美在下一分的正手拍失誤，讓基絲拿下這局，將比分追成五比五平。她用手腕的止汗帶擦拭眼睛，不讓淚水有機會落下。比賽打平，但直美的樣子像是已經輸了。下一局開始，她回擊落空並失掉第一分，憤怒地將球拍朝地面揮去。基絲自信滿滿、昂首闊步，連贏五局，第三盤的比數來到六比五。

「這就是運動，當你看到對方愈來愈緊張或不知所措……一定要對她施加更大的壓力。」基絲後來說。

直美穩住陣腳，保住發球局，雙方進入第三盤的決勝局，但基絲仍牢牢掌握贏面，在第一個賽末點就鎖定勝局。直美的第一個強勁正手拍被她攔截，第二球則失誤，終場基絲以七比五、四比六、七比六（三）獲勝。基絲高舉雙臂，高興地尖叫起來；兩人在網前握手，直美勉強擠出一絲笑容。基絲將球拍丟在椅子上，來到後方的外場，向觀眾揮手致意，然後揮舞拳頭並發出勝利的歡呼：「讚啦！」

另一邊的直美把球拍袋往肩上一背，走出球場。在賽後記者會上，直美坦承在接近勝利時她有些不知所措。「我只是把球打回去，看看她會怎麼做，會不會把球打出界。」她說。

基絲說，這絕對是生涯以來最大的一次反敗為勝，她對直美讚不絕口，稱她是前途無量的「偉大選手」。她說：「她具備很多優勢，可以走得更遠。沒錯，我毫不懷疑她會繼續努力並贏得很多比賽。」

基絲認為，造成雙方差異的原因在於經驗。「我以前也遇過類似情況，辛苦奮戰後依然輸掉比賽——知道嗎？這種情況在所難免。」基絲說：「只會讓你變得更強。」

雖是安慰之詞，但直美不認同。她是第一次完整參加一季巡迴賽沒錯，但她認為這不能當做輸掉比賽的理由。「我不會說這是『沒遇過的』，你明白我的意思嗎？」她說：「無論你在哪裡比賽，球場就是球場。」直美認為有天分就夠了。「經驗是好的，不是嗎？」她總結：「但要是夠優秀，就算沒有經驗也沒關係。」

•••••••••••••••••

基絲在球場角落有專屬包廂，經紀人馬克斯．艾森布德坐在第二排，當天近距離觀看了直美的球技後，他轉頭對身邊的人說：「那個女孩有一天會賺大錢。」

他知道，那一天即將到來。艾森布德當時是ＩＭＧ學院網球部負責人，他的部門整年都在設法將直美納入麾下。在網羅直美的過程中，ＩＭＧ學院給了她邁阿密公開賽的外卡，這項賽事由這家大企業主辦，以展現他們在網球運動的實力。剛剛加入ＩＭＧ學院的斯圖爾特．杜吉德將成為直美的經紀人。但由於直美與八方公司的合約尚未到期，所以這個消息延後了幾個月才宣布。

丹尼爾．巴羅格三年前發掘了沒沒無聞的直美，他說，她獲得全世界的關注後，各方爭相網羅她也是理所當然。「我只能說，這一行很難做，非常殘酷。」多年後，巴羅格告訴我，語氣中仍明顯透著悲傷：「到頭來，球員總是來來去去。而這名球員只是決定離開，投效他處，也就是她現在待的地方。老實說，回顧她歷年獲得的成就，我為自己能夠親身參與並且從一開始就發掘她而非常自豪。這一路走來，我從一開始就參與其中，真的覺得很自豪。」

在宣布與直美簽約時，ＩＭＧ學院已經為她準備好兩份與日本贊助商的合約：Wowow 頻道和速食麵發明者安藤百福創立的日清食品集團。這兩家公司之前也與錦織圭合作過，兩位選手將一起出現在它們的廣告之中。

直美告訴埃及記者莉姆．阿布利爾，與ＩＭＧ學院簽約讓她「想要更加鞭策自己、拿出更好的表現，好讓我覺得他們的選擇是正確的」。她證明這一點的第一次機會，恰好是在母國最重要的賽事上。

……………

當巡迴賽開始將資源轉向中國，東京的泛太平洋網球公開賽級別略微下降，但它仍然是WTA巡迴賽的著名賽事，吸引了世界前二十當中的九位選手參加。直美排名第六十六位，需要外卡才能進入抽籤環節，她獲得參賽資格後，隨即締造了生涯以來最傑出的戰績，讓當地球迷和媒體有更多機會了解她的球技和她對成為日本人的渴望。直美在首輪便以六比四、六比四擊敗當時日本排名第一、世界排名第三十四位的土居美咲。第二輪，她以六比二、六比一擊敗世界排名第十二位的多米尼卡·席布可娃（Dominika Cibulková）。八強賽中，她以六比三、七比六（六）擊敗資格賽晉級好手艾莉亞桑德拉·薩斯諾維奇（Aliaksandra Sasnovich）。四強賽中，她以一比六、六比三、六比二擊敗世界排名第二十位的艾莉娜·斯維托麗娜，鎖定了決賽席位，成為二十一年來首位在東京打進決賽的日本女選手。不過她在決賽中以七比五、六比三輸給了前世界排名第一的卡洛琳·沃茲尼亞奇（Caroline Wozniacki）。

直美在日本比賽期間，媒體報導除了關注她的驚人天賦，也強調她的日本特色，包括她為了提升日語能力所做的努力。「特別是如果我想參加（二〇二〇年東京）奧運會，我覺得要代表日本參賽，至少要會說日語。」她對日本放送協會（日本放送協会／ＮＨＫ）說道：「到時要是被選中參加比賽，我會非常高興的。」

……………

直美在二〇一六年初的排名是第一百四十四位；隨著她打進東京決賽，世界排名首次躋身前四十。她的飛躍式進步加上日益鮮明的明星光環，為她贏得了ＷＴＡ年度最佳新人獎。她的下一個挑戰將是如何適應聚光燈下的生活。

13 社交遊戲

The Social Game

二〇一六年九月東京賽事期間，大坂直美除了生涯以來首次打進WTA決賽，在另一個領域也邁出了重要的一步，為她將來的巨星身分鋪路。在新經紀人斯圖爾特．杜吉德的建議下，直美申請了推特帳號。

直美曾在社群媒體活動，她有一個供親友瀏覽的IG帳號，但這是她第一次設置對大眾開放的個人帳號。直美曾自稱「網路的孩子」，而這是網路世界第一次有機會近距離並面對面接觸它的「女兒」。「這沒有我想像的那麼複雜……我會在IGM網站為它打上十分。」她在第一條推文中寫道，並笑稱她將在熱門的遊戲評價網站上給推特打滿分。

直美早期的推文混用著英文和日文。她拍下東京球迷送的禮物並上傳，包括一張地圖，上面列出東京周邊玩*Pokémon GO*的最佳地點，直美從二〇一六年夏天就和全球許多人一起玩起這款熱門手遊。「我再過不久就要去#寶可補給站。」她寫道。她很早就懂得聰明使用網路，有一次她上傳一張照片，畫面中她拿著一張紙，上面寫明自己的帳號名稱，但她用的紙是透明材質，以防止網友為了製作迷因哏圖，而將她不希望看到的內容後製到圖片上。

二〇一六年時，許多網球運動員和名人的推特內容都由經紀人或社群媒體顧問控管。直美偶爾也會發布一些跟贊助商有關的事，但大眾在她的貼文中可以輕易讀到她的真實心聲，尤其是那些超大型社死現場的貼文，她很喜歡發表這類內容。「我差點去某人兩個月前的貼文點讚。」她在句子後方加上尖叫的表情符號。「要命哦，拇指滑了一下，差點毀掉我，我再也不敢偷看了。#已死」直美的貼文風格和同齡的人很像，她會分享自己對《上古卷軸V：無界天際》（*The Elder Scrolls V: Skyrim*）等遊戲的熱愛，也會轉發動漫迷因，她對偶像碧昂絲和小威廉絲讚不絕口，還會發布家人和愛犬的照片，並用電影《辣妹過招》（*Mean Girls*）的名言為照片配上標題。

直美在所有貼文中，一再提醒大家，不要認為她很酷。「我想對你們發表公開聲明……那就是，我是個怪咖。」她寫道：「我知道，家人知道，兩個朋友也知道。#好吧先閃了」當別人發布她令人印象深刻的事蹟時，直美在轉發之餘還不忘附帶說明，她做這些事並不是因為自我膨脹。例如：二〇一七年四月，WTA發布採訪她的影片，她分享時以日文附註「好尷尬」，並用英文加上「天哪#超尬#超超尬#超超超尬」，最後再打了一串尷尬的表情符號。

……………

直美出現在推特上並沒有引起轟動，但她在推特開設帳號短短三週內，追蹤數已達到五千人，應該都是已經在球場上見過她，並在文章和採訪中了解她個性的忠實球迷。隨著她的社群規模不斷擴充，直美也愈來愈常在推特上發文，表達她對於克服羞怯並與現實世界連結的渴望。「你是否從來沒有和某人打過招呼，但等到你想這麼做時已經來不及了？」她在推特上寫道，還附上哭泣的表情符號。有個用戶鼓勵她「儘管去跟對方說聲『嗨』吧！」直美用同樣簡單的話回覆：「但我害怕，大笑（lol）。」

直美搬到佛羅里達後改在網路上自學，社交圈也僅限於家人，與陌生人相見對她來說是艱鉅的挑戰。說起自己在同儕面前分外羞怯一事，她認為那是因為進入職業賽時，她就像個轉學生——那些巡迴賽的同齡球員幾年來早已彼此熟悉，並在各種年齡層的活動和賽事中建立了深厚情誼，但大坂一家長年缺席。「我覺得其他所有和我同齡的女孩可能都互是朋友，因為她們一起打青少年組比賽，但我沒有。」直美在二〇一七年初告訴記者莉姆·阿布利爾：「所以，我有點像個站在邊線上的怪人，試圖打進她們的圈子。」

二〇一七賽季開始後，直美找到了解決這個問題的辦法，每當她在更衣室裡提不起勇氣破冰、不敢與別人交談時，她就會改用推特和這些選手交流。「各位，我打算隨機挑一些我一直想問的問題或想說的話，在推特上發給別人。」直美宣布：「大笑，希望他們會回覆。」

直美的第一個目標是與她同齡的克羅埃西亞人安娜·康朱（Ana Konjuh），康朱也十九歲，幾天前在奧克蘭（Auckland）的WTA八強賽中擊敗她。「@anakonjuh。大笑，嘿！」直美寫道：「完全是個隨機挑選的奇怪問題，我想問，妳怎麼會有這麼完美的眉毛（又哭又笑表情符號）？」

一小時後，康朱回覆：「嘿！遺傳基因很好吧？哈哈！但我得定期約美容師修眉，才能保持它的樣子，所以……來克羅埃西亞找我吧，我帶妳一起去。」

大約一週後，直美發布一張為贊助商活動化妝的照片。「化妝師問我想要怎樣的眉毛，我就告訴她『我要康朱那種的』@anakonjuh（又哭又笑表情符號）。」

康朱多年後告訴我，除了在網路上諮詢眉毛問題，她和直美沒有太多交流。「我不會說我們關係很好，也不會說我們是『朋友』之類的，因為除了巡迴賽，我私底下沒有見過她。」康朱說：「我的意思是，她想要的建議我都可以給她。她可以再私訊我，我們還是會像以前一樣交流。」

直美下一次嘗試透過社群媒體連絡其他球員時，乾脆大膽地跨界，找上ＡＴＰ日本選手丹尼爾太郎（Taro Daniel），她在近期日本的表演賽上與他進行過混雙比賽。

丹尼爾的世界排名長期在第一百位附近浮動，但在日本網壇名列前茅。他和直美一樣，也是與紐約有密切關係的多國混血——他在紐約出生，母親泰江是日本人，父親保羅（Paul）擁有美國籍，但有一半日本血統和一半英國血統。除了擁有四分之一白人血統和英文姓氏，丹尼爾還有其他與眾不同之處，他的身高足有一百九十公分，站在矮小的日本同胞之間宛如鶴立雞群，加上一頭媲美男團成員的飄逸長髮，使他在日本成為了網球偶像。

直美在丹尼爾面前始終羞澀而安靜，就像她對賽事大部分選手的態度。「我們一起打過表演賽，記得吧？」直美不久後在蔻特妮・阮的《ＷＴＡ內部報導》播客節目中回憶道：「我們根本沒說話。我發球時若打出愛司球，他會說『打得好』之類的，對吧？就這樣。沒錯，呃，我們就只是，呃，互相擊掌，然後一直沒交談。」

但幾天後，記者對她問了一個跟他有關的問題，直美說她決定鼓起勇氣，「勇敢面對」丹尼爾。「我打算標記對方並寫出記者的問題，這一定會很尷尬，因為我從沒和這些人說過話。＃為我祈禱吧」她事先預告，接著正式發文：「好吧，有個記者問我和 @tarodaniel93 打雙打的感覺如何，因為他有很多迷妹。」直美在文末附上代表大笑的「ＬＯＬ」，還有一串痛苦、垂死和大笑的表情符號。「天啊，我剛剛真的發了那條推文嗎？」幾分鐘後，直美寫道。一小時後，她驚恐萬分地發現，丹尼爾已經看到推文並回覆：「我不知道我有迷妹？大笑。」幾小時後，直美發給丹尼爾「你為什麼總是撒謊？」的動態貼圖，這個迷因源自影音軟體 Vine 上當紅人物尼古拉斯・弗雷澤（Nicholas Fraser）的歌曲〈你為什麼總是撒謊？〉（*Why you always lyin'?*）

雖然當直美在推特上使用@標記功能，系統就會直接把訊息發送到丹尼爾的個人帳號，但她卻說自己一直暗自希望他不會注意到。「我多希望他不會看到，而它會被埋沒在他頁面上一堆訊息當中之類的？」直美告訴阮，兩人都笑了起來。「然後我就想，『天啊，我現在，唔，陷入焦慮了，壓力太大！』於是我決定，如果我要這麼怪里怪氣，乾脆就一直怪下去。然後我按下『跟隨』。那一整天我都在想：不知道他會不會也跟隨我？這是我這輩子壓力最大的一天。」

丹尼爾果然也按下「跟隨」，這讓直美鬆了口氣，但也為未來的挑戰埋下伏筆。「從現在開始，見到他本人時該怎麼辦？」直美問阮：「難道要說：『嘿，很抱歉沒有當面聊，（然後）在推特上提到你，很高興見到你？』妳不覺得這樣有點詭異嗎？他是個男的！這實在，呃，太怪了！」

「妳給自己挖了坑，接下來必須想辦法跳出來。」阮回答。

「我覺得會有點遺憾終身。」直美嘆了口氣，帶著一種無奈的宿命感，兩人都啞然失笑。

……………

直美往往率直承認她在網路上的個性和現實中完全是兩回事。「我喜歡自己在現實生活中完全無法進行／加入對話的情況，了不起就是偶爾吞吞吐吐地說聲『嗯』。」她在二〇一七年五月如此寫道。二〇一八年，丹尼爾迎來職業生涯中的最大勝利——在印地安泉擊敗諾瓦克・喬科維奇（Novak Djoković），直美感嘆見到他時無法當面道賀。「這有點奇怪，我可以在推特上和他聊天，卻無法當面聊。」她說：「我看見他走過來只會（點個頭），然後跟他擦肩而過。我也不知道，明明想說聲『恭喜』，但我只是（點個頭）。唔，我真的不懂。」

心理學家研究過科技對害羞人士產生的影響，發現社群媒體對於促進他們連絡感情具有積極作用，他們通常在不需要與人面對面互動的社交模式中更為自在。馬凱特大學（Marquette University）研究員列維．貝克（Levi Baker）和黛布拉．奧斯維德（Debra Oswald）於二〇一〇年在《社交與人際關係期刊》（*Journal of Social and Personal Relationships*）上發表了研究報告，說明害羞的人為何可以透過「以電腦為媒介的溝通」與人充分互動。人們在網路上比較放得開、比較敢做出利於促進親密關係的行為，比如披露自己的隱私。害羞的人在網路上跟別人互動時，往往覺得較能妥善掌控自己的表現，因為他們有非常充裕的時間來構思並修改訊息，而不是像面對面交談那樣，一定要立即說出完全正確的話。在網路上與人互動時，他們還可以同時獲取其他資源，比如查找與某個話題有關的資訊或對方的興趣嗜好與近期活動，從而更容易找出合適的話題。此外，在網路上的社交互動也不需要面對別人的肢體反應，這意味著害羞的人較少接收到可能令他們卻步的負面或模糊暗示，因而更有可能隨興表達自己的心聲，不會因為對方的負面反應而驚慌失措。在網路交流中，人們還可以透過表情符號來明確傳達情感意圖，直美就是表情符號的頻繁使用者。「我在網路上很大膽，幾乎都不是跟人面對面接觸。」直美後來說：「如果是面對面，我只會說『呃呃……我不知道』，表現完全不一樣。」

……………

有件事可能挺諷刺的，直美在同時和許多人交談時反而不會害羞，隨著她的賽後記者會愈來愈受歡迎，她也愈來愈頻繁地當眾發表談話。她和巡迴賽大多數選手恰恰相反，他們走下記者會的發言台後會舒口氣並放鬆一下，然後在走廊上愉快且隨意地閒聊，不用再擔心旁邊有記者逐字記錄。直美則是在台上時最輕鬆愜意，明明身旁有一堆人等著記下她說的話；但記者會結束後，如果有人試圖找她閒聊，她可能會閉緊嘴巴。記者會有正式程序，最後則是清楚的問答模式，很少陷入令人尷尬的沉默，也許是因為這樣，反而讓直美覺得既安全又有保障，可以放心說出真實感受。直美的許多教練後來說，他們學會觀察並分析她的記者會，因為在比賽期間，她和一群記者交談時往往比和自己的團隊進行親密談話時更放得開，說得也更多。「我不希望你們覺得這話很沒禮貌，但我坐在這裡時，總覺得你們不是真人。」直美曾面帶微笑地說。她解釋，對著滿滿一屋子的人講話不會增加壓力，反而讓她有一種安全感。「如果我和別人一對一談話，我就會覺得壓力很大。」她解釋：「（但是）如果我（對一屋子的記者）講了一個笑話，至少有一半機率可以逗笑三個人。我不知道他們的笑是不是出於同情，但至少那是在笑，對吧？如果是一對一，而那個人沒有笑，呃，我會恨不得馬上離開。」

直美在記者會上的怪異言行和不按牌理出牌的表現讓她聲名大噪。有一次，德國記者勒內・登菲爾德（René Denfeld）問她比賽時都在想什麼，直美忽然出人意料地提到：「你有沒有聽過一個廣告詞：『如果你或深愛的人被診斷出患有間質細胞瘤』？在整個練習過程中，我滿腦子都是這句話。」

• • • • • • • • • • • • • • •

直美在記者會回答問題的精彩片段被球迷放上了YouTube，但跟她一起待在更衣室的球員還是常常覺得她莫測高深。當我問起直美時，許多球員告訴我，她一直戴著耳機，妨礙他們與她聊天。直美承認，這是一種刻意設下的「障礙」。有時耳機裡放著音樂，有時沒有，但始終是抵擋別人主動搭訕的第一道防線。她曾解釋：「這給了我一個藉口，那就是，只要我不想，就可以不用和某個人交流。」

因此，與直美共用更衣室的球員，通常只有在網路上關注她才能了解她的個性。

二〇一七年印地安泉賽事舉辦期間，在重演上一年美國網球公開賽驚心動魄的戰況前，主播瑪麗・卡里略（Mary Carillo）問麥迪森・基絲，是否曾經設法了解過直美的個性。「妳和直美聊過嗎？」卡里略問道：「妳讀過她寫的東西嗎？妳知道她可以多有趣嗎？」

「我看過她的推特之類的東西。」基絲回答：「挺滑稽的，畢竟她在更衣室裡走來走去時超級害羞又拘謹。所以當我看到有人轉發她的推文，我就會想：『好哦！發威了！』那些貼文看起來真的很酷。我覺得這恰恰說明，當置身在這種環境中，身旁圍繞著競爭對手，此時的我們不一定是真實的樣子。」

基絲說，她們在位於博卡拉頓的艾芙特網球學院一起訓練時，她曾試圖與直美交談，但很少成功。「我的意思是，我是外向的人，會主動嘗試和她說話。」基絲回憶：「但她只會說：『……好！』。我敢說，她心裡一定想著：『她好怪啊！』」

直美幾天後看到基絲的評論，她選擇回應的地方自然是推特。「哦，不，請和我談談，我是好人。@Madison_Keys。」直美寫道：「……大笑，我在網路和現實生活的個性差很多，真可怕。」文末加上痛苦和大笑的表情符號。

「大笑大笑大笑，我們在邁阿密聊吧！」基絲回覆，附上一個親吻的表情符號。

「這次的交流讓我緊張＃內向問題」直美應道：「大笑，邁阿密見！」

「我們互相關注，所以基本上已經是最好的朋友了。」基絲讓她安心。

即使成為世界第一並贏得大滿貫冠軍，知名度和曝光率愈來愈高，直美面對同儕幾乎還是一樣羞澀。二〇一九年美國網球公開賽期間，直美談到丹尼爾．梅德韋傑夫（Daniil Medvedev）時，又是大笑又是微笑的。這位高瘦的俄羅斯人屢屢在場邊的賽後採訪中調皮地嘲弄對手的球迷，因而風靡一時。「真的好好玩，」她談起梅德韋傑夫的挑釁：「他的嘲諷太有意思。」

從此以後，直美就常在社群媒體點讚並分享梅德韋傑夫的精彩瞬間，包括在二〇二〇賽季第一週的ＡＴＰ盃（ATP Cup）期間，於是我向她問起梅德韋傑夫。「是的，我覺得他非常有趣。」直美談梅德韋傑夫：「我從來沒有當面和他交談過，只是喜歡在網上看他做的那些事。」直美接著用同樣的問題反問我：「你有沒有，呃，採訪過他？他有趣嗎？」

「是啊，他是個有趣的人。」我回答。然後我想到她和梅德韋傑夫的共通點：遊戲愛好者、二十出頭的年輕人、熱愛硬地球場，接受採訪時非常坦誠，而不是刻板地應付記者，令人耳目一新。「你們應該見面！」我在腦海中把兩人的點點滴滴連結了起來，然後向她提議：「你們明明有很多見面機會，因為一直待在同一個地方。」

「是啊，班，但我不怎麼和人說話。」她面帶笑容地提醒我：「我不知道要說什麼。」

14 進入大威廉絲的軌道

Into Venus's Orbit

直美在二〇一六年排名攀升一百五十多位，接連突破前兩百、前一百和前五十的門檻，卻在接下來的巡迴賽賽季陷入典型的「大二低潮」*。直美在二〇一七年賽季開始時排名第四十位，結束時已經倒退至第六十八位，紀錄為十八勝二十二負，表現中規中矩。她沒有打進任何四強賽；僅有的兩次八強賽是在WTA巡迴賽最低級別賽事的第一場和最後一場。腹部傷勢持續影響她的表現，她在歐洲紅土球場上輸掉四場會內賽——包括法國網球公開賽第一輪輸給愛麗森・范・烏伊特萬克（Alison Van Uytvanck），這也是她首次在大滿貫會內賽的第一輪便失利，相當不尋常。直美在該賽季遭遇兩次五連敗，輸給范・烏伊特萬克的便是其中一場。在澳洲教練大衛・泰勒（David Taylor）的指導下，直美的訓練和比賽井井有條並嚴守紀律，很多方面大幅進步，但這些進步往往被出其不意的失利抵消。直美已經是巡迴賽第二輪的老面孔，對手和她們的教練不再被她的強力擊球打得措手不及，甚至已經知道如何找出她的弱點。

不過，儘管表現平平無奇，直美在二〇一七年的賽季也有幾個重要里程碑。首先是首次打進溫布頓網球錦標賽的會內賽（二〇一五年她在資格賽中失利，二〇一六年在伯明罕〔Birmingham〕受傷，讓她的草地賽季突然中斷），第一輪戰勝莎拉・索里貝斯・托摩（Sara Sorribes Tormo），並於第二輪出戰芭芭拉・史翠可娃（Barbora

Strýcová），這位聰明機警的捷克選手給直美取了綽號「新幹線」——這是日本對子彈列車的稱呼。史翠可娃沒有直美火車頭般的威力，但她靈巧的全場戰術和變化多端的打法非常適合草地球場，短短兩年後便打進溫布頓四強賽。直美和她對戰時先在第二盤失常，接著重回正軌，終場以六比一、〇比六、六比四獲勝。直美因此締造了非凡的紀錄，在四項大滿貫賽事的首秀都打進第三輪。「我覺得每個人都更關注大滿貫，也許，呃，在潛意識裡，唔，我會更努力？」直美獲勝後談道：「並不是說我在其他比賽不努力，真是那樣的話會很糟糕的。」直美打進第三輪不僅獲得了十一萬一千六百七十八美元的獎金，還得到一個實現夢想的無價機會——與威廉絲姊妹其中一人對決。

二〇一七年溫布頓網球錦標賽上，大威廉絲是姊妹當中唯一參賽的人；而小威廉絲還有一個多月才會生下女兒奧林匹亞（Olympia）。三十七歲的大威廉絲在這個賽季的表現出人意料，那年一月，她意外打進澳洲網球公開賽決賽，打破個人十四年來的紀錄。她的再度崛起迎來又一次家人重聚——這是她第九次也是最後一次在大滿貫決賽中與妹妹對戰。終場小威廉絲以六比四、六比四贏得比賽，拿下第二十三個（也是生涯最後一個）大滿貫冠軍。當時羅德·拉沃競技場上只有幾個人知道小威廉絲懷孕近兩個月，大威廉絲是其中之一；她後來開玩笑說，對方以二打一真是不公平。

直美直到在記者會上才得知她即將與大威廉絲對打。聽到這個消息時，她興奮地「哇哦」叫了起來。「唔，我很榮幸，如果不是大威廉絲和小威廉絲陪伴我成長，呃，我想我不會開始打球。」直美說：「嗯，我的意思是，聽到她要跟我比賽，感覺有點怪——呃，她說不定有提到我？」大威廉絲確實曾經簡短地談到直美。「沒錯，我

---

* 譯註：Sophomore Slump，泛指大學生在度過新鮮人的一年後，因學業壓力、經濟問題、社交障礙等種種問題而陷入低潮期。

看過她的比賽。」大威廉絲說：「我覺得我們的打法很像。」

直美澄清，她「更喜歡小威廉絲」，但麻里最喜歡的大威廉絲在她們的童年時期也很重要。直美在奧克蘭參加年度第一場公開賽時，眼看就要與大威廉絲對戰，對方卻臨時退賽了。這次在溫布頓面對五屆冠軍得主大威廉絲，可以說是最特別的挑戰。「我從小在電視上看她，現在能來到這裡與她對打，真的覺得自愧不如。」直美說：「我會盡力而為，希望不會，呃，緊張過度。」

直美有很多理由緊張，畢竟這是生涯以來受到最多關注的一場比賽。不僅在大滿貫第三輪出戰傳奇球星，兩人之間的故事也非常吸睛——三十七歲老將與幾乎只有一半年齡並視她為榜樣的十九歲少女對打。有幾篇報導提到，大威廉絲在直美出生前四個月參加了生涯第一場溫布頓網球錦標賽。兩人的決戰在溫布頓第二大的一號球場舉行，可容納一萬兩千多人。大威廉絲一開場就使出快攻，在短短十六分鐘內便以四比一領先。但直美穩住陣腳，將第一盤追成四比四平手，最終以一記沿著邊線飛去的反手拍擊球迫使比賽進入搶七決勝局。她無所畏懼地喊道：「來吧！」

兩人強勁的發球與擊落地球幾乎不分軒輊，但大威廉絲在關鍵得分方面表現得更好，先以七比三拿下決勝局，然後又在第二盤中段破發，奠定了勝利的基礎。她在賽末點上打出一記沿著T點飛去的愛司球，直美以反手拍搶救但撲空，終場以七比六（三）、六比四獲勝。「她今天的表現相當精彩。」大威廉絲賽後評價直美：「她真的打了一場可貴的比賽，理應獲勝，但這樣的比賽總是難分勝負。」

被問及是否覺得對手與妹妹有相似之處時，大威廉絲沒有直接回答，而是再次稱讚直美。「我覺得她肯定有自己的打法。」大威廉絲說：「聽說她受到塞雷娜啟發，並且效法她的打法，真的很棒，聽起來很酷。」

直美賽後說，她已經試著把大威廉絲當成「普通人」，將對方從平常擺放的神壇上挪下來，以免被大場面壓垮。「這算是我的夢想吧，能和她打一場——我可以在夢想清單上打一個勾了。」她說：「事實上，我覺得她打贏我更好，因為我可以從她身上學到更多，可以期待的東西也更多。」

……

巡迴賽轉回到硬地球場之後，直美迎來更多巔峰時刻。在多倫多（Toronto）舉行的加拿大網球公開賽（Canadian Open）上，直美打進第三輪，迎戰世界排名第一的卡羅利娜・普莉絲可娃，這是後者第一次以WTA一姐的身分參加比賽。直美生涯以來首度與當下排名第一的選手交鋒，而她以實力證明自己足以應付挑戰，她拿下決勝局取得第二盤，比賽進入決勝盤。然而，就在計分板上的成績看起來充滿希望之際，直美喊了暫停，請澳洲教練大衛・泰勒進入場內。

「很好，打得漂亮。」泰勒來到她身邊，先是給了一句鼓勵，然後花了近一分鐘傳授快打戰術。接著他問直美感覺如何，聽見回答時他臉上的笑容迅速消失。

「嗯，我腹部的傷可能變得有點嚴重，不過沒關係。」她告訴他。

泰勒知道直美整個賽季都飽受腹部傷勢所苦，於是率直地說道：「如果妳覺得很痛，就不要再比了。」他說：「如果妳腹部疼痛，很不幸，比賽只能到此為止。」泰勒是嚴格的資深教練，有數十年巡迴賽經驗，曾經指導珊曼莎・斯托瑟奪得二〇一一年美網冠軍。他提醒直美，之前強忍痛楚參加紅土賽季是多麼不恰當。「妳這樣只會讓傷勢更嚴重。」他說。

「這話聽起來真可怕。」直美說著緊張地笑起來。

「直美，要面對現實。」他說：「妳這麼做是因為缺乏經驗，若再有下次，那就不是缺乏經驗的問題了。」

「但我快要贏了，就差那麼一點。」直美眼看勝利近在眼前，不甘心也是情有可原。她站起來，做發球動作，測試腹部的狀況。「我很好，它沒事，嗯，沒事。」她說。

現在換泰勒笑起來：「妳在開玩笑嗎？」

再打一局後，普莉絲可娃破掉她的發球局，直美出於謹慎中途叫暫停，終場以二比六、七比六（四）、〇比一落敗。「不得不退賽讓我非常傷心，尤其對手是一姐，我覺得自己表現得非常好。」她後來說。

……………

直美懷著未竟之志參加美國網球公開賽。她很高興能穿上愛迪達與菲瑞・威廉斯*聯名的繽紛套裝；球迷也很高興直美能在第一輪出戰六號種子選手安潔麗克・柯珀（Angelique Kerber），後者是美網衛冕冠軍，該年度大部分時間都排名第一。

美國網球公開賽每逢下雨便改在室內比賽，柯珀和直美在亞瑟・艾許球場的屋頂下對戰，吸引全場注意。排名第四十五的直美職業生涯中出戰世界前十選手的戰績為零勝九負，一年前她曾在這裡迎戰麥迪森・基絲並且失利，如今重回戰場。這次人們普遍預測她會給柯珀苦頭吃，後者一直在世界第一的聚光燈下苦苦掙扎，全年未曾獲得一次冠軍。「預估會爆冷門。從狀態來看，也許沒那麼令人驚訝。」蔻特妮・阮後來在《WTA內部報導》播客節目中談道。

雙方一開始勢均力敵。比數來到二比二，直美發球，柯珀獲得一個破發點，但直美沉住氣，連續贏得來回球，將局面扭轉為對自己有利。不久，柯珀似乎有些力不從心，出現第五次雙發失誤，第二次發球以僅僅一百零六公里的時速掛網，給了直美第一個破發點。接下來，直美以強勁反手拍回擊柯珀的發球，球凌厲過網，柯珀反擊時掛網，直美第一盤以五比三領先。柯珀在接下來的一局中獲得兩個破發點，並在第二個破發點揮出強勁的正手拍邊線球。直美衝過去，勉強救到，並送出一記偏高的回擊球，為柯珀的得分鋪路。勝券在握的柯珀忽然猶豫，讓球反彈後再回擊，給了直美重新調整的時間，直美出乎預料地扭轉局勢，猜對柯珀的擊球方向，一記正手拍拿下一分，全場觀眾熱烈歡呼。這是直美整場比賽的最佳寫照——只要柯珀給她任何進攻機會，她就會立刻撲上去。直美以六比三拿下第一盤，再贏一盤就可以淘汰這位衛冕冠軍。

柯珀贏得第二盤第三局，但這也是她最後一次得分。球評蕾娜·史塔布絲眼看大勢已去，認為柯珀本來可以打得更好：「她只是遇到了難纏的對手。」史塔布絲說，柯珀唯一的機會是「讓大坂直美想起去年在這個球場發生的事。」但噩夢沒有重演，直美非但沒有停滯不前，反而加速衝過終點線，用一記又一記制勝球將比數拉開。她在第二盤打出十個正手拍制勝球，一口氣拿下最後四局，僅用一小時五分鐘就以六比三、六比一完勝衛冕冠軍。

在這次勝利中，直美締造了很多第一次的紀錄。這是她第一次戰勝排名前十的對手、第一次在大滿貫最大的球場獲勝，也是她第一次因為打贏大滿貫賽事而登上頭條新聞。「這次對我來說有很多意義，尤其是我之前曾來過這裡。」直美在場上接受採訪時談道：「這個球場沒有給我留下美好的回憶。」泰勒在賽後幾分鐘告訴我，這

＊譯註：Pharrell Williams，一九七三年生，美國知名饒舌歌手、製作人及服裝設計師。擅長的音樂類型包括靈魂樂、嘻哈及節奏藍調，二〇〇六年推出首張專輯《在我心中》（*In My Mind*）。

個結果令人非常震撼，但也意味著穩定的成長。「我認為她真的成熟很多，現在的打法也比較平衡，會在對的時間打出對的球。」他說：「一旦攻擊性強的球員明白何時該打出對的球，對所有人來說都是很大的威脅。」

直美不知道該如何應對這場大滿貫的初次勝利，只好擺出擊拳的姿勢並面帶微笑。「我覺得自己好像不太對勁，沒有先前預料的那麼興奮。」她說：「唔，我在球場上想：要是贏了，我會怎麼做？然後我這樣想：『嘿，也許我應該扔掉球拍再放聲尖叫什麼的？』但等到真的贏了，我卻什麼都沒做。所以我有點難過，在亞瑟．艾許球場與了不起的冠軍對決，明明是小時候夢寐以求的事。然後每個人都問我：『為什麼表情那麼平淡？』我其實很想表現出來，但我做不到，你知道嗎？總之，嗯，這次勝利對我來說真的很特別。」

直美再度在美國網球公開賽打進第三輪，但在三盤大戰中輸給了實力堅強的老將卡婭．卡內琵（Kaia Kanepi）。她在賽季期間又與柯珀交手兩次，均以失利告終，包括在東京第一輪失利——這是她自一年前突破性的決賽後首次重返東京，隨後又在北京第一輪失利。

直美在年末又迎來一場收穫頗豐的比賽。她在香港公開賽第二輪再次遇上世界排名第五的大威廉絲。第一盤比數來到五比四，由大威廉絲發球，直美成功破發，連下八局，急速扭轉局面。直美在第二盤以五比零領先，終場以七比五、六比二擊敗大威廉絲，這是她生涯以來首次戰勝世界排名前五的對手。「她打得很好。」大威廉絲對記者說道：「我在五比四時出現幾次失誤，之後她打得相當完美，我除了稱讚沒有什麼可說的。」

直美在這次勝利中獲得的不僅僅是稱讚。她這一年都在學著分享最真實的感受，獲勝後還不忘在推特上發文：「今天我實現了一個夢想。」

當然，直美還有更多夢想。賽季結束後，她與大衛・泰勒分道揚鑣，找到實現夢想的新教練。為了更像小威廉絲，也為了有朝一日能擊敗她，直美將前所未有地接近偶像的軌道，向那位在球場上與小威廉絲相處時間比她家人以外的任何人都要多的新教練學習。

15 奪冠之路

Footsteps

許多女子職業網球選手的男教練都不是出色的職業選手，沙夏．巴金也不例外。不過，他和教過的幾位明星級球員一樣，小小年紀就被父親送上球場。

亞歷山大．「沙夏」．巴金（Aleksandar "Sascha" Bajin）一九八四年在慕尼黑（Munich）出生，母親是德國人，塞爾維亞（Serbia）籍的父親是勤奮刻苦、要求嚴格的網球教練，他從四歲起就接受父親的訓練。小時候，巴金在歐洲各地參加青少年比賽，取得了一些不錯的成績。十五歲那年，他的人生因一場悲劇而脫軌。他在二〇一九年出版了《強化心智：改變心理的五十個習慣》（*Strengthen Your Mind: 50 Habits for Mental Change*），書中描述祖父是塞爾維亞房地產大亨，但中毒身亡；不久，巴金的父親從塞爾維亞開車回德國途中，撞上高速公路護欄，不幸身亡。塞爾維亞警方聲稱死者在開車時睡著，但巴金認為這兩起接連發生的死亡事件「疑雲重重」，並說他一直在問「我父親死亡的真相到底是什麼」。連續發生的悲劇不僅讓巴金深受打擊，也奪走他的教練，使得他的成績退步，失去了邁入職業生涯的動力。他的單打最佳排名是二〇〇七年的第一千一百四十九位，當時他二十二歲，職業生涯總獎金只有兩千零五十四美元。

巴金決定改考網球教練證，這在德國的網球體系需要花上三年時間。期間他為了維持生計，在網球俱樂部打零工，給球拍穿線、修建球場和調酒。誰也沒有料到，原本走在網球運動不起眼休閒級別路上的巴金，突然一舉登上WTA巡迴賽的巔峰。約萬·薩維奇（Jovan Savic）是威廉絲家的朋友，曾擔任姊妹倆的練球搭檔和巡迴教練，在小威廉絲備戰二〇〇七年法國網球公開賽期間，他想在慕尼黑找到一位陪她一起訓練的人。「她想要特定類型的人：年輕一點的優秀選手，沒有私生活，沒有家庭，什麼都沒有，願意努力工作。」巴金在二〇二二年的《克雷格·夏皮羅網球播客》（Craig Shapiro Tennis Podcast）節目中談到這段往事。巴金符合條件，小威廉絲對他的印象相當深刻。她在慕尼黑與巴金打了四天網球後，邀請他一起參加法國網球公開賽；在接下來的七年裡，巴金很少離開她的身邊。

二十三歲的巴金加入二十五歲的小威廉絲的團隊，儘管她的父母已漸漸退出日常訓練，但她的網球事業仍然是這家人共同經營的家族事業。巴金搬進威廉絲家，小威廉絲的助手瓦萊麗·沃格特（Valerie Vogt）和物理治療師艾斯特·李（Esther Lee）也住在這裡。巴金的正式頭銜是「練球搭檔」，但他的職務遠不止於此。據估計，巴金一年中大約有三百三十天與小威廉絲在一起，既是熱心的跑腿小弟，又是忠實的保鏢。幾十年來網壇女球星時常遇到跟蹤狂，小威廉絲也不例外，她的佛羅里達住宅周圍出現愈來愈多的跟蹤狂，不管她去哪裡，巴金幾乎都會陪在身邊。「她始終知道：『有沙夏在，他會保護我。』」巴金告訴我。此外，他也經常陪伴小威廉絲參加那些眾星雲集的場合。二〇一二年，他聲稱丹尼斯·奎德（Dennis Quaid）在卡拉OK派對後搶走小威廉絲，引起八卦報紙轟動報導。他說，他比較喜歡去奧斯卡派對和菲瑞·威廉斯（與小威廉絲無親屬關係）的旅遊巴士。巴金一直與小威廉絲保持密切關係，他也因此漸漸走紅。在陪伴小威廉絲的第七年，他為《紐約時報雜誌》拍攝上半身赤裸的照片，由知名攝影師萊恩·普夫魯格（Ryan Pfluger）掌鏡，標題是「肌肉男沙夏」（Big Sascha），這是小威廉絲經紀人吉爾·史莫勒（Jill Smoller）為他取的綽號，因為他在健身房裡練就了一身健美體魄——網球巡迴賽充斥著高瘦的男運動員，只有巴金的大塊肌肉在網球場上獨樹一幟。

巴金和小威廉絲都將他們獨特的關係描述為姊弟，他們三十多歲後仍然互相戲弄。玩得最瘋的那次，小威廉絲精心編造了一個名叫「海蒂」（Heidi）的女人，並附上法國電話號碼，以此誘騙巴金；當巴金試著撥打「海蒂」的電話，聽到小威廉絲包包裡的手機鈴聲大作，這才發現上了當。

在他們開心耍笨之際，小威廉絲也締造了職業生涯中最精彩的幾次成績。與巴金合作之前，小威廉絲的排名一直在前十之外，但在巴金的幫助下，她重新登上第一寶座，並贏得十個大滿貫單打冠軍，將單打冠軍數量從七個增加到十七個，躋身史上最佳網球選手的行列。（與巴金合作期間，小威廉絲也贏得兩枚奧運金牌，並與大威廉絲一起贏得七個大滿貫雙打冠軍。）

在這些勝利之間，即使偶遇逆境，他們彼此也能患難見真情。二〇一〇年溫布頓網球錦標賽奪冠四天後，小威廉絲來到巴金的家鄉慕尼黑慶祝。據她描述，某個夜晚，她走出一家餐廳時，遭到碎玻璃嚴重劃傷，右腳大拇趾被割斷一條肌腱，需要開刀，還要打石膏並穿助行靴數月。長期的活動受限不僅使她無法參加巡迴賽，後來血塊還轉移到肺部，引發危及生命的肺栓塞，她聲稱自己「瀕臨死亡」。雖然當時小威廉絲長期退賽並遠離球場，巴金依然受雇於她，始終不離不棄。

他們的關係不錯，但二〇一二年，小威廉絲請來了法國網球教練兼企業家派翠克．穆拉托格魯（Patrick Mouratoglou），他在法國經營網球學院。新教練的到來讓巴金的職業生涯產生變化，儘管他長期在小威廉絲團隊工作，但從未被正式授予尊貴的「小威廉絲教練」頭銜，而實際上他已填補了團隊多年來的教練空缺。穆拉托格魯上任後，巴金覺得自己被降級。「從二〇一二年塞雷娜聘請派翠克．穆拉托格魯擔任主教練開始，我的角色就變得非常模糊。」巴金寫道：「派翠克不在時，塞雷娜和我一起研究比賽。派翠克在時，我又回到只陪練不做其他事的狀態，這對我來說很難熬。」

穆拉托格魯擅長自我推銷，利用小威廉絲的成功，為自己和旗下學院造勢，得到更多關注和聲譽。「我都已經犧牲這麼多，工作也做得很好，自然希望得到認可，也希望我所做的一切受到讚譽。」巴金寫道。當小威廉絲在二〇一四賽季結束後表明要與穆拉托格魯繼續合作時，待在她身邊已七年多的巴金決定離開團隊。「這麼多年來，她一直是我生命中最重要的一部分。」他寫道：「感覺就像分手一樣。」

巴金不知道上哪去找下一份工作，便印了一些傳單，打算發給棕櫚灘花園（Palm Beach Gardens）附近的網球俱樂部球員，宣傳自己的教練服務。他又驚又喜地發現，生意很快上門。與小威廉絲結束合作短短兩天後，他接到她的主要競爭對手維多利亞．阿扎倫卡的電話，邀請他加入團隊，擔任練球搭檔。「我現在做的不僅僅是陪練而已，但我不在乎職稱。」巴金對我說出他的想法：「只要維多利亞知道我付出多少努力，我就不會計較名分。哪怕你要說我是園丁，我也不在乎。」

巴金與阿扎倫卡的總教練維姆．菲塞特合作後，很快獲得全新的成功。但就在阿扎倫卡橫掃「陽光雙賽」（Sunshine Double）印地安泉和邁阿密——包括在印地安泉決賽戰勝小威廉絲——之後不久，她忽然要巴金離開，沒有任何解釋；三週後，巴金才在推特上得知阿扎倫卡懷孕了。

巴金與斯隆．史蒂芬斯短暫合作後，她因腳傷而退賽，雙方結束合作關係。接下來，巴金又得到一份工作，成為卡洛琳．沃茲尼亞奇的練球搭檔，直到她在新加坡ＷＴＡ年終總決賽奪冠後結束合作關係。三天後，巴金的電話再度響起，這次終於有人考慮請他擔任主教練。不過，以往他都是和排名第一的球員共事，來電的人卻問他有沒有興趣教一位排名在五十以外的年輕球員。

直美其實無意追尋小威廉絲走過的路。二〇一七年賽季結束時，她已經不想再看到外界繼續對兩人進行膚淺的比較，也不想被當成模仿者。不過小威廉絲的經紀人吉爾・史莫勒也任職於ＩＭＧ，她聽說直美與大衛・泰勒分道揚鑣後正在尋找新教練，於是向直美的經紀人斯圖爾特・杜吉德推薦了巴金。杜吉德打電話給巴金，不久巴金便從居住地棕櫚灘花園開車來到博卡拉頓，直美和父母住在當地，並且在艾芙特學院受訓。「我們第一次練習時，我心想：『哦，好緊張啊！』」直美不久後談道：「他和小威廉絲在一起很長時間；而我真的很喜歡小威廉絲。」

試訓很快出了問題，不是因為緊張，而是韌帶受傷。巴金才剛開始和直美擊球幾分鐘，就為了救球而快跑，不幸右腳一拐，摔倒在地。「他塊頭真的很大，我還以為他在開玩笑，畢竟他戴著護踝。」直美說：「他的臉脹得通紅。」

巴金的腳踝韌帶撕裂。「我當時痛得不得了，原本應該立即停下來。」巴金後來寫道：「但我已經知道我喜歡直美，也確信我能幫助她，我真的很想繼續打。當時我什麼都沒說，當然直美已經注意到我跛著腳走路，她問爸爸我會不會有事。我想，我的腳這麼痛讓她心裡很不好受。」

腳踝劇痛使得巴金開車時無法使用右腳，他在九十五號州際公路經歷了痛苦的旅程，但隔天巴金還是和直美一起練習。「我這樣做的原因是為了證明一件事。」巴金談起自己為什麼要帶傷打球：「我想讓我的球員知道，他們是我生命中最重要的人，我絕對將他們擺在第一順位。」

直美被巴金的敬業和積極態度打動，在父母的鼓勵下，她聘請巴金擔任全職教練。巴金表示，直美當時排名第六十八位，給他的全職教練待遇比起沃茲尼亞奇的練球搭檔薪水「差了一大截」，但直美給了他夢寐以求的機會，他有望正式當上巡迴賽選手的主教練。

‧‧‧‧‧‧‧‧‧‧‧‧‧‧

巴金對直美提出的大部分建議與歷任教練一樣：希望她審慎考慮運用殺手鐧的時機，打出勝率更高且具備個人特色的球路。「我不需要百分之百猛力進攻，應該是這個意思。」她在雙方合作初期談道：「呃，就是要選好時機再發大招。」巴金也繼續將重心放在提升她的體能，並請來教練阿卜杜勒．西拉（Abdul Sillah），幫助剛跨入二十歲的直美達到巔峰狀態。「我們採用老式訓練方法。」西拉說：「我們會挑早上六點的時段，在她家門口的街道上進行短跑訓練。我會用三角錐，在一百公尺和一百五十公尺處做標記，然後要她開始衝刺。鄰居都會出來揮手致意之類的。她一直鍛鍊，從未抱怨。」二〇一八年賽季開始前，直美也進行了嚴格的飲食控制。「這聽起來有點極端，但在休賽期間，我都吃水煮餐。」直美說：「我會煮雞肉和花椰菜之類的東西，不吃碳水化合物，主要是為了瘦身。」

巴金與直美之前的教練有一點不同，他把重點放在直美的個性上，他相信，只要讓直美走出內心世界，他就能發掘她的巨大潛力。巴金說，在與直美合作之前，他一直以為她「球技高超但很難搞」，因為每當比賽期間在走廊上擦肩而過，她總是避免目光接觸。在對她有了一定程度的了解後，他意識到她的沉默源於害羞，於是他開始刻意耍笨，讓她放鬆下來。「我想讓她更放得開，不再那麼害怕這個世界，不再擔心別人有沒有盯著她。」巴金寫道：「我想讓她明白，主動出醜也沒關係。」為此，巴金設計挑戰和遊戲，在訓練接近尾聲時進行，由贏家為輸家挑選一個稍微尷尬的懲罰。合作幾個月後，巴金有一次輸了，直美拿起他的手機，開啟他的推特帳號，發布她所能想到最尷尬的推文：「老實說，@justinbieber 小賈斯汀是我最喜歡的歌手，說來有點尷尬，但二〇一八年來了，新的一年新的我（還有粉紅色是我最喜歡的顏色）。附記：洋紅色是我第二喜歡的顏色。」

在東京訓練期間，直美有一次輸了遊戲，巴金讓她在擁擠的澀谷（渋谷）十字路口中間跳舞。「非常有趣，但也給直美上了重要的一課，那就是哪怕別人在看妳，甚至嘲笑妳，也沒什麼大不了的。」巴金寫道：「妳很快就不會那麼在意別人對妳的看法。在別人面前，妳將不再感到不自在和尷尬。」

巴金認為，讓直美減少拘束感和不自在，她在球場上就能恣意發揮實力，偶爾不順心時也不會再深陷負面情緒。「她是完美主義者，很容易對自己失望，自我要求過於苛刻。」巴金說：「因此，我必須成為對比。如果她太負面、情緒太低落，我就得跟她說沒關係。世界是圓的、草是綠的，一切都很好。但她對自己的苛刻要求往往超出應有的程度，她其實盡了本分，做得很好。」

直美很快就被巴金的心態和熱情征服，為了跟她拉近距離，他甚至主動看她最喜歡的動漫《死亡筆記本》（*Death Note*）。「他是非常正面和友善的人，一切都因他變得非常有趣，而且他很會逗別人開心。」合作了幾個月後，她談道：「說真的，他沒有什麼是我不喜歡的。」

……………

對巴金來說，與小威廉絲的合作紀錄是他的金字招牌，但他始終明確表示，他沒有試圖將直美改造為她偶像的翻版。「她是獨立的個體。」合作了幾個月後，他談道：「我相信，如果你踩著別人的腳印前行，就不會留下自己的腳印。」

當人們說在小威廉絲和直美身上看到球員方面的共通點，巴金會堅稱，這兩位女性的共同特徵大多局限於外表，她們都有「一大把頭髮。」他說：「兩個截然不同的人，網球打法也不同。」他後來寫道：「沒錯，她們的比賽可能看起來很像，但技巧不一樣，步法也不一樣，而且面臨艱難情況時各自有喜歡並依賴的打法。」

儘管如此，巴金告訴《近身發球播客》（*The Body Serve Podcast*），他與小威廉絲的經歷仍是有用的衡量標準。「八年來，我很榮幸每天和小威廉絲一起擊球，這可能是你能觀察對方球路最好的方式之一。」他說：「所以我能感覺也知道直美的技巧距離世界第一還有多遠。」

⋯⋯⋯⋯⋯⋯

二〇一八年賽季是直美第三次完整參加巡迴賽，身邊多了一位名人（至少在網球圈內如此），使得直美受到更多關注。她在珀斯（Perth）舉行的霍普曼盃（Hopman Cup）混合團體表演賽上展開新賽季，與日本二號種子男子選手杉田祐一搭檔。這次比賽的亮點在於，直美難得有機會與男網最傑出的選手之一交手，因為日本隊抽到與羅傑・費德勒和貝琳達・本西琪的瑞士組合對戰。按照慣例，混雙賽幾乎都由男子選手先發球，但第一盤率先發球的卻是直美，這是相當不尋常的狀況。他們的選擇得到回報，直美打給費德勒的發球大多得分，甚至在第三盤時發出時速一百四十公里的慢速發球，球落在邊線上，從費德勒的正手拍前掠過，成為一記愛司球。全場觀眾大多是費德勒的球迷，此刻卻為直美歡呼。直美也高舉雙臂慶祝，歡快地轉了幾圈。瑞士隊在這場賽制較短的比賽中苦戰三盤獲勝，但在此之前，直美成功地用一記截擊球擊中費德勒，引得這位超級巨星滑稽誇張地慘叫。不過，短短幾週後，費德勒贏得了生涯第二十個也是最後一個大滿貫冠軍。

直美在澳洲網球公開賽開賽時排名第七十二位，第二輪直落兩盤擊敗了十六號種子選手艾琳娜・維辛尼娜（Elena Vesnina），第六次打進大滿貫第三輪。在直美剛剛起步的職業生涯中，第三輪一直是她在大滿貫賽事的天花板，戰績為零勝五負。她第六次挑戰打進第四輪（被公認為進入大滿貫第二週賽事的基準），對手是當地最受歡迎的選手，也就是十八號種子的澳洲籍選手艾許莉・巴蒂（Ashleigh Barty）。在那場週六下午的賽事中，從排名和觀眾支持度看來，巴蒂顯然勝券在握，但她也意識到對手可能會很危險。「直美是個很棒的小妞，只要掌握到時機，絕對可以狠狠出招。」巴蒂讚許地說。

直美確實狠狠出招了，憑藉超強火力早早而穩定地主宰局面，開局就破掉巴蒂的發球，接下來一直保持領先。巴蒂在第一盤有四個破發點，包括最後一局的兩個，但直美全部挽救，以六比四拿下第一盤。直美在第二盤開局時再次破掉巴蒂的發球，隨後又在巴蒂第二個發球局再次破發，取得三比〇的絕對領先。直美以不尋常的方式保住第二個破發點，充分展現體能和速度提升後帶來的優勢，以防守反擊壓制巴蒂。直美在這場比賽中沒有被破發，終場以六比四、六比二獲勝，她以第十二個愛司球首次打進大滿貫第二週賽事。雖然具有主場優勢的選手遭遇慘敗，但澳洲球評還是對直美的水準表示由衷敬佩。莉茲・斯邁利（Liz Smylie）說：「有時候你就是只能說『太厲害了。』」巴蒂也在記者會上表示：「有時候你只能向對手致敬。」

這是直美第一次在全場支持對手的大滿貫大球場上贏得比賽，這項技能在同年再度派上用場。「我真的非常高興，但也有點抱歉，因為我知道你們非常希望她贏。」直美在場上接受採訪時談到。賽事的澳洲主持人隨後表示感謝，並稱她是「友善謙遜的贏家」。

被問及首次打進大滿貫第四輪對她來說「是否特別或重要」，直美予以否定。「我覺得去年確實是這樣，但今年我只想把注意力放在一些事情上。」她說：「我很慶幸，不過，呃，我不想止步於此，希望你明白我的意思。」

直美晉級第四輪的獎勵是與世界排名第一的西蒙娜・哈勒普比賽。兩人在第一盤前半段一直處於膠著狀態，比數來到三比三，哈勒普發球，直美雖獲得四個破發點，有望領先，但之後這位頭號種子選手振作起來，迅速主導局面，終場以六比三、六比二獲勝。雖然直美在這場比賽中敗下陣來，但因打進第四輪，讓她帶著十八萬兩千零九十七美元的獎金離開墨爾本，這也是她生涯以來最大的一筆獎金。

直美重返世界前五十，並在中東賽場上繼續前進。她在杜哈（Doha）贏得兩場資格賽，順利打進了會內賽，這是她職業生涯最後一次參加資格賽*，之後她也在杜拜（Dubai）打進了八強。不過，在世界另一端的沙漠中，她即將迎來生涯最大突破。

……………

在加州印地安泉舉行的法國巴黎銀行公開賽（BNP Paribas Open，又稱「印地安泉公開賽」）有九十六名參賽選手，是巡迴賽中獎金最高的賽事之一，被譽為「第五大滿貫」。由於威廉絲姊妹幾年前已結束抵制，全球所有頂尖球員都前來爭奪超過一百萬美元的冠軍獎金。

直美從未在任何級別的職業網球正式比賽中奪冠，第一輪便抽到巡迴賽成績斐然的冠軍之一——瑪麗亞・莎拉波娃。她是五次大滿貫得主，前世界排名第一，在巡迴賽現役選手中獲得的大滿貫冠軍數量僅次於威廉絲姊

* 編註：此指截至本書英文版初版上市之前（二〇二四年一月）。

妹。莎拉波娃的背景有某些地方與直美相似——出生於西伯利亞，在索契的公共球場開始訓練，七歲時跟著父親尤里搬到佛羅里達。由於生活拮据，父女倆輾轉於佛羅里達各教練之間，常常付不起教練的時薪，在這方面名聲不太好。她換過多個教練，只有尤里始終陪在身邊。十一歲時，莎拉波娃被ＩＭＧ簽下，很快就被有遠見的人視為潛力無窮的明日之星。十六歲時，她贏得第一個ＷＴＡ公開賽冠軍，並在脫口秀節目露面；十七歲時，她贏得溫網冠軍，原本在決賽中被寄予厚望的小威廉絲淪為手下敗將，使得莎拉波娃一躍成為超級球星，在後來的十多年裡，她一直都是全球收入最高的女運動員。然而，她在一夕之間失去了這個地位，因為在藥物檢測中米屈肼（meldonium）呈陽性反應，遭到禁賽十五個月。她辯稱自己九年來一直合法服用這種藥物，並且在二〇一六年賽季開始前不知道世界反興奮劑組織（World Anti-Doping Agency, WADA）已將它列為禁藥。雖然聲譽受損，莎拉波娃在解禁後依然是強大的對手，球星光環也依然閃耀，但一連串的負傷和不穩定的成績讓她在解禁後無緣進入前十強。

直美身為小威廉絲的忠實球迷，說自己看過小威廉絲對戰莎拉波娃的「幾乎每一場比賽」，當時一共有二十一場，小威廉絲的戰績是十九勝二負。直美一貫支持小威廉絲，但她很欽佩莎拉波娃沉著冷靜的表現。「我只記得對她的印象很深，因為你永遠不會知道她在想什麼。」直美談到莎拉波娃時，抬手在自己面前揮了幾下，凸顯對方的沉著冷靜。「她從來不會心煩意亂什麼的，而且總是在戰鬥。我一直覺得那樣很酷，我想如果有人能把她和小威廉絲的心態結合起來，一定會很棒。事實上，我從她身上學到很多，也努力向她學習。」

直美帶著從兩人身上學到的經驗，在印地安泉的夜間比賽開始後，立即證明自己已經做好準備，並在第一盤迅速以四比一領先。莎拉波娃將比數追至四比四，但直美毫不畏懼，重新控制局面，以六比四拿下第一盤。第二盤也是同樣的模式：直美以四比二領先，莎拉波娃奮起反擊，將比數追至四比四，但直美面對這位復出的明星依舊毫不動搖，終場以六比四、六比四獲勝。「我之前覺得，要是她完全恢復了，我可能會敗得很慘。」直美獲勝後說：「很高興能夠贏球，並且多少改變了心態……我當時想，如果我開始生氣，那就太不尊重人了。對手是莎拉波娃，我有什麼資格在和她對戰時發火？每個人都知道她為每一分而戰，所以我只是試著告訴自己，要是我也為每一分而戰，這將是一場平等的比賽。」

莎拉波娃失利後，不久便結束與教練斯文．格羅內維爾德（Sven Groeneveld）長達四年的合作。格羅內維爾德告訴我，他認為莎拉波娃打了一場偉大的比賽，但低估了當晚擊敗她的選手之水準。「我當時是這麼說的：『我們對這位選手的評價不夠高。』」格羅內維爾德談起直美：「『她非常非常優秀，妳今天是被比妳更優秀的選手擊敗。』」

戰勝莎拉波娃是直美願望清單的其中一項。「我希望挑戰的對手基本上有三位——大威廉絲、她和小威廉絲。」直美在賽後記者會上說：「所以兩個目標已經達成了，現在就等著和小威廉絲比賽了。我真的很期待。」

過了一會兒，有一位記者問：「直美，妳能想像自己成為非常非常了不起的冠軍嗎？想像自己高舉賽事最大的獎盃？」

「要是我說『不能』，那就太悲慘了。」直美笑著回答。

……………

印地安泉公開賽的水晶獎盃是網球比賽中最負盛名當然也是最沉重的獎盃之一，要想得償夙願高舉它，直美必須面對各種對手，迎接各種挑戰，證明自己是全方位球員。

直美擊敗莎拉波娃之後，在印地安泉第二輪賽事再度遭遇另一位老將——阿格涅絲卡·拉德萬斯卡（Agnieszka Radwańska）。這是一位身材瘦削但戰術精妙的波蘭人，她的慢速擊球具有微妙的殺傷力，因此被稱為「忍者」。但直美始終保持耐心和謹慎，步法精準，跟得上拉德萬斯卡不尋常的旋轉球拍打法，最終以六比三、六比二輕鬆獲勝。「我只是試著完全保持冷靜，一逮到機會就全力以赴。」她說。

下一場比賽需要的是另一種冷靜。直美遇到一個名氣不大的對手——排名第一百位的薩吉亞·維克里，她在前一輪爆冷擊敗世界排名第三的加比妮·穆古魯莎（Garbiñe Muguruza），傑出的表現跌破眾人眼鏡。直美此時已成為最受歡迎的選手，她要在這股新的壓力下出戰巡迴賽中速度最快的防守型球員。除了與維克里奮戰，在得分之間來回奔忙，她還一直被前排維克里後援團發出的嘲笑聲干擾。巴金發現直美明顯感到困擾和心煩，便申請場上指導，並敦促她，只要因為某種原因而愈來愈不舒服，就可以喊暫停，藉以掌控比賽。「如果那個人打擾妳，就舉起球拍叫暫停。」巴金告訴她：「不要讓這些傢伙干擾妳比賽，如果有什麼事，就把球拍舉起來。」直美終場以六比三、六比三獲勝，單看比數無法體會這是一場多麼艱辛的勝利。有人問她這次勝利的關鍵是什麼，她說自己「只是努力不被激怒」。

在接下來的兩輪比賽中，直美分別迎戰體能超強的防守型菁英選手瑪麗亞·莎卡瑞（Maria Sakkari），以及俗稱「愛司球女王」的力量型菁英選手卡羅利娜·普莉絲可娃。直美的進攻足以戰勝莎卡瑞的防守，體能水準也持續到了第三盤；之後她迎戰前一姐普莉絲可娃，直美運用日益提升的速度和預判能力，攔截普莉絲可娃的強力擊球，並以更大的威力將球打回對面的角落。

直美繼十八個月前的東京賽事後，再次打進WTA四強賽，並再次遭遇當時世界排名第一的西蒙娜·哈勒普，對方曾在兩個月前的澳洲網球公開賽第四輪輕鬆擊敗她。直美短時間內的進步顯而易見，如今她的擊球更穩健也更節制；她全力揮拍時增加上旋，使得原本可能飛出很遠的界外球變成下墜入場的界內球。

直美已經獲得五場勝利，這是她生涯以來在公開賽會內賽獲勝的最高紀錄。雙方開戰後，她只花了三十三分鐘就以六比三拿下第一盤，並在盤末點以一記愛司球拿下決定性的一分。隨後，她反常地找來巴金進行教練場上指導，神情中充滿擔憂和不安。

「為什麼出現這種表情？」巴金來到她身邊問道：「妳剛才那一盤打贏了世界第一。」

「我的時間點抓得不對。」她回答，語氣有些沮喪。

「好，那我們該怎麼解決？」他反問。

「腳要動？」直美回答。

「當然啦！」巴金說，然後立刻補充，說她根本不需要做任何改變。「繼續妳的打法，非常完美。」他說：「在球場上不要再這麼負面，不要為對方製造得分機會。」

直美假裝悶悶不樂地聳了聳肩，巴金笑起來。「不不不，這個之後再玩。」他面帶笑容地說。他讓直美相信，要擊敗世界頂尖選手，不需要做到完美的地步。直美信心倍增，拿出主導賽事的強悍風格，贏得第二盤，只花了一個多小時就以六比三、六比零戰勝哈勒普。這是她生涯以來首次打贏世界排名第一的選手，接下來即將面臨有生以來最重要的一場決賽。

直美在賽場上的自信與社交場合中的畏縮形成一貫的反差，她又一次掌握了獲勝要訣，但還是不知道如何慶祝。「比賽時，我會這樣想：好，等一下打贏時，一定要把球拍扔出去，超級開心……我想要表現得特別一點。」她事後解釋：「也許我還會稍微哭一下，讓自己沉浸在喜悅裡。但我沒有，我只是覺得終於結束了，大大鬆了口氣。然後，當我後知後覺地意識到自己贏了，已經沒辦法把球拍扔出去，因為已經，呃，過了差不多十秒鐘。」

從大坂直美十三歲在蒙特哥灣那場小型比賽首次亮相算起，在所有經官方認可的正式賽事中，二〇一八年印地安泉的法國巴黎銀行公開賽是她職業生涯中第一百一十場。前面一百零九場的公開賽，她沒有一次奪冠，六次打進決賽全都失利，而且那還都是只有三十二名單打選手參加的小型比賽。迎接生涯第一百一十場正式比賽的直美，赫然發現這座網壇最大場館之一，在一週前還熱鬧地聚集了數百名選手，現在只剩下一片死寂。她領悟到，終點是孤獨的。「這裡，唔，好像沒有人。」她打進決賽後說：「隨著賽事進行，選手和物品愈來愈少。這有點酷，但也有點，呃，讓人難過。」她接著補充，說這裡幾乎只有她一個人，好處是印地安泉球員餐廳總是為她供應充足的壽司。

還有一位二十歲明日之星——俄羅斯的黛莉亞・卡薩特金娜，她也和直美一樣，在印地安泉女單賽場過關斬將，打進決賽。她先後擊敗當屆美網冠軍斯隆・史蒂芬斯和三位前排名第一的選手：卡洛琳・沃茲尼亞奇、安潔麗克・柯珀和大威廉絲。卡薩特金娜並非威力型選手，而是以非凡策略取勝，她用各種巧妙的擊球方式精確地引導球，或讓球轉彎，選用流暢的打法而不是火力全開。卡薩特金娜只比直美大五個月，成長之路更為傳統——她曾經贏得二〇一四年法網青少年組女單冠軍，在同輩中確立了頂尖高手的地位。卡薩特金娜告訴我，她第一次在ITF職業巡迴賽的低級別賽事中見到直美時，不僅因為對方強勁的威力而大為震撼，還被直美身上某種「魅力」所吸引。「我不知道該怎麼解釋，但你在球場上看到這個人會覺得，唔，她不是普通的球員。」卡薩特金娜告訴我：「她會成為與眾不同的人。」

印地安泉的主運動場有一萬六千一百個座位，是全世界第二大網球場，僅次於美國網球公開賽的亞瑟・艾許球場；決賽當天，許多名人的臉孔出現在觀眾席間，包括億萬富翁比爾．蓋茲（Bill Gates）和一些好萊塢名人，他們都是專程從西部前來觀看這場週末大賽的。比賽一開始，卡薩特金娜對局面的掌控似乎更得心應手，畢竟她得過八次職業賽冠軍，而直美一次也沒有。直美的控球不穩定，第一盤比數來到三比三，剛開賽沒多久，她就出現十六次非受迫性失誤，讓卡薩特金娜獲得破發點。

直美失誤後走到底線，網球頻道主播布雷特．哈伯（Brett Haber）問身邊的球評兼國際網球名人堂成員崔西．奧斯丁（Tracy Austin），如果她要「培養一位網球選手」，她會選擇場上哪一位的技能組合？「老天，這真的很難說，但我想我會選擇卡薩特金娜。」奧斯丁回答，並說她的選擇是基於卡薩特金娜有「出色的感覺」和「柔軟的手」。

直美聽不到兩位播報員的聲音，但她接下來的表現就像在反駁一般，以一百六十公里的時速朝球場中央打出一記愛司球，越過卡薩特金娜伸出的正手拍。直美大聲喊道：「加油！」贏下可能是生涯以來風險最高的一分。直美乘勝追擊，贏得接下來的兩分並保發，然後在接下來的五分中拿下四分取得破發，又在接下來的五分中拿下四分再次保發，最終以六比三贏得決賽關鍵的第一盤。

「至少目前看來，力量勝於藝術。」哈伯在直播間總結第一盤賽況。直美的擊球確實強勁，在印地安泉的前六場比賽中，她的正手拍平均時速達到一百一十九公里。這個成績在女子選手中名列前茅，在男子選手中則僅比羅傑．費德勒的正手拍平均時速一百二十二公里慢了一點。但是，哈伯將直美獲勝的原因僅僅歸結於「力量」，完全忽略她為了奪冠走過的艱辛路途。她在少女時期就已經具備強勁的擊球威力，早在四年前的矽谷網球精英賽上，便贏得巡迴賽的第一場比賽，當時爆發力強大的發球和正手拍擊球已超過時速一百六十公里。如今不同的，是她的控制力，直美已經懂得駕馭自己的力量，嫻熟而又節制地巧妙運用。球被她擊出後既能越過卡薩特金娜、哈勒普和普莉絲可娃等人的球拍，又能落在離邊線還有幾碼的場內，因為她已經利用上一次的擊球為這次鋪路。

無論是球的落點，還是她在公開賽後半部的幾場比數——六比二、六比三、六比三、六比零、六比三等等，都顯示出她已學會在最關鍵的時刻控制力道，進而締造懸殊比數。

這種轉變證明了她在戰術和體能提升方面的進步，她正處於最巔峰的狀態，比賽時也不再像以前一樣急於縮短得分時間。就算來回球持續下去，她也不會因為想要盡快結束而慌亂地採取高風險擊球策略；即使是在第七場比賽中，她仍準備好站穩腳步並全力奔跑。後來，直美談起這次公開賽，說最令她驚訝的是比賽結束後，自己竟然不覺得疲勞。「我沒有想像中那麼累。」她說：「每當我看到選手在大滿貫、印地安泉或邁阿密奪冠時，我總是想：『哇，他們一定很累！』因為這是連續進行的比賽，一共有七場。我有點驚訝自己是這樣。」

決賽的第二盤比第一盤更具決定性，卡薩特金娜明顯緊張不安，首局就在破發點上雙發失誤，直美迅速取得五比一領先。比數來到五比二，雙方已對戰一小時十分鐘，直美握有生涯以來的第一個冠軍點，強力發球達到時速一百八十八公里，卡薩特金娜勉強將球打過網，球在近網處落下；直美奔上前，將球挑過網，卡薩特金娜以高吊球回擊；直美迅速而冷靜地後退幾步，以反手拍從半空中攔截，將球打到卡薩特金娜場地的深處，擊中底線。

直美握緊拳頭，朝團隊微笑。她低下頭，接著回看包廂，眼神透著疑惑，再次確認她的最後一擊沒有出界，儘管主審珍妮佛・張（Jennifer Zhang）已經開始宣布：「大坂，六比三，六比二。」

直美和卡薩特金娜在網前握手，卡薩特金娜湊上前擁抱她，直美以一貫僵硬而羞澀的姿態接受。雙方分開後，直美微笑著向球場四面揮手，然後跑去團隊所在的角落。她依序擁抱沙夏・巴金、力量與體能教練阿卜杜勒・西拉、物理治療師茂木奈津子及經紀人斯圖爾特・杜吉德。現場還有其他支持者，包括贊助商日清公司，還有日本網協。當鏡頭對準他們，所有在家中觀看比賽的人都會發現，為了迎接日本選手（無論男女）有史以來最大、最負盛名的職業單打冠軍，大坂直美股份有限公司（Naomi Osaka, Inc.）已經發展為規模龐大的組織了。相比之下，卡薩特金娜只帶了教練和親兄弟前往印地安泉。直美包廂裡唯一缺少的人是倫納德，但他並沒走遠，而是已經養成在附近焦慮地踱步或騎腳踏車的習慣，不會一直緊張地坐在包廂裡看著女兒。

直美隨後坐下，等待主辦單位布置頒獎台。亞軍卡薩特金娜致辭時說了一些禮貌而友善的話，接著是冠名贊助商法國巴黎銀行美國分部（BNP Paribas USA）執行長尚・伊夫・費里安（Jean Yves Fillion）發表了長篇談話。費里安的致詞將近五分鐘，包括向賽事老闆兼億萬富翁賴瑞・艾里森致敬。艾里森坐在前排，頭戴一頂寫著「拉奈島」（LANA'I）的帽子，這座位於夏威夷（Hawaii）的島嶼有百分之九十八屬於他。當費里安終於把頒獎台讓給直美，她已經忘記準備要說的話。儘管她的大腦一片空白，還是要對運動場上的萬人及電視機前的數百萬人發言。她開口說道：

嗯，大家好（咯咯笑）。嗨，我是直——噢，好吧，別管我。我想感謝（咯咯笑）賽事總監？嗯。然後是WTA、工作人員和物理治療師。哦，糟了，抱歉——我還要感謝達莎*（咯咯笑）。我想感謝達莎，她人超好，也是很酷的對手，相信我們以後還會打很多次決賽之類的。希望是這樣。然後，我還要感謝達莎的團隊，因為他們也超好吧？（咯咯笑）嗯。還有，對，恭喜。我是說，沒錯，恭喜。我要感謝團隊，嗯，感謝他們容忍我，是的，基本上就是這樣，還有支持我（笑）。我還要真心感謝沙夏——嘿！（揮手）。還有我爸——他不在這裡。還有我媽和我姊，她們在佛羅里達看比賽，所以，嗨。嗯，還忘了誰嗎？我也要感謝贊助商（咯咯笑）。愛迪達、日清、Wowow，還有，呃……優乃克！（豎起兩

* 譯註：Dasha，卡薩特金娜的小名。

根大拇指）。好，還忘了誰嗎？我忘了誰？噢，還有球僮、線審和主審。球僮超級棒。這可能是有史以來最糟糕的獲獎感言（咯咯笑）。然後，我要感謝所有人來看這場比賽。非常感謝（鼓掌）。嗯，好，我想就這樣吧？非常感謝大家。

最後，觀眾和直美一起大笑。網球頻道的布雷特．哈伯說：「太可愛了——也有點怪。」直美站在獎盃旁，當彩帶從大炮中射出，全場響起希雅（Sia）的〈水晶吊燈〉（*Chandelier*）歌聲，她有點嚇到。哈伯說：「有個好消息送給大坂直美，她在今後的頒獎儀式上可能會有很多機會練習發表感言。」

「當時情況是這樣的，我已經準備好，也知道要按什麼順序致詞。」直美後來在記者會上解釋：「但他叫我時，我突然嚇壞了，之後只能想到什麼說什麼，這就是為什麼，呃，我常常說到一半就停住，因為我突然想起還有其他事要說。所以，沒錯，挺尷尬的。」

直美當下的心情不難理解，畢竟她從小就參加網球比賽，幾乎每一場都以失利告終。「我真的不知道現在是怎麼回事。」她說：「我忍不住想，明天是不是還有一場比賽要打？我還不太能接受我已經贏了。」

「所以，沒錯，我正在試著大喊：『呀呼！』」她說，然後指著獎盃。她終於如願以償，鼓起勇氣拉開嗓門慶祝。「我很開心。」她微笑著總結。

奪冠後的幾個小時裡，直美還有另一種新體驗可以期待，那就是第一次搭乘私人飛機旅行。她必須在七十二小時內趕到佛羅里達，在完全不同的環境和條件下參加邁阿密網球公開賽，由於沒有直飛航班可供選擇，為了儘快抵達當地，這次旅行與其說是奢侈享受，不如說是必要花費。直美和卡薩特金娜以及雙方團隊將共乘一架飛機並分攤費用；直美希望她們在搭機途中也能聊一聊。「我會盡量不聽音樂——看看她會不會跟我說話。」直美興沖沖地說明計畫：「我想看看這樣做的效果如何。」

當被問及是否已經預先想好要談什麼，直美透露她在飛機上面對卡薩特金娜的策略比在球場上要少。「我不知道如何開口；面對一個之前幾乎沒交流過的人，我不知道該說什麼。」直美說：「所以我沒有特定主題，只是覺得和她聊天很酷。」

直美說出這個前景不太看好的目標後，頓時大笑起來：「我好怪，太糟糕了，哦，天哪！」

可惜，直美在飛行途中並沒有主動攀談，卡薩特金娜多年後回憶起那次飛行時告訴我：「她很安靜。」卡薩特金娜笑著說：「一聲都不吭。」

……………

直美大方公開關於私人飛機的討論，以及她與水晶獎盃的兩次合照，第一次在球場上，第二次在沙漠高山背景前搭配日本國旗。但對她來說，這場勝利最大的意義還是跟家人有關。

印地安泉冠軍獎金高達一百三十四萬零八百六十美元，幾乎相當於直美生涯以來收入總和的一百四十八萬三千零五十三美元；再加上在這場著名賽事中奪冠以及排名提升，贊助商提供了額外的獎金，還有隨著勝利而來的贊助合約，直美短短七場比賽便獲得七年來收入的兩倍多。

冠軍選手獲勝後往往狂歡慶祝或豪擲千金，但直美對這些事沒有興趣；她沒有開香檳，而是去電影院觀賞新上映的《黑豹》（*Black Panther*）。高額獎金對她來說具有更多個人層面的意義，讓她有機會報答母親。自從母親與倫納德相識以來，先是與家人決裂，後來夫妻倆夢想將女兒培養成網球選手，又為了實現夢想搬到美國。母親一路走來可以說歷經磨難，直美希望用這筆錢助她脫離苦海。倫納德一直在球場上陪伴直美和麻里，一家人的生計以及追求夢想所需的經費，全靠環長時間從事數份工作來支撐。

即使女兒已經找到全職教練沙夏・巴金，倫納德仍然陪著直美參加巡迴賽，而環則留在佛羅里達工作。她當時在三菱汽車的邁阿密辦公室工作，從博卡拉頓的家到邁阿密辦公室的路程長達七十二公里，路況相當壅塞。環告訴女兒，她通勤時常精神恍惚，有時甚至不記得自己是怎麼開車回到家的，把兩個女兒嚇壞了。

環當時只有四十七歲，比一般退休年齡還年輕，但直美堅持要她停止工作；母親每天凌晨四點出門上班，晚上九點才回來，這段記憶深深印在她的腦海裡，直美早就將母親的自由視為自己的「人生目標」。

「小時候，她無法親自陪著我比賽或訓練，因為她是家中的經濟支柱；她需要工作，因為打網球的開銷不低。」直美在二〇二二年說：「她幾乎一直在工作，我常常好幾天見不到她，因為她總是早出晚歸。開始打網球後，我知道主要目標之一就是讓媽媽不用再這樣辛苦工作。所以，當我終於實現這個目標，心裡真的很激動，因為我一直夢想自己能做到……對我來說，那才是最珍貴的時刻。」

……………

對於母女倆來說，還有一個珍貴時刻即將在這一天到來。直美在印地安泉奪冠幾小時後，坐上前往棕櫚泉機場的汽車，巴金看到手機畫面閃現邁阿密網球公開賽的抽籤結果。他把消息告訴直美，她欣喜若狂，立即打電話給環。

「媽，猜猜我在邁阿密第一輪要和誰比賽？是小威廉絲！」

16 喜迎小威廉絲

Welcome to Serena

小威廉絲和大坂直美原本幾乎不可能在二〇一八年邁阿密網球公開賽的第一輪賽事中對戰，因為只有非種子選手需要進入這個環節。如果在印地安泉公開賽成績納入ＷＴＡ排名後，才進行邁阿密網球公開賽的抽籤事宜，那麼直美就會排在三十二位種子選手的第二十二位，憑輪空資格直接進入第二輪，可惜事與願違。另一方面，抽籤表上的「塞雷娜．威廉絲」幾個字沒有加粗，看起來就像印刷錯誤。不到一年前她還是世界排名第一的選手，於二〇一七年澳洲網球公開賽以一盤未失的絕佳戰績奪得職業生涯第二十三個大滿貫單打冠軍，當時她已懷孕近兩個月。

然而，她近一年來幾乎沒有參賽，而世界排名是以五十二週為基礎滾動計算的，因此進入二〇一八年邁阿密網球公開賽時，小威廉絲的排名已經從第一位跌至第四百九十一位。近幾年來其他新手媽媽重返網壇時，這些以母親身分回歸的種子選手，其排名規則並沒有成為大眾矚目的焦點，但這次可是小威廉絲，於是這條鮮為人知的規則便成為二〇一八年春天重要的文化議題，在社群媒體和傳統媒體都引起廣泛關注及各方呼籲，甚至驚動了白宮。「這太荒謬了。」伊凡卡．川普（Ivanka Trump）在推特上寫道：「@SerenaWilliams 小威廉絲是令人敬畏的運動員（史上最佳！）也是充滿愛心的新手媽媽。任何人都不應該因為生孩子而在職業上遭受懲罰！＃ＷＴＡ

應該立即改掉這條規則。」

沒有人會說巡迴賽中有四百九十名選手比小威廉絲優秀，但也沒有多少業內人士認為，小威廉絲歷經半年的磨難後，還會是二〇一八年三月最有可能贏得這場賽事的選手。小威廉絲整個孕期都很順利，預產期前幾週還能進行力量訓練。但是，預產期當天，她前往醫院引產，情況卻一再出錯。她並沒有照原定計畫開始分娩，因為出現胎兒窘迫跡象。由於小威廉絲腹部的壓力和疼痛都在增加，醫生決定採用剖腹產——這是小威廉絲一直希望避免的方式，因為那需要較長時間恢復，而且她有血栓病史，任何手術都會帶來風險。果然，女兒小艾莉克西絲・奧林匹亞・奧哈尼安（Alexis Olympia Ohanian Jr.）出生後，小威廉絲開始陷入呼吸困難，熟悉而嚴重的疼痛再次出現。血塊流進肺部，造成了肺栓塞。她七年前就得過一次，能夠辨別徵兆，醫生卻反應遲鈍。小威廉絲要求醫生用顯影劑做電腦斷層掃描，果然發現肺栓塞。她之所以能夠熬過來，是因為足夠熟悉自己的身體狀況並堅持立刻檢查；否則，她很可能在產後幾天內就身亡。這場磨難使得人們更加關注分娩過程中明顯的種族差異——黑人婦女在分娩中死亡的機率是白人婦女的三倍。

除了肺栓塞，小威廉絲的腿部也出現血塊，需要進行手術。從瀕臨死亡到後續的復原，連串事故嚴重耽誤了她重返巡迴賽的時間，但她沒有降低對自己的要求。她想重整旗鼓，因為心裡還有一股未完成的使命感，希望對剛出生的女兒展現自己的毅力。「因為她，讓這一切變得比以前更有意義。」她在二〇一八年系列紀錄片《小威廉絲：網美奇蹟》（*Being Serena*）的開場中說：「儘管如此，我還是免不了感到恐懼，害怕自己回歸時不能和以前一樣強大。」

小威廉絲原本預計在二〇一八年澳洲網球公開賽復出，但後來出現併發症，只能暫時退賽。不過短短六週後，她就重返印地安泉單打賽場，三年前她便已停止抵制這項賽事。小威廉絲的回歸受到相當大的關注；她的丈夫艾力克西斯·奧哈尼安（Alexis Ohanian）是科技業老闆，在小鎮周圍買下廣告看板，宣稱小威廉絲是「有史以來最偉大的媽媽」。在觀眾的大力支持下，小威廉絲贏得兩場比賽，但在第三輪輸給了最熟悉的對手——大威廉絲。

小威廉絲後來說，她的下一場比賽——九天後舉行的邁阿密網球公開賽，本來應該要退出才對。當時她的自信處於生涯最低點，主要是因為女兒出生後她一直努力減肥。小威廉絲仍為五個月大的女兒奧林匹亞哺育母乳，完全符合美國兒科學會（American Academy of Pediatrics）等機構的建議，但對她在體型及體能方面的努力似乎產生不利影響，教練派翠克·穆拉托格魯因此而挫敗不已。《小威廉絲：網美奇蹟》以完全公開的角度記錄她恢復體型及體能的奮鬥歷程，其中一個場景是小威廉絲量體重，磅秤顯示九十三公斤，比官方公布的上限八十公斤還多了十三公斤。小威廉絲後來承認，除了體重尚未恢復，她還需要克服所謂的「產後情緒問題」。

在邁阿密晴朗而炎熱的這一天，小威廉絲投入復出後的第二場公開賽，上場時身穿全套黑衣，緊身褲的長度超過膝蓋，遮住大半條腿，右前臂還套著一截袖子。換場時她會大口喝水。

當偶像在突然出現的自我懷疑和不確定中苦苦掙扎，直美卻找到前所未有的自信。幾週以來，她的體能和擊球技巧雙雙達到巔峰，並且剛剛擊敗眾多頂尖選手，贏得職業生涯第一個冠軍。

直美和麻里經常去比斯坎灣近距離觀看頂尖職業選手練習和比賽，直美多次在那裡觀察小威廉絲的比賽；而現在，她最喜歡的選手第一次隔著網子凝視她。直美在印地安泉的比賽中一直霸氣地主宰局面，締造的七連勝也是生涯中最長的勝利紀錄，但與小威廉絲對決可是絕無僅有的全新體驗。「因為她是我開始打網球的主要原因，而且，我在電視上看過她很多次，一直都在為她加油。」直美賽後解釋：「所以，對我來說，與她對戰有點難，我只能試著稍稍抽離與她對戰的想法，試著去想我只是在和一般的對手比賽。」

場上還有一個特別的人，也就是小威廉絲的父親理查·威廉絲，他戴著灰色棒球帽坐在看台下層。理查當時已七十六歲，因健康問題不再四處奔波；他曾經追求聚光燈，渴望成為眾所矚目的焦點，現在卻不願意公開露面，感覺不像從前的他。但如果女兒在南佛羅里達的網球場上練習或比賽，理查．威廉絲還是有可能來到現場。

••••••••••••••••

自從直美在印地安泉締造了突破性勝利，賽場邊便出現了更多球迷。四位女士高舉著「大坂加油」大字；還有人在座位前的欄杆上掛著日本國旗。但曾在比斯坎灣奪冠八次的小威廉絲仍然得到大多數觀眾支持。「如果我是觀眾也會為小威廉絲加油。」直美說：「我一點也不介意。」

在週三下午的離峰時段，看台大約坐了一半觀眾。比賽開始後，小威廉絲給觀眾製造了很多歡呼的機會。開局她以零失分保發，在局點上發出時速一百八十一公里的發球並打進T點，接下來她做出招牌動作，大步繞遠端網柱走了一圈。在直美的第一個發球點上，小威廉絲回擊時速一百二十公里的第二次發球，打出一記正手拍直線球得分，在開賽後她已連拿五分。直美沒有慌亂，進入第六分後，她壓低上半身，以反手拍打出落在小威廉絲身後的對角球，獲得一分，這個小技巧讓小威廉絲用左手輕拍球拍，並出聲誇讚：「好球。」直美的下一個發球達到時速一百八十一公里，直接朝小威廉絲打去，挽救了破發點並保發，追平比數。

第一盤來到三比三，比賽剛開始二十五分鐘，小威廉絲似乎突然遭遇瓶頸，動作變得遲緩，對直美打過來的球反應遲鈍，不像之前那樣立刻施展爆發力。球直接朝小威廉絲飛來時，她還能乾淨俐落地回擊；但即使只是稍微移動，她的步伐也不太穩。直美沒有把球打到角落，但小威廉絲仍然觸不到球，直美很快就在小威廉絲的發球局取得〇比四十的領先。在第二個破發點上，直美打出讓小威廉絲措手不及的強球，球落地後彈飛出界，直美獲得四比三的破發優勢。

直美五比三保發後，小威廉絲在自己的發球局中以四十比零領先。在這種情況下，落後的一方可能會乾脆放棄這一局，以便在自己的發球局集中精力爭取得分機會，但直美毫不退讓。四十比十五時，直美以正手拍回擊，打出制勝球，口中大喊：「加油！」稍後另一個局點上，直美打出反手拍直線制勝球，再次喊道：「加油！」下一分，直美故技重施，又是一記反手制勝球，贏得盤末點。她衝到角落，以正手拍朝對角回擊，成功拿下；小威廉絲反應太慢，回擊的球遠遠偏離，讓直美以六比三贏得了第一盤。這場賽事的模式大致底定，同樣的畫面一再出現——小威廉絲常常反應太慢；而直美已經做好最充分的準備。

沒有人比直美更清楚小威廉絲接下來會怎麼做，每當在比賽中落後，她便會以愈來愈明顯、愈來愈不可忽視的方式彰顯自己的存在，提醒對手要擊敗她有多麼困難。她的吼叫聲愈來愈大，愈來愈長。當她在第二盤第一個發球局中打出愛司球，吼叫變成了長長的呻吟，一直持續到球越過了直美伸出的手臂並打中後面的牆壁。她挽救破發點時，也會大喊「加油」。

直美沒有被嚇倒，反而很興奮。「因為她在某些比賽根本不說『加油』，讓人有點難過。」她賽後解釋：「因為你會想：你覺得她有試圖努力嗎？所以，沒錯，我只希望她能說一次『加油』，因為我知道她可能會更努力一點。所以，當我聽到第一聲『加油』時，馬上在心裡喊了一聲『耶！』」

第二盤開始後，小威廉絲確實很努力，兩人頻頻製造出精彩的擊球瞬間。比數來到一比一，小威廉絲搶下直美的發球局，贏得破發點，但被直美救回。比賽繼續進行，小威廉絲和觀眾看起來比先前更投入了。就在此時，直美突然連續打出兩記愛司球，迅速化解威脅。在賽後記者會上，當被問及對這場比賽的感想，直美提到之前討論過的口頭禪，如今這句話顯得更加貼切了。革革「情況變得非常糟糕，但我若在發球時面臨相當棘手的困境，心裡就會想：『小威廉絲會怎麼做？』」直美說：「但我正在和她比賽，不是嗎？沒錯，我當時真的在想：『小威廉絲會怎麼做？』因為你知道，她有時會在情勢非常不利時打出愛司球，我也想這麼做，結果成功了。」

連續的愛司球似乎是擊倒小威廉絲的組合拳，奪走了她再度振作的機會。直美破發後以三比一領先，小威廉絲一反常態，噘著嘴自嘲：「老實說，妳也不會更差了。」在一次回擊失誤後，她喃喃自語：「我是說，哈囉？」小威廉絲的沮喪和負面與直美不遺餘力的正面態度形成了鮮明的對比，直美幾乎每贏一分都會說「加油」。

直美用另一記正手拍制勝球在四比一時保發，伴隨一聲「加油」和握拳，此時她已在九局中拿下八局。她不僅戰勝偶像小威廉絲，還狠狠地擊潰了她。其他選手與小威廉絲首次交鋒時通常會無力招架，而這一次，直美的表現讓球迷大飽眼福。

第二盤，小威廉絲在二比五落後的情況下再次發球。她先是正手拍失誤，接著雙發失誤，然後反手拍失誤。接下來，小威廉絲的發球對準直美飛去，直美將球打出界外，讓小威廉絲挽救了賽末點。

在直美的第二個賽末點上，小威廉絲重砲擊出時速一百八十公里的發球，直美勉強以高吊球打回，球剛過網就落地。小威廉絲有足夠時間——也許該說太多時間——來準備揮出下一拍，卻將應該輕鬆完成的一球打出界，引來觀眾的驚呼和尖叫。直美低頭看看地面，又看看自己的包廂，平靜地朝網子走去。小威廉絲睜大眼睛，一邊搖頭一邊翻白眼，對自己的失利明顯流露厭惡的神色，這場六比三、六比二的賽事只花了一小時十七分鐘就結束。為了不讓小威廉絲久等，直美迅速跑向網前，來到小威廉絲面前時點頭致意。兩人握手後，小威廉絲迅速對直美說了聲「謝謝」，然後與主審瑪麗亞・奇恰克（Marija Čičak）握手。直美轉過身，嘆息著走到球場上，向周圍觀眾揮手致意，避免露出笑容——究竟是忘了還是刻意不笑，沒有人知道。

賽末點過後不到一分鐘，小威廉絲就背著球袋走下球場，接著一轉身，如君臨天下般向四面八方觀眾揮手致意。賽後，小威廉絲沒有進行任何例行公事，包括淋浴、物理治療及按規定出席記者會，而是離開球場後繼續前行。她直接從球場走下通道——「我懂。噢，我懂。」大威廉絲見她走來便對她說。她依然穿著汗溼的網球服，來到貴賓停車場，坐進她先前停在那裡的林肯領航員（Lincoln Navigator）汽車，發動車子並上路。就算看見停車場的停車標誌她也沒有暫停，而是繼續往前開，沿著九十五號州際公路往北開了一百三十八公里，一個多小時後抵達位於棕櫚灘花園的家。

小威廉絲開車上路時，直美正在進行場邊採訪。「我很慶幸能和她比賽，更慶幸能打贏她。」直美說：「我有點想在她心目中留下深刻印象。」

獲勝數小時後，直美在社群媒體發布兩人握手的照片。標題寫道：「我的天哪！」

17 查爾斯頓 Charleston

成為二〇一〇年代女子網壇的巨星需要經歷兩個步驟：第一步是贏得大型賽事冠軍；第二步也是更關鍵的一步——在大賽上擊敗小威廉絲。

二〇一八年三月，大坂直美在短短四天內完成這兩項壯舉，網壇巨星就此誕生。憑藉這股雙喜臨門的熱潮，以及長時間站在舞台中央引發的聚光燈效應，世人莫不對她感到好奇。《GQ》雜誌便派遣編輯凱文・阮（Kevin Nguyen）前往博卡拉頓採訪並撰寫專題報導，標題名為〈大坂直美是網球界最酷的存在〉（*Naomi Osaka Is the Coolest Thing in Tennis*）。這是她首次在非體育版面成為重要報導的主角，《GQ》雜誌對她那些古怪的記者會和領獎感言大表稱讚，並探討她對電子遊戲的熱愛。直美穿上各種款式的服裝為雜誌拍攝多張照片；讀者從圖片說明中得知她的博柏利（Burberry）帽子要價三百五十美元，博柏利外套則是九百九十美元。

「一切都來得好快。」直美後來說：「其實，有時候你會一口氣實現多個夢想。這就像你在勾選清單上已經達成的項目，而你甚至不知道自己有這樣一張清單。」

戰勝小威廉絲兩天後，直美在邁阿密網球公開賽第二輪輸給世界排名第四的艾莉娜．斯維托麗娜，連勝戰績止步於八場。

十天後，她重返賽場，參加紅土球場賽季的第一場比賽。南卡羅來納州的查爾斯頓網球公開賽（Charleston Open）是充滿鄉村俱樂部風情的優雅賽事，雖然規模比印地安泉或邁阿密小，但它是ＷＴＡ巡迴賽中歷史最悠久的賽事之一，也是美國僅限女選手參加的賽事中規模最大的，許多球員都很喜歡當地悠閒又好客的南方風情。

直美在查爾斯頓得到有生以來最多的關注。看台上的球迷已經知道她是何方神聖，他們看過她也喜歡上她，希望看到更多她的比賽實況。

直美在首場比賽中戰勝了珍妮佛．布雷迪（Jennifer Brady），第二場比賽戰勝蘿拉．西格蒙德（Laura Siegemund），兩場都是直落兩盤獲勝。愛爾西亞．吉布森球場（Althea Gibson Court）看台上座無虛席，在直美擊敗西格蒙德後，場邊記者尼克．麥卡威爾（Nick McCarvel）進行了傳統的賽後問答，供電視機前和現場的球迷觀看。他問直美，這場勝利哪一點最讓她開心，但直美並不開心。

「我猜就是打贏比賽吧？」直美回答：「老實說，我一直覺得很煩，所以今天還能贏，我覺得很高興。」

麥卡威爾接著問她，是否特別滿意自己因體能和速度提升而能攔截西格蒙德很多的過網急墜球。「嗯，當然。」直美回答：「我其實沒有──呃，我聽到你的問題了，但我真的沒注意那麼多。」

「好吧，說得好。」麥卡威爾說完，迅速把話題轉到球迷對她在這個球場上的高度支持。「印地安泉賽事結束後這幾週，妳的壓力一定很大，大家對妳的期望很高。」麥卡威爾說，直美也點頭認同。「但妳是否注意到這種新的關注？」他問：「有什麼不同嗎？」

「嗯，我要說，其實我什麼都沒注意到。」直美回答：「我一直都很累，覺得時間過得很快。所以我只能盡量把注意力集中在這裡的比賽上，其他事情之後再去想。」

•••••••••••••••

直美在查爾斯頓時心事重重。她已經完成最大的目標，幾週前讓母親提早退休。「我非常高興和自豪，因為這是我從小到大的夢想。」直美說：「同時，這也有點奇怪，因為我必須轉向另一個目標，但不太容易辦到，可能要花一段時間。」

二十歲的直美覺得自己的畢生職志已經完成，不知道該如何走下去。「有一天，我在查爾斯頓有比賽。早上醒來時，我想：呃，人生還有什麼意義？」直美後來說：「我在想，我是不是應該買個農場，唔，然後種點東西？我知道那是原始形態的生活，但我想知道它能不能在我心中再次燃起火花。我坐在那裡想了一會兒，但後來不得不去比賽……我心裡暗想：噢，真希望對面的女孩把我打敗，這樣我就不必待在這裡了……我真的不知道這是什麼情況。我只是想，也許我太累，已經筋疲力盡。」

直美在第三輪出戰尤麗亞．戈格斯（Julia Görges）時難掩低落情緒。第二盤換邊時，她請巴金過來進行場上指導，此時她已落後一盤並被破發，巴金立刻說出心中的擔憂。

「直美，妳這是在讓她得分。」巴金說：「從表面上看——我現在要跟妳老實說——從表面上看，妳的樣子有點像是被人強迫來這裡。」

「我本來就不想待在這裡。」直美證實了巴金的懷疑，令他不知所措。

「但妳現在在這裡！」他回答：「我們為什麼要努力？妳還想成為全世界最好的選手嗎？這就是妳能證明

自己的地方……就算現在機率只有七成五，妳還是可以打敗她……妳辦得到，直美。加油，包廂裡有三個人相信妳，支持妳，擁護妳。」

直美想到在場支持她的人，淚水愈發止不住，她拉下遮陽帽遮住臉。

「妳一定辦得到，直美。」巴金重申：「比賽結束後，可以休息幾天。但我們現在就在這裡，要努力拿出最好的表現，好嗎？我要妳保證，妳會積極一點。」

「我做不到！」直美抗議。

「妳可以的。」巴金說，然後反覆重申信念，試圖安撫她：「妳做得到，我知道妳可以，我知道妳可以，我知道妳可以，我知道妳可以，直美。我們都知道妳可以，就算妳真的做不到，我也不會說什麼，但我們已經努力了這麼久。」

直美仍在啜泣，接著問他一個問題：「這為什麼會讓人這麼難過？」

主審喊了一聲「時間到」，表示九十秒換邊結束。

「什麼事讓人難過？」巴金問道。

「我沒辦法。」直美回答：「呃，待在這個地方。」

巴金摸不著頭腦，但時間已經到了，只能最後一次安撫她。「妳辦得到，直美。」他再次說道：「別一直想著這個地方，讓思緒飛去妳覺得快樂的地方。」

……………

對手直落兩盤獲勝，直美失利後走進記者會現場，依然悶悶不樂。「我從來沒有遇過這種情況。」她說：「不過，我知道今天的感覺很陌生，我從來沒有出現這種感覺。」

「妳能說說那是什麼感覺嗎？」一位記者問道。

「我也不知道該怎麼解釋，不過，呃，就是有點沮喪。」直美回答：「不過，呃，它一波一波地襲來……好像是昨天開始的。唔，我昨天醒來時真的很沮喪，但不知道為什麼。」

幾個問題過後，一位記者問：「妳的比賽結束了，可以休息一下，妳最想做的是什麼？」

「沒什麼。」直美回答。

「什麼都不想做？」

「對。」

當被問及後續在歐洲舉行的紅土球場賽事，直美表示，她在查爾斯頓的兩場勝利沒有帶來多少安慰。「我只是一個資質還可以的選手，比賽打得還可以。」她說：「呃，我現在很難過，真的不想考慮其他比賽。嗯，我很抱歉。」

有人問直美是否明白自己為什麼有這種感覺。

「嗯，我真的不知道為什麼。」她答道。

18 碰撞之路

Collision Course

對大坂直美來說，今年夏天沒有什麼難忘的回憶。她首次以種子選手身分參加重大賽事，但在法國網球公開賽第三輪（也是第三次）輸給了麥迪森・基絲，然後又在溫布頓網球棉標賽第三輪輸給最終的冠軍安潔麗克・柯珀，成績與去年不相上下。直美代表世界網球團體賽（World Team Tennis）表演聯賽的華盛頓・卡斯特隊（Washington Kastles）出戰並輸掉一場，接著在三項WTA硬地賽事中均無斬獲。在華盛頓的花旗銀行公開賽上，她在第二輪輸給瑪格達・利內特（Magda Linette）；在多倫多，她第一輪便直落兩盤輸給卡拉・蘇亞雷斯・納瓦羅（Carla Suárez Navarro）；在辛辛那提，她再次於第一輪直落兩盤輸給瑪麗亞・莎卡瑞。*

對於即將參加美國網球公開賽的直美來說，近期低迷的表現降低了她在聚光燈下的熱度。《紐約時報雜誌》原定於開賽前的週日刊登以直美為主題的封面故事，但由於擔心她成績下滑，編輯部臨時決定改為一般報導。這篇文章是她多元文化背景的絕佳寫照，撰稿人布魯克・拉默（Brook Larmer）將其形容為「連字號的生活」。文章搭配直美引人注目的照片，畫面中的她身穿款式簡單的白色背心，頭戴白色遮陽帽，站在米色背景前，一頭捲

* 這是直美四年來最後一次連續輸掉第一輪比賽。

髮占據整個畫面。雜誌社在佛羅里達拍照，專程從紐約請來髮型師富澤陽一（富沢陽一），在直美的白色愛迪達遮陽帽上方呈現由黑到金的漸層色頭髮，整個髮量比她的肩膀還寬，使她散發出前所未有的懾人氣勢。這是值得登上封面的形象，但雜誌社愈來愈懷疑她能否在即將到來的美國網球公開賽以成績證明這股氣勢。

直美也坦承對自己的表現沒有把握，但她大方公開心中疑慮，藉以擺脫它們。在辛辛那提輸給莎卡瑞時，直美在更衣室裡獨自哭泣，兩天後，她在手機用筆記應用程式寫下心情，將截圖上傳推特：

大家好，嗯，以下就當做是小小的更新吧，哈哈！

這幾週對我來說很難熬，手感一直不好，搞得我很沮喪，甚至在訓練時陷入挫敗和消沉。投入硬地球場賽事後，我的壓力很大，因為印地安泉比賽讓很多人對我寄予厚望，我不再覺得自己不被看好（這種感覺對我來說很新鮮）。

如果有人關注辛辛那提的比賽，就會知道我輸了，但我覺得那是朝著正確方向邁出的一步，雖然情況沒有朝我想要的結果發展，但我終於感受到打網球的樂趣，自邁阿密以來我就再也沒有這種感覺了。所以，我真的很高興／很激動，我想和你們分享我的感受。以上更新完畢，紐約見。

事後看來，直美是以特有的低調方式宣布，她已準備好再次在紐約大顯身手。但當時很少有人注意，因為網壇最響亮的鼓聲又一次圍繞著小威廉絲打轉。

……………

小威廉絲產假後復出的第二場大滿貫是溫布頓網球錦標賽，她在決賽中輸給柯珀；接著，她參加美國網球公開賽，再度挺進大滿貫令媒體、贊助商、球迷和直美喜出望外。「小威廉絲是我最喜歡的球員，這不是什麼秘密，我看了她今年在美國網球公開賽的所有比賽。」直美在賽事舉辦期間曾說：「我真的很慶幸她能再次參賽，很慶幸當初有機會能在邁阿密與她交手；也希望能在這裡再與她交手，這意味著我們倆都得打進決賽。」

小威廉絲沒有出賽時，直美在紐約自有安排。每天早上，她會吃一份煙燻鮭魚貝果。每場比賽，她都拿出最好的表現。直美第一輪以六比三、六比二戰勝排名第一百四十六位的蘿拉．西格蒙德，只花了一小時十八分鐘；她在第二輪以六比二、六比零戰勝排名第一百六十二位的茱麗亞．格魯什科（Julia Glushko），只花了五十分鐘。直美連續第六次打進大滿貫第三輪，而這是最輕鬆的一次。

直美第三輪的表現比前兩輪更出色，只花了五十分鐘就以六比〇、六比〇擊敗排名第三十三位的艾莉亞桑德拉．薩斯諾維奇。這是直美自二〇一三年擊敗六十五歲的蓋爾．法肯伯格（Gail Falkenberg）後，再次締造「雙貝果」*戰績——這也是她在面臨最大挑戰之前，向所有選手發出的響亮警告，表明自己的實力不容小覷。

⋯⋯⋯⋯

大坂直美和第四輪對手阿麗娜．薩巴倫卡（Aryna Sabalenka）有明顯相似之處。兩人在本賽季都從七十名之外攀升至前二十名內。網壇看好這位擊球威力強勁的白俄羅斯（Belarus）選手，她將在二〇一八年賽季結束時獲

---

* 譯註：在網球比賽中，以圓形貝果象徵零分，雙貝果則表示兩盤掛零。

選為WTA年度最佳新人，直美兩年前也曾獲得這項殊榮。

直美在三月份的印地安泉展現飛躍式進步，來到紐約時卻陷入低潮；薩巴倫卡則是美國網球公開賽舉行前，女子網壇的紅人，她在辛辛那提打進四強賽，並在兩週前的康乃狄克公開賽（Connecticut Open）首度贏得WTA冠軍。自八月以來，薩巴倫卡已經五次戰勝排名前十的對手。

薩巴倫卡以兇猛擊球締造亮麗成績；前臂上咆哮的老虎刺青體現了她的原始打法。她在球場上充滿掠奪性，像一頭負傷的巨獸，每次擊球都會怒吼。若以最勁爆的網球術語來形容，她就是一位「爆擊手」，每次都竭盡全力揮拍，氣勢雷霆萬鈞。二〇一八年夏天，薩巴倫卡儼然成為一股自然界威力，想要擊敗她，直美就得承受這暴風雨般的考驗。

外界相當看好這兩位二十歲選手，她們的賽事成為美國網球公開賽第四輪的重頭戲。這是一場賭注很大的比賽，獲勝者不僅將首次進入大滿貫八強賽，還將成為進一步晉級的熱門人選，因為在四強賽中，她們是僅有的兩位種子選手。

路易斯．阿姆斯壯球場（Louis Armstrong Stadium）是美國網球公開賽近期重建的第二座運動場，下午比賽時屋頂敞開，熱浪直撲場內。直美開局很火爆，三十一分鐘內兩次破發，以六比三拿下第一盤；但薩巴倫卡上個月的獲勝紀錄比任何人都多，很快找回狀態和信心，第二盤兩次破掉直美的發球，以四比一領先。第二盤結束，薩巴倫卡以六比二獲勝，在開賽一小時十一分鐘後，迫使比賽進入決勝盤。

由於天氣炎熱，第三盤開始前，兩位選手先在室內休息了十分鐘。她們返回賽場後，薩巴倫卡延續上一盤攻勢，甚至愈來愈快，就像滾落山坡的巨石般來勢洶洶。比賽來到第三局，直美失去破發點時尖叫起來。當薩巴倫卡破了第二次發球，以二比一領先，直美把毛巾蓋在頭上，雙手按著臉，做了幾次深呼吸。

薩巴倫卡整場攻勢凌厲、自信滿滿，似乎完全掌控比賽。但換邊時，直美突然想到：薩巴倫卡從未在大滿貫的大球場上贏過比賽，但自己贏過。「這是我生平唯一一次覺得自己是經驗更豐富的選手，我自己都覺得說出這種話很怪。」直美事後說：「但我知道她大概是最近才開始參加大滿貫之類的比賽，我覺得某些時候我知道該怎麼做。」

薩巴倫卡的表現開始不穩，直美則緩慢但穩定地掌控局面。在直美第四個賽末點上，薩巴倫卡雙發失誤，以無效攻擊結束了雙方的巔峰對決。直美以六比三、二比六、六比四的戰績逆轉勝，對她來說宛如一種精神上的宣洩。薩巴倫卡把球拍扔到一邊，直美朝網前走去時輕聲啜泣。兩人握手後，直美坐下來，用毛巾捂住臉，又哭了一會兒。安德魯．克拉斯尼在場邊採訪時，她仍強忍著激動的淚水，因為她終於首次打進大滿貫八強賽。

「我只是在想，如果我輸掉比賽，一定不會原諒自己。」她說。

……………

這時的直美對大滿貫賽事的經驗不足，但沙夏．巴金曾在大滿貫賽場上多次陪伴小威廉絲。他知道直美常常想太多，希望她暫時把心思從網球上移開。「在八月的紐約，誰也無法躲開網球。」巴金說：「就是躲不掉，因為小威廉絲出現在每一塊廣告看板上，還有每一個電視廣告中。」巴金知道，應付這種情況的最好辦法就是找另外一個替代品。由於飯店房間的電視機與她的 PlayStation 遊戲主機不相容，巴金找到一家電器行，為直美買了一台五十五吋新電視機，親手扛著它走過曼哈頓三個路口，回到飯店。巴金開玩笑說：「真希望她比較愛讀書而不是玩遊戲，比起五十五吋電視機，搬幾本書走過幾個路口會更容易。但是，你知道，這還真管用。」直美擊敗薩巴倫卡後，他請飯店把新電視機安裝在直美的房間裡，讓她當晚回來後有驚喜的發現。

就這樣，在首次參加大滿貫八強賽的前一晚，直美待在飯店房間裡，用一台電視遊玩《鬥陣特攻》（Overwatch）；另一台則看小威廉絲擊敗卡羅利娜．普莉絲可娃的比賽。直美轉戰各大賽事的經歷愈來愈像小威廉絲，但她還是想看最喜歡的球員比賽，並為她加油。

⋯⋯⋯⋯⋯⋯

直美期待已久的首場大滿貫八強賽最終成為當屆最令人難忘的賽事之一。對手萊西婭．朱蓮科（Lesia Tsurenko）在第四輪苦戰中三盤險勝，卻因環境炎熱和潮濕而體力不支，等到她出戰生涯第一場大滿貫八強賽時，已經毫無戰力。朱蓮科熱身時欲打一記高球卻落空，看來她對直美不會構成太大威脅。開賽後，直美在短短五十八分鐘內以六比一、六比一順利獲勝，幾乎可以用所向披靡來形容。她贏得八強賽，並成為自一九九六年的伊達公子以來，第一位打進大滿貫單打四強的日本女子選手，邁出了生涯的一大步，但她沒有像先前打第四輪時那樣心情激動。

賽事進入第十一天，女子單打四強賽於週四晚間連續進行。首先登場的是小威廉絲，她以六比三、六比零戰勝安娜塔西亞．塞瓦斯托娃（Anastasija Sevastova），復出後連續兩次晉級大滿貫決賽。下一場輪到直美，為了達成最終與偶像對決的心願，直美必須做一件未曾辦到的事，那就是擊敗麥迪森．基絲。

兩年前，雙方曾在第三輪賽事捉對廝殺，基絲在第三盤一比五落後的情況下逆轉勝，後來兩人交手的兩次比賽也由她勝出，包括二〇一八年法國網球公開賽第三輪直落兩盤取勝。這是她們第四次交鋒，直美以新策略應戰。

上次與薩巴倫卡比賽時，直美練就了應對強敵的能力，面對攻擊力同樣強勁的基絲，她知道什麼時候該攻，什麼時候該守。

這場比賽最大的亮點是直美在巨大壓力下超常發揮，總共挽救十三個破發點。「我一直在想：『好，一定會有轉機，我會在某個地方逆轉頹勢。』」基絲後來回憶道：「即使在我擁有的任何一個破發點上，我還是沒有好表現。我離場時非常失望，但是轉念一想，能和水準這麼高的球員交手……我認為這場勝利是她應得的。」

直美最後一個發球局沒有留給對手一丁點指望。在四十比十五領先的情況下，她的強力發球對準基絲打去，基絲回擊時把球打到了看台上，終場直美以六比二、六比四完勝。直美開心地露出笑容，雙臂舉過頭頂，回頭看自己的包廂。

「總共面對十三個破發點，並且挽救十三個破發點，妳是怎麼做到的？」ESPN 的湯姆．里納爾迪（Tom Rinaldi）在場邊採訪直美時問道。

直美先是微笑，接著笑出聲。「嗯，這聽起來可能會很糟糕？但是，我當時只是在想：我真的很想和小威廉絲比賽。」

觀眾的歡呼聲平息後，里納爾迪繼續追問：「為什麼？」

「因為她是小威廉絲！」直美又說：「呃，你是在問哪件事？」

里納爾迪後來問直美，有沒有話要對在場邊觀看比賽的媽媽說。

「媽，我做到了。」直美說：「我愛妳，謝謝妳。」

很少親自觀看女兒比賽的環豎起兩個大拇指，全場再次歡呼。

里納爾迪接著提出不尋常的建議：「還有，考慮到妳心裡想的全是這件事，還有妳說過多麼期待它，也許妳願意對小威廉絲說句話？」

直美稍微頓了一下隨即回答：「我愛妳？」

大滿貫決賽開打前，對手往往會說些互相挑釁或貶低的垃圾話，但直美這句愛的宣言完全出人意料，這可能是有史以來最不像垃圾話的言論，引得全場觀眾哄堂大笑，連她自己也忍不住笑了起來。

……………

四強賽結束之後，記者對小威廉絲問起直美，她說已經在邁阿密和她交手過，那次經驗對她來說頗具正面意義。「和她交手過是好事，因為我現在已經多少知道她的球路。」小威廉絲說：「我的意思是，當時我還處於哺乳期，情況完全不同，就是這樣。我的意思是，希望我不會再有那樣的表現，那場比賽後我只能進不能退。」

直美表示，能夠再次與小威廉絲對決，令她覺得「好不真實」。她說：「我從小就一直夢想在大滿貫決賽中與小威廉絲交手。」

直美隨後被問到：「那麼，夢想中的比賽結果如何？」

「你明明知道的。」直美回答後咧嘴一笑：「既然你問了，不妨就告訴你，我從來就不會夢想自己輸球，所以……。」

……………

在直美首次參加大滿貫決賽前的眾多採訪中，有人問她是否對自己在美國網球公開賽的表現感到意外。「沒那麼意外吧？」直美回答，瞬間流露自信的神情：「我覺得我打球時有一種特定心態，每當我出現這種心態，總是能贏。」

19 沸騰之戰

Boiling Point

要了解二〇一八年美國網球公開賽決賽，首先要了解亞瑟·艾許球場的聲音擴散效果。溫布頓的中央球場（Centre Court）素以肅穆而安靜的氣氛為傲，亞瑟·艾許球場則完全相反，在兩萬三千七百七十一名從不閉嘴的紐約觀眾所製造的喧鬧聲中，哪怕有一架鋼琴從看台高處落下，也幾乎沒有人聽得到撞擊聲響。比賽場地及周邊區域的喧鬧聲最大，來自四面八方的聲音全都混在一起，想在這種地方交流，不管拉開多大嗓門都沒有用。自從二〇一六年加裝伸縮屋頂後，吵雜聲變本加厲，因為被屋頂關在場內的聲波不停反彈扭曲。坐在最前排的觀眾距離球員座位明明只有三公尺，卻幾乎聽不清球員與主審的對話。在家裡看電視轉播的觀眾拜現今麥克風收音功能所賜，反而可以清楚聽到；但對於現場球員和觀眾來說，有狀況時你通常無法立刻釐清到底是怎麼回事，就像置身在大鍋裡，本來就已摸不著頭腦，蓋子蓋上，只是更讓人一頭霧水。

二〇一八年九月八日星期六下午，氣象預報有陣雨，鍋蓋一直緊閉，鍋內的騷動愈演愈烈。

那個命中註定的下午，即使還不知道會發生什麼混亂事件，對於首次參加大滿貫決賽的直美來說，仍有充分理由緊張。比賽預定下午四點開打，直美有很多時間焦躁不安，從早上滿身大汗地醒來開始。「我非常緊張，整天心跳加速。」她說：「我覺得這對健康不利。而且，不知道為什麼，我什麼都吃不下。唔，我老覺得快要吐了。」

決賽前兩小時，直美在球場與巴金一起熱身，明顯流露出緊張的神情。過程中她把球一個接一個打到掛網，忍不住問巴金網子是否比平時高。巴金自己也不好受，他曾經長達八年將一位女性當做家人，如今他的球員即將與對方爭奪冠軍，為了讓她做好萬全準備並始終保持正面心態，他自己也連續兩夜壓力大到失眠。直美提議多花一點時間練習回擊，畢竟巴金對小威廉絲的發球模式瞭如指掌。他們在賽前也進行了場外準備，巴金讓直美觀看六個月前她在邁阿密戰勝小威廉絲的精彩片段，幫助她回憶當時有哪些策略奏效，並讓她想像再次戰勝小威廉絲的情景。

儘管從網球層面來看已做好準備，直美還是有些不知所措。因此，決賽當天早上，為了讓自己平靜下來，她反覆打電話給遠在法國的麻里，姊姊還在低級別賽事中到處征戰。「她只是要我把這次對決當成一般的比賽。」直美回憶：「然後我對她大喊：『妳瘋啦！這可是大滿貫決賽！』」麻里認為，若要讓妹妹平靜下來，最好的辦法就是分散她的注意力。「既然她在巴黎，就隨便拍了些可頌和法國麵包的照片給我看，試圖轉移我的注意力。」直美說：「這招還挺管用的。」

⋯⋯⋯⋯

當直美盯著遠方異國的可頌照片，大多數人的視線都鎖定小威廉絲，大家都看好她會奪冠。自美國網球公開賽開賽以來，小威廉絲一直是賭盤最看好的冠軍人選；直美一開始賠率四十比一，熱門程度大約僅排在第十七位。自從三年前小威廉絲輸給排名第四十三位的羅貝塔．文琪後，她在大滿貫就再也沒有輸給像直美這種排名遠在第十九位的對手。雖然小威廉絲第一次和直美對戰時失利，但這幾乎被視為一件好事，因為小威廉絲向來善於為失利復仇。事實上，在所有與小威廉絲初次二度交戰的對手中，只有四位連續兩場都贏。

小威廉絲身上也散發同樣強勁的文化能量，身為公眾人物，她的地位比以往都要高，在母親身分和賦權增能加持下，她和許多追隨她的仰慕者都相信，她現在的目標遠遠超過了拿下第二十四個大滿貫冠軍頭銜。

在生下女兒僅僅一年零一週後，小威廉絲還差一場比賽就能締造重返巔峰的勝利。為了紀念這個重要時刻，她的決賽服裝超越了網球範疇。黑人時裝設計先鋒維吉爾．阿布洛（Virgil Abloh）曾創立服飾品牌「非白」（Off-White），也擔任過路易威登（Louis Vuitton）的男裝藝術總監，此次他與耐吉合作，為小威廉絲設計二〇一八年美國網球公開賽的服裝，取名為——你猜對了——「女王系列」（The Queen Collection）。本系列的主要單品是不對稱的黑色連衣裙，附上單邊長袖和多層次薄紗裙，隨著小威廉絲每次揮拍，裙擺會宛如芭蕾名伶的舞裙一樣展開。小威廉絲各方面都已超越運動領域，這件連身裙的設計自然也不例外，使得她早早就登上非運動期刊。「穿芭蕾舞裙一直是我的夢想。」小威廉絲告訴《時尚》（*Vogue*）雜誌。「這件連身裙非常女性化，但又能結合她的攻擊性。」阿布洛在《*Elle*》雜誌上說。耐吉公司曾為小威廉絲的女兒奧林匹亞做了一件小很多號的黑色芭蕾舞裙，小威廉絲在四強賽後發布一張女兒穿著它的照片，配上幾個字：「媽媽贏了嗎？」這件芭蕾舞裙不是為大眾市場而設計的，但如果有人想買，零售價為五百美元，可搭配小威廉絲在球場上穿的九百美元飛行皮夾克。阿布洛的典型設計是將「標誌」（LOGO）印在她胸前的耐吉商標上方，而「小威」（SERENA）則印在左前臂的袖子上——沒錯，二者都冠上引號，就像小威廉絲運動袋上的文字一樣——「又名女王」（AKA

QUEEN）。

二〇一八年起，小威廉絲愈來愈常以「女王」自居。賽前的Beats by Dre廣告中，小威廉絲穿著深藍色大蓬裙，搭配蓬鬆寬大的公主袖，展現出了都鐸王朝（Tudor）女王風，又圓又大的黑色襯裙隨著步伐搖曳生姿。在簡短的片段中，十多名舞者排成一排，向小威廉絲鞠躬致敬，片尾舞者為小威廉絲戴上埃及王后娜芙蒂蒂（Nefertiti）式圓柱形金冠*，背景是妮姬·米娜（Nicki Minaj）恭謹地淺唱著〈陛下〉（*Majesty*）：「妳怎麼說都對，女王陛下。」隨後，米娜戴著皇冠，出現在螢幕上高喊：「接下來就看女王大顯身手！」然後，小威廉絲的臉出現在畫面中，「女王中的女王」字樣在下方閃現，底下還有一段押韻的詩句：「從未有過如此偉大的預見／在這位自封女王的女人眼前。」

直美也穿了黑色服裝參加二〇一八年美國網球公開賽，但款式與小威廉絲訂製的芭蕾舞裙完全不同。她戴著黑色遮陽帽，穿著簡單的黑色短裙和黑色方領背心，配飾是鮮豔的亮粉色腕帶，白色愛迪達鞋的亮粉色鞋跟與腕帶相稱。這套愛迪達服裝並非直美獨有，當年的美國網球公開賽上，幾位愛迪達贊助的選手也都穿著同一套。直美佩戴珍珠耳飾，脖子上有一條嵌著單顆珍珠的金項鍊，為這身樸素的裝扮增色。她將金髮盤成鬆鬆的髮髻，整個人已準備就緒。

美國網球公開賽總是吸引各界名流共襄盛舉，他們在看台上觀賞小威廉絲爭奪第二十四個大滿貫冠軍。包括演員安德林·布洛迪（Adrien Brody）、皮爾斯·布洛斯南（Pierce Brosnan）、凱文·哈特（Kevin Hart）、塔拉

＊ 小威廉絲金冠的形狀也與安琪拉·貝瑟（Angela Bassett）在二〇一八年電影《黑豹》中飾演的拉蒙達女王（Queen Ramonda）的頭冠相似，該片服裝設計師露絲·卡特（Ruth E. Carter）因而成為首位獲得奧斯卡最佳服裝設計獎的非裔美國人。

吉・漢森（Taraji P. Henson）；歌手莎拉・芭瑞黎絲（Sara Bareilles）、艾莉西亞・凱斯（Alicia Keys）、凱莉・羅蘭（Kelly Rowland）、凡妮莎・威廉斯（Vanessa Williams）；電視名人安迪・科恩（Andy Cohen）、崔弗・諾亞（Trevor Noah）、奧茲醫生（Dr. Oz）、羅賓・羅伯茨（Robin Roberts）；時尚名流王薇薇（Vera Wang）、安娜・溫圖（Anna Wintour）；還有一大批冬奧選手——韋恩・格雷茨基（Wayne Gretzky）、亞當・瑞蓬（Adam Rippon）、P・K・蘇班（P.K. Subban）、琳賽・沃恩（Lindsay Vonn）、雅各・沃拉切克（JakubVoráček）及肖恩・懷特（Shaun White）。

黛博拉・考克斯（Deborah Cox）在賽前儀式演唱〈我就是每一個女人〉（*I'm Every Woman*）和〈美哉美國〉（*America the Beautiful*），接著，和球場一樣大的美國國旗跨網展開。兩位選手捧著由粉紫二色花朵組成的花束走上球場，在一些女子決賽中，仍然保留這種奇怪的新娘傳統；男子選手則沒有花束。排名靠後的直美首先出場——「來自日本的大坂直美！」——在陣陣閃光中，電子音樂和熱烈掌聲同時響起。二十秒後，「來自美國的小威廉絲」獲得至少兩倍掌聲。抵達座位後，直美摘下用來阻隔外界聲音的紅色耳機。兩位選手和主審卡洛斯・拉莫斯（Carlos Ramos）簡短交談後，雙方擲硬幣，小威廉絲勝出，選擇先發，然後她和直美、比莉・珍・金一起在網前合影留念。比賽正式開始。

…………

決賽的第一分打了很久。小威廉絲的體能自上一場邁阿密賽事後大幅提升，這也是決賽前眾人矚目的焦點。但直美也在不斷進步，她的體能變得更好、速度更快，面對漫長的來回球也更有耐心，能夠沉住氣持續應戰，在位置不佳或氣喘吁吁時減少勝算偏低的冒險行動。她的步法更靈活且更有目的，尤其是在兩次擊球之間的復位。除了速度之外，她對小威廉絲擊球的預判也精準得不可思議，像直美這樣大量觀察她比賽實況的對手，小威廉絲幾乎沒有遇過。

小威廉絲贏得首局，直美則以保發贏得第二局。小威廉絲在第二個發球局首先表現不穩定，因雙發失誤為直美製造了破發點，使得直美以二比一領先。直美從一開始就明顯更勝一籌，她堅持執行巴金擬定的作戰計畫——盡可能讓這位三十六歲老將左右移動，不去冒不必要的風險。在局數二比一的三十比十五時，直美打出一記反手拍對角球，由於角度很斜，逼得小威廉絲一邊伸長手臂朝左邊奮力回擊，一邊「啊啊啊！」地尖叫，聽得出來她對自己這麼快就被逼到極限痛苦不已。下一分直美打出了愛司球，以三比一領先，她興奮地吶喊：「加油！」宣告自己的存在。小威廉絲再次出現雙發失誤，直美很快以四比一領先，已經連贏四局。播音員在換邊時播放艾莉西亞．凱斯的歌曲，只聽她唱道：「這個女孩火力全開！」

比賽剛開始不久，小威廉絲就明白自己沒有多少時間可以浪費。儘管她整體表現傑出，並以鬥士著稱，但自二〇〇五年以來，她從未在大滿貫決賽第一盤失利後反敗為勝，在這樣的狀態下，她的戰績是二勝七負。不只小威廉絲難以反敗為勝，美國網球公開賽決賽更已經連續二十三屆由拿下第一盤的女子選手勝出。

因此，在一比四落後的情況下，小威廉絲卯足全力挽救。當她以正手拍打出一記直線制勝球時，喊了一聲整場最響亮的「加油」，渴望幫助她扭轉局勢的觀眾也一起吶喊。小威廉絲獲得一個破發點，但直美用時速一百八十八公里的發球救回並得分；接著又打出時速一百八十八公里的強勁發球，越過小威廉絲伸出的反手拍，五比一保發。直美取得大幅領先，球評輕易就能找出她獲勝的理由——兩名選手一是三十六歲的小威廉絲，另一位則是二十歲的直美，在網球公開化年代的女子大滿貫決賽歷史中兩人年齡差距第二大*；在年齡差距最大的五場比賽中，每一場都是年輕選手獲勝。

小威廉絲二比五保發，接著直美再次保發，最後打出一記時速一百八十八公里且對準小威廉絲而去的發球，這位老將級對手回擊時不幸掛網，直美只花了三十三分鐘就以六比二拿下第一盤。小威廉絲輸掉大滿貫決賽第一盤後，往往表現急轉直下；直美的狀況則恰恰相反，擁有贏第一盤整場比賽就一定贏的光榮紀錄，至二〇一八年為止，她總共歷經三十一次拿下第一盤的比賽，而且戰績是三十一勝，沒有輸過任何一場。但這是直美首次打進大滿貫決賽，尚未證實自己有完勝對手的能力，尤其是在渴望小威廉絲獲勝的全場觀眾面前，想要完勝對方並不容易。ESPN 主播克里斯・福勒（Chris Fowler）問球評克里斯・艾芙特，直美要贏第二盤的難度比第一盤大多少。「對手是憤怒、煩躁的小威廉絲？」艾芙特回答：「真的很難。」

艾芙特這是在暗示小威廉絲會因為快要輸掉比賽而心煩意亂，這自然是免不了的事。再過幾分鐘，比數就會導致她情緒爆發，但在這場決賽中，引爆點還遠遠不只這一個。

……………

小威廉絲贏得第二盤第一局後，ESPN 巡迴記者帕姆・施萊佛（Pam Shriver）趁空檔迅速來到她的教練派翠克・穆拉托格魯身邊進行採訪。「我想，她很驚訝直美有如此高明的球技，因而有點操之過急。」穆拉托格魯說：「但我相信她會在第二盤設法克服的。」他也談到小威廉絲第一次發球的得分率偏低是個問題，並對直美讚譽有佳，認為她狀態非常好。「她在關鍵得分方面表現出色，底線的球路非常穩固，不會失誤，而且喜歡快節奏。」他說：

「面對這樣的高手，你的打法必須更聰明，不要給她太多角度，遇到適合的球時再反擊——當你壓力有點大時，要做到這一點很難，但小威廉絲會找到辦法的。」然而，小威廉絲沒有料到，不久穆拉托格魯也「因緣際會」加入了比賽。

儘管穆拉托格魯的球員正面臨棘手局面，健談的他還是很樂意與施萊佛交流。穆拉托格魯當時四十八歲，相貌英俊，一直是媒體寵兒。他本身也喜歡在鏡頭前露臉，在家鄉法國有一家以他名字命名的網球學院；決賽這天，他坐在球場東北角小威廉絲包廂的第二排，黑色運動衫上印著學院的M形標誌。在小威廉絲的人氣加持下，穆拉托格魯比理查．威廉絲之後的任何網球教練都更受媒體關注。他的成績證明了這些關注並非憑空得來，在他的指導下，小威廉絲奪得十次大滿貫冠軍。穆拉托格魯早已準備好迎接成功到來，二〇一二年，他第一次與小威廉絲合作時，便已帶著私人公關經理投入巡迴賽，這在教練圈中簡直聞所未聞。穆拉托格魯渴望獲得媒體和大眾關注，也熱愛自我宣傳，雖然引起同行側目，卻受到媒體讚賞，因為小威廉絲就像一艘滴水不漏的船，而他則像是可以隨時提供訊息和意見的水龍頭——唯有透過他才能一窺小威廉絲的世界。不過，接下來發生的這件事，穆拉托格魯一點都不想被人看到。

第二盤第二局，輪到直美發球，她暫以四十比十五領先。小威廉絲定定看著球場對面的包廂，穆拉托格魯發現她正看著他，便在身前舉起雙手，掌心相對，拇指向上。他來回擺動雙手數次，示意小威廉絲向前移動。比賽

* 在二〇一八年以前，最大的年齡差距出現在一九九一年美國網球公開賽決賽，十七歲的莫妮卡．莎莉絲戰勝三十四歲的瑪蒂娜．娜拉提洛娃；在直美和小威廉絲對決一年後，也就是二〇一九年，三十七歲的小威廉絲和十九歲的比安卡．安德烈斯庫（Bianca Andreescu）在美國網球公開賽決賽中創下年齡差距的新紀錄。

已進行四十二分鐘，局面將完全不同。

直美尚未發球，廣播系統迅速傳來說話聲：「犯規：場外指導。警告，威廉絲女士。」觀眾和解說員沒有反應，但小威廉絲立即意識到這是怎麼回事。網球比賽禁止教練在看台上指導選手*，小威廉絲也從來沒有遭受過這方面的指控。她走到主審卡洛斯．拉莫斯面前表明這一點，畢竟她和教練相隔整座球場，距離長達四十公尺，而且她的角度似乎只看得到對方的指尖。

「有一件事我從來沒做過，那就是作弊。」小威廉絲告訴拉莫斯：「他向我豎起大拇指，只是在告訴我『加油』。」小威廉絲迅速而平和地向拉莫斯表態，接著再次強調自己的價值觀：「我們之間沒有任何暗號，我知道你不清楚這一點，也理解你為什麼會認為那是場外指導，但我告訴你它不是。我不會為了贏而作弊，我寧願光明正大輸，說這些只是讓你知道一下。」

「好激烈啊！」瑪麗．喬．費南德茲坐在場邊為ESPN轉播賽況，她見狀發表評論道。

小威廉絲轉身走回底線，穆拉托格魯笑了笑。「剛才發生了什麼事？」坐在穆拉托格魯後面的「天命真女」（Destiny's Child）初代成員凱莉．羅蘭問道。

拉莫斯因為小威廉絲接受場外指導而處罰她，觸動了小威廉絲最敏感的神經，她認為這是對她人格的侮辱。網球的行為準則可以分為兩大類——一是確保球員冷靜，以維護這項運動自維多利亞時代問世以來一貫的英式優雅作風；另一類則是為了防止作弊。多年來，小威廉絲曾多次因發怒而被判犯規；她將這些不當行為合理化為只是表達情緒。但她從來沒有被指控違反作弊之類的規則，因此這次判決對她造成了前所未有的傷害。若要說小威廉絲在球場上最在乎的是什麼，那就是公平。

二〇一八年美國網球公開賽，在決賽的關鍵時刻，小威廉絲有件事沒搞懂，那就是拉莫斯的判定是對的——她的教練派翠克·穆拉托格魯確實違反禁止指導的規定，儘管小威廉絲當下無意接受指導。《大滿貫規章》（*Grand Slam Rule Book*）二〇一八年版規定：「無論藉由聲音或視覺上，球員與教練之間任何形式的交流都可能被視為指導行為。」穆拉托格魯後來也承認，他一直試圖向小威廉絲打暗號，儘管她堅決不同意。「我就老實招了，我當時確實是在指導。」穆拉托格魯後來告訴 ESPN 的帕姆·施萊佛：「我的意思是，我認為她當時沒有在看我，所以她根本不覺得我在指導她。但是，我確實試著指導。」穆拉托格魯為自己的犯規辯解，說他只是做了「百分之百的教練在百分之百的比賽中」都會做的事，就是不甩這條規定，接著他還說，以前從來沒有被發現，也沒有因此受罰。「所以，我們應該停止這種虛偽的規定。」穆拉托格魯說完，指指對面包廂的巴金：「沙夏的球員拿下的每一分都有他的指導。」

不過，場外指導的處罰沒有立即影響比賽，因為這是小威廉絲本場第一次犯規，只受到警告。第二次犯規將罰分，第三次則罰局。

小威廉絲在第二盤保住發球局，比數來到二比一，她走回座位，再次針對拉莫斯六分鐘前的判罰進行交涉。拉莫斯和小威廉絲都表現出息事寧人的態度，也許這是個錯誤。「我再說一次，我知道你為什麼會那樣想，但我要說清楚，我從來沒有被判過指導，因為我沒有做過。」小威廉絲說：「你看以前的紀錄就知道，我不會做這種

＊ 編註：ATP、WTA 自二〇二三年起於大滿貫和巡迴賽試行場外指導；ITF 基於試行回饋，已於二〇二五年正式開放場外指導。

事。但我能理解你為什麼會那樣想，我只是希望你知道我從來沒有作弊。」

「妳的反應我懂。」拉莫斯安撫她。

「好吧，謝謝你，因為我——」這個處罰對小威廉絲來說簡直是侮辱，她雙手抱胸，頻頻晃動手掌，表達心中的惱怒：「我不是會作弊的人。」

「我知道。」拉莫斯試著讓她安心。

「好，非常感謝你。」小威廉絲以為處罰就此撤銷，於是感激地說。

然而，這次愉快的談話也許進行得**太過**順利。「我們之間的溝通很順暢，雙方立場一致。」小威廉絲賽後說道。拉莫斯試圖緩和情況並出言安慰，使得小威廉絲相信自己成功說服了對方，就此撤銷了場外指導的處罰。當然，拉莫斯並沒有撤銷，主審與線審可不會因為球員再三懇求便撤銷處罰，這個重大誤解很快就對比賽造成災難性影響。

這次談話結果令小威廉絲大為振奮，接下來她進入本場最佳狀態，更加頑強地破除直美的發球局，讓直美第一次陷入明顯的自我懷疑。當直美一記反手拍掛網，嚴重失誤導致破發點出現，她看著自己的包廂，突然露出驚慌失措的神情，與兩年前她在這裡對戰麥迪森．基絲的情況一模一樣，當時她也是黯然失去原本領先的優勢。直美雖然全力反擊，但還是丟掉發球局，在本場比賽第五個破發點上，直美送出一記反手拍長球，讓小威廉絲在決賽中首次取得破發，第二盤比數來到三比一。看到小威廉絲絕地大反攻，大多數觀眾紛紛起立歡呼。

但小威廉絲的成功稍縱即逝。面對直美的強力擊球，小威廉絲或許是基於禮尚往來的心態，在發球時往往用力過猛，因而接連失誤，打出她在本場比賽的第五和第六次雙發失誤。在面臨破發點的情況下，小威廉絲一記反手拍掛網，為直美送上破發，也丟了剛才辛苦累積的贏面。「加油！」直美轉身朝自己的包廂吶喊，舉起拳頭。

「我發不好！」小威廉絲朝著自己的包廂哀號，氣得臉揪成一團。她回過身，把滿腔挫敗發洩在球拍上，將它狠狠往地上砸去，黑與霓虹綠交錯的碳纖維框架應聲破裂，原本扁平的拍面也變得扭曲，看起來像品客洋芋片的形狀。

網球禮儀規範禁止球員怒摔球拍，這個舉動觸發了主審的犯規判定，於是拉莫斯對著麥克風說：「犯規：損壞球拍。罰分，威廉絲女士。」但現場的嘈雜聲浪太大，小威廉絲沒有聽見他說的話，自然也沒有意識到第二次犯規的處罰更加嚴重。

換邊後，小威廉絲走回底線，拉莫斯宣布由於罰分，比數來到十五比〇。但小威廉絲先前沒有聽清主審的宣布，現在才知道自己被罰了一分；再加上她誤以為先前的場外指導處罰已經取消，於是誤判自己摔球拍屬於第一次犯規。

「太不可思議了。」小威廉絲邊說邊走向拉莫斯，氣呼呼地大翻白眼。「每次在這裡比賽都有問題，現在是什麼情況？」

……………

小威廉絲並不是**每次**參加美國網球公開賽都會遇到問題，但她的不耐煩情有可原，亞瑟·艾許球場一直是她與主審或線審發生最多爭執的地方——她對這些事件有不同程度的責任。

二〇〇四年，小威廉絲與珍妮佛·卡普莉亞蒂在亞瑟·艾許球場的夜間時段進行了一場戰況激烈的八強賽。那年夏天的雅典（Athens）奧運發生偽造證件事件，三位金牌主審因涉案而被美國網球公開賽中途解職，導致賽事缺乏高級別主審，因此這場八強賽由級別較低的葡萄牙籍瑪麗安娜·阿爾維斯（Mariana Alves）擔任主審。第三盤第二局，小威廉絲在四十平時打出一記令人印象深刻的反手拍直線制勝球，阿爾維斯宣布「佔先，卡普莉亞蒂。」小威廉絲立刻糾正：「是威廉絲才對，那是我的得分，球在界內，是我佔先。」但阿爾維斯的回應令人費解，她先是表明她已默默推翻前一分的判定，接著又說小威廉絲這一球已經出界。儘管球明顯落在界內，但阿爾維斯的位置離得很遠，不容易判斷。「不會吧？那個球**明明進了**。」小威廉絲氣憤地喊道：「搞什麼鬼啊？」她後來輸掉那一局，最後整場比賽失利。那晚她的憤怒可以說理直氣壯，阿爾維斯離譜的判定以及其他幾次關鍵漏判引起軒然大波。十八個月後，電子鷹眼技術正式引入巡迴賽，當球員對主審的界外判定表示懷疑時，這項技術就能派上用場。

但在隨後的美國網球公開賽上，小威廉絲暴怒的理由就沒那麼充分了。二〇〇九年美國網球公開賽四強戰，衛冕冠軍小威廉絲出戰老對手金·克莉絲特斯，這是對方休完產假後第一場大滿貫賽事。開賽後，小威廉絲漸露敗相，第二盤距離失利只差兩分時，她的第二次發球被底線線審判定踩線犯規，因為她發球時腳踩到底線。這個罕見的判定讓小威廉絲面臨賽末點，她突然爆發。「我對天發誓，我他媽的要把這顆球塞進妳該死的喉嚨裡！」她邊說邊走向線審，對方是身材矮小的日本女性，名叫鶴淵志乃。「妳聽見了嗎？」小威廉絲繼續說著，將球舉到鶴淵面前。「我對天發誓，妳最好慶幸——妳最好他媽的慶幸我沒有。我發誓！」* 小威廉絲從未在比賽中出現這種行為，代價是被判犯規。她提出抗議並堅稱：「有很多人說過更難聽的話。」但這是她本場比賽第二次犯規，第一盤時她已經因為摔壞球拍而被判過一次，所以這次咆哮被罰一分。由於罰分時她已經面臨賽末點，因此直接輸掉比賽。事後，她被處以八萬兩千五百美元罰款，金額創下有史以來最高紀錄，並且還附帶兩年觀察期。

兩年後，小威廉絲在亞瑟·艾許球場輸掉大賽時再次爆粗口。那是二〇一一年的美國網球公開賽決賽，小威廉絲對決珊曼莎·斯托瑟，她落後一盤，第二盤又早早被對方破發。小威廉絲打出一季強勁正手拍，隨即大喊「加油！」但由於斯托瑟成功接到這個球，意味著小威廉絲在來回球中途高聲喊叫，因此主審伊娃·阿斯德拉基（Eva Asderaki）正確判定小威廉絲干擾，並將這一分判給斯托瑟。小威廉絲看著阿斯德拉基，再度激動得面紅耳赤：「上次不就是妳在這裡坑我嗎？」她說：「對，就是妳。」但這個「妳」並不是阿斯德拉基，小威廉絲很可能把她和阿爾維斯搞混了，因為兩人都有一頭金髮，也都紮著馬尾，但盛怒中的小威廉絲管不了那麼多。「說真的，妳是在針對我嗎？告訴妳，這不酷，一點都不酷，我真的鄙視妳。」噓聲平息後，小威廉絲贏得下一局的第一分，她朝阿斯德拉基跑去，用球拍指著她說：「我恨妳。」阿斯德拉基回應，說她違反禁止辱罵規則。小威廉絲不打算放過阿斯德拉基，在隨後的換邊過程中一直對她碎唸：

> 告訴妳，要是看到我從走廊另一邊過來，妳最好轉過頭。因為妳失控了，妳已經失控，完全失控。妳這個人心裡只有憎恨，毫無吸引力。誰會做這種事？而我從不抱怨。哇！真是個輸家！就因為我表明立場，妳就判定我犯規？這裡可是美國，我之前確認過。我能夠喝杯水嗎？還是我喝水也會被判定「犯規」？真的，妳最好別看我，告訴妳，別看我，因為我不是那個人。別，往，我，這，邊，看。

小威廉絲沒有因為這次發洩而受到更多處罰，但對比賽也沒有助益，在接下來的六局裡，她輸給斯托瑟五局，最終以六比二、六比三慘敗。她因這次事件被罰款兩千美元，一些惡意批評的人認為她有憤怒調節障礙，他們蒐

* 小威廉絲在賽後記者會上談起鶴淵：「我這輩子從沒打過架，所以我不知道她為什麼會覺得受到威脅。」

集了很多證據，指控她霸凌其他選手。

然而，小威廉絲在接下來的七年裡表現得非常平和，連續贏得二〇一二、二〇一三、二〇一四年的美網冠軍。二〇一五年，她還差兩場勝利就可以拿下大滿貫冠軍，卻在這時輸給羅貝塔·文琪，除了這令她心碎的失利之外，期間小威廉絲沒有發生任何重大事件。但就在二〇一八年這一天，她被拉莫斯判定第二次犯規，新仇舊恨霎時湧上心頭。

• • • • • • • • • • • •

「妳弄壞球拍。」拉莫斯對小威廉絲解釋她被罰分的原因。

「沒錯，但應該只是記警告。」小威廉絲接受弄壞球拍的處罰。

「還有，妳接受教練的場外指導。」拉莫斯說。

小威廉絲原以為已經說服他撤銷那次判罰，不禁大吃一驚：「我沒有接受場外指導！我沒有接受場外指導，我沒有接受場外指導！你得宣布我沒有接受場外指導。我不作弊！我沒有接受場外指導！你怎麼能這麼說？你必須——你欠我一個道歉。」

「你欠我一個道歉。」她再次強調：「我這輩子**從沒**作弊！我有女兒，為了她，我堅持做對的事，因此我從來不作弊。你欠我一個道歉，以後你再也不能在我的比賽幹這種事。」

觀眾聽不清到底發生什麼事，紛紛開始鼓譟，噓聲愈來愈大。小威廉絲走回底線，舉起一隻手，請觀眾冷靜。

小威廉絲的怒氣宛如沸騰的滾水四溢，大坂直美則獨自站在球場另一邊，靜靜地觀看並等待。她握著球，夢想中的冠軍觸手可及。

憑藉十五比〇的領先優勢，直美贏得接下來的三分，在零失分的情況下保發，並將第二盤比數追至三比三。小威廉絲仍在生氣，主要是因為對她不利的判罰，但也因為比數。無獨有偶，她在美國網球公開賽遇到的所有大麻煩都發生在逐漸失利的比賽中。但這一次，她的網壇天后地位早已深植人心，獲得球場成千上萬觀眾聲援，他們發出同仇敵愾的叫囂。

「說真的，跟發火的小威廉絲比起來，你不得不佩服直美表現出來的鎮定和成熟。」艾芙特在 ESPN 轉播中說：「她在這個節骨眼面臨的對手除了小威廉絲，還有全場觀眾。」

下一局，在三十平後，小威廉絲的發球直接對準直美而去，直美以反手拍擋下；飄忽不定的球落在底線，小威廉絲措手不及，讓球從身邊掠過。下一分，直美打出正手拍直線球破發，第二盤以四比三領先，現在她距離美網冠軍只差兩局勝利。在這場決賽中，直美始終是表現更好的選手，尤其在幾個關鍵得分點上。她面臨五次破發點，有四次成功化解，而小威廉絲六次中只有一次成功。

小威廉絲雖然已無法掌控比賽，但她對拉莫斯的判罰依然耿耿於懷，並在下一次換邊時再度對拉莫斯發難。「我已經跟你解釋過。」小威廉絲重申：「你攻擊我的人格是不對的，大錯特錯。你在攻擊我的人格，沒錯，就是這樣，你欠我一個道歉。只要你還在，就永遠永遠別想再上我的球場，你才是騙子。」

小威廉絲喝一口水，繼續咄咄逼人。「你什麼時候才要跟我道歉？」她再次逼問：「你欠我一個道歉，說出來，說你很抱歉。我說你——別跟我說話，別跟我說話，你竟敢影射我作弊。」

小威廉絲從座位上站起來。「你還偷了我的一分，你也是小偷！」

小威廉絲走開，拉莫斯再度開口，第三次下達決定性命令：「犯規：辱罵。罰局，威廉絲女士。」

小威廉絲依然沒有聽到他的判罰，直美也沒有聽到。小威廉絲壓低身子，準備在第八局接下直美的發球。但兩名球員都不知道，拉莫斯已經將這局的勝利判給直美。他揮手示意兩位選手上前，以便明確告知判罰結果。直美走過去，手裡還拿著一個正準備發出去的球，另一個球塞在裙子口袋裡。拉莫斯告訴直美，由於小威廉絲被判罰局，這一局由她獲勝。接下來是小威廉絲的發球局，她目前在第二盤以五比三落後。直美轉身看看自己的包廂，然後輕輕將兩個球拋到網子另一邊。她轉過身，低著頭，離開爭吵再次白熱化的現場。

九年前，小威廉絲威脅線審時，裁判長布萊恩・厄利（Brian Earley）和監督唐娜・凱爾索（Donna Kelso）曾上場仲裁，這次他們再度現身。「她罵我是小偷，我判小威廉絲罰局。」拉莫斯對厄利解釋。「因為她說你是小偷，好的。」厄利回應並複述一遍，確保他完全明白。（根據二〇一八年版《大滿貫規章》，辱罵的定義是「對賽事工作人員、對手、贊助商、觀眾或其他人做出不誠實或帶有貶損、侮辱或其他毀謗性言論」。）

「才不是這樣！」小威廉絲對凱爾索說，她跟這位WTA資深員工很熟。「不是這樣的，我說他是小偷，是因為他從我這裡偷走一分，但我從來不作弊。」

「妳了解我，知道我的個性。」小威廉絲指著心臟對凱爾索說：「這樣不對，不公平，這種事在我身上發生太多次了。」

「她說他是小偷。」厄利對凱爾索重申。在整個爭執過程中，這是少數聽得到官方聲音的時候，觀眾多半只聽到小威廉絲的叫囂，和她聲音中夾帶的痛苦。

二〇〇四年與阿爾維斯發生爭執後，小威廉絲沒有擴大受到歧視的感覺，她在賽後記者會上表示，她是「真的希望對方不要再在我的球場上擔任主審，因為這個人明顯跟塞雷娜作對（anti-Serena）」。但拉莫斯成了第一個捲入她美國網球公開賽爭議的男主審，再加上她近幾年一躍成為女性代表人物，小威廉絲在爭議中首次指控賽場上存在性別歧視。

「但你知道有多少男選手，有多少**男人**的言行比這更糟嗎？」小威廉絲問厄利：「這不公平。這裡有很多男選手說過更多話，但因為他們是男人，就不會遇到這種事。」

然而，厄利不同情小威廉絲，並提醒她，在她已經兩次犯規的情況下激烈地批評主審，她自己應該「知道會有什麼風險」。

「不，我不知道會有什麼風險，我只是指出簡單的事——『小偷』，因為他從我這裡偷走一分，這個地方有一堆男人做過更過分的事。」小威廉絲再次說道。她必須努力保持冷靜和頭腦清楚，還得在愈來愈大的喧囂中大聲喊叫，以便讓對方聽見。「但就因為我是女人，因為我是女人，你們就要剝奪我的權利？這是不對的。你知道這不對，我也知道你無法承認，但我很清楚你知道這是不對的。我知道你改變不了，但我還是要說，這是不對的。我懂規則，我真的懂，但我只想說，這是不對的。我每年參加比賽都會遇到這種情況，這不公平，我要說的就是這件事，它不公平。」

拉莫斯在平板電腦按下功能鍵，將計分板正式改為五比三，噓聲變得更加激烈。大威廉絲在包廂裡觀看妹妹比賽時，幾乎總是一臉平靜，此刻她站了起來，瞪大眼睛。小威廉絲的丈夫艾力克西斯・奧哈尼安也站起來，目瞪口呆地搖著頭。

噓聲愈來愈大，許多球迷紛紛起立，以愈來愈明顯的行動表達不滿。

球評傑夫・薩克曼（Jeff Sackmann）後來在《經濟學人》（*The Economist*）雜誌上列出計算結果，表示對小威廉絲罰分只是將直美的勝率從九七・八％提高到九八・二％；罰局則從九八・一％提高到九九・二％。「當紐約觀眾開始發出噓聲時，局面幾乎已經底定了。」薩克曼寫道。

所有噓聲都不是針對直美，大家都很清楚這一點；遺憾的是，只有直美自己不明白。比賽繼續進行，小威廉絲贏得第一分時，看台響起最熱烈的歡呼聲；當直美回擊失誤，小威廉絲贏得第二分，全場再次響起熱烈的歡呼聲。直美伸出兩根手指，按住頸部動脈，感受急促的脈搏。輪到小威廉絲發球，拉莫斯喊出「重賽」，噓聲再次響起；到了這個階段，拉莫斯只要一發出聲音就會激怒觀眾。

小威廉絲以零失分保發，她快步走到球場一角，凱爾索坐在那裡。「這不公平。」小威廉絲再次強調：「我不在乎，但這不公平。事實上，這種事男人做過無數次，而且糟糕多了。我為了爭取女性的權益付出那麼多。這不公平。」

隨後，小威廉絲坐回位子，呆望著前方。所有攝影機都對準她，拍下了她啜泣的模樣，幾乎沒有人注意那位還差四分就要奪冠的選手。

美國網球公開賽決賽第二盤，直美在五比四領先的情況下發球，開局即打出一記正手拍直線制勝球，她吶喊了一聲「加油！」十五比零。

「她的表現非常傑出，應付每個時刻都很到位。」ESPN的福勒這樣評價直美，在這場雙人對決中，目前為止很少有人注意到直美。「問題是，如果她真的贏了這場比賽，拿下這屆冠軍，實現畢生夢想，不幸的是，將來人們對這場比賽的記憶，只有拉莫斯和小威廉絲之間的事。這也太倒楣了。」

「沒錯，他們的事勢必會喧賓奪主。」艾芙特表示認同。

小威廉絲打出一記呈弧線的正手拍制勝球，將比數追到十五平，但直美打出時速一百八十五公里的強勁發球，將球轟進T點，小威廉絲沒接住，三十比十五。

直美回到發球線，又轟出一記強勁的發球，時速一百八十一公里的愛司球遠遠超出小威廉絲的左側範圍，她甚至沒有上前去救。四十比十五。

直美現在握有兩個冠軍點。她從球僮手中接過球，再次握緊拳頭，不顧周圍的喧囂，保持專注並繃緊神經。她又打出一記強力發球，達到時速一百九十一公里，但小威廉絲以強勁的反手拍回擊，並在幾個回合後用一記反手拍制勝球拿下這一分，消除了直美的第一個冠軍點。

直美還有第二個冠軍點，她的第一次發球達到時速一百八十三公里，小威廉絲伸長了手，朝左側撲去，但沒能以反手拍接住。球落在小威廉絲左側，她將球拍往地上砸去，雙膝也跟著跪倒。

「比賽結束：大坂直美獲勝。」拉莫斯說。

直美看看球場對面的包廂，然後拉下帽簷遮住眼睛，朝網前走去。兩人走向對方，噓聲再次響起。

她們一同來到網前，小威廉絲伸出雙臂。

「我為妳感到驕傲。」小威廉絲對直美說。

她們相擁，噓聲不斷。

兩人分開，小威廉絲伸出手，示意直美先走。但雙方錯身時，小威廉絲撞到直美，因為她只顧回頭看著拉莫斯，最後她還是忍不住說：「你欠我一個道歉。」她指著拉莫斯再強調一次。「你欠我一個道歉。」

直美走到座位旁，用手捂著臉，眼淚開始流下來。

雖然噓聲依舊持續，而且淹沒所有聲浪，但也不乏歡呼雀躍的場面。在直美的包廂裡，她的母親、教練、團隊和贊助商相互擁抱。倫納德在看台第三層接受海地親朋好友的擁抱和親吻，他們擠滿一整間豪華包廂，高興得手舞足蹈，驕傲地揮舞著大大小小的海地國旗。

球場周圍的聲音和面孔都在訴說著震撼人心的故事，記分板也是如此，上面顯示大坂直美在二〇一八年美國網球公開賽決賽中以六比二、六比四戰勝小威廉絲，歷時一小時十九分鐘。賽場四周的電子看板很快閃現「二〇一八年女子單打冠軍大坂直美」的字樣，鑒於開賽後直到終場出現一連串事故，這個最新出爐的好消息很容易被忽略。

「告訴你們，開賽兩週前她還深陷在沮喪當中。」克里斯．艾芙特說。她的博卡拉頓學院是直美賽前的訓練基地。「她今年夏天的成績不好，但現在，她終於可以流下高興的淚水。」

但對於近距離看著直美的觀眾來說，所謂「高興的淚水」似乎是在憤怒的聲浪下過於樂觀的判斷。拉莫斯離開時，許多人對他報以噓聲；通常主審會留下來，在頒獎儀式上接受球員道謝，但官方決定讓他儘快離開現場。

一位公關部人員出來與直美交談，告訴她頒獎典禮相關事宜。對方提醒她照著預先準備的稿子唸，以免和印地安泉那次一樣，聽起來像完全沒有準備就發言。

「我真的覺得，因為主審和小威廉絲之間的事，她奪冠的快樂多少被剝奪了。」福勒說。直美的團隊和母親在角落等候，她滿臉淚水地走過去，首先伸手抹淚，接著才爬上包廂前的梯子。先前比賽陷入混亂時，團隊和觀眾一樣摸不著頭腦，但現在他們都為直美感到高興。

巴金率先上前，伸出肌肉發達的手臂摟住直美，在她耳邊低聲安撫並恭喜。然後直美依次和阿卜杜勒．西拉、茂木奈津子及斯圖爾特．杜吉德相擁。

直美的母親環從第二排走下來，這是女兒贏得比賽後兩人首次對視，環的眼淚又流下來。她環抱著女兒，輕拍她的後腦和背部。全場觀眾在大螢幕看到這個畫面，第一次齊聲為新冠軍熱烈歡呼。

直美小心翼翼地從梯子高處爬下來，球場燈光隨即轉暗，準備進行頒獎儀式。直美坐回自己的位子，將毛巾披在頭上，盡量擋住球場一切。

「這是屬於直美的時刻。」福勒再次提醒 ESPN 的觀眾：「但就和往常一樣，大部分事件都是圍繞著小威廉絲展開的。」

⋯⋯⋯⋯⋯⋯⋯⋯

頒獎儀式的燈光亮起，直美帶著淡淡的笑容，站在小威廉絲和賽事總監大衛・布魯爾（David Brewer）之間。ESPN 記者湯姆・里納爾迪是電視台最正式的主持人之一，此次頒獎儀式由他主持。「晚安，歡迎各位參加美國網球公開賽頒獎儀式。」里納爾迪開口說道。但觀眾沒有心情聽這些最客套的陳腔濫調，拉莫斯已經不在球場上，誰也看不到他，但噓聲再次響起。直美也再度流下淚水，淡淡的笑容很快消失，她把帽簷拉下來，遮住自己的臉，不讓世人看到。

小威廉絲第一次近距離看到直美難受的樣子，便伸手摟住她。「妳還好嗎？」小威廉絲問道。直美點點頭，但眼淚依然流個不停。「那是開心的淚水嗎？」小威廉絲笑著問直美，試圖讓哭泣的冠軍高興起來。

美國網協主席卡翠娜・亞當斯是首位黑人女性主席，她接過麥克風。「直美，歡迎來到這個大舞台。」亞當斯開口說道，然後轉向小威廉絲大加讚揚。「塞雷娜，歡迎回來。這兩週兩位都展現了力量、優雅和必勝的意志。也許今天的結局不是我們想要的，但塞雷娜，妳是冠軍中的冠軍，『這位媽媽』是榜樣，受到所有人尊敬。」

亞當斯這番話聽起來分外刺耳，身為頒獎人卻對結果感到遺憾，任誰聽到都覺得很不對勁。此外，「#這位媽媽」也是美國網球公開賽主要贊助商摩根大通銀行（J.P. Morgan Chase）為小威廉絲設計的行銷專用標籤。亞當斯打出這個口號，讓美國網球公開賽這個超級企業的商業氣息更濃厚了。

不過，直美似乎並不介意，她和觀眾一起為小威廉絲鼓掌。「直美，恭喜妳首度獲得大滿貫冠軍。」亞當斯對著眼眶濕潤、一臉苦相的直美說：「妳確實是冠軍，是未來的力量。」亞當斯隨後感謝球迷，但他們卻把這當做挑釁，又開始發出噓聲。

里納爾迪隨後轉向小威廉絲。通常頒獎儀式會把麥克風遞給球員，讓他們自由發言，但美國網球公開賽採取採訪形式。里納爾迪避重就輕地說：「塞雷娜，今晚的結果不是妳想要的，妳如何看待這場比賽？」

小威廉絲沒有心情回答問題。「呃，我不想失禮，也不想打斷你們，但我不想回答問題。」小威廉絲唯一想談的是直美：「我只想告訴你們，她打得很好，而且這是她第一次打贏大滿貫。」

在小威廉絲的鼓動下，全場第一次真心為冠軍歡呼。小威廉絲已經發現直美需要幫助，於是顫聲說道：「我知道你們都在聲援我，我也給自己加油打氣，但我建議大家讓這一刻成為最美好的時光，相信我們一定會度過難關。我們應該把榮耀歸給應得的人，不要再噓了！我們一定會挺過去，大家態度正面一點。所以，恭喜妳，直美，大家不要再噓了！」

直美看到觀眾振奮起來，不禁鬆了一口氣。

「我真心希望可以再來這裡打球。」小威廉絲說著也流下淚水。「大家拭目以待吧！」她尖聲笑著補充：「在這裡比賽對我來說很不容易，但非常感謝你們。」

小威廉絲接過亞軍獎盤，拿著它轉了一圈。

「現在有請我們的冠軍，大坂直美！」里納爾迪宣布。小威廉絲既已明確表達不喜歡觀眾喝倒彩，這一次他們便瘋狂地為直美高聲歡呼，用長達二十六秒的掌聲和讚許的呼喊，補償直美在四周大螢幕上顯現的痛苦表情。

「直美，在四強賽獲勝後，妳說自己有個夢想，就是當年那個坐在上層看台觀看大滿貫賽事的妳，有一天可以打進決賽，甚至有機會與小威廉絲對戰。」里納爾迪說。直美點點頭。

「如今它成了現實，比起當初的夢想，感覺如何？」里納爾迪問，幾乎可以確定這是他早就擬好的問題，而現在直美的情緒明顯大受影響，這個問題根本不著邊際，她夢想中的決賽不可能會是這樣，她的心情也不可能這麼低落。

「我知道大家都在為她加油打氣，很抱歉不得不以這樣的方式結束。」直美說著，一邊強忍淚水，一邊大口喘氣，觀眾見狀紛紛感動地嘆息，「噢」聲不絕於耳。

「我只想說，謝謝大家來看比賽。」直美說著，迅速點頭致意：「謝謝。」

「拿下賽末點後，妳走到包廂，和妳媽媽相擁，抱了很久。」里納爾迪說：「妳們當時說了什麼話？」

「嗯，她為我犧牲了很多，能來現場看我比賽是很不得了的事，因為她平常無論如何都不會來。」直美的話頓時引來哄堂大笑，觀眾隨著她的描述漸漸消了氣，不再像隨時準備爆發的火山。「全家就差我爸了，不過他不會親自來到現場，他習慣走來走去，我等一下就能見到他。」

直美無意讓父母因為這些話變成笑柄，但觀眾再次大笑起來，很慶幸氣氛終於輕鬆多了。直美就算淚流滿面，緩和氣氛的功力絲毫不減。

里納爾迪提醒觀眾，直美是第一位贏得大滿貫單打決賽的日本選手，直美聽到他的誇讚再度點頭致意。「這對妳來說有什麼意義？」里納爾迪問道。

「嗯，我一直夢想著能在美國網球公開賽決賽中與小威廉絲交手，所以我真的很高興自己辦到了，真的很慶幸能與妳一起比賽。」直美說著轉過身，對小威廉絲點頭致意：「嗯，謝謝妳。」

觀眾高興地屏息，完全被迷住。不過，小威廉絲已經受夠了。不知道是出於對直美的不自在，還是純粹心裡面感到不痛快，小威廉絲謹慎但直接地示意里納爾迪就此打住。「好了，到此為止。」小威廉絲對他說：「結束吧！」

里納爾迪看著小威廉絲，然後點點頭，同意應她的要求結束訪問。隨後，里納爾迪宣布，摩根大通銀行的克莉斯汀・琳考（Kristin Lemkau）將為直美送上三百八十萬美元支票，這是她職業生涯以來總獎金的兩倍多，這個數字引起全場觀眾驚嘆。

隨後，克里斯・艾芙特將獎盃遞給亞當斯，亞當斯為直美頒獎，並親吻她的左右臉頰。直美費力地雙手抓住獎盃的兩邊手柄，並以右手拿著支票，差點把獎盃掉在地上。賽事總監趕緊幫她接過支票，讓她牢牢握住獎盃。她首先緩緩舉起獎盃，最後一鼓作氣舉到頭頂上，球僮朝空中拋出紅白藍三色金屬彩帶。

彩帶落到地面後，直美放下手臂，面帶微笑地轉向包廂。這是一整天以來，她第一次露出開心的笑容。

小威廉絲上前，與直美一起接受拍照，十秒後轉身走開，不過又被請回來，與艾芙特和亞當斯一起拍照，但她一逮到機會還是立刻離開。

小威廉絲走後，艾芙特伸手挽住直美。直美向她鞠躬，艾芙特以更深的鞠躬回應，然後上前擁抱直美。艾芙特轉身準備離開時，手臂還戀戀不捨地停留在這位剛出爐的冠軍選手身上。

現在，直美獨自一人站在頒獎台上，她再次舉起獎盃，向四周轉一圈，有些觀眾已經開始向外走去，他們見狀再度發出歡呼聲。

直美擺了些姿勢，讓攝影師拍照，接著她回到座位，突然好奇地掀開獎盃蓋子，想看看銀光閃閃的外殼有沒有包裹著什麼東西，結果發現裡面空無一物，她便將蓋子蓋回去。

20 從球場到撲天蓋地的議論

From Ashe to Wildfire

在頒獎儀式上，小威廉絲從美國網協主席卡翠娜．亞當斯手中接過閃亮的亞軍銀盤，將它高高地舉過頭頂，向四面八方轉了一圈。亞瑟．艾許球場歡聲雷動，她雖然緊抿著嘴，臉上的微笑依然清晰可見。

然而，回到大門緊閉的室內後，小威廉絲立刻清楚地表達了內心感受，對她來說，這塊銀盤不過是比賽失利的證據，於是她將它扔進更衣室的垃圾桶。她洗澡時，更衣室的服務員從垃圾桶裡找回銀盤，好好地擺在小威廉絲更衣室附近的長椅上。

小威廉絲回來時，赫然發現討厭的銀盤「滿血復活」，因而非常生氣。為了避免大家再次誤解她的意思，小威廉絲對更衣室裡的每個人發表嚴正聲明，凸顯她對這個失利證據有多麼不屑：「我、比、賽、不、是、為、了、得、第、二、名。」小威廉絲說著，再次扔掉銀盤。

••••••••••••••

另外一邊的大坂直美和冠軍獎盃被賽事總監大衛．布魯爾直接送到場外的 ESPN 轉播台，接受榮獲大滿貫冠軍的首次採訪。直美抵達前，ESPN 主播克里斯．麥肯德里（Chris McKendry）已經主持了一場關於比賽爭議的小組討論，他首先肯定直美的勝利，以防她在這場風波中產生自我懷疑。「直美，這是妳辛苦得來的勝利。」麥肯德里對直美喊話——通常很少有人會認為有必要對獲獎球員做出這樣的保證。

當被問及如何應對與偶像對決的龐大壓力時，直美將它形容為一種責任。「我只是覺得，如果被緊張的情緒左右，有點不尊重觀眾和被我打敗的對手。」她說。

直美也沒有被好奇心影響，她不知道網子對面發生了什麼事。雖然全球數百萬電視觀眾都清楚聽到了小威廉絲和主審的激烈對話，但直美表示她什麼都沒聽到。「其實，我不知道發生了什麼事，當時我只想著要盡量集中注意力。」直美緊張地咯咯笑著說：「唔，因為這是我第一次打進大滿貫（決賽），我不想把自己搞得壓力太大，所以我沒有仔細去看。」接下來，直美被問到小威廉絲與拉莫斯數度發生爭執的細節，她依然保持一貫的態度。「我真的不知道當時到底是怎麼回事。」她重申。

參與小組討論的克里斯．艾芙特讚許地回應：「這就叫做專注，把小眼罩戴上，縮小視線範圍，我認為這對妳贏得整個公開賽幫助很大。」直美點頭表示同意。

麥肯德里從開場便試圖讓悶悶不樂的直美振作起來，結束時也不例外。「妳在這次公開賽也很開心。我們都看到，今天熱身時妳偶爾會露出笑容。」麥肯德里說：「離開之前，妳可以再送我們最後一個笑容嗎？」直美先是面帶微笑，接著親切地咯咯笑了幾聲，害羞地朝旁邊一歪。「希望你們今天也過得愉快。」麥肯德里說完，轉向身後廣場上撐傘的人群。「各位，她是直美！本屆冠軍！」直美轉過去，朝他們微微點頭，人群頓時歡呼起來。「妳絕對是網壇新秀，也是傑出的選手。」麥肯德里繼續說道：「我們期待看到妳更多更多精彩的表現。恭喜妳，直美。」

直美在場外接受麥肯德里安慰時，小威廉絲在場內的走廊上穿梭。上一次她在邁阿密輸給直美後，直接開車逃得遠遠的，這一次她渴望有人傾聽心聲，渴望有機會解釋自己的原則。據 ESPN 記者小唐・范・納塔（Don Van Natta Jr.）報導，平常球員幾乎不會踏進裁判休息室，小威廉絲卻從更衣室過來找拉莫斯，雙方再次交談。他們不再大吼大叫，而是心平氣和地談了幾分鐘，大致重複在球場上說過的話。小威廉絲說，她尊重拉莫斯主審的身分，但不同意他的判定；拉莫斯則說，他也一樣尊重對方，但他只是在履行職責。拉莫斯依然維持先前在場上的做法，沒有向小威廉絲道歉。

小威廉絲從裁判休息室前往採訪廳的途中，記者會公關告訴了她一件事，使得情況變得複雜。穆拉托格魯已在直播中承認，拉莫斯判指導犯規時，他確實試圖向她打暗號。他的坦白造成小威廉絲先前的憤怒站不住腳，也令她百思不得其解。

「我不知道，我也是在他們準備帶我進場時聽到的。」小威廉絲在記者會上說：「我剛傳了訊息給派翠克，問他到底在說什麼？因為我們之間根本沒有暗號，從來沒有討論過這種事，我根本沒有要求他在看台上指導。所以，我想知道他為什麼這麼說，我實在搞不懂。」

不過，小威廉絲對自己的行為依然充滿信心。記者問她將來如何對女兒解釋這一切，小威廉絲回答，她會告訴女兒：「我捍衛自己的信念，堅持做對的事。人生難免有不如意的時候，但我們要始終保持平和與謙遜。每個人都可以從類似事件中學到這個教訓，我也不例外。」

有人問小威廉絲，她是否出於母愛才會安慰直美；她願意接受這種說法。「因為我在哭，她也在哭，我覺得很難過。」小威廉絲說：「她剛剛贏了比賽，我不知道那是開心的淚水，還是因為場上發生的事件而傷心。我只是覺得：哇，我第一次贏得大滿貫可不是這樣。所以我就想：噢，我絕不希望她有這種感覺。」

「所以，沒錯，也許是母愛讓我開始這樣想：聽著，我們必須振作起來。」小威廉絲補充說明，被自己最後這句話逗樂了。

記者提出的第九個問題最具挑戰性：她是否認為主審影響了比賽結果？面對這個問題，小威廉絲可以藉機炒作她在場上主張的不公正待遇，聲稱自己因此才會輸掉比賽，而直美也不應該獲勝。不過，她在記者會上重申，自己之所以稱拉莫斯為「小偷」，是因為他從她手中偷走一分，但她是否認為拉莫斯也偷了她的美網冠軍頭銜？是否認為直美的冠軍獎盃拿得有點理不直氣不壯？

外界對小威廉絲的回應可能出現不同解讀，這是有原因的，畢竟這位在職業生涯中多次獲得無上榮耀的頂尖高手，面臨失敗時往往輸不起也缺乏善意。她有個眾所皆知的事件——二〇〇七年美國網球公開賽八強賽，她以直落兩盤輸給賈斯汀・海寧（Justine Henin），當時她已經連續三次在大滿貫八強賽輸給對方。她聲稱，海寧之所以獲勝是因為「單憑運氣打出很多好球」。

痛失美網冠軍頭銜的幾個小時裡，她一直在正義、憤怒和合理之間搖擺不定。聽到這個問題時，她稍微停頓，思考自己在事件當中的立場，以及她輸給直美是否理所當然。「我認為這是非常好的問題。」小威廉絲開口說道：「我……我……我不知道。我覺得她打得很好。我非常需要採取許多行動來改變那場比賽，爭取領先、爭取出線。這很難說，因為我總是奮戰到最後一刻，無論如何都會設法追回比數，但她打得非常好，真的很好。很難說我不會突破自我，因為我在職業生涯已經多次這樣做，所以，這個問題很難回答。」

記者會繼續進行，有人問小威廉絲，是否為直美首座大滿貫冠軍被噓聲破壞而感到難過，她立刻給予對手更為肯定的評價。「她打得非常出色。」小威廉絲這樣評價直美：「她值得這份榮耀，理應獲勝。說到底，事實就是如此。」

記者提出最後一個問題：「如果可以改變一件事，想改變什麼？」她的回答為這場比賽之後續延燒多日的話題定下基調。「我不知道。」小威廉絲停頓很久才開口：「人勢必無法回到過去，我不能坐在這裡說，我當下不會說他是『小偷』，因為我還是認為他奪走了一局。但我見過男選手罵主審，什麼名堂都罵得出來。而我在這裡，為婦女的權利、平等而戰，為各式各樣的事而戰。我說了聲『小偷』，他就奪走一局，讓我覺得這是性別歧視（的裁決），他從來沒有因為男選手說了聲『小偷』就這樣。」

小威廉絲不可置信地張大雙眼和嘴巴，雙臂也張開。「我非常不能接受，但依然會繼續為女性而戰……我覺得自己必須經歷這些是為了樹立榜樣，好讓下一個有情感、想表達自己、想堅強勇敢的女人效法。」小威廉絲說，如泉湧般的思緒讓她聲音發顫：「今天這一切讓她們可以這樣做，也許在我身上不管用，但對下一個人來說一定有用。」

小威廉絲的姊姊伊莎（Isha）和經紀人在前排鼓掌，小威廉絲站起來，走下講台，霸氣而滿意地結束採訪。

……………

幾分鐘後，直美走進採訪廳，記者問她對那場爭執的看法，她的回答與先前在 ESPN 播報台時一樣——她當下沒有聽到小威廉絲和拉莫斯起口角，所以無法評論。接下來，她被問到那場爭執是否「破壞了她的美好時刻」，或許她在頒獎儀式上的淚水能證明確有其事。但她也否定了，並且表示：「我當時只是覺得百感交集，這些心情還需要慢慢釐清。」

西班牙記者康蒂・羅多（Candy Rodo）問直美，這件事會不會影響小威廉絲多年來在她心目中的偶像地位。和之前小威廉絲的記者會一樣，對直美來說，這也是最關鍵的問題。「今天在決賽發生的事件，還有她在球場上的表現，是否徹底改變、完全毀壞了妳對她的印象？」羅多問道。

「問題是，呃，我不知道球場上發生了什麼事。」直美再次重申：「所以，對我來說，依然還是記憶中我愛的小威廉絲，這不會改變什麼。她對我真的很好，比如在網前和頒獎台上，所以我真的不知道會有什麼不同。」

那場爭執大大影響了賽事，造成喧賓奪主的結果，但直美打從心底仰慕小威廉絲，心意沒有絲毫動搖。「她抱了抱我，真的很棒。」直美說著咧嘴一笑。

為《不敗》雜誌報導這場比賽的索拉婭・納迪婭・麥克唐納後來問直美，為什麼她在頒獎儀式上覺得「需要為了全力實現目標而道歉？」直美的回答完全證明她對小威廉絲的感情絲毫未減。

她先是緊張地微笑，然後舉起手，調皮地遮住麥克唐納的視線。「唉，妳的問題害我有點百感交集。」直美說：「好吧，因為我知道，呃，她很想拿到第二十四個大滿貫冠軍。對吧？這件事大家都知道，廣告有提到，到處都看得見。呃，我踏上球場時，覺得自己就像變了一個人，是不是？比賽當下的我不再是小威廉絲的球迷，只是網球選手，正和另一位網球選手比賽，但當我在網前擁抱她……抱歉。」

當情緒龍捲風在球場肆虐，最令直美震撼的是網球運動殘酷的「零和」現實——她必須粉碎偶像的夢想，才能實現自己的夢想。直美暫停片刻調適心情，她用手摀著臉，淚水開始在內心深處湧動。然後，她以手掌托著臉，低頭盯著講台幾秒鐘，擦去開始冒出來的淚水。「不管怎麼說，我在網前擁抱她時，覺得自己又回到小時候。」她說。

「對不起。」她趕緊補充一句，擦掉臉上的淚水。

不過，記者會上還有另一個時刻也讓她有種回到小時候的感覺，但這次更快樂。包括網球相關媒體在內，很多人在直美成為大滿貫冠軍後才開始關注她。

「直美，妳姓大坂，並在大阪出生，這有點奇怪，因為妳的父親是海地人。」義大利資深記者烏巴爾多・斯卡納加塔（Ubaldo Scanagatta）開口說道：「為什麼妳的姓氏和這座城市的名字一樣呢？但妳的父親——妳不是應該跟父親姓才對嗎？」

直美露出當天最燦爛的笑容，瞬間回到四年多前在史丹佛生平第一次參加的記者會，準備引用她當年說過的話。「準備好了嗎？我們要再現二〇一四年的玩笑！」她滿面笑容地說：「『每個在大阪出生的人都姓大坂！』好耶！」

在直美等人的哄笑聲中，斯卡納加塔依然一頭霧水。「這是真的嗎？」他問道。

「不是！」直美答完又笑起來，身體左右搖擺。

……………

美國網球公開賽決賽結束後，隔天早上直美、她的母親、公關和經紀人的妻子一同前往曼哈頓多佛街市場（Dover Street Market），挑選日本設計師川久保玲的時尚品牌ＣＤＧ（Comme des Garcons）的服裝，為接下來的媒體採訪做好準備。她將在日本的衛星電視節目露面，並接受國家廣播公司（ＮＢＣ）《今日》（*Today*）的現場採訪，接著前往洛杉磯參加更多節目。週日的第一站是在曼哈頓一棟摩天大樓的高樓層與獎盃合影，她穿著

ＣＤＧ的白色連衣裙，身後是紐約陰沉的雨景。再次被問到決賽的爭議時，她說：「我覺得，它對我來說依然是勝利吧？所以，我就這樣認定了。」不過，直美最主要的感覺還是疲憊。「希望疲勞消失後，我會更快樂。」

接下來，直美趁拍照空檔在汽車後座接受《ＷＴＡ內部報導》採訪，當被問及比賽結束不到一天的感想時，她再次提到疲憊。「事情來得太快，我還來不及細想。」她說。主持人蔻特妮．阮問直美是否已準備好接受「生活出現劇烈變化」，直美表示懷疑和謹慎接受的態度。「我想，我心裡應該有底了，但還是覺得周遭發生的事有點怪。不過，嗯，是的，我想生活有些變化應該會比一成不變更有趣。」

這次事件連續幾天占據新聞主要版面，完全蓋過美國網球公開賽男子組決賽諾瓦克．喬科維奇擊敗胡安．馬丁．戴波特羅（Juan Martín del Potro）的聲勢。這件事在社會和政治方面都看得到明確的趨勢線，不同族群有各自的反應和擁護的一方。大致說來，在以自由主義和流行文化為主的圈子中，女性和有色人種支持小威廉絲；在以保守主義和運動為主的圈子中，男性和白人支持拉莫斯。

《華盛頓郵報》（*Washington Post*）專欄作家莎莉．傑金斯（Sally Jenkins）抨擊拉莫斯，聲稱他的性別歧視剝奪了小威廉絲和直美的精彩時刻。傑金斯寫道：「原本只是輕微的犯規，拉莫斯卻將它上升到網球史上最惡劣、最情緒化的爭議之一，而這一切都是因為他無法接受一位女性對他尖銳批評。」傑金斯的指控還不只這樣，關於直美的勝利是否正當，連小威廉絲都沒有質疑，她卻在文中提出：「我們永遠不會知道，年輕的大坂真的贏了二〇一八年美國網球公開賽，還是那個執意給小威廉絲下馬威的男人將冠軍頭銜雙手奉上。」

在一連串文化衝突中，打響第一炮（指真正的攻擊，不是網球術語）的正是傑金斯這篇迅速問世的專欄文章。在美國廣播公司（ＡＢＣ）女權主義傾向且全女性來賓的《觀點》（*The View*）節目中，一開始提到小威廉絲的名字，現場觀眾就爆出熱烈掌聲。「我認為她沒有辱罵主審，真的沒有。」有黑人和波多黎各血統的固定班底桑尼・霍斯汀（Sunny Hostin）說：「我認為她對主審的判罰有異議，也認為她的言行很多男人都有，不僅網壇，所有運動選手都會這樣。」

貝蒂・傅瑞丹（Betty Friedan）創立的女權機構「全國婦女組織」（The National Organization for Women）發表聲明，要求美國網球公開賽「取消今後與卡洛斯・拉莫斯簽訂的所有公開賽主審合約」。聲明的總結指出：「網球主審卡洛斯・拉莫斯公然種族歧視和性別歧視，對小威廉絲的處罰有失公允，展現令人憎惡的男性統治和歧視。如果小威廉絲是男人，這種情況不會發生。」

幾乎沒有人想過網球判罰制度可能存在性別差異，直到小威廉絲於美國網球公開賽決賽期間提出來，事後立刻引起女權主義的共鳴。一年多後，泰勒絲為單曲〈男人〉（*The Man*）拍攝影片，畫面上一位男性角色在網球比賽中對主審大發雷霆，沒有受到任何懲罰。泰勒絲高唱著「如果我是男人，我就會成為這個男人」，搭配女球僮大翻白眼的畫面。

多數男性和保守派觀眾在這場爭論中持相反立場，話題也在他們當中延燒。在福斯新聞網（Fox News）的《美國新聞室》（*America's Newsroom*）節目中，主持人比爾・赫默（Bill Hemmer）嘲笑這場比賽關乎「女權與平等」的說法，並指責小威廉絲在比賽不順時「操控周圍的人」。節目來賓傑瑞德・馬克斯（Jared Max）是福斯新聞網體育記者，他在節目最後對支持小威廉絲的美國網球公開賽觀眾的政治立場表示懷疑。「大約一週前，在小威廉絲與大威廉絲的比賽中，當科林・卡佩尼克*出現在螢幕上時，全場響起當晚最熱烈的歡呼。」馬克斯敲響福斯新聞網最響亮可靠的警鐘後，刻意停頓一下，製造戲劇性效果。「和這次是同一群人。」

這場針對網球規則的爭論劃分出明顯的族群區隔，讓一些人開始重新審視自己的評論。喬許・萊文（Josh Levin）在線上雜誌《斯萊特》（*Slate*）發表文章並舉出數個例子，說明小威廉絲在美國網球公開賽製造麻煩的模式。事後他收到許多讀者偏頗的反應，令他不安。「關於這篇文章的回應，有一點讓我不舒服，總覺得有很多白人男性在為我歡呼，並說『這是我讀過最好的文章，太公正，太中立了』。」萊文在《斯萊特》的《掛斷並注意聽》（*Hang Up and Listen*）播客節目中談道：「而且，那些表示不喜歡這篇文章或認為它不公平的人，全都是有色人種和女性。我並不想讓自己覺得：因為我是白人，所以我才會去寫那些東西；這是我的信念和想法。」

並非每個人都遵循特定族群傾向。就拿瑪麗．卡里略來說，雖然身是女性，但卻對小威廉絲大加批評。她在微軟國家廣播公司（MSNBC）的節目中表示，小威廉絲「犯了天大的錯誤」，她在場上對拉莫斯的言行「就像惡霸」。「很多人爭相表態，都在說什麼『雙重標準』？」卡里略氣憤地說：「知道我在想什麼嗎？這可不是你為了 #MeToo 運動而拚命的那片戰場。」

⋯⋯⋯⋯⋯⋯

週一清晨，直美坐在洛克菲勒中心的《今日》攝影棚內，接受決賽後的首次深度採訪，IMG 公關再次對她耳提面命：「他們會誘導妳，但不要說小威廉絲的壞話，不值得。」如果直美想利用這一點，勢必會引起反對小威廉絲的文化浪潮，但她對此毫無興趣。雖然字幕出現戲劇性字眼：「《今日》獨家現場轉播：美網冠軍大爆內幕」，但從直美開場的回答便可以看出，她並不急於製造頭條新聞。「嗯，我是說，我從沒上過脫口秀。」她

* 譯註：Colin Kaepernick，美式足球選手。他在賽前演唱美國國歌時從頭到尾單膝跪地或坐在原位，拒絕向國旗致敬，聲稱他無法忍受警察濫殺黑人的事件愈來愈多，美國已不值得他尊敬，引發軒然大波。

微笑著輕聲說：「所以，嗯，我很高興來到這裡。還有，對，我的意思是，我仍然覺得有點不真實，但我想我已經慢慢適應了。」

主播薩凡納．格思里（Savannah Guthrie）首先問了幾個輕鬆的問題，接著深入探討正在延燒的爭議。她委婉地說：「大家都看到，比賽期間球場上發生了一些事。妳當時在想什麼？妳知道小威廉絲和主審到底發生了什麼事嗎？有聽到什麼嗎？我的意思是，妳當下有什麼感受？」

直美再度提起賽後一小時給的答覆：她不知道發生了什麼事。格思里隨即針對最初的問題進一步追問，直美想必已在這兩天得知小威廉絲和拉莫斯之間的事，而且勢必和所有美國人一樣，對於誰該為事件負責抱有堅定的看法。「我相信妳已經讀到並了解整個爭議的起因。主審是否採取正確的做法，小威廉絲是否採取正確的做法，關於這兩件事妳有什麼看法？」格思里問道：「既然已經知道事實，妳怎麼看？」

直美回答時有些畏縮。「嗯，好吧，我也不是百分之百確定，因為我沒那麼多時間仔細看新聞。」直美回答：「我一直，呃，忙著跑來跑去，所以現在還沒什麼想法。但是，我的意思是，我想把所有相關的東西都看一看，想知道發生了什麼事，畢竟這是我經歷過最重大的事件之一。」

主播在後續幾個問題中提到她在頒獎儀式上表現出來的情緒，當時苦惱的神情再度出現在直美臉上。「我覺得有點難過，因為我真的不知道他們是不是在噓我，或者只是因為結果不是他們想要的。」直美說：「另外，我也很同情小威廉絲，因為我從小就是她的球迷，也知道觀眾有多希望她贏。所以，我也不知道。我當下百感交集……覺得現場每個人都很不開心。我知道結局不如人們所願，但也知道夢想實現了，我贏了一場競爭非常激烈的比賽，所以，我也不曉得該怎麼說。我只是覺得很激動，覺得我必須道歉。」

美網冠軍的紐約媒體巡迴本該是一年一度的盛會，但這一次氣氛格外陰沉；格思里的搭檔歐塔．卡比（Hoda

Kotb）甚至出現拭淚的動作。不過也有令人暖心微笑的時刻，包括環出現在畫面中揮手致意，但格思里結束採訪時氣氛依然有些哀戚，幾天前麥肯德里勸直美要開心一點，當下的氣氛也是如此。「我希望妳心情好起來。」格思里勸道：「冠軍獎盃就在那裡，它屬於妳，不要再流淚了。」

⋯⋯⋯⋯⋯⋯

幾週後，直美接受記者莉姆．阿布利爾採訪，她表示在上《今日》節目之前，她刻意避免探究事件細節。「我什麼都不想知道。」直美告訴阿布利爾：「我（盡可能）保持狀況外。我的意思是，對我來說，我（盡可能）試著說出我所知道的真相。我覺得，當我說不知道發生什麼事時，人們並不相信，儘管那是事實——我沒有打開手機或任何東西，所以，我希望脫口秀的觀眾認為我說的是實話。」

當直美在決賽隔天早上醒來，發現自己和那場爭議成為了新聞頭條，她會不知所措也合情合理。「我當時非常震驚，首先，那是我第一次上新聞；其次，我覺得上新聞的原因錯得離譜。」直美多年後說。她不知道如何處理周遭發生的事，只好選擇盡量避開，不只是幾天，而是幾週、幾個月甚至幾年。

沙夏．巴金寫道，他曾在直美奪冠後含淚擁抱她。雖然那是兩人職業生涯的高峰，但巴金說，賽後那次短暫相擁過後，彼此再也沒有提過美國網球公開賽。「你可能會很驚訝，但那是我和直美最後一次提起那場比賽。」他寫道：「在我們共事的其餘時間裡，她都不想談論美國網球公開賽，我尊重她的想法，那是她職業生涯以來最了不起的成就，但我們再也沒有提過它。」

巴金不是沒有嘗試過。「有時候，我會不小心或不經意地稍微提起美國網球公開賽，有點想要讓情況變得正常，讓它和其他比賽沒兩樣。」他告訴阿布利爾：「但她不太喜歡談論這個話題。」

幾天後，直美說她覺得無法衡量自己的情緒。「對我來說，我不會感到悲傷，因為我甚至不知道我應該有什麼感覺？」她說：「因為我覺得，既然這是我第一次打進決賽，也是第一次在大滿貫奪冠，我大致上覺得很開心，也知道自己大大實現了夢想。」

大約四週後，直美在北京舉辦的中國網球公開賽首戰告捷，她首次公開且充分表達自己對美國網球公開賽的感受。「我有很多茶，但不會一次全灑出來。」她說著咯咯笑了一聲，帶點調皮的意味：「我有很多話想說，呃，好比心裡的感受之類的。但對我來說，我不知道，就是不知道。美國網球公開賽的回憶有點苦樂參半，不管是剛比完，還是過了一天，我都不願意去想，因為它不一定是最快樂的回憶。我也不知道，唔，在那個節骨眼，我只是想繼續前進。」

記者問直美，假以時日快樂會不會「取代苦樂參半的感覺」，她頓了一會兒，然後露出笑容，用問題代替回答。「你吃過抹茶霜淇淋嗎？這是嚴肅的問題。當你張嘴含住，雖然甜滋滋的，但茶的苦味也很重。唔，對我來說，那件事在記憶中的感覺就是這樣。我的意思是，我當然為自己贏得大滿貫而高興，我認為任何事都無法抹殺這一點。但我也說不清楚。我覺得——並不是說它算是一段糟糕的回憶——但我覺得這件事很奇怪，我不願意去想，寧可把它推開……我還在努力讓自己稍微轉移注意力。」

在接下來幾個月甚至幾年裡，直美繼續沉澱二〇一八年美國網球公開賽事件，她的回答也不斷演變。

在最初幾個月，她接受採訪時展現樂觀的態度。「在完美的夢想中，一切都會按照你想要的方式進行。」幾個月後，她告訴《時代》雜誌：「但我認為更有趣的是，在現實生活中，情況不會完全如你所料。有些意料之外的局面會出現在你面前，我認為它們為將來的發展奠定了基礎。」

「聽到人們這麼說有點奇怪。」二〇一八年十二月，她得知有人認為她在美國網球公開賽有負面經歷時，對《時尚》雜誌這麼說。

「我最大的夢想就是在大滿貫決賽中與小威廉絲交手，這是我的第一個夢想，不希望它以其他方式呈現。」二〇一九年三月，直美接受網球頻道採訪時，對表示懷疑的主持人說：「我當時很開心。」

幾個月過去，她的回答愈來愈簡潔。「從個人和球員的角度來看，美國網球公開賽決賽有沒有讓妳在這兩方面變得更強大？」二〇一九年五月，記者這樣問她。

她的回答是「沒有」。

到了二〇二一年初，直美已經準備好闡述自己的觀點。「我當時只是覺得，這是一場網球比賽，之後發生的一切都令我措手不及。」直美對《GQ》雜誌說：「我只是覺得超級不知所措。即使在頒獎儀式上，我也一樣不知所措，但我覺得現在的自己已經多少可以理解那些事了。」

雖然直美還沒有準備好宣稱那天的勝利「被玷污了」，但她確實表示難以承受。「我只想說，在那短短的一天裡，我經歷了很多，其他人可能需要花上一、兩年才能體驗到。」她說。

二〇一八年美國網球公開賽這把火確實燒痛了所有捲入其中的人，但它也是一大桶火箭燃料，將直美送上迅速聲名大噪的軌道，在公開賽舉辦前，甚至在決賽第二盤前都沒有人料到情況會發展至此。

餘燼持續悶燒了數個星期。九月下旬，《週六夜現場》（*Saturday Night Live*）進行當季首播，一個小品節目演繹了這場持續三週的爭議，演員萊絲莉．瓊斯（Leslie Jones）戴著小威廉絲的假髮，穿著決賽那件耐吉黑色芭蕾舞裙，憤怒地打斷《週末快報》（*Weekend Update*）的報導。「我要你道歉！」瓊斯引用小威廉絲的話，對著鏡頭喊道。

「各位觀眾，小威廉絲上場。」《週末快報》主播科林・約斯特（Colin Jost）以這句話結束這段小品。「這一刻屬於大坂直美！」瓊斯下台時宣布。

……………

直美二〇二一年接受《GQ》雜誌採訪時，明確表達心中遺憾：她希望當初自己能為小威廉絲辯護，她認為對方不應該在決賽後受到批評。「我從未見過小威廉絲生氣或出現類似情況。」直美說：「這是網球比賽，她在表達情緒，但我們是在打網球。你知道我的意思嗎？（我希望）大家不要再說小威廉絲很刻薄之類的話了。」

決賽結束後幾天，澳洲小報《先驅太陽報》（*Herald Sun*）刊登一幅漫畫，淋漓盡致地展現了被妖魔化的小威廉絲。漫畫家馬克・奈特（Mark Knight）將她畫成暴跳如雷的樣子，雙手握拳，用力踩踏破掉的球拍，一旁地上還有一個奶嘴，一頭黑色捲髮宛如暴怒中噴發的煙霧。這幅漫畫有一個特色為人詬病，畫中的小威廉絲嘴唇異常肥厚，還塗著大紅色唇膏，這是十九世紀黑臉扮裝*時期就有的典型特徵，任誰都能夠一眼看出畫中的角色是個黑人。

儘管大多數批評都是針對小威廉絲在漫畫中的形象，但旁邊那位正和主審說話的對手同樣引起爭議。只見主審正對她說：「妳能不能行行好就讓她贏？」與奈特筆下魁梧的小威廉絲相比，這位站在網子另一邊的球員非常瘦弱，有一頭金色長直髮，皮膚比小威廉絲白；《精華》（*Essence*）雜誌的布雷安娜・愛德華茲（Breanna Edwards）說，直美被畫成「嬌小纖細、白膚金髮的人物」，事實上，這位對手畫得更像瑪麗亞・莎拉波娃，而不是大坂直美。這幅漫畫對兩位女性的種族化描繪以各自的方式抹殺了她們的人性。

奈特對於直美的描繪一方面大錯特錯，另一方面卻歪打正著地別具意義。在決賽後的軒然大波中，小威廉絲和拉莫斯各自的批評者和擁護者忙著為他們樹立各種人物設定，相較之下，直美則一再淪為背景中空洞而低調的存在，宛如一片空白畫布，人們根據需要在上面描繪各種美德——

在令人不快的歷史重演中，直美形象清新。

在喧囂聲中，直美安靜無聲。

在意見分歧中，直美禮貌友善。

在風暴中，直美一派平靜。

在混亂中，直美清白無瑕。

在指責聲中，直美完全無辜。

儘管投射在直美身上的特質大多是正面的，但她依然不喜歡，尤其它們與小威廉絲的負面評價形成了鮮明對比。「說穿了，我知道有很多人不喜歡小威廉絲，我覺得他們只是在找一個可以跳出來反對她的人，然後他們以為我可以成為那個人。」直美在美國網球公開賽決賽幾個月後接受索拉婭・納迪婭・麥克唐納採訪時談道：「當然，我不喜歡這樣⋯⋯我希望人們出於正確的原因支持我。若要我直說，我覺得這種事經常發生，比如美國網球

＊ 譯註：大約在一八三〇年代的美國劇院興起，成為大眾對黑人的刻板印象，現在普遍被認為是對黑人的一種冒犯和種族歧視。

公開賽之後。」

小威廉絲本人及其所代表的事物惹人厭煩；而直美則在大眾心目中成了清潔劑般的存在，麥克唐納在《不敗》雜誌撰文，進一步分析這個現象：

> 對一些人來說，大坂的崛起象徵威廉絲時代的終結，這一切來得再快都不為過。在某些球迷陰暗的心理層面中，大坂的魅力部分來自於她是黑人，但不會一直提醒大家她的黑人身分……如果說在世人心目中，小威廉絲是個女魔頭，不准別人忘記種族問題，尤其是美國黑人的問題，那麼大坂則是在未經她本人同意的情況下被標記為天使，將我們從這些骯髒的不愉快中解救出來。

直美不想成為小威廉絲問題的對策，此外，無論是與被妖魔化的小威廉絲相比，還是各自獨立來看，她都拒絕被塑造為天使的形象。「你知道嗎？拿到第一個大滿貫冠軍後，大家就期望我做個『好女孩』。」直美在二〇二一年八月說，此前她曾數度表態，讓人們既憤怒又不舒服：「但現在我談論起那些困擾我的事，我覺得這讓很多人感到困惑。」

• • • • • • • • • • • • • • • • •

二〇一八年美國網球公開賽決賽後幾天，黑人作家卡拉．布朗（Kara Brown）和艾拉．麥迪森三世（Ira Madison III）在流行文化播客節目《堅持下去》（*Keep It*）中，談到目前外界賦予兩位女性的特質可能意味著什麼。

這場談話讓人有種不祥的感覺，卻也透著幾分先見之明。「她這樣做有部分原因是為了直美。」布朗談到小威廉絲的憤慨：「我認為在那種情況下，小威廉絲不會有什麼特別的想法，但她當時應該是這樣想：這是一位年輕、正嶄露頭角的選手，而且不是白人，將來露臉的機會還有很多，可能會和我一樣受到不公平的待遇。於是她心想：我不會讓這種事發生。我想，當你看到當下的直美——我不能替她說話，畢竟我不知道——但我總覺得她似乎也意識到，自己未來或許也得要面對這一切，她日後可能不得不忍受這種狗屁倒灶的事。」

「沒錯，這真的很有意思。現在直美被定位為沉著冷靜的一方，小威廉絲則被視為任性難搞的黑人女性。」麥迪森表示認同：「我心想，等一下，一旦小威廉絲和大威廉絲退役，再也不參賽，他們下一個要針對的黑人女性會是誰呢？」

「就讓（直美）因為不公平的待遇而發飆吧！」布朗總結：「接下來，就等著看他們轉而攻擊她的速度有多麼快。」

……………

小威廉絲在二〇一五年美國網球公開賽四強賽中意外輸給羅貝塔・文琪，當時她距離難如登天的大滿貫冠軍就差兩場勝利，此後，小威廉絲有了固定模式——只要在美國網球公開賽失利，她就會在該年度剩下的時間裡保持一定程度的隱退。當巡迴賽來到亞洲舉辦，小威廉絲已早早在紐約下車，她沒有參加亞洲賽事，也很少公開露面。二〇一九年美國網球公開賽是她最後一次打進大滿貫決賽，不幸輸給比安卡・安德烈斯庫，賽後她取消原定的《週六夜現場》主持計畫。

二〇一八年美國網球公開賽決賽可能是小威廉絲職業生涯最痛苦的失利，她原本希望盡可能遠離聚光燈，但在決賽結束三天後，她還得為贊助商貝勒公司（Berlei）進行奇怪的宣傳活動。這是一家澳洲的內衣公司，為了代表該公司參與澳洲乳癌防治月的自我檢查活動，小威廉絲錄製了一段上半身赤裸的影片，畫面中她以雙手遮擋雙乳，演唱迪凡諾樂團（Divinyls）的露骨歌曲〈我撫摸自己〉（*I Touch Myself*）改編版，並在澳洲媒體露面宣傳這段影片。

澳洲時事節目《專題》（*The Project*）主持人麗莎・威爾金森（Lisa Wilkinson）採訪小威廉絲時，明白表示她很訝異對方沒有取消採訪邀約，但小威廉絲的公關設下嚴格條件——過程中只要提到馬克・奈特的漫畫，小威廉絲就會立刻起身離開。威爾金森確實詢問了小威廉絲在美國網球公開賽的違規事件，且立刻被公關打斷，不過小威廉絲仍勉強允許威爾金森繼續提問，並最後一次為自己辯解。「（對）男人來說，如果你想以不說粗俗言語的方式來表達心聲，你只是在做自己。但你從三歲起就為一個夢想而努力，如今它就在眼前了，就在你處於美妙時刻即將來臨的緊要關頭？」她說：「如果你是女性，應該要能做到男性可以做的一半。但我覺得，事實證明，現在的我們沒有達到這個地步。」

「妳知道，這裡也好那裡也罷，全都沒有。」小威廉絲說，聽起來她已經厭倦去揭一個還未癒合的傷口：「我只是想盡量從那次事件中恢復過來，並且繼續前進。」

採訪接近尾聲的時候，小威廉絲送給威爾金森一件貝勒牌蛇皮胸罩。「真漂亮。」威爾金森說：「而且還是我的尺碼！」

小威廉絲送出胸罩，象徵她談論那次事件的義務到此為止，但回到佛羅里達的家中後，她仍然感到不安。「每天晚上我試著入睡，那些沒有解決的問題會一直在腦海中翻騰，而且沒完沒了。」小威廉絲後來寫道。

小威廉絲開始找心理醫生諮商，但仍然感到焦躁不安。她終於意識到，她還想再和一個人談談那件事，於是她找到對方的電話號碼，開始寫簡訊。她曾要求拉莫斯道歉，但隨著時間過去，她現在認為或許自己也欠了某個人一個道歉：

> 嘿，直美！我是小威廉絲，正如我在球場上說的，我為妳感到無比驕傲，也真的覺得很抱歉。我當時以為，我為自己出頭是對的，但我沒想到媒體會把我們放在對立的立場上，我很想重新再來一次。我現在、過去和將來都會為妳感到高興，並且支持妳。我絕對不希望看到另一位女性失去光芒，特別是另一位黑人女運動員。我迫不及待想看到妳未來的表現，相信我，我會一直以忠實球迷的身分關注妳！祝妳今天和將來都能成功，再說一次，我為妳感到驕傲。謹獻上我所有的愛，妳的球迷小威廉絲。

幾個月後，小威廉絲在《哈潑時尚》（*Harper's Bazaar*）雜誌分享這段對話，她寫道，當手機螢幕出現直美的回覆，她看了隨即淚崩。「人們會把憤怒誤解為力量，因為他們無法區分二者。」直美寫道：「沒有人像妳這樣為自己挺身而出，妳需要在這方面繼續勇往直前。」

很多人認為小威廉絲害直美的巔峰時刻蒙上陰影，直美應該怨恨她。但直美對小威廉絲的愛是絕對的，她已然赦免她。

雖然對小威廉絲的感情從未動搖，但直美依然受到那次事件的嚴重影響。二〇二一年，她透露自己一直在與憂鬱症搏鬥，並將原因追溯到三年前在紐約發生的創傷。「事實上，自從二〇一八年美國網球公開賽以來，我就長期飽受憂鬱症折磨。」直美寫道：「這個情況對我來說真的很棘手。」

直美幾乎沒有時間去消化當時發生的事。她收到小威廉絲的簡訊時，已經去到日本。當小威廉絲的失利成為全球矚目的焦點，只有日本人更關注直美的勝利。

21 東京的談話

The Talk of Tokyo

二〇一八年九月九日星期日淩晨四點五十分，太陽已經在根室的天空中升起，這座北海道東北邊緣的漁業小鎮比日本其他地方更早迎接曙光。晨光照到窗戶後，短短十分鐘內，大坂鐵夫已經開始觀看另一顆遙遠的新星。他比其他日本人更早注意到它——也就是他的外孫女直美。就在她所代表的國家迎接嶄新的一天之際，她在美國網球公開賽贏得第一個大滿貫冠軍。

直美奪冠數小時後，遠在地球另一端的紐約掀起一股媒體風暴；然而在根室這個涼爽清朗的日子裡，七十三歲的鐵夫在家門外面對著安靜許多的媒體。「我到現在還是不敢相信，外孫女已經成為世界冠軍。」鐵夫滿面笑容地對眾多記者說。

在頒獎儀式上，小威廉絲還得特別問直美是不是喜極而泣，但日本民眾因她的勝利而生起的情緒可是百分之百明確。直美的面貌連續幾天出現在日本各大報頭版，標題分別是「日本球員的最高榮譽」、「一夜成名的球后——強大而穩定」。連任多屆的日本首相安倍晉三（安倍晋三）恭賀直美獲得突破性勝利，並感謝她「在這個艱難時刻為日本帶來活力和振奮」——安倍晉三指的是三天前北海道南部發生的地震，造成了數十人死亡。日本網壇長期標竿人物錦織圭在推特為直美道賀，內容是一串全球通用的表情符號，沒有任何文字。日本媒體只有

Wowow 頻道實況轉播美國網球公開賽決賽，這個額外收費的有線電視頻道收視戶有限，但直美奪冠的消息卻在決賽後整整一週占據了日本所有大型媒體，包括平面、電視、網路及電子看板。原本在日本只有網球迷認識的直美，一夕之間成為轟動各界的人物。

在各種街頭訪問（日本影片部落格流行採用的方式）中，數十人對直美的成就表示欽佩。關於小威廉絲為何不高興或觀眾為何發出噓聲，東京人不感興趣也無法理解。有些人認為，美國人最不開心的其實是該國選手輸掉比賽，這種看法不能說完全錯誤。一位受訪男性若有所思地表示，美國人對外國人的成功感到憤怒，這一點反映了川普總統任內興起的仇外心理。

拜網球賽事湊巧安排所賜，這股直美熱即將一發不可收拾。繼美國網球公開賽之後，WTA 賽曆的下一個重要賽事便是九月中旬在東京舉行的東麗泛太平洋網球公開賽——這意味著直美將在全國對她的關注達到極盛時前往日本。儘管她從未在東京居住，自從三歲離開日本後，多年來也只在日本零星待過幾個月，但媒體還是將她的到來定調為「回家」。

直美首先前往洛杉磯，擔任《艾倫秀》（*Ellen*）和《史蒂夫・哈維秀》（*The Steve Harvey Show*）的嘉賓，之後她和父母及經紀人飛抵東京羽田機場。直美走出機場時，受到大批球迷和攝影師熱烈歡迎。她在這趟東京之行受到天王巨星般的款待，而這令人喘不過氣的迎接陣仗還只是開始而已。一天晚上，環決定在東京的飯店房間裡做實驗，把電視頻道從頭到尾轉一遍，看看螢幕上能不能至少有一次沒有出現女兒的臉，結果實驗宣告失敗。

直美在美國網球公開賽奪冠後隔天，已經在紐約接受日本放送協會和 TBS（株式会社 TBS テレビ）等主要電視台的衛星採訪，她以日語回答了一些問題，大多是在談到最喜歡的食物時。其他問題她都以英語回答，比如 TBS 記者問她，成為第一位日籍大滿貫冠軍的感受如何，她答道：「我非常榮幸，但不知道該怎麼用日語說。」

直美奪冠四天後，人們仍然極度渴望與這位網壇新星近距離接觸，贊助商日清乾脆在她抵達日本數小時後，於橫濱（横浜）安排一場記者會。日清社長兼執行長安藤宏基向直美獻花，她站在日清標誌前拍照，並接受數百名記者提問，比她在紐約面對的記者還要多兩倍。

「首先，我要感謝大家來到這裡。」直美以英語開場，並由身邊的口譯人員翻譯為日語：「我非常感謝大家的支持。然後，我還想說，嗯，我已經聽說北海道，呃，發生的事，所以，我真的希望大家平安無事，在此獻上我所有的祝福。」直美說話時，大批攝影師的閃光燈和快門聲不絕於耳，聽起來就像徐徐吹送的微風。有人問直美，這一切是否像在作夢，她答道：「我從來沒有看過——哦，天哪，好亮——這麼多人來參加記者會，我想現在我已經慢慢能接受了。」

記者會延長時間，有人要求她以日語對球迷說幾句話。近年來只要有人請她說日語，她總是以最基本的短語回應，於是她再次說「謝謝大家的支持」。接下來，她又用日語說了聲「大家好~」，尾音拖得很長，然後說：「壽司真的很好吃。」她豎起大拇指，圍在一起的記者都笑起來，完全為她的魅力傾倒。

日本全國人民也深受她吸引。「她是一個多麼可愛的人。」日本電視台（日本テレビ放送網株式会社）脫口秀主持人宮根誠司在採訪直美後說道。美聯社（The Associated Press）寫道，直美「一口破日語反而成為她的優點，她偶爾會為說錯單詞或根本不會說而道歉」。二〇一八年十一月，出版商集英社公布年度代表辭彙和短語的候選名單，將「なおみ節」（「直美式」的意思）列入，形容她「羞澀地說出簡單的日語」。

雖然直美百分之九十以上的公開演講都用英語，但日本媒體和觀眾往往踴躍地指出她表現在其中的日本特色。一位觀眾在直美的 YouTube 影片留言區寫道：「她的舉止和習慣都好日本，就連歪頭的樣子也是。」《東洋經濟週刊》（週刊東洋経済）寫道，直美「不是那種大膽表現自我主張的人，她害羞、謙遜，使得她看起來更像日本人」。《紐約時報》東京分社社長莫托克．里奇（Motoko Rich）說，直美在美國網球公開賽頒獎儀式上為自己的勝利道歉時，「表現出了日本人的特質」。里奇在《紐約時報》的報導中採訪一位名叫大野直子的日本球迷，她認為直美身上有很深的日本特質。「她有日本人的靈魂。」大野說：「她不會過分流露快樂的心情，她打球時雖然攻擊性很強，但接受採訪時總是很謙虛。我喜歡這一點。」

．．．．．．．．．．．．．．．．．

對於那些外貌與直美相似且身分常受到懷疑和挑戰的日本人來說，直美身上的日本特質格外有意義。直美成為眾所矚目的焦點，意味著日本社會中常被邊緣化、被忽視的混血族群開始受到更多關注。在日本，約有百分之九十八的人口是純日本人，混血兒通常被稱為「ハーフ」，源自英語的「half」（一半）。這個詞在混血兒當中頗具爭議，很多混血兒的父母並不喜歡，他們認為它和「混血兒」一樣都是一種貶義詞。他們還認為，這個詞使得孩子聽起來不夠完整，有些人便提出「ダブル」一詞來代替，它源自英文中的「double」（雙）；與其說他們只是兩邊各占一半，不如說他們同時具有完整的兩邊。

「日本人讚揚她，讓我覺得媒體和大眾真的接受她是純正的日本人。」一位黑皮膚日本女性說道，然後不忘提醒：「我真的為她的成就感到高興，但從我身為日本和黑人混血的角度來看，我不希望日本人刻板地認為我們有運動天賦，只因為我們是黑人……如果日本社會只是把我們視為運動健將，那麼他們永遠不會意識到種族歧視之類的問題。」

日本幾位最有名的混血兒也是運動員，例如：籃球選手八村壘（八村塁）和棒球投手達比修有（ダルビッシュ有）；還有政治人物，比如玉城丹尼（玉城デニー），他在直美贏得美國網球公開賽的同一時間當選沖繩縣（沖縄県）知事；也有一位日本環球小姐宮本愛莉安娜（宮本エリアナ）。但這些人都是在日本長大，逐漸在聚光燈下嶄露頭角，完全不像直美是贏得大滿貫後瞬間成為萬眾矚目的焦點。

雖然身分議題在日本遠不如在美國那樣受到重視，但單一血統的日本社會突然開始關注和追捧一個長相與眾不同的偶像，使得像直美這樣父母一方為外國人的日本人發現自己突然成為了大家好奇並感興趣的話題。喬．奧利弗（Joe Oliver）是黑人與日本人混血的工程師兼模特兒，在直美奪冠後幾天裡，他接受了許多媒體採訪，談到小時候遭受霸凌——這也是日本混血兒在採訪中普遍提及的共同話題。「我認為混血兒的成功，比如大坂，有助於打破大多數日本人對不同背景的人所產生的隔閡。」奧利弗告訴路透社記者。奧利弗等人也希望直美的成名能讓人們關注非運動巨星的多種族人士所面臨的嚴重問題，比如住房和就業歧視。影片部落格作者馬克斯．卡波（Max D. Capo）問他「如果大坂直美與網球無關的話」，街上的日本人會怎麼看她，奧利弗直率而迅速地回答：「哦，那她就只是個外國人，日本人就是這麼想的。」

黑人作家貝伊．麥克尼爾（Baye McNeil）出生於布魯克林，並在日本生活了近二十年，他表示日本人接觸黑人的機會有限，使得他們很容易對黑人產生正面或負面刻板印象。在日語中，「kokujin」（黑人）這個不精確的辭彙也被用來形容遙遠國度的黑皮膚人士，好比塞內加爾（Senegal）和斐濟（Fiji）之類的地方。「無論她做了什麼，都會對我產生影響。不幸的是，無論一個黑人在日本做了什麼，都會影響到我們。」麥克尼爾談到直美：「假使黑人搶劫日本女人，或者黑人士兵在沖繩性侵日本女人，那全都會影響到我。日本人的種族意識有限，無法將每位黑人視為單獨個體，而是會將我們視為一個整體。現在直美也被納入當中，因此，無論她做了什麼，她了不起的光芒都會照到我。」

麥克尼爾設計一套他稱之為「ABC」的標準，透過三個指標衡來量一個人的日本指數——日本外表（Appearing Japanese）、日式作風（Behaving Japanese）和日語交流（Communicating in Japanese）。他說，雖然直美在A和C這兩項得分較低，但她的B項得分超高，一來她的舉止靦腆而恭順，二來她熱愛動漫、電玩和寶可夢等日本流行文化。「一開始，我覺得日本人真的被她給迷住。」麥克尼爾告訴我：「她是東西方特質的完美綜合體，既有日本人骨子裡的害羞，又受西方文化影響而攻擊力十足。人們衷心嚮往這種結合，希望自己能得到它、捕捉它，將它裝在瓶子裡。」

他說得果然沒錯，日本各大品牌都爭相捕捉、裝瓶和銷售大坂直美的精髓。

……………

日清公司的記者會結束後，直美前往橫濱，參加新贊助商的發布會。汽車製造商日產與直美簽約三年，請她擔任該公司最傑出的品牌大使。數百名攝影師和記者再次來到日產汽車總部，準備記錄這個時刻。儀式開始，日產的主持人請直美稍微講點日語，直美立刻瞪大眼睛；她簡短地說了幾個字，第一句話說到一半便迅速轉回英語：「我很榮幸能夠擔任品牌大使。」

「日產和大坂有相同理念，那就是努力改變世界，成為遊戲規則的改變者。」日產資深副總裁星野朝子說。星野在台上與直美進行簡短談話，向她展示一款針對年輕人設計的Leaf電動車，並興奮地告訴她，日產還有一款名為Serena的小型貨車。直美似乎有點搞不太清楚。不過，她依然很高興地告訴星野，小時候她父親有一輛日產

Quest 小型貨車，當初他毅然決然地開著那輛車，載女兒前往佛羅里達，就此改變了她們的一生。「現在我能夠成為品牌大使，感覺就像繞了一大圈。」直美說。雙方在儀式結束時簽署了一份新奇的超大合約，直美以英文簽名，星野則以日文簽名，接著合影留念。同年，日產發布限量版紀念車型「日產GTR大坂直美款」，並由直美挑選三種配色。

在直美迅速壯大的日本商業代言中，與日產簽訂的合約是規模最大的合作之一。在二〇一八年賽季開始時，直美的贊助商有球拍製造商優乃克、日清食品和 Wowow 頻道（以及外國贊助商愛迪達）；到了年底，又增加了四個日本贊助商——日產汽車、CITIZEN 手錶、資生堂美容產品和全日空航空公司（全日本空輸）（全日空為了讓直美在比賽服裝上佩戴公司縮寫「ANA」名牌而支付高額費用）。直美現有的贊助商已經可以證明與她合作獲得的鉅額回報，據《日經亞洲評論》（*Nikkei Asian Review*）報導，直美打進美國網球公開賽決賽後，Wowow 頻道的訂戶增加了五〇〇%。而在她贏得決賽後的三天內，優乃克的股票上漲了一一%，日清的股票也有三%的漲幅。

（直美的高收入甚至為身邊的人創造了一大片獲益區。沙夏·巴金在她的比賽中把自己變成廣告看板，身上穿著優乃克運動衫，上面還有贊助商日清和日產的標誌。此外，他與一家日本出版商簽訂六位數合約，撰寫自我成長書籍，預計僅推出日文版）。

在美國網球公開賽奪冠前，直美每年的代言收入約為一百五十萬美元，現在這個數字正以倍數增長。有消息指出，她而後每年的代言收入很快就會超過小威廉絲的一千八百萬美元。距離二〇二〇年東京奧運只剩下不到兩年的時間，日本品牌開始瘋狂尋找女性代言人。據《富比士》雜誌報導，錦織圭在最近十二個月獲得了三千三百萬美元代言收入，常常被拿來當做比價標準。「錦織圭是我們旗下的運動員，所以我們知道代言市場有多大，藍圖就擺在那裡。」直美的經紀人斯圖爾特．杜吉德在她奪冠後對英國記者說：「對很多公司來說，錦織圭是男性代言人，而他們正在找女性代言人，所以這個時機再好不過。」

雖然美國球評常對直美選擇為日本效力感到不解，認為這是損人利己的斂財之舉，但在日本很少有人對此事表示傷感或懷疑。「我認為在日本人以外的全世界，幾乎每個人都認為這是一種策略，是以金錢為考量的決定，畢竟這是明智之舉。」麥克尼爾告訴我：「但對日本人來說，我還沒聽說過有人聯想到贊助這方面。老實說，我認為人們不會從這些角度去看待這件事……我只是認為文化不一樣，日本文化不會朝著她為了經濟因素而選擇日本國籍這方面去想。」

……………

直美受到的關注大多集中在她幾天前獲得的成就上，但日本國內也出現一些懷疑聲浪，猜測她在十三個月後滿二十二歲時會有什麼變化。根據法律規定，年滿二十二歲的日本人不能再擁有雙重國籍，如果想保留日本籍，就必須放棄其他國籍。*

眾所周知，直美擁有美日雙重國籍，這表示她的公民身分即將陷入左右為難的境地，YouTube 頻道「亞洲老大」（Asian Boss）製作了一則街頭採訪影片，引起廣泛的迴響：

「我認為她應該選擇日本，因為她獲勝當下的身分是日本選手。我認為有了日本國籍後，她在最高級別的比賽會輕鬆一點……畢竟待在美國競爭對手太多。」

「英語是她的母語，她一定會在美國待下去。」

「我覺得她的身分認同更偏向美國，但日本人只是一頭熱地把她當成自己人。我覺得他們只是想說，有個日本人很成功。」

「我會支持她，這一點不會改變。即使她決定加入美國國籍，她身上仍然流著日本人的血，我只想繼續支持她。」

影片中有位被迫放棄加拿大雙重國籍的二十三歲女性，談到自己的經歷時情緒激動。「這兩個國家都是我身分的一部分，但日本法律逼你選擇其中一個，讓我覺得自己的身分被否定。」她說：「另一邊身分在這裡不被接受，讓我很難過。我也為（直美）必須做出選擇感到難過，我很同情她……希望有一天可以拿回我失去的國籍。」

幾週後，直美在記者會上被問到會如何選擇公民身分，她露出少見的沮喪表情。「我真的不明白，為什麼大家一直問我這個問題。」她說：「我可以很肯定地告訴你們，這一點再明顯不過，我為日本效力。不是不尊重你們，但我真的不明白，為什麼有人說這對我而言是艱難的選擇，這類結論到底從哪裡來的。」

直美後來確實保留日本國籍，並繼續為日本效力。然而，法律雖明文規定但沒有嚴格執行，因此大約有上百萬名日本人不予理會，而直美和這些同胞一樣，也保留了雙重國籍，不管是在二十二歲生日之前或之後的幾年裡，

* 這個規定表明日本在擴展「日本人」的定義上多麼緩慢，直美要是提早十三年出生，她根本不會獲得日本國籍。一九八五年以前，只有男性日本公民的孩子才能獲得日本國籍，但直美的父親不是日本人。一九八五年法律修訂，只要父母任何一方具有日本國籍，都可以延伸到子女身上。

她的名字從未出現在美國國稅局出版的《放棄國籍個人季刊》(*Quarterly Publication of Individuals, Who Have Chosen to Expatriate*)上。

・・・・・・

在英語媒體對直美的報導中，她的多元文化背景一直以來都是備受矚目的焦點，但日語媒體上只是偶爾提問；一些日語評論員批評，太多人在無關緊要的議題上問了直美過多基本而幼稚的問題。事實上，在日本舉行的盛大歡迎記者會上，她曾被問到一些輕鬆的話題，比如吃霜淇淋以及ＩＧ下一則貼文會是什麼；然後有人請她談談，她是如何改變對日本身分的看法。由於口譯人員翻譯錯誤，直美聽不太懂這個問題，大致上不置可否。「對於我的身分之類的問題，我其實沒有想太多。」她說：「對我來說，我就是我，知道自己是在什麼情況下長大的。我自己沒概念，不過，人們說我的行為有點像日本人？所以我想就是這樣。」

在美聯社另一次採訪中，直美也做出類似的回答。「有人問我這類問題時，我確實會措手不及，因為這時我必須好好想想。」直美談起自己的多元文化背景：「我也不知道，我真的覺得我不是三個獨立的，呃，混合體之類的，我只是覺得我就是我。」

日本媒體對直美的報導廣泛但不深入，即使她成為日本最紅的明星之一，國內的報導也無意深入挖掘她的家庭背景細節。弗洛倫特・達巴迪曾擔任 Wowow 的主持人並報導直美多年，他說，二〇一八年美國網球公開賽舉辦之前，他從《紐約時報》的報導中得知直美一家的背景，以及他們從前在日本生活但未曾披露的大量細節。「但在日本，他們對這種背景不感興趣。」達巴迪告訴我：「她來日本打巡迴賽時也有點生氣，因為日本的晚間節目淨問她一些愚蠢的問題，逼她回答『妳最喜歡吃什麼？』『妳最喜歡日本哪個城市？』『妳為什麼喜歡日本？』活像馬戲團一樣，沒有人會問她成人方面的問題。英語報導一再將直美引向波濤洶湧的社會和政治話題，每次都惹惱IMG的公關，他們希望直美能比照羅傑．費德勒、拉斐爾．納達爾和瑪麗亞．莎拉波娃等之前的客戶，避開政治話題。日本媒體則以另一種方式惹惱達巴迪，他們將直美引向裝滿瑣碎無聊問題的兒童池，而不是詢問她及家人在日本的經歷和生活上遇到的種種問題。「我認為她是成年人，她想談論重要議題。」他說：「但在日本，運動是一種娛樂，他們有時對球員說話的態度就像球員不應該談論重要議題那般。」

儘管直美在日本公眾和企業中掀起一股神奈川大浪*般的熱潮，但並非事事順利。日清公司委託製作動畫廣告，以直美和錦織圭的形象做為參考依據，成品卻令觀眾大吃一驚。人們很容易就能在動畫中認出錦織，但直美卻被刻畫得一點也不像她，尤其是角色的白皮膚與錦織的膚色差不多。大眾紛紛批評日清在「漂白」直美，她因而遭遇職業生涯以來第一次企業公關危機。在記者會上，有人提起這次爭議，直美起初不置可否，但隨後給了一個更完整的回答：「我已經和他們談過，他們也道過歉。」她說：「對我來說，這件事很明顯，我的皮膚就是黑的，誰都看得出來。我認為他們也不是故意要這樣，呃，就是『漂白』之類的。但我非常肯定，下次他們再想畫我或做這類事，應該先和我談一談。」

幾個月後，直美的膚色再度引起爭議，漫才二人組「A Masso」（Aマッソ）開直美玩笑，說她「需要一些漂白劑」，還說她「晒太多太陽」。她們事後道了歉，而直美趁機為新贊助商打了一波廣告。「『晒太多太陽』，大笑，太誇張了吧！」直美在推特上調皮地寫道：「他們不知道，用了資生堂安耐曬完美UV防曬霜，我從來

---

* 譯註：日本浮世繪畫家葛飾北齋（葛飾北斎）的木刻版畫《神奈川沖浪裏》是知名國寶，約作於一八三一年，描繪大浪席捲漁船的情景。

沒有晒傷過。」

⋯⋯⋯⋯⋯⋯⋯⋯

從美國網球公開賽決賽結束到東麗泛太平洋網球公開賽重返賽場，直美在這十天裡經歷許多新鮮事和情緒起伏，可以想見她到時上場比賽可能略顯疲態。不過，直美反而利用這股環境帶來的能量為自己充飽了電。「來到日本真的很有趣。」直美拜訪日產總部時說：「看到大家為我（在美國網球公開賽）的表現感到驕傲和開心，讓我想在接下來的賽事拿出更好的表現。」

遭受龐大壓力還能激勵自己提升球技，對其他選手來說是多麼艱鉅的挑戰，但直美確實做到了。為了迎接奧運來臨，可容納一萬人的有明競技場（有明コロシアム）正在翻修，因此當年的東麗泛太平洋網球公開賽在立川僅容三千人的室內籃球館舉行。直美的號召力輕鬆吸引了眾多觀眾，看台上座無虛席。她身為抽籤名單中排名最高的選手之一，獲得第一輪輪空，這是她職業生涯第一次獲得此等殊榮。在第二輪比賽中，直美不到一小時便以六比二、六比一擊敗前WTA四號種子選手多米尼卡・席布可娃。幾位球迷帶著自製標語和橫幅，在這場速戰速決的比賽中為直美加油。

接下來，直美連續兩場比賽直落兩盤獲勝，連勝紀錄來到生涯最佳的十場，並打進決賽，好消息公布時，鏡頭不忘對準看台上直美的母親和外祖父母。世界排名第七的直美最終以四比六、四比六輸給排名第八的卡羅利娜・普莉絲可娃。但她在這次賽事中展現了過人的抗壓性，即使面臨其他選手很少遇到的體重問題和全國性密切關注，依然保持最佳狀態。

不過，在接下來的北京賽事中，直美突然再次感到空虛，就像先前在查爾斯頓的情況，比賽時她在球場上哭泣。「同樣的事再度上演。」直美後來說：「我在中國比賽，卻希望那個女孩打敗我。我在球場上哭。然後我思考：呃，這到底是什麼感覺？我不知道該如何描述，也不知道該如何消除它，所以，我想，下半輩子我都得忍受這種感覺了。」

22 從底層到巔峰

Down Under to the Top

二〇一八年賽季結束後，大坂直美回到睽違兩個多月的佛羅里達住家，此時的她與上次離開時已大不相同。她是大滿貫冠軍和世界排名前五的球員，全年收入達到八位數。記者飛往佛羅里達，為《時尚》雜誌的專題報導及《時代》雜誌的封面故事採訪她。

儘管這些變化讓她成為全球超級巨星和家喻戶曉的名人，但二十一歲的直美還是回到博卡拉頓的家，和父母及姊姊一同住在父母的房子裡。「我媽媽會做晚飯，然後我們一起出去，通常是去購物中心，因為老實說，佛羅里達沒什麼好玩的。」直美談起休賽期間的日常生活：「沒錯，我常和姊姊在一起，玩玩電子遊戲什麼的，我們都很喜歡對方的陪伴。」直美的收入終於可以讓母親退休，她為此感到無比自豪和滿足，現在環的主要工作改為監督女兒的職業生涯及商業利益，但她常常無法冷靜下來，直美實在無法理解。「我一直在問她：『妳有沒有想去的地方？』」直美談到母親：「她總是這樣說：『沒有，我忙得不得了！妳沒看到我有多忙嗎？』然後她就會繼續對著電腦埋頭苦幹。她在家裡，呃，有一間辦公室，從早到晚待在裡面，但我覺得她好像是在，唔，假裝很忙，好像在逼自己忙一些沒有必要的事。」

倫納德沒有那麼多事要忙，但仍持續關注直美的職業生涯。雖然他已經多年沒有擔任正式教練，但依然陪伴直美在附近的艾芙特學院進行休賽期訓練。現場還有教練沙夏・巴金、力量與體能教練阿卜杜勒・西拉和新物理治療師克莉斯蒂・斯塔爾（Kristy Stahr），他們都為直美即將到來的二〇一九年賽季做準備。她的二〇一八年賽季在低迷中結束，原本以年度八強身分獲得了新加坡WTA年終總決賽精英選手資格，但循環賽的戰績卻是〇勝三負。儘管遭遇些微挫折，她的鬥志依然昂揚。WTA新增年度最佳教練獎，巴金在投票中脫穎而出，成為首位獲獎者。這個結果在意料之內，畢竟在他的嚴格監督下，直美的蛻變有目共睹。根據巴金自己的紀錄，在與直美共事的第一年裡，他陪著她度過了三百六十五天中的三百六十天。直美在布里斯本（Brisbane）參加年度首場賽事時，帶著燦爛的笑容親手為巴金頒獎。

直美的教練團不因現狀而自滿，成員們努力為她進行調整並加強訓練，讓她能以十足戰力迎接二〇一九年賽季，畢竟每位選手都將她視為強敵，一定會仔細研究她的打法和球路。「其他球員和教練一直在分析她的比賽。」巴金後來寫道：「看得出來大家突然開始注意她，並試圖解開謎題。」

巴金和團隊成員相信，直美可以由外而內培養毅力，只要身體夠強壯，她的心態也會強大起來。「如果直美認為自己在休賽期間比其他球員更努力，就會知道自己的身體比她們更強壯，連帶消除掉很多壓力和緊張。」巴金寫道：「如此一來，你會知道不一定要打得好才能贏。你知道自己總能戰勝對手——這個認知將為你帶來無比的信心。」

直美在訓練的前幾週僅鍛鍊體能，沒有拿起球拍。除了嚴格控制直美的飲食，西拉也在跑道和健身房為她進行長時間訓練。當直美來到澳洲正式展開二〇一九年賽季，日本媒體很快就注意到她修長的身形，並在記者會上反覆針對減肥提問。「因為我想加快動作，這不是為了外表或什麼。」直美第一次被問到時這樣回答：「我覺得這樣能讓我打得更好，我可以更快追到球，肌肉也不會像以前那麼痠痛。」後來，一位日本記者問她目前多重，直美瞪大了眼睛。「你想知道？」她笑著說：「但我不知道，我好久沒秤體重了。再說，你也不應該這樣問別人的體重。」

• • • • • • • • • • • • • • • •

雖然直美二〇一八年的戰績卓著，排名從第六十八位上升到第五位，但巴金發現她有一個明顯的弱點：缺乏反敗為勝的能力。她參加的所有比賽都採用女子網球賽事的標準，也就是三盤決勝制，但直美的表現幾乎都是第一盤定江山。在她的比賽中，任何一方只要拿下第一盤，幾乎等於穩操勝券。在那些直美拿下第一盤的比賽中，二〇一八年的戰績是四十一勝〇負，意味著好的開始一定成功；而在那些她輸掉第一盤的比賽中，戰績是二勝十九負，幾乎沒有絕地大反攻的希望。巴金認為，直美一旦開盤落後就會敗北，歸根結柢是自我意識作祟。「她想得太多了。『天哪，我打得好爛，看台上的觀眾會怎麼想？電視機前的觀眾會怎麼想？哦，天啊！』」巴金多年後說：「她太在意外界的一切，而不是想辦法打得更好，或者專注於有效的策略。」巴金表示，他所有的努力都是為了讓直美放鬆，而最終目的是讓她能更輕鬆應付比賽，並且更有自信。

直美積極培養反敗為勝的能力，但卻在二〇一九年賽季剛開始就出師不利。在布里斯本國際賽（Brisbane International）四強賽中，直美第一盤以六比二輸給了萊西婭．朱蓮科，她隨即變得悶悶不樂，自我否定。她對巴金說：「我沒辦法打，球不聽使喚……我覺得壓力很大。」巴金試著拿出建設性態度，提議為她換不同張力的球拍，直美表示沒用。「不是，我覺得是我的心態有問題。我把自己放在這樣的境地，要麼贏，要麼死，你知道嗎？」輸掉比賽後，直美為自己在球場上出現「最糟糕的心態」道歉。「我對每一位觀看比賽的人說聲抱歉。」她在推特上寫道：「我一直告訴自己要成熟一點，但似乎還需要一段時間。」

直美退出了下一站的雪梨賽事，直奔墨爾本備戰澳洲網球公開賽。不過，即使在豔陽下的練習相當順利，上一次的表現還是留下了陰影。「自從和朱蓮科比賽後，我就有一種烏雲罩頂的感覺，總覺得要到下一場比賽才能解決它，因為那時你們會來看我打球。」直美說：「所以，我覺得這種感覺很……有點討厭？我真的不想再有那樣的遺憾。」

……………

在二〇一九年澳洲網球公開賽前，女子網壇具備奪冠希望的頂尖選手比歷屆都要多。自從小威廉絲因懷孕而退出巡迴賽，這種勢均力敵的態勢便延續至今。在此前的八次大滿貫賽事中，有八位不同女性奪冠，這次的比賽從精確數據來看，共十一位女性有機會在墨爾本登上冠軍寶座，其中包括排名第四的直美。不過，巴金沒有和她討論這個機率。「我沒有跟直美談到她有多大的機會拿下第一，說這種事對她有什麼幫助呢？」他寫道。

直美一開始相當順利，前兩場比賽都直落兩盤獲勝。她後來說，她的心態與在紐約時完全不同。「在澳洲唯一的目標就是獲勝。」她說：「那是我每天醒來的第一個念頭。」她從更衣室走過長長通道進入羅德．拉沃競技場，途中會輕拍女子冠軍獎盃的照片，彷彿在敲它的門，對它說她就快到了。直美信心十足，她打電話給媽媽，環正在密西根州陪麻里參加ＩＴＦ公開賽。直美邀媽媽過來墨爾本，保證她到時會一起見證榮耀時刻。「我當時這樣講：『妳想來澳洲嗎？因為我會打贏這場比賽。』」直美後來回憶。「她說：『不行，我和妳姊姊在一起，不用了，謝謝。』我當時想：好吧！」

無論環在哪裡看著女兒，都會從直美身上看到新的韌性。在第三輪比賽中，她與難纏的謝淑薇對戰並輸掉第一盤，第二盤在二比四落後的情況下奮起直追，最終在第三盤獲勝。「我覺得像這種很難的比賽打得愈多，或許會愈來愈得心應手，後面就不會覺得那麼難了。」直美在獲勝後說。接下來的比賽並不輕鬆，對手是十三號種子安娜塔西亞・塞瓦斯托娃——她曾在四個月前打進美國網球公開賽四強賽。直美再次輸掉第一盤，但最終以四比六、六比三、六比四獲勝，晉級八強。

直美進入了澳洲網球公開賽第二週賽程，戰況比當初在美國網球公開賽更艱辛。這一次，她將面對眾多名列前茅的強敵。她第四輪擊敗的塞瓦斯托娃排名第十二位，比她在紐約遭遇的對手都要高。在墨爾本剩下的比賽中，直美將面對排名前十的對手，她們和她一樣都在追逐世界第一的排名。雖然直美二〇一八年屢獲佳績，但對戰強敵時卻常常失去最佳狀態。在那些出戰排名前十對手的比賽中，她的戰績只有三勝九負；包含她在美國網球公開賽奪冠之後的一勝四負。這一次，她躋身媒體的熱門選手，壓力變得更大，畢竟她目前世界排名第四，是當年澳網八強裡最高的。

排名第六的艾莉娜・斯維托麗娜在八強賽率先登場，她剛剛在新加坡贏得WTA年終總決賽冠軍；而直美在新加坡沒有打贏任何一場比賽。斯維托麗娜曾在二〇一八年兩次擊敗直美，包括邁阿密賽事。直美在印地安泉奪冠並戰勝小威廉絲後，八連勝的戰績就是在斯維托麗娜手裡告終。但就在這一天，墨爾本正午蒸騰的熱浪中，直美拿出在佛羅里達多年訓練的實力，趁斯維托麗娜萎靡不振時大鳴大放，在最後九局連拿八局，終場以六比四、六比一獲勝。

直美戰勝斯維托麗娜後，如果接下來的賽事如願進行，那麼萬眾矚目的對決將再度上場——它也將重演前一年最受關注的比賽，也就是直美將連續兩次在大滿貫與小威廉絲對戰。小威廉絲第四輪時擠下世界排名第一的西蒙娜・哈勒普，並在八強賽中出戰排名第七的卡羅利娜・普莉絲可娃，第三盤暫時以五比一領先。

小威廉絲在球場上奮戰時，直美在記者會被問到，兩人在紐約的爭議是否會延續到墨爾本的交鋒，以及她是否認為小威廉絲會懷著特別的動機來報仇。直美沒有上鉤。「我不能替她說話，但對我來說，能與她交手始終是我無上的榮幸。」直美談到小威廉絲：「對我來說，從小到大都一直看著她。老實說，我覺得非常幸運，至今已經和她交手過兩次。如果接下來還有機會，我一定會非常期待。」

《時尚》編輯安娜・溫圖在小威廉絲的包廂為她加油，小威廉絲只差一分就能迎來與直美的再度對決，不料災難卻在此時出現。她第三盤時以五比一及四十比三十領先了普莉絲可娃，但卻在賽末點發球時扭傷了左腳。和所有右撇子一樣，小威廉絲發球時是左腳著地，她在剩下的時間裡再也沒有贏得發球分。接下來的比賽，儘管小威廉絲靠著回擊製造出更多賽末點機會，但普莉絲可娃仍以驚人的氣勢連下六局，終場以六比四、四比六、七比五獲勝。

儘管小威廉絲明顯受傷（後來證實是腳踝扭傷），但她在賽後記者會上極力輕描淡寫，冷處理的態度相當堅定，畢竟她不想再被貼上「輸不起」的標籤，或許是因為澳洲媒體對她在紐約那場比賽的言行頗有微詞。「我覺得，她剛開始打得非常非常好。」小威廉絲賽後說：「我認為這和我的腳踝沒有任何關係，我只覺得她一直打出精準而強勁的擊球。」

這場比賽雖然沒有直美再度對決小威廉絲那麼有看頭，但卡羅利娜．普莉絲可娃依然是四強賽的強敵——她幾個月前曾在東京的決賽中直落兩盤擊敗直美。雙方都是發球高手，但比賽之初，直美幾乎可以隨心所欲破掉對方的發球局，並暫時以六比二、一比〇領先；然而，普莉絲可娃在第二盤追平比數，接著便一直保持勢均力敵的狀態，直到第十局，她以六比四拿下第二盤，迫使比賽進入第三盤。

這場比賽的勝負取決於第三盤前幾局。比數來到〇比一，直美在發球局中挽救三個破發點，擋下普莉絲可娃的攻勢，將比數拉至一比一。拿下這局後，她呼出一口長氣，抬頭看著球場關閉的頂棚。她將這股氣勢延續到下一局，成功回擊了普莉絲可娃的第二次發球，在零失分的情況下破掉對方的發球局，以二比一暫時領先。在整場比賽的十九次得分中，她有十六次類似的得分。主播馬克．佩奇（Mark Petchey）為全球觀眾轉播本場賽事，他將直美的有效回擊歸功於教練：「如果你是沙夏．巴金，絕對可以自稱全世界最偉大的教練，因為她的有效回擊數能一直保持在這個水準，全靠你制定的計畫。」

直美在五比四、四十比三十的情況下拿到第一個賽末點，她發球時打出一個進T點的弧線球，落在近發球區處。球彈離普莉絲可娃，直美轉頭看著包廂，握緊拳頭，露出微笑，幾秒鐘後才意識到，遠在另一端的線審已經喊了出界。直美雙手夾著球拍祈禱，等待鷹眼的結果出現。當畫面顯示球的一角確實擦線而過，直美以六比二、四比六、六比四鎖定勝局，她再次露出燦爛的笑容，高興地蹦蹦跳跳來到網前，朝第二個大滿貫決賽邁進。「我只是想，哪怕有一點走下坡或者有那麼一瞬間覺得輸了算了，我都不會原諒自己。」直美事後說。

直美在硬地球場連續兩次打進大滿貫決賽，但氛圍完全不同。與紐約的賽事相比，墨爾本的競爭更激烈，但壓力反而沒有那麼大。自從直美在紐約球場淚流滿面，全世界球迷都對她寄與無限同情，而在墨爾本這場被封為「快樂大滿貫」的比賽中，觀眾對直美熱情相待，不再像四個月前那樣以熊熊烈火包圍她。不僅澳洲人對直美很熱情，在她的賽場上也出現愈來愈多日本球迷，其中以女性居多。直美每次上場比賽時，她們都會揮舞旗幟、橫幅和彩繪手扇，在場館周圍給予她視覺和聽覺上的支持。

人們普遍認為，對直美來說，拿下第二個大滿貫冠軍並不難，畢竟這有點像是再來一次之類的情況，但她在決賽面對的是人氣更高的對手。佩特拉．科維托娃（Petra Kvitová）是兩屆溫網冠軍和七屆WTA體育精神獎*得主，這是她四年多來首次打進大滿貫決賽，身心兩方面都恢復得相當不錯。二〇一六年十二月，一位持刀搶匪以檢查電錶為名，闖入她位於捷克普羅斯捷約夫（Prostějov）的公寓。科維托娃在搏鬥中抓住了搶匪抵在喉嚨上的刀刃，雖然奮力掙脫，但慣用手的左手手指被深深割傷，花費數小時緊急手術才修復了肌腱和神經。後來又休息了數月，她才能重新使用這隻曾打出全世界最強球速的手。起初她不知道自己還能不能握住球拍，但短短兩年多後，二十八歲的科維托娃重新找回打遍天下無敵手的狀態，以一盤未失的紀錄強勢打進澳洲網球公開賽決賽。科維托娃也希望透過這次比賽，在生涯中首次登上WTA球后的寶座；這場決賽的輸家排名將屈居第二。

直美和科維托娃從未交手，但似乎勢均力敵。她與直美一樣，也是在最大賽場上屢獲佳績的強力擊球手，之

* 編註：全稱「凱倫．克蘭茲克體育精神獎」（Karen Krantzcke Sportsmanship Award），此獎項得主是由球員票選得出。

前她有兩次大滿貫決賽打得特別好，恰巧都在溫布頓，也都是直落兩盤取勝，二〇一一年那次擊敗瑪麗亞・莎拉波娃；二〇一四年擊敗吉妮・布夏（Genie Bouchard）。二〇一九年這場決賽開始後，兩人的實力沒有多大差距，直美挽救了第一盤的五個破發點，其中三個一氣呵成，第一盤進入決勝局。直美把握第一個機會，回擊了一記反手拍制勝球，取得二比〇領先。後來，她又打出一記直線制勝球，藉由這個正手拍將比數擴大到五比一。不久，直美扭轉第一個盤末點，以七比六（二）拿下第一盤，她高興得抬起右腿，緊握拳頭，喊出一聲長長的「加油！」慶祝這好不容易得來的勝利。

科維托娃第二盤的一開始就把握住機會，以正手拍回擊，取得二比〇領先，這時直美開始露出沮喪的表情。她絕望地看著團隊，自我厭惡地放下球拍，但幾分鐘後便恢復正常。她迅速回破科維托娃的發球局並連贏四局，第二盤以四比二領先。

兩次保發後，直美的領先比數來到五比三。她在科維托娃的發球局中取得〇比四十時，「冠軍點」的圖案開始在周邊螢幕上閃現。開賽一小時三十二分鐘後，直美只差一分就能拿下第二個大滿貫冠軍和世界排名第一。科維托娃以一記急速的對角正手拍制勝球挽救了第一個冠軍點，直美用球拍為這一擊鼓掌。接著，直美出現正手拍失誤，她抬頭飛快瞥了包廂一眼。下一球，她的反手拍回擊失誤，科維托娃保發拿下一局，此時直美仍以五比四領先，有機會靠發球制勝，但她似乎有些慌亂。科維托娃開局的第一擊就打出回擊制勝球，直美舉起雙手表示難以置信。接著直美雙發失誤，氣得用球拍打自己的鞋子。當直美因為正手拍失誤而輸掉這一局後，她更憤怒地將球打進場內，接著摀住耳朵，阻擋觀眾的歡呼聲——他們很高興看到拉鋸戰有了進展。直美沒有以強盛的氣勢結束比賽，反而變得猶豫不決，揮拍速度也變慢了。她似乎不再主動進攻，而是希望科維托娃失誤。當對方挑戰成功，逆轉直美看似即將獲勝的一記制勝球，直美絕望地看著包廂，她的命運即將反轉。科維托娃在六比五的情況下保發。

「大坂選手陷入掙扎，正在努力保持情緒穩定。」主播馬克．佩奇對全球觀眾說。

「她現在看起來更像二十一歲的年輕人。」眼看直美開始慌張，克里斯．艾芙特在 ESPN 上評論。

在科維托娃第一個盤末點，直美第一次發球失誤，隨後憤怒地把球打到掛網；第二次發球時，她雙發失誤，將一場原本穩操勝券的比賽拖進了第三盤。直美走到主審路易絲．阿澤瑪．恩澤爾（Louise Azemar Engzell）面前要求離場時，臉上已經布滿淚痕，眼睛通紅。她用毛巾蒙住頭離開。

「她現在好像諸事不順。」佩奇說：「如果你是大坂，很難找回正面心態。如果她有辦法在這裡爬起來並奪冠，她的努力絕對值得稱頌。」

……………

智者瑪麗．卡里略常說，網球比賽最艱難的莫過於「前功盡棄」——一度領先，後來失利，將比數優勢和贏面拱手讓人，自己則失望和遺憾節節升高，這在網球比賽中可能是最令人難以接受的局面。

從第二盤後半到第三盤前半，科維托娃連得了十二分。直美必須設法捲土重來，眼看距離網球巔峰只有一步之遙，此時無論如何都不能出現山崩，否則就會前功盡棄。「當然，當我遇到那三個賽末點，心裡非常失望和難過，我試著告訴自己，現在的我已經無能為力，但人總是會不信邪。」直美賽後說：「我只是跟自己說，這是決賽，對手是佩特拉，她是真正偉大的冠軍，所以我必須繼續戰鬥。我不能放任自己出現不成熟的行為，而應該慶幸自己能來到這裡，這就是我努力的方向。」

直美終於扭轉了局面，但靠的不是多做，而是少做。為了避免情緒失控，她把感覺壓到最低，就像轉動爐子的旋鈕一樣簡單。賽後，直美說她已經練就「分離（她的）感覺」的本領。「你知道有些人遇到狀況時會多麼激動嗎？」她說：「這本來就是人之常情，但有時候我不想浪費精力變成那樣。我在球場上也會這樣想，就像在今天的第三盤，我真的試著關掉所有感覺，這就是我在第三盤很少大喊大叫的原因。」

直美坦承，關掉所有情緒後，有一種很像機器的感覺。「我覺得有點空虛，自己就像個機器人，有一點。」直美後來說：「我只是在執行命令，很難說清楚。呃，我只是在做這輩子一直在練習的事，沒有浪費任何精力去過度反應。」直美說，切換到節能模式有時感覺像是靈魂出竅。「我確實意識到那些球是我打出去的，就像是我自己做的決定。」直美隔天說：「但同時我又覺得——我也不知道——在某種程度上，就像是在電腦螢幕上看著自己一樣。」

賽場上的觀眾也很容易注意到這一點。「大坂原本有情緒，但現在的她就像打撲克牌的人一樣面無表情。」克里斯．福勒在 ESPN 說。直美的安靜、低調模式在球場上很有殺傷力，她終於在一比一時保發，終止了科維托娃連下五局的勢頭，緊接著破發，以二比一領先；然後她再次保發，以三比一領先。比數來到四比二時，直美未能取下三個破發點，但她沒有惱火，在下一局零失分保發，將領先優勢擴大到五比三。

直美在第三盤以五比四領先時，天上下起小雨。羅德．拉沃競技場的伸縮頂棚徐徐關閉；如果直美不速戰速決，比賽可能會因天候影響而暫停。直美打出一記愛司球開局，又轟出一記正手制勝球。接著，她打出中路強球，讓科維托娃無計可施。這是該賽事第三度的冠軍點，距離第一次出現已經過了將近一小時。直美的第一次發球，正手拍長球失誤；第二次發球達到時速一百八十三公里，將球打進了 T 點。科維托娃以正手拍朝左側搶救，但未能及時將球打回場內。現在直美已是兩屆大滿貫冠軍與世界排名第一，她激動地蹲在地上。這一次，她的淚水少了，但毫無疑問出於喜悅。

直美以非凡毅力和努力奪得第二個大滿貫冠軍，同時締造了歷史紀錄。她是澳洲網球公開賽有史以來第一位贏得四場三盤比賽並奪冠的女選手；也是在奪得第一個大滿貫冠軍後，緊接著在下一個大滿貫又奪冠的女選手——上一位創下此紀錄的是二〇〇一年的珍妮佛・卡普莉亞蒂。此外，直美還是網球史上（不分男女）第一位排名第一的亞洲選手。在冠軍選手的排名躍升方面，在此之前幅度最大的紀錄是五十二週內從第十七位躍升至第一位（迪娜拉・沙芬娜〔Dinara Safina〕和卡羅利娜・普莉絲可娃），直美打破了這項紀錄，從一年前的第七十二位躍升至第一位。

這次勝利也意味著她的賭注有了回報。直美與愛迪達的合約已於二〇一八年底到期，但經紀人一直在等著和她簽訂新的服裝合約，他們認為：一旦她在墨爾本奪冠，身價一定會暴漲，果然不出所料。耐吉公司為了讓直美點頭，邀請大坂一家搭乘私人飛機，從佛羅里達飛到位於奧勒岡州（Oregon）的總部，聯合創始人菲爾・奈特（Phil Knight）親自與直美會面，雙方簽下直美生涯中金額最大的合約，年薪超過一千萬美元。除了數目可觀，耐吉還為直美改變遊戲規則，破例允許她在服裝上保留日本贊助商的標誌。

第四輪獲勝之後，直美接受場邊採訪時曾談到，自己在墨爾本街頭從未被人認出，記者山姆．史密斯（Sam Smith）表示懷疑，但直美堅稱：「沒吧？我其實沒那麼有名，我覺得他們不在乎。」在稍後的記者會上，我問直美為什麼認為沒有人在乎她，她明確表示，她很慶幸自己處於這種狀態。「我為那些非常出名的人感到難過。」她說：「因為你永遠無法真正享受外出之類的樂趣。所以，對我來說，我覺得自己沒沒無聞是件幸運的事。」

歷經四個月以來的所有風波，直美竟認為自己依舊「沒沒無聞」，我聽見這話時一定挑高了眉毛。

「你的眉毛和眼睛是怎麼回事？」直美問我，她看見我一反平日的撲克臉，咧嘴一笑。

「我不知道該不該繼續認同妳是個沒沒無聞的人。」我回答。

「我是幽靈。」她說著露出笑容：「你看不到我。」

但短短幾天後，直美贏得第二個大滿貫並躍升至世界第一，全球巨星的地位毋庸置疑。這一次，決賽後的焦點將完全集中在她身上，沒有必要討論亞軍或主審了。澳洲第九頻道（Channel 9）主持人托尼．瓊斯（Tony Jones）在決賽後直美的首次媒體見面會上對她說：「妳說妳不會被名氣沖昏頭，但這裡有很多人都想得到大坂直美的一小部分。」

決賽結束後幾個小時，她在墨爾本公園（Melbourne Park）接受媒體長時間採訪，「大坂直美的一小部分」不斷被拿走，似乎令她很不好受。亞洲得過大滿貫冠軍的女子選手只有直美和李娜，在頒獎儀式上，直美從李娜手中接下獎盃，後續的致辭和她當初在印地安泉奪冠時一樣吞吞吐吐，但似乎少了幾分古怪，多了幾分真正的不自在。「喂？呃，呃，抱歉，公開演講真的不是我的強項，所以我只希望我能熬過去。」直美開口說道。事前她已經讀過發言要點，提醒自己該說什麼，但一站到麥克風前就忘得一乾二淨。「我忘了要微笑。」直美事後笑著說：「他們叫我要面帶笑容，但我沒有。」

雖然她已有多年面對聚光燈的經驗，但公開演講對她來說依然困難。「我當然希望自己話能說得更好。」事後她說：「但是，我平常根本不說話。一天了不起，呃，只說十句。」

直美在記者會上看起來有些疲憊，甚至因為已經說話長達數小時而顯得暴躁。一開場記者就提到美網決賽，這對於已經超過負荷的她無疑雪上加霜。第一個人問她：「看來妳多少需要戲劇性轉折才有辦法贏得大滿貫。」另一個人要求她「稍微談談今晚和在法拉盛那次的感覺有什麼不同」；還有一個人要她比較兩次大滿貫奪冠的「苦樂參半回憶」——還不是比較最快樂的回憶。大眾或許認為，直美可以利用第二個大滿貫冠軍彌補第一個帶來的尷尬局面，但她沒有掉進這個窠臼，她早已厭倦繼續糾結於美國網球公開賽，此外她也非常疲累——畢竟她剛打了一場漫長的比賽，也經歷了為期兩週的賽事，她早已精疲力竭。她從一個攝影棚轉到另一個攝影棚，從講台轉到圓桌，一直持續到午夜過後，臉上的疲態愈來愈明顯。「我真的好累。」直美在記者會上說：「我不知道這時候還有什麼辦法能保持清醒。」

直美終於完成所有賽後義務，淩晨兩點左右打電話給媽媽。「她甚至沒有說恭喜，只是吼我，叫我趕快去睡覺。」直美在隔天的《WTA內部報導》播客節目中說：「所以我覺得她真的好愛我。」

……………

幾週後大眾才得知，直美之所以如此疲乏和倦怠，部分原因跟團隊有關。在賽後記者會上，直美被問到巴金賽前給了什麼建議，她當下便意有所指地說：「我沒有跟他談過。」她緊張地笑起來：「對，沒有，老實說，我們沒有真正談過，我在這裡的任何一場比賽都沒有。他會提醒我，呃，一件事，然後我會說，好。就這樣。」

決賽隔天，直美在墨爾本與團隊開會時，打破跟巴金長達數週的沉默。她聽說巴金私下與另一位選手有合作關係，要求他當面解釋。比賽期間，巴金曾慫恿直美與這位排名低很多的選手打球。巴金一再否認傳言，接著便散會。隔天，巴金折返，承認傳言屬實，直美表示自己對他的信任已經遭到破壞。

巴金和直美一起回到佛羅里達，在決賽後的幾天裡，巴金又和她進行了一次練習，結束時直美淚流滿面。當天晚上，直美的經紀人斯圖爾特・杜吉德打電話給巴金。

直美在墨爾本奪冠兩週後，又一次登上頭條新聞，因為這位新科世界第一解雇了年度最佳教練。

23 欲戴其冠，必承其重

Heavy Is the Head

新科世界第一的位子剛坐了兩週，直美就做出震驚網壇的舉動。在墨爾本奪冠十五天後，直美宣布解雇這位一路指導她從第七十位躍升到第一位的教練。「嘿，大家好，我將終止與沙夏的合作關係。」直美在推特上寫道：「感謝他的付出，祝他未來一切順利。」

「謝謝直美（雙手合十表情符號）。」巴金在推特上回覆：「我也祝妳一切順利，這一路走來多麼不容易，謝謝妳讓我成為團隊一分子。」

這次出人意料的解雇在網壇引起眾多流言和揣測。究竟發生了什麼事，讓這位前景看好的球后在贏得兩人合作的第二個大滿貫後，立即解雇剛被評為WTA年度最佳教練的好搭檔？網球頻道對這則爆炸性新聞展開小組討論，主播傑森・德・拉・佩納（Jason de la Peña）誇張宣布：「網壇的根基已經動搖。」

「表面上來看，這確實很不合理。」琳賽・達文波特說：「……我們聽說過很多球員與教練令人震驚的關係破裂事件，但在我看來，這是最糟糕的一次。」達文波特認為，直美在球場上戰績輝煌，至少可以證明兩人分道揚鑣不可能與「網球有關」。她說：「幕後一定發生了什麼驚天動地的大事。」

剛剛締造歷史紀錄便和教練終止合作是不爭的事實，但直美團隊希望她在兩週後投入杜拜的WTA公開賽時，能夠避免被問到這次事件。直美原定賽前接受美國有線電視新聞網採訪，但杜吉德認為巴金勢必成為媒體追問的話題，於是臨時取消。在杜拜舉行的賽前記者會上，WTA主持人亦試圖打斷記者針對巴金事件的連串提問。不過，直美雖然沒有透露太多細節，但也不想完全迴避這個話題。「沒關係，我只是在想該說什麼。」她告訴主持人並允許討論繼續下去。

對於雙方結束合作，直美一開始就提到外界最為盛行的說法：因為彼此對巴金的酬勞沒有共識。「我知道每個人都認為這件事和錢有關，但這不是事實。」她說：「這是我聽過最讓我受傷的話，我和團隊每個人跑遍世界各地，跟他們相處的時間比跟家人在一起還多，我絕對不會那樣對他們。」

當天還有《WTA內部報導》的採訪，直美在節目中也稍微提到這個決定。「最重要的是，我不希望自己出現『若要成功就必須犧牲快樂』的想法。」直美告訴阮：「當我和某些人在一起覺得不快樂，我不會折磨自己，尤其是在查爾斯頓和北京賽事過後……這是我的人生。我不會為了留住一個人而犧牲快樂，我必須滿意並喜歡現階段的人生。為了成為世界第一，贏得大滿貫，我覺得自己真的很努力，就算沒有二十一年，至少也有十七年。」

……………

在沒有教練指導只能自行摸索的情況下，直美在杜拜的首場比賽以三比六、三比六輸給克莉絲汀娜．美拉德諾維奇（Kristina Mladenovic）。直美坦承，晉身為球后之後，首場比賽話題都圍繞在她與巴金結束合作，令她難以承受。「這有點難，因為我總覺得大家都盯著我看，而且眼神，呃，不太好。」她說。

「我認為，在某種程度上，我不一定明白目前的自己處於什麼位置，因為去年我的排名離第一還很遠。」她很快補充：「以前人們不會注意到我，我覺得挺自在的。」直美說完這個想法，突然頓住，接著緊張地笑了起來。

「我不知道自己為什麼會哭。」她說。

「妳還好嗎？」ＷＴＡ主持人問：「要不要休息一下？」

「我不知道為什麼會這樣。」直美說。

「要不要去外面？」他再次提議。

「沒關係。」她說：「現在好了。」

又有一位記者追問她受到關注的問題。

「嗯，我不太喜歡被人注意。」直美說：「我覺得不太好受。」

……………

直美沒有公開談論過她解雇巴金的具體原因，但幾個月後，他與日本出版社簽約撰寫的書出版時，我在記者會上問直美有沒有讀過這本書，她被問得睜大眼睛。

「天哪，你真陰險。」直美說：「老天，你太陰險了，我還沒看呢，也不打算去看。」

直美拿下世界排名第一後，不久又做了幾個重大決定。她突然搬離父母在博卡拉頓的家，一口氣從東岸搬去西岸，住進她在洛杉磯地區買的第一間豪宅，後來她還在當地陸續買了另外幾間。「我從沒想過自己年紀還小，直到一個電工師傅上門，問我父母在不在家。」直美後來在推特上寫道：「他說：『這房子不錯，妳父母是做什麼的？』」

直美搬到洛杉磯，一來是為了獨立，二來也方便照顧生意。由於贊助商愈來愈多，她希望親自管理，在洛杉磯比在博卡拉頓更方便和各大品牌會面。杜吉德和其妻子卡莉（早期擔任直美的非正式經紀人，後轉為正式）住在同一區，夫妻聯合為這位年輕的超級巨星打理一切。「我第一次搬到這裡時誰也不認識，所以總是去找他們幫忙。」她說：「他們就像我的爸媽或叔叔阿姨。」

大約在第一次搬進自己家那段時間，直美還迎來另一個第一次——約會。「你的女孩不常出門。」這句話便間接承認了這個遲來的重大事件。

直美與新生代說唱歌手科爾代第一次約會後，展開一段長期關係。科爾代・阿馬里・鄧斯頓（Cordae Amari Dunston）當時的藝名是YBN科爾代，為「黑人小老大」（Young Boss Niggas）說唱團體成員之一，該團體現已解散。沒有人知道直美和科爾代為什麼會在一起，「要把他們的戀情理出連貫的時間線很難。」幾年後，《GQ》雜誌的馬克・安東尼・格林（Mark Anthony Green）在一篇熱情洋溢的報導中揭露這對情侶當年的「青澀戀情」。他們公認的第一次約會是在史坦波中心（Staples Center）*的洛杉磯快艇隊（Los Angeles Clippers）比賽現場。幾年後科爾代說，他第一次見到直美時，不知道她是網球選手。「你知道嗎？我叫得出名字的只有大威廉絲和小威廉絲。」他談到自己當時對網球的了解：「因為她們已經成為網球文化的代表人物。」

直美的家人需要時間適應這段新關係。「我們原本無話不談。」幾個月後，麻里在採訪中說：「但最近她找了別人取代我，讓我很不高興。」聽到女兒要和說唱歌手交往，環一開始嚇了一跳，因為她對這樣的人抱有負面刻板印象。環後來說，她想起當年父親聽見女兒要和黑人交往時也是充滿了偏見。「我自己從年輕時就開始聽嘻哈音樂，已經對它非常熟悉，但我當下仍覺得聽嘻哈音樂是一回事，和這個行業的人交往又是另一回事。」她說：「我突然意識到自己懷著偏見，於是立刻捨棄。」

直美在接下來的賽事中有了全新體驗，她第一次以衛冕冠軍的身分參賽——大多數世界排名第一的球員早在封頂前就有過類似經驗，但她是罕見的例外。抵達印地安泉後，直美對自己的狀態很滿意，和團隊也處得更好。她已聘請新教練傑梅因・詹金斯（Jermaine Jenkins），他曾擔任大威廉絲的陪練搭檔，和巴金一樣，跟威廉絲家頗有淵源。新的合作關係有個良好的開始，在印地安泉首場比賽中，直美迅速把握機會為杜拜的失利一雪前恥，以六比三、六比四擊敗美拉德諾維奇。並在第二場比賽，以六比四、六比二擊敗先前打進澳洲網球公開賽四強賽的丹妮爾・柯林斯（Danielle Collins）。

直美在十六強賽中遇到熟悉的對手貝琳達・本西琪，二〇一三年，在阿拉巴馬那場二十五萬美元獎金的賽事中，十五歲的直美擊敗當時世界青少年排名第一的本西琪。正是那次戰績引起了直美第一位經紀人丹尼爾・巴羅格的注意。六年後，直美成為網壇巨星，本西琪竟因此失去經紀人。杜吉德原本也是**她的**經紀人，但直美一個人的事務就讓他分身乏術，無暇顧及其他客戶，只好將本西琪轉給另一位ＩＭＧ經紀人。

六年後雙方首次正式交手，本西琪似乎已準備好一雪前恥，而且速戰速決。她早早且頻繁地破掉直美的發球，最後只花了一小時六分鐘就以六比三、六比一擊敗直美。儘管衛冕之路戛然而止，但直美離開印地安泉時仍保持正面心態。「看見這樣的比數，我通常會非常沮喪和悲傷。」她說：「但我現在覺得很好，因為考量到所有情況，我認為自己已經盡力，沒什麼好遺憾的。」

* 編註：該場館已於二〇二一年更名為「加密貨幣網體育館」（Crypto.com Arena）。

隨著前教練離開和新教練到來，老教練也再次出現。二〇一九年，直美成為網壇一姐後簽下愈來愈多合約，收入達到數千萬美元級別，而克里斯多夫・尚依然緊抓著七年前那份合約不放。

當初倫納德在合約中簽訂，女兒未來百分之二十的收入歸尚所有，但他從來沒有拿到過一分錢，因此始終關注著這家人的收入。尚告訴我，在直美幾次締造公開賽的新高紀錄時，他都去找倫納德，提醒對方履行合約，包括二〇一四年她打進史丹佛第二輪，贏得一萬美元獎金，以及四年後打贏印地安泉網球公開賽，獲得一百三十四萬美元。

雖然大坂家是有名的鐵公雞，但直美最近幾位教練——西里爾・索尼耶（Cyril Saulnier）、大衛・泰勒、沙夏・巴金——都順利拿到約定的報酬。然而，即使錢開始以百萬計滾滾而來，尚和派翠克・陶瑪這兩位早期教練卻都沒有得到任何補償，他們當初離開時都兩手空空，留下不愉快的回憶。

尚曾在龐帕諾海灘網球中心為大坂姊妹提供了數年的免費訓練，艾迪・斯波薩是網球部負責人，認為他的員工尚為大坂一家付出了幾年的心力和時間，理應獲得回報，於是敦促對方去向大坂一家爭取。「他們早就應該對他負責。」斯波薩告訴我：「應該把我手下的人照顧好。他每天都非常努力工作，不該受到那種待遇。」

然而，倫納德堅決不給尚一毛錢，隨著直美事業飛速發展，尚不斷糾纏他，使得他愈來愈惱火。「他很生氣，然後對我說：『好吧，你去找律師。』」尚告訴我：「因為他知道那個合約沒那麼完整，他發現了，然後告訴我：『你去找律師。』」

直美贏得二〇一八年美國網球公開賽後，斯波薩為尚介紹自己的鄰居克里斯多夫・哈恩（Christopher

Hahn），他是當地一位律師。他們於二〇一九年二月七日提告，也就是在直美贏得澳洲網球公開賽十二天後。他們心裡有數，想要拿到直美所有收入的百分之二十恐怕需要長期抗戰，但他們依然認為她現在有能力拿點什麼出來給尚，也許只是她十八歲生日前收入的一小部分。尚原本只想對倫納德提告，後來沮喪地發現，他必須連同直美一起告；尚甚至還得對職業生涯中收入微薄的麻里提告，因為她的名字也在合約上。「我為了麻里實在不想這麼做，告訴你，她就像我的女兒。」尚說：「我愛她，不想看到她的名字出現在那種東西上面，我這麼做是因為她爸爸害我很生氣。」

直美和家人沒有對這起訴訟發表評論。「他們不許我說一個字，我無法對外評論。」直美在記者會上被問到這件事時如此回答，她罕見地拋出事先設想的答覆，沒有像平時那般隨性。

大坂家為了打贏官司，請來重量級人物艾力克斯・斯皮羅（Alex Spiro），這位紐約律師後來成為伊隆・馬斯克（Elon Musk）的私人律師，因而聲名大噪。尚在《南佛羅里達太陽哨兵報》上發表了聲明，斯皮羅讀後將報紙撕毀，並嘲笑尚的說法：「直美身為國際偶像和勵志人物，她的飛速崛起會招來一些不實的聲明，這並不奇怪，但這份愚蠢、虛構而且直美從未見過或簽署過的合約，聲稱她必須從十四歲起讓出部分收入，顯得特別荒謬。」斯皮羅說。

布洛瓦郡巡迴法官大衛・海姆斯（David A. Haimes）認同律師的說法，最終駁回訴訟。海姆斯在判決書中寫道：「這份合約未經任何法院核准，當時未成年的大坂直美和大坂麻里也否認上述合約，因此法院認為合約無效或不可強制執行。」

尚和盟友並不意外自己會敗訴；他們早就知道父母代表未成年人簽署的合約很可能不具強制執行效力。但是，對於尚當年付出的時間和心力，無法透過伸張正義獲得應有的答謝，他們依然相當失望，尤其是如今的直美已經功成名就。「有沒有合約不重要，重要的是因果。」斯波薩告訴我：「她現在是全世界收入最高的女運動員，給他一張五萬美元支票，他就會非常高興。你知道嗎？五萬塊對她來說就是九牛一毛。」

官司慘輸令尚無比失望，但他一再強調，這麼做主要是為了獲得尊重和認可，重點不在於金錢。他說，哪怕只是對他的付出說聲「謝謝」，也就夠了。「對我來說，那聲謝謝深具意義。」他說：「有時候甚至不需要一毛錢。錢當然很重要，但不是排在第一位……如果她今天過來對我說：『克里斯多夫，對於我們家還有我所做的一切，我全都感到抱歉，我知道你一直努力訓練我，我們卻這樣對你，連聲謝謝都沒說過。』那我有這些話就夠了。即使她不付錢，我也會覺得欣慰，因為這對一個永遠改變你生命的人來說意義重大，你知道嗎？」

……………

除了尚的訴訟文件，另一個地方也同時出現了直美和麻里的名字。這是姊妹倆多年以來，第一次參加同一場比賽。

24 進擊的麻里

自從直美的家庭背景成為世人矚目的話題，她在採訪中就愈來愈常被問到姊姊的情況，但記者除了對麻里的網球選手身分感興趣，很少問到其他細節。儘管姊妹倆的資歷簡介載明一模一樣的職業，但直到二〇一九年初，直美和麻里的職業生涯幾乎沒有共同之處。

二〇一九年一月二十八日，直美的排名升上世界第一那一天，麻里的排名從八個月前生涯最好的第兩百八十位跌至第三百三十二位。麻里幾乎只參加ＩＴＦ的職業巡迴賽，這是女子網球的小聯盟，當中的大多數球員都無法達到收支平衡。據ＩＴＦ二〇一三年的研究估計，女選手的排名必須達到第兩百五十三位，才能維持最起碼的旅行、住宿、裝備和教練費用（但網球界大多數人認為，這個門檻實際上要接近第一百二十位）。由於排名遠低於標準，麻里的財務嚴重虧損，支出遠遠超過微薄的收入。整個二〇一八賽季，麻里的獎金只有一萬五千零二美元；直美當年的獎金則高達六百三十九萬四千兩百八十九美元（是麻里的四百多倍），代言費更高達數百萬美元。

「我常常為了錢煩惱。」麻里後來告訴我：「所有費用都在增加，我只是為了追逐網球夢而寄生在別人身上。賺不了錢到了一定程度後，我開始覺得非常痛苦。」儘管直美的收入為全家提供了經濟保障，麻里依然覺得自己令家人失望。「她讓我卸下經濟重擔，但我只覺得內疚。」麻里告訴我：「我覺得身為大姊，應該由我來承擔養家糊口的責任。」

麻里「幾乎所有關節」都受傷，拖垮了球技進步的速度；她的膝蓋問題最為嚴重，阿基里斯腱、一邊肩膀和兩隻手腕也都有問題。她告訴我，她後來意識到，渴望成功令她面臨巨大壓力，導致身體過度緊繃，這可能是全身出問題的根本原因。「我總是神經繃緊，非常緊張；我確信這些傷害都是自己造成的。」麻里說：「我認為人們對我懷抱期望，這種期望不斷轉化為恐懼。」

二〇一九年的賽季剛開始，麻里在新港灘（Newport Beach）以挑戰者身分參加了首場比賽，卻因肩傷而以〇比六、〇比六失利。接下來她前往密西根參加ＩＴＦ公開賽，在資格賽第一輪中以一比六、四比六失利。賽後她休息了兩個月，確保自己做好準備，以便迎接日程表上早在幾個月前就已圈起來的重要機會。

⋯⋯⋯⋯⋯⋯

直美在美國網球公開賽奪冠後，經紀公司ＩＭＧ為了答謝大坂一家，決定贈送麻里二〇一九年邁阿密網球公開賽的外卡，這是僅次於大滿貫的ＷＴＡ頂級賽事。

邁阿密網球公開賽是麻里第一次參加ＷＴＡ單打會內賽，這張門票對二十二歲的麻里來說是天大的機會。第一輪獎金就高達一萬六千四百二十五美元，超過麻里上一個賽季全部的收入。如果第一輪比賽獲勝，除了原本的獎金，她還會獲得額外加碼的一萬美元，後續每進一輪總獎金大約都會翻一倍。

大家心知肚明，麻里獲得這次機會全拜妹妹的成功所賜，與自己在球場上的表現無關。「我們知道她也會成為賣點。」邁阿密網球公開賽總監詹姆斯・布雷克（James Blake）告訴我：「直美有那麼多球迷；麻里也會希望他們愛屋及烏，並獲得一些這樣的球迷。」

布雷克也坦承，自身經歷使得他「相當偏心」，他的職業生涯最高排名位居世界第四，而哥哥湯瑪斯（Thomas Blake）則是第兩百六十四位，差距多達兩百六十。「他姓布雷克，勢必因為這樣得到一些外卡。」布雷克告訴我：「他真的很感激這些機會。麻里和她的父母也都對我表示過謝意，他們知道這對她來說是大好機會。我們對她的表現拭目以待……雖然給了她這次機會，但萬一表現不好，她還是要回到原點重新開始。幸運的是，她有一個妹妹可以當做衡量自己的標準，雖然跟世界第一比較非常不容易。」

直美雖然像多年前那樣取笑麻里，但還是真心希望姊姊能養成和她一起在這個級別比賽的習慣。「這是我的夢想。」直美說：「因為我不太跟別人說話，她在我們姊妹當中是比較和善的那一個，所以若能一起比賽，一定獨具意義。」

⋯⋯⋯⋯⋯⋯

大威廉絲和小威廉絲是網壇最著名的手足，其他與兄弟姊妹一起征戰巡迴賽的選手們，與手足之間的排名差距都大得多。二〇一九年初，和直美一樣位居世界第一的男子選手——ATP球王諾瓦克・喬科維奇也有兩個弟弟打網球，但基本上都在那一年退出。馬可・喬科維奇（Marko Djokovi）最高排名第五百七十一位，而喬爾傑・喬科維奇（Djordje Djokovi）最高排名第一千四百六十三位。諾瓦克・喬科維奇告訴我，弟弟們選擇退出網壇，而不是繼續在他的塞爾維亞民族英雄巨大陰影下苦熬，令他感到「滿足和平靜」。

他說：「如果你們都投入同一項運動，每個人都會拿你和兄弟姊妹比較。這樣不太好，尤其是當你有個兄弟姊妹是全球頂尖好手。」

馬可．喬科維奇在生涯中曾獲數十張外卡，包括四次ＡＴＰ會內賽，但每次都在第一輪就被淘汰。不過，雖然他的排名一直比不上大坂麻里，但他的外卡並沒有像她那樣引發負面情緒。網球部落客大衛．格特勒（David Gertler）在「體育評論」網站（LastWordOnSports.com）對邁阿密網球公開賽的選擇進行評論，標題〈大坂麻里那張丟臉的外卡〉一點都不含蓄，他還將這件事定調為「裙帶關係的最高境界」。格特勒寫道：「我知道不該因為大坂接受外卡而生氣，但希望她自己也能意識到這有多麼荒謬。她剛剛在ＩＴＦ的資格賽中輕易落敗，前段時間她參加挑戰賽，一局都沒拿下！各位，這種比賽並不難。這樣的人不應該參加資格賽抽籤，更不應該出現在如此大規模賽事的會內賽中。」

……………

麻里第一輪幸運抽中了排名最低的選手之一，也就是第兩百零五位的惠特尼．奧蘇格韋（Whitney Osuigwe），她也是ＩＭＧ致贈外卡的對象。儘管兩位選手排名都不高，但六號球場可容納五百人的看台在熱身結束前已經坐滿，還有更多買了票的觀眾在門外等候，希望主辦單位能開放更大的場地。環戴著寬邊草帽坐在第二排。直美原本打算到現場觀看，但環傳了一則訊息表示人太多，所以直美改在電視上觀看姊姊職業生涯中最重要的比賽。

麻里看起來已經做好準備，她紮起一大把蓬鬆的金髮，下面是深色髮根，身上穿著優乃克的亮紅色成套短褲和上衣。「其他球員若只有這樣的排名，我們不會提供服裝贊助。」優乃克高階主管下條紀臣後來對我說起關於麻里的贊助：「必須是大坂家的人才能獲得這等待遇。」

直美多次在大型賽事上異軍突起，麻里也一樣，但她依然不敵對手，奧蘇格韋很快贏得前兩局，僅僅四分鐘就完成破發和保發。第三局雖然耗時較長，但也只有十分鐘，奧蘇格韋再次領先，比數來到三比〇，人們開始擔憂麻里可能再次出現掛零的局面。不過，麻里終於在奧蘇格韋連續雙發失誤後破蛋，隨後首次保發，將比數差距縮小到三比二。奧蘇格韋迅速贏得接下來的三局，以六比二拿下第一盤。

第二盤開局，麻里表現不錯，早早破掉奧蘇格韋的發球局，以四比二領先。但來到四比二的三十平時，麻里的勢頭戛然而止，接下來的十五分裡只贏了一分，在這場持續一小時二十分鐘的比賽以二比六、四比六敗下陣來。WTA球評眼看大勢已去便說道：「奧蘇格韋的表現非常傑出，但這不能阻止人們對於大坂該不該獲得本屆賽事外卡的質疑。」

……………

正如布雷克的預料，麻里的比賽引起大眾關注；她被帶到主採訪廳參加記者會，來自當地、全國和日本的記者等著她分享經歷。「有很多人在看。」她說：「我超級緊張，但很有趣。要是我贏了會更有趣，但是，你知道，人不可能得到一切。」

不出所料，記者對麻里提出的許多問題都與直美有關，包括直美經常談到的童年對戰，以及直美最近的成就。「她太了不起了。」麻里說：「呃，幾乎是我們奮鬥了一輩子的夢想終於成真。」

幾乎。

接著有人問麻里，她是否因為直美的成就而覺得自己「也要努力跟上」，或者她有能力另闢蹊徑。「我有自己的路要走，當然我也會稍微比較一下，所以感到有點沮喪。」麻里說：「但是，你知道，這種事我無能為力。」

麻里笑了幾聲，突然哭起來。她說：「抱歉，我剛從球場下來。」

WTA主持人問麻里要不要去外面休息幾分鐘，她表示同意。重回記者會後，她回答了一個比較輕鬆的問題：在這次經歷中有沒有正面收穫？「我打這場比賽時沒有出現任何疼痛，已經很久沒有這樣了。」麻里說：「感覺真的很好，就像是可以繼續前進一樣。」

麻里隨後做了一件妹妹做不到的事，以流利的日語回答日本記者的問題。

……………

麻里後來沒有再拿到其他WTA賽事的外卡，但她這一次在邁阿密網球公開賽的亮相成為了網壇裙帶關係的典範。類似做法在網球界並未絕跡，二〇二〇年二月，排名第一千兩百九十二位的彼得羅斯・西西帕斯（Petros Tsitsipas）獲得了杜拜ATP公開賽的資格賽外卡。他排名第六的哥哥史蒂芬諾斯是這場賽事的明星球員。十九歲的保加利亞（Bulgaria）球迷克拉西米爾（Krasimir）在推特帳戶@LobDownTheLine上發起投票，請追隨者票選「哪張外卡更丟臉」，選項是杜拜賽事的彼得羅斯・西西帕斯和邁阿密賽事的大坂麻里，共有數百人參與線上投票。

幾個小時後，直美用自己的推特帳號回覆克拉西米爾的推文，並貢獻第三個建議選項：「你的存在才丟臉。」

直美在回覆中反擊：「別再提到我姊姊。」

直美不久便刪除這則推文；克拉西米爾告訴我，他從沒想過超級球星會看他的推特，於是他也立刻刪除投票。「我完全理解她想保護麻里。」他說：「老實說，麻里會陷入這種境地，也是因為她妹妹。」

25 巨星殞落

Shooting Stars

直美在邁阿密第三輪以六比四、六比七（四）、三比六輸給謝淑薇，結束了不起的連勝紀錄，這是她六十四場比賽中，第一次在贏得第一盤的情況下仍輸掉比賽。一同參賽的麻里近距離看到妹妹的痛苦。「她在更衣室裡哭個不停。」麻里後來說：「重點是，她一個星期後就會恢復正常。只要給她時間，接下來她會因為這次失敗更加努力。」

直美成為女子網壇一姐後，前三項大賽都在八強戰之前就被淘汰，但當她前往歐洲參加紅土賽季，運氣開始好轉。在斯圖加特（Stuttgart）舉辦的保時捷網球大獎賽（Porsche Tennis Grand Prix）（獎金豐厚的室內賽）中，直美首場比賽再度遭遇謝淑薇並獲勝，從而進入八強賽；接著她與排名第二十五位的唐娜·維基琪進行了持久戰，耗時兩小時十八分鐘，終場以六比三、四比六、七比六（三）獲勝。這場體力的勝利，過程異常艱辛，無異於向其他選手宣告，直美已做好在紅土球場上奮戰的準備。記者安妮塔·斯塔爾（Anita Stahl）問直美如何克服比賽當中的難關。

「妳知道嗎？」直美一臉調皮地說：「我就是要說——因為，妳知道嗎？管它的。我可能會惹上麻煩，但沒關係。我不明白，為什麼我都打贏澳洲網球公開賽了，人們還說我這個賽季表現不好，對吧？去年我可沒有打贏澳洲網球公開賽。當然，我也沒有打贏印地安泉的賽事，但我還是覺得我在那裡和邁阿密的表現都不錯，現在我又來到這裡。有時候我聽到人們說：『直美好像陷入苦戰』，我就會想：『哎喲……。』」

這個回答展現了直美潛在的自信，以及她多麼關注自己近幾個月表現平庸的傳聞，但與原來的問題無關，於是斯塔爾澄清：「對不起，我應該說得具體一點，我是指第三盤妳落後時。」

「哦！噗！」直美仰頭笑起來。

儘管兩次因傷退賽，直美在法國網球公開賽的紅土球場仍締造七勝一負的輝煌戰績。她以連續兩屆大滿貫冠軍身分來到巴黎，身為世界第一，她將首次成為大滿貫的頭號種子選手。雖然這些身分自然而然為她帶來信心，但直美還是不知道如何扮演好這個新角色。

為了彌補這種不安全感，她決定在羅蘭．加洛斯賽場內外展現不凡的氣勢。在賽前記者會上，直美的口氣比以前大得多，她聲稱自己要奪冠，儘管前三次在此參賽從未打進過第四輪。「我不想來到這裡時只想著：『我要進入八強賽。』」她在賽前記者會上說：「當然，我之前在這裡的比賽從來沒有達到這個水準，但最終目標當然是奪冠。」直美發下豪語，公開表示要將目光對準大滿貫，並在一年內贏得全部四項大滿貫。「如果能在一年內贏得所有比賽，那就太酷了。」她說。這個目標雖然明確但也離譜，自史蒂菲．葛拉芙（Steffi Graf）在一九八八年締造這項紀錄以來，已長達三十多年沒有人一年內獲得四項大滿貫冠軍。甚至在近二十年中，也只有兩位女性一年內拿下大滿貫前兩站冠軍，分別是二〇〇一年的珍妮佛．卡普莉亞蒂和二〇一五年的小威廉絲。小威廉絲的全滿貫夢想在二〇一五年美國網球公開賽四強賽中被羅貝塔．文琪粉碎，儘管當時只差兩場勝利就能達標，但她從來沒提過想要締造這項壯舉；直美卻在還需要贏得二十一場比賽才能達標的情況下主動提起此事。

直美後來坦承，她以世界第一的地位來到羅蘭．加洛斯，總覺得有必要表現得不像平時的自己。「我還真沒見過像我這種氣場的人能成為球后。」公開賽結束後，她告訴《星期日電訊報》（*The Sunday Telegraph*）的西蒙・布里格斯（Simon Briggs）。「起初，我想自己可以盡可能模仿或扮演誰。我努力表現出氣勢不凡的樣子，看起來嚴肅認真。在整個法網，揮拍時，我都在努力做到這一點。」

然而，當直美上場打第一場比賽，被心理戰術嚇到的顯然只有她自己。

⋯⋯⋯⋯

直美在羅蘭・加洛斯的第一個對手是排名第九十位的安娜・卡羅麗娜・施米德洛娃（Anna Karolína Schmiedlová），這是頭號種子選手有望輕鬆擊敗的對手。第一盤比賽果然只進行了二十分鐘就以六比〇結束，只可惜，獲勝的是施米德洛娃。這是直美近三年來第一次以〇比六輸掉第一盤，但所有失分全出自於她的失誤，施米德洛娃從頭到尾沒有打出一個制勝球，贏得的每一分都來自大坂的失誤。「我覺得，這是我這輩子最緊張的一次比賽。」直美賽後說。

在第二盤比賽中，施米德洛娃有五度再拿下兩分就獲勝，這將是法國網球公開賽史上第二次頭號種子選手在第一輪就被淘汰，但直美終於頑強地挺了過去，靠兩次破發保住比賽，並拿下決勝局，以七比四扳回一盤。在前兩盤比賽中，直美一共出現三十二個非受迫性失誤，但第三盤只出現四次，終場她以〇比六、七比六（四）、六比一獲勝，這也是她在大滿貫歷屆賽事中累積的第十五場連勝。

直美賽後列舉過度緊張的「合理原因」。「第一次以世界第一的身分參加大滿貫比賽；前兩次贏了，所以我非常希望這次也贏；我從來沒有在夏特里爾（Chatrier）*這個場地比賽過，這是第一次。」她列舉上述理由：「而且，沒錯，我心裡有一種渴望再次證明自己的想法。」

．．．．．．．．．．．．．．

直美第二輪對戰排名第四十三位的維多利亞．阿扎倫卡，該賽事被選為公開賽首週必看。身為兩屆澳網冠軍和前球后，阿扎倫卡在兩年前休完產假復出，排名一直在前十之外。不過，她一直維持著女子網球大賽「最威猛選手」的名號，這位火力全開的對手，堅定地站在底線上，每次擊球都會發出響亮的喊聲。這是直美成為球后以來最受矚目的一場比賽，她說覺得自己就像對戰老牌球星的「挑戰者」。直美微微一笑說道：「我在這方面還是新手。」

這次的氣氛比第一輪輕鬆多了，畢竟輸給阿扎倫卡這樣的高手沒那麼悲慘，但直美還是遲遲未能得分。阿扎倫卡迅速取得四比〇領先，即使直美已經恢復原先狀態，阿扎倫卡依然保持領先。比數來到六比四、四比二，阿薩倫卡再拿下兩局就能迎接數年來最大的勝利。但直美似乎已經擺脫先前陰影。「我當時懷著這樣的心態：一旦比賽進入關鍵階段，我就會贏。」直美賽後解釋：「我也許不該等到最後一刻。」

果不其然，當直美幾乎要被淘汰出局時，她開始扭轉情勢，在第二盤挽救了本來會讓阿扎倫卡取得五比二領先的破發點，隨後又挽救三個本來會讓對方以五比三領先的局點。阿扎倫卡賽後表示：「看得出來她面臨這種緊

* 編註：此指法國網球公開賽的中央球場「菲利普．夏特里爾球場」（Court Philippe-Chatrier）。

要關頭時，信心十足。」

直美暫以四比六、二比四落後，但在接下來的十二局中拿下了十局，在第三盤以五比一領先。直美雖已取得領先優勢，但她一旦在發球局表現不穩定，就會再度浮現那些悲慘的念頭。「你知道我開始想什麼嗎？我在想（二〇一六年）美國網球公開賽對戰基絲的那場悲慘比賽。」直美說：「我當時想：『喲！又來了？不會吧？』」

直美及時懸崖勒馬，終場以四比六、七比五、六比三獲勝，這是她在大滿貫歷屆賽事中累積的十六連勝。賽後，有人問直美，連續贏得兩場苦戰並進入第三輪，她是否覺得壓力減輕了。「這不是來自外界的壓力，比較像是**我自己**覺得非贏不可。」她說：「我承認這是一種有毒的特質，但是，呃，也是這個特質讓我走到今天，所以……。」

……………

直美第三輪的對手是排名第四十二位的凱特琳娜．西尼亞科娃（Kate ina Siniaková），原以為這會是一場稍微輕鬆的比賽。這位捷克選手留了一頭獅鬃般的金色捲髮，以雙打戰績聞名，從未贏得大滿貫單打賽事的第三輪。然而，直美再次輸掉第一盤。比賽來到第二盤，西尼亞科娃再度破發，取得三比二領先，隨後保發取得四比二領先，接著得到一分完成雙破發的機會。直美發球，她瞇起眼睛，皺著眉頭，盯著近一年來頭一次近在眼前的大滿貫失利。她不知道自己看到什麼，似乎也不知道如何應對，於是第一次發球掛網。接下來她又眼睛發直地呆了一會兒，眼神混合著困惑和厭惡，第二次發球遠遠超出發球線，雙發失誤。觀眾席上一片嘆息聲。幾分鐘之後，西尼亞科娃高舉雙臂，高興地尖叫起來，因為她以六比四、六比二淘汰了頭號種子選手。

在漫長的十一個月裡，直美首度在大滿貫失利，這是因為她第一次失去在大滿貫賽事中常有的感覺。經過將近一個小時的失落後，她穿著紫色比賽服裝出席記者會，並解釋比賽的壓力讓她疲倦和頭痛，整場都覺得身上壓著「重擔」。「以前參加大滿貫比賽時，我從來沒有這種感覺。」她解釋道：「我通常覺得大滿貫比賽非常自由又有趣，而這一次我從頭到尾都有點緊張。」

這是直美職業生涯以來最受矚目的一次失利；有記者請她量化內心的失望程度，她說：「從一到十，現在的我就像到了一百。」但當她捨棄數字，改用文字表達時，又找不到一種既能展現悲傷又不會誇大心態的恰當方式。「雖然不想說出這兩個字，但我確實感到『沮喪』。」她說：「我認為這是人生自然的一部分，尤其當你為了這樣的時刻而進行了超級艱苦的訓練，但最終沒有拿出自己想要的表現。我覺得『我很沮喪』是一種很強烈的說法，因為我以前也有過這種感覺，但沒有那麼極端。所以我只想說，我對自己的表現非常失望，希望能做得更好。」

直美順帶提到自己的憂鬱症經歷，但當下幾乎沒有人注意到；整個網壇都被小威廉絲當天的退場所吸引，她輸球後直接從球場走到新聞中心，要求立即召開記者會，引發軒然大波，導致正在召開記者會的奧地利選手多明尼克．蒂姆（Dominic Thiem）中途被趕出採訪廳，為這位急不可耐的超級巨星讓出場地。

事後看來，若當下有人（任何人都好）注意到直美提到的憂鬱症，可以說很有先見之明。兩年後她再度來到巴黎，她的心理健康不僅成為羅蘭．加洛斯的話題，也成為全球關注的焦點。

⋯⋯⋯⋯⋯⋯

直美前三次參加法國網球公開賽都未能拿下第三輪，但這次輸給西尼亞科娃的感覺還是不一樣。這是她第一次成為大滿貫的主角，第一次當上頭號種子選手，第一次成為所有人都想擊敗的選手。提升排名並擊敗在她之上的選手，是直美整個職業生涯都在奮鬥的目標。然而，她當年選擇不參加ＩＴＦ青少年巡迴賽，剛出道時也沒有在同儕中打出特別好的成績，因此她不曾擁有登峰造極的經驗，也沒有被全天下高手「追殺」的經驗，她輸給西尼亞科娃後才突然意識到這些事。

直美失利後，和杜吉德面對面坐在羅蘭·加洛斯球員餐廳裡，她很想知道：那些偉大的球員都是如何做到的？他們明知每次踏上球場，對手一定會使出渾身解數，他們要如何面對這種壓力？又如何接受贏球是意料之中，而每次輸球都會成為頭條新聞？當時的直美沒有答案，這種事只有多年經驗的人才深知個中滋味。她想知道有誰能分享這方面的智慧——最顯而易見的導師應該會是直美終生的榜樣小威廉絲，但她到現在面對偶像還是會怕得開不了口。「每當她主動連絡，我還是會有點震驚。」那年夏天，直美談到小威廉絲：「我不會跟她說『嗨』什麼的，因為我太緊張。而且她看起來總是在做重要的事，我不想打擾她。我真的很想和她談談人生什麼的，談談她在球場內外如何處理事情，但我不想對她不敬，也不想在她還沒有退役前就把她當成導師一樣和她說話。我並不急，再等等看吧！」

看來網壇以外的人更適合擔任直美的導師。她和杜吉德還有另一個主意，那就是去找勒布朗·詹姆斯（LeBron James）。直美前些時候在湖人隊（Lakers）的比賽見過他，當時她剛簽下耐吉的合約。然而，當杜吉德連絡上勒布朗的經紀人，對方向他表明，另一位ＮＢＡ球星應該會是更好的導師人選。

柯比·布萊恩（Kobe Bryant）三年前從籃球界退役，結束了長達二十個賽季的職業生涯，期間十八次入選NBA全明星賽（All-Star Game），獲得五枚冠軍戒指、兩枚奧運金牌、兩次總決賽最有價值球員獎和一次年度最有價值球員獎。柯比當年在費城（Philadelphia）郊區的勞爾梅里恩高中（Lower Merion High School）被選中，沒有上過大學。從那時起，他就是聯盟中雄心勃勃的存在，一個專注、頑強的選手，模糊了自信和自私之間的界限，以冷血的關鍵球和炫耀式控球風格著稱於世。值得注意的是，他最大的勁敵之一是湖人隊隊友兼明星中鋒夏奎爾·歐尼爾（Shaquille O'Neal），在那支宛如君臨天下並長年奪冠的球隊中，他與歐尼爾一直在爭奪權力和關注度。

二〇〇三年，科羅拉多州（Colorado）對柯比提出性侵指控，但在遴選陪審團期間便撤銷，這次事件沒有影響柯比在大眾心目中的地位和形象。他在湖人隊度過整個職業生涯，歐尼爾離開後，他成為全隊無可爭議的超級巨星，為湖人贏得第四個和第五個總冠軍。柯比成為洛杉磯人的偶像，也是全聯盟認可和尊敬的贏家。此外，柯比因大力支持女性運動而備受讚譽，他也全面支持美國女子職業籃球聯賽（WNBA），並表示四個女兒中排行第二的吉安娜（Gianna）希望加入女子職籃。柯比曾擔任吉安娜的青年籃球隊教練，這支隊伍隸屬他的曼巴體育學院（Mamba Sports Academy）。退役後，柯比開始擴展愛好，為奧斯卡金像獎動畫短片《親愛的籃球》（*Dear Basketball*）配音。他還有一個適時的轉變，在二〇一九年夏天推出青少年小說《遺產與女王》（*Legacy and the Queen*），故事圍繞一個擁有神奇力量的網球女孩展開。

杜吉德和直美回國後收到柯比經紀人的電子郵寄地址，他便寫信問對方，柯比是否願意和直美見面。不到二十分鐘，杜吉德就收到回覆：柯比將於隔天上午九點在新港灘的辦公室與直美見面。杜吉德和妻子卡莉隔天一早去接直美，開車送她去橘郡（Orange County）。一行人抵達目的地後，杜吉德夫婦告訴直美，她必須獨自進入大樓，與柯比進行成人對成人、球員對球員、冠軍對冠軍的對話。直美雖震驚，但也只能接受。

直美和柯比第一次見面時談了兩小時；走出大樓時，她告訴杜吉德，這是她一生中最寶貴的兩個小時。「還記得我告訴他，我想成為和他一樣的人，他的回答是：『不，要更好。』」直美後來談到柯比。「我永遠不會忘記這句話。」

柯比把電話號碼給直美，兩人經常透過電話保持連絡。他叫她小妹，她叫他大哥。「他就像我一直希望擁有的哥哥／叔叔。」直美後來說：「無論他有多忙，出於某種原因，我打電話過去時，他總是會接起來。」

⋯⋯⋯⋯⋯⋯

現在直美的手機裡有了新導師的號碼，心裡也記著他說的話，她再度踏上歐洲，參加英格蘭的草地球場賽事。網球運動始於維多利亞時代（Victorian）的英格蘭草地，最初被稱為草地網球，草地曾是四項大滿貫賽事其中三項的比賽場地。到了二〇一九年，它在巡迴賽中基本已被邊緣化，賽程僅僅一個月。儘管草地球場賽事非常稀少，但它在網球體系中卻極具重要性，至今草地依然是網球心靈故鄉溫布頓所採用的場地。

英國和各國球評都認為，大坂直美很有可能成為溫網冠軍，她的比賽特色是強勁發球和平直威猛的擊落地球，這些都被認為是草地球場上最厲害的致勝利器。直美經常被人拿來和威廉絲姊妹比較，這一次對於誰能在溫布頓勝出也出現了爭論——畢竟大威廉絲曾經七次參加溫布頓大滿貫單打賽事，有五次獲得冠軍，而小威廉絲則有七次奪冠紀錄。「當然，人們都說我在這裡會表現得很好，這也算是我的目標。」直美在二〇一九年第一場草地賽舉行前談到：「但我認為我必須學會放寬心。」

她在草地球場的比賽經驗不多，但從戰績看來大有可為。二〇一五年，ＩＴＦ在英國瑟比頓（Surbiton）舉行比賽，她首次參加草地球場賽事便打進了決賽。在先前兩次溫布頓網球錦標賽會內賽中，她都在第三輪失利，第一次是在二〇一七年輸給後來的決賽選手大威廉絲，第二次是在二〇一八年輸給最終冠軍安潔麗克・柯珀。

但直美這次參賽似乎失了去之前的氣勢，她太過在意自己缺乏相關經驗且在草地上容易受傷。大多數頂尖選手在青少年巡迴賽時期都參加過草地賽事，但直美不一樣，她在美國時始終堅持在硬地和綠土球場上比賽。由於草地有時候很滑，需要練習某種精確步法，即使是老將也會覺得吃力。二〇一六年，直美曾在溫布頓網球錦標賽開賽前兩週熱身時，不幸在滑溜溜的草地上滑倒受傷，最後被迫退出大滿貫賽事，這也是她職業生涯以來少數幾次因傷退賽。這段記憶原本可以被最近優秀的戰績取代，但直美似乎一踏上草地就無法保持正面心態，畢竟現在人們對她的期望是前所未有地高。

儘管充斥著不安全感，直美的草地球場賽事依然有好的開始。在伯明罕首場比賽中，她以六比一、四比六、六比三戰勝排名第三十三位的瑪麗亞・莎卡瑞。「我覺得需要出現一個模式，我正在培養它。」直美說：「真希望它快些出現。」

但這個模式沒有很快出現，或者該說它在第二場比賽中根本沒有出現。她的對手是排名第四十三位的尤利婭・普丁塞娃，這位前蘇聯柔道選手的女兒高一百六十二公分，個性相當火爆，把網球當成格鬥運動。她的草地球場戰績並不好，在職業生涯中，與排名前五十的對手進行的七場草地球場賽事全部失利，但她與直美對戰時卻彷彿猛獸聞到了血腥味。兩人前一年在塔斯馬尼亞（Tasmania）交過手，由普丁塞娃勝出，她第一盤很快就大幅拉開比數，在破發點上回擊，打出過網急墜的致勝球，宛如網球界的一拳倒地，比數擴大至四比〇。普丁塞娃迅速以六比二、六比三漂亮完勝，這也是她生涯首次戰勝世界第一。

直美輸給普丁塞娃後非常沮喪，做了一件從未做過的事——不履行出席賽後記者會的義務。「我第一次這樣，因為在賽後感覺糟透了。」直美幾週後說：「當時我心想：『我覺得自己根本沒辦法在記者會上好好表達，所以我看不出有什麼值得嘗試的地方。』」直美說，在失利後幾小時裡，她甚至無法和自己的團隊交談。「當下有點難熬。」她說：「但我覺得，儘管那場失利太令我震驚，對我來說其實是好事。」

直美在伯明罕輸掉的不只是比賽，前陣子剛贏得法網冠軍的艾許莉・巴蒂也在伯明罕奪冠，積分一舉超越了直美，登上WTA榜首，終結直美長達二十一週的霸榜紀錄，使她的排名降到第二位。對直美來說，當週還有一個壞消息：溫布頓網球錦標賽抽籤結果底定，她將在第一輪再次遭遇普丁塞娃。不過，她有理由樂觀地認為運氣即將轉變，畢竟直美一直以來在重大賽事中總是表現得更為傑出，尤其是在第一輪比賽。在她參加過的十三次重大賽事中，第一輪的戰績為十二勝一負。今年，她已經兩度在落敗後再次遭遇相同對手時獲勝（美拉德諾維奇和謝淑薇）。

直美和普丁塞娃的第一輪比賽獲得雙重殊榮，其一，它被選定在具有聖殿地位的中央球場進行，整個場地足可容納一萬五千名觀眾；其二，它是開賽當天女子組唯一的比賽。直美開局表現積極，第三局以一記反手截擊致勝球破發，隨著她「加油！」的吶喊，比數來到二比一。但普丁塞娃一如往常做好戰鬥準備，在大喊了數次「加油」並打出一個又一個過網急墜球後，將第一盤比數追平，迫使比賽進入決勝局，最終以七比四獲勝。第二盤戰至二比二時，普丁塞娃在破發點上再次回擊一記過網急墜制勝球，就像在伯明罕時一樣。當鷹眼確認球落在界內，普丁塞娃高舉雙拳，興奮地跳回座位；對面的直美只能愁眉苦臉地轉動脖子，試圖放鬆愈來愈讓她喘不過氣的緊張情緒。「平時我很愛打大滿貫，也愛在大球場打球。」直美幾週後說：「但不知道為什麼，我在那裡打得一點也不開心。呃，我雖然在溫布頓中央球場比賽，但老實說，我寧願去其他地方打。」

普丁塞娃連下三局，迅速讓直美脫離苦海，以七比六（四）、六比二意外獲勝。她扔掉球拍，跑到網前與直美握手，這是直美生涯十四次大滿貫會內賽中第二度在第一輪失利。多年後，當我問普丁塞娃連勝直美的祕訣時，她告訴我：「我不想公開我和她對打的秘密戰術，但可以告訴你，我採取的是變化打法，而她的打法有點固定。」

直美沒有像在伯明罕時一樣缺席失利後的記者會，但她似乎也沒有準備好。她拿著一條毛巾走進現場，身上依然穿著白色的比賽服裝，甚至沒有拿下遮陽帽和止汗帶，在被淘汰後的半個小時裡，她一直提不起勁換下汗溼的衣服。

直美的回答簡短、含糊而不確定。她最近與普丁塞娃交手並失利後，不久雙方再度狹路相逢，記者針對此事提問，她將問題複述一遍：「不把這件事放在心上有多難？很難吧？我不知道該如何回答。」

另一位記者提到，她的「狀態出現變化」似乎是因為和巴金結束合作關係。確實，這個賽季有巴金在身邊時，她的戰績是九勝一負，但他不在的這幾個月，她的戰績是十三勝七負。兩者之間有沒有關係？

「我覺得一點關係都沒有。」直美簡潔地回答。

記者嘗試從更正面積極的角度切入，問她：「在接下來的幾天裡如何重拾信心並振作起來？」

「我不知道。」直美回答。「你們問的問題，我還沒找到答案。」

眼淚開始在她的眼眶裡打轉，英國廣播公司的記者提出另一個問題：「暴紅令妳非常難以適應嗎？十二個月以來，妳在澳洲和紐約奪冠，差不多已成為全球超級明星。」

但他的問題還沒問完，直美就轉向左側，問坐在旁邊的主持人：「我可以離開嗎？」

「妳想離開？」主持人問道。

「因為我快要哭出來了。」直美應道，聲音只比悄悄話大一點點。

「好吧！」主持人回答。「對不起，採訪就到這裡結束。」主持人對全場記者說。

獲得許可後，直美起身，走出溫布頓採訪廳。

沒有人能預料到那天她離開後有什麼變化。大坂直美不會再回到溫布頓，在接下來的一年、兩年甚至三年都不會。

……………

直美在溫布頓網球錦標賽結束後回到洛杉磯，這座城市幾個月前成為她的新家。她參加了在道奇體育場（Dodger Stadium）舉辦的「日本之夜」，投出人生第一顆棒球。她也出席柯比在新港灘舉行的新書發表會，兩人還一起打了幾個球。雖然柯比是史上最偉大的籃球選手之一，但他的運動天賦沒有擴及網球。直美後來發布兩人的對打影片，畫面中柯比的三次擊球都失準。「他的網球打得還不賴嘛！」她寫道：「哈哈，愛你哦，哥。」

……………

在溫布頓網球錦標賽失利一個多月後，直美將再次投入巡迴賽，這次是在多倫多舉行的加拿大網球公開賽。

她希望行前能透過手機的筆記應用程式來清空思緒：

好，明天就要去多倫多，我想在硬地賽事開始前把一些事說出來。這幾個月我的網球之路走得很辛苦，但謝天謝地，身邊有很多我愛的人和愛我的人（但願如此，哈哈哈）。在這方面，我非常感激，因為每次出狀況，我都會百分之百責怪自己，我有一種封閉自我的傾向，因為我不想讓自己的想法或問題成為別人的負擔，但他們要我相信他們，不要一個人承擔一切。

出乎意料的是，在我人生中最糟糕的幾個月裡，也有一些最美好的時刻，因為我認識了新朋友，還能做一些從沒想過會去做的事。我可以坦率地說，自從澳洲的比賽結束後，我可能再也沒有享受過打網球的樂趣，而我也終於接受這個事實，並重新找回快樂的感覺。我把比賽結果看得太重，而不是像「平常」那樣透過比賽學習。有了這段時間的反省和思考（從輸了第一輪開始，大笑大笑大笑），我對自己有很多了解，覺得自己在這一年（數年）裡成長很多，所以我很期待未來在球場內外的表現。美國網球公開賽再見——更新完畢（笑臉）。

在二〇一九年賽季的剩餘時間裡，巡迴賽重返硬地球場，直美的心境和腳下感覺都有所好轉。

直美在多倫多第一輪輪空，第二輪只打了一盤，對手塔季揚娜．瑪麗亞（Tatjana Maria）就因傷退賽。第三輪對手是波蘭籍資格賽晉級者伊加．斯威雅蒂。這位強壯敏捷的選手擅長強勁的上旋正手拍，還有運動心理學家同行。兩人在底線纏鬥近兩個小時後，直美以七比六（四）、六比四獲勝。直美對這位年輕的波蘭選手印象深刻，直說對方「靈活到不行」，正手拍「轉很大」。她不知道的是，兩年多後，斯威雅蒂成為下一位登上ＷＴＡ排名第一的選手——在二〇二二年邁阿密網球公開賽決賽擊敗直美後，登上球后的寶座。

至於這場多倫多賽事，直美進入八強賽後遭遇到熟悉的對手。她在場上接受採訪時，對小威廉絲的形容合情合理，基本上是她孕育了直美的職業生涯：「她就像我的網球媽媽。」

二〇一八年美國網球公開賽後，下一場大滿貫賽事差一點又出現直美和小威廉絲對決的局面。在澳洲網球公開賽八強戰中，小威廉絲第三盤一度以五比一領先，再拿下一局就能和直美再次交手，可惜被對手逆轉。因此，自從十一個月前那場充滿爭議的美國網球公開賽決賽後，直美和小威廉絲再也沒有遇上彼此。那場比賽的硝煙近一年後仍未完全散去，小威廉絲在《哈潑時尚》雜誌上以第一人稱發表文章，ESPN 也推出長達一小時的紀錄片《幕後故事：小威廉斯 vs. 主審》（*Serena vs. the Umpire*）。儘管往事可能成為新事件的序幕，但這一次風險和熱度都低得多。小威廉絲沒有面臨第二十四個大滿貫冠軍的壓力，直美也不需要追求突破性的榮耀。由於艾許莉・巴蒂前些時候比賽失利，不管這一場打得如何，直美都已經確定可以重返世界第一的寶座。只要她願意，就有機會透過與偶像對戰締造全新紀錄。一旦獲勝，直美將成為二十年來第一位與小威廉絲對戰前三場比賽都獲勝的選手，在女子網壇只有大威廉絲和阿蘭查・桑琪絲・維卡里奧（Arantxa Sánchez Vicario）曾經創下這個紀錄。而後來成為史上最偉大女子網球選手的小威廉絲，被她們打敗時還是尚未贏得第一個大滿貫的少女。

雖然這是兩人的第三次交手，但直美表示，與小威廉絲比賽對她來說一直都是「千載難逢的機會」。小威廉絲也渴望再次與直美交手，這或許是不祥的預兆。她說：「我其實已經期待與她再次對決有好一陣子。」

比賽開始後，小威廉絲確實顯得更有動力，打法更積極主動，攻擊性更強，擊球力道也更大。她的擊落地球平均時速達到一百一十一公里，遠遠超過直美的九十九公里。至於直美則出現生涯以來罕見的膽怯，部分原因是風，或許更大的原因是她不想在小威廉絲面前炫技。當小威廉絲在得分之間咬牙切齒並以低吼自我激勵時，直美卻表現得一副不想得分的樣子，差不多要把比賽拱手讓給偶像，以示求和。WTA 球評娜歐蜜・卡瓦戴（Naomi Cavaday）對直美的消極打法表示不解，認為這與她前一輪對戰斯威雅蒂的表現「完全不同」。卡瓦戴說：「即使出現一些失誤也沒關係，她現在需要的是拿出看家本領。」比賽結束，小威廉絲以六比三、六比四獲勝，一共打出十二個愛司球，直美則一個都沒有。此外，小威廉絲打了三十一個制勝球，直美則是五個。兩人在網前握手，相視而笑。

十一個月前，兩人在紐約賽場都淚流滿面，今晚則一反當初情景，大家都很滿足。小威廉絲在場邊接受採訪，記者問道：和一個稱她為「網球媽媽」的人比賽，感覺如何。她早已備好一個笑話來應對：「呃，我覺得更像是『網球奶奶』。」小威廉絲的話引起一片笑聲。「她用『媽媽』來稱呼我實在是太好心了。」

直美賽後坦承，自己「有點過於注重防守」，但她對於第一次輸給小威廉絲似乎並不失望。「其實，我在邁阿密第一次和她比賽時就想過會這樣。」直美說：「所以，從某種奇怪的角度來說，今天的失利反而實現我的夢想。我知道這聽起來有點詭異，但如果說世界上有誰是我會心甘情願輸的——當然我永遠不想輸，但我不介意輸給她，因為我學到很多。」

小威廉絲在賽後記者會上被問到，如果一年前那個晚上她打得和今天一樣好，是否會在美國網球公開賽決賽中擊敗直美。她沒有上鉤。「我不知道。」小威廉絲的回答不置可否：「我認為，她本該贏得那場比賽，理應成為紐約站的冠軍……那是她發光發熱的時刻，我是真的——真的不知道。」

……………

直美在辛辛那提八強賽發球時扭傷腿，因而結束了美國網球公開賽前最後一次熱身賽。她套著左膝支架登上紐約賽場，但大家更關注的是她的服裝，由耐吉和日本品牌薩凱（Sacai）合作定製的橙黑白三色套裝有白天和夜晚兩種款式。一年前，直美在美國網球公開賽與幾位選手穿著同樣的愛迪達服裝，而小威廉絲的芭蕾舞裙被《時尚》雜誌寫進報導；這次，則是直美獲得《時尚》雜誌報導。

直美的首場比賽和上次在巴黎一樣，因頭號種子選手身分而非常緊張，這一次她還要承受衛冕冠軍的壓力，以致苦戰三盤才在亞瑟．艾許球場擊敗排名第八十四位的安娜．布林科娃（Anna Blinkova）。她說：「是的，我很高興終於打完了。」

第二輪比賽，直美的A級明星地位獲得全新驗證，她的包廂眾星雲集，其中最引人注目的是她的新人生導師。柯比．布萊恩來到美國網球公開賽現場，而直美男友科爾代碰巧也帶好友科林．卡佩尼克前來觀賽。卡佩尼克原是美國職業橄欖球聯盟的明星四分衛，自從在賽前播放國歌時以單膝跪地抗議警察對黑人施暴，他就到處吃閉門羹，沒有球隊願意延攬他。此時的柯比已經退役，他進入包廂後，兩位曾經叱吒體壇的加州運動明星立刻緊握雙手、互相擁抱，隨後一起觀賞直美與瑪格達．利內特的第二輪比賽。這場賽事在第二球場路易．阿姆斯壯球場（Louis Armstrong Stadium）舉行，諷刺的是，直美的包廂雖然眾星雲集，但這卻是她自二〇一八年八強賽到二〇二二年美國網球公開賽期間，唯一一場不在亞瑟．艾許球場進行的美網賽事，這個降級待遇引發安全隱憂，因為柯比必須穿過幾個場地才能進入阿姆斯壯球場。直美這次直落兩盤獲勝，她說部分原因是受到嘉賓激勵。「老實說，我真的不希望害他們在太陽底下坐太久。」她說。

在公開賽期間，柯比為了宣傳新書接受各家媒體採訪，經常憐愛地談起直美。他告訴《洛杉磯時報》，他和直美「常一起出去玩。」柯比說：「她非常可愛。」

他說，在現場觀看直美比賽時，最感震撼的是她必須獨自在球場上奮戰；即使他曾是獨一無二的超級巨星，但球場上總有另外四個人穿著一模一樣的球衣。「你看電視轉播時有某種想法，但等你到現場親眼觀看比賽……

他們真的只有自己一個人，是不是？」他談到網球：「場上沒有隊友可以彌補失誤，只有你自己。當你親自在現場觀看他們比賽，這種感覺就會格外強烈。」

在柯比宣傳的新書中，主角是名叫萊格西（Legacy）的女子網球選手，她擁有特殊能力，可以在打球時改變球場大小和周圍空氣。除了奇幻元素，柯比為萊格西選擇網球這項運動，是因為他希望這個角色表現「內在」的掙扎。柯比說：「只有你一個人在場上面對外部挑戰時，它們還會轉而挑戰你的內心。」

⋯⋯⋯⋯⋯⋯⋯

第三輪將是直美在整個公開賽的高潮，對手是最近崛起的新人，正以年輕一輩中最響亮的名號迅速挑戰直美的地位。十五歲的可可・高芙（Coco Gauff）曾是二〇一九年溫布頓網球錦標賽女單抽籤中最年輕的選手，她第一輪抽到年齡最大的三十九歲選手大威廉絲。儘管已經過了體能巔峰時期，大威廉絲仍是五屆溫網冠軍。高芙在一號球場滿座觀眾面前以六比四、六比四擊敗大威廉絲，可以說一戰成名；從來沒有人這麼快就被冠上「下一個小威廉絲」的稱號。

儘管高芙在溫布頓網球錦標賽第四輪輸給最終冠軍西蒙娜・哈勒普，但她隔月參加二〇一九年美國網球公開賽時，人們對她依舊充滿熱情。她在前兩場比賽中三盤險勝非種子對手，為幾年來最受期待的第三輪比賽做好準備，在週六晚上的亞瑟・艾許球場，這位天才少女將迎戰頭號種子選手及衛冕冠軍大坂直美。

雙方的第三輪交鋒是當年女子網球比賽最令觀眾期待的盛事。「對於首週賽事來說，這場比賽確實非常盛大，不是嗎？」瑪麗・卡里略在網球頻道說：「大坂直美是兩屆大滿貫冠軍⋯⋯但本週可可・高芙受到的關注似乎無人能及。」

「我們已經長達二十年沒有看到一位球員——以前是小威廉絲，比她早幾年的大威廉絲或許也可以算一個——如風暴般席捲全世界。」琳賽・達文波特也表示同意。「她們有本事吸引網球迷以外的人，讓他們對這項運動產生興趣，這種情況不常見。可可身上有一種神奇的魔力……對大坂來說，這一切來得太快，突然之間，哇！網子的另一邊出現一個更偉大的傳奇人物。」

事實證明，這場對決雖然轟動一時，但實力相當懸殊，也許人們早該料到這一點。直美迅速以三比〇領先，接著以六比三拿下第一盤。三十分鐘後，比賽結束，直美僅僅花了一小時零六分就以六比三、六比〇完勝高芙。儘管人們期待這場比賽如煙火般絢爛，計分板卻證實它根本沒被引爆，高芙在七次發球中只有一次成功保發。然而，賽後的小插曲完全彌補了她的遺憾。

直美在網前和高芙相擁時，看見她眼眶含淚，接著她來到高芙的座位，邀她一同接受場邊採訪，通常在決賽前幾乎都只有贏家才能留在場上接受採訪。

「這些人來這裡都是為了妳。」直美告訴她。

「不，沒關係，不然我到時會，呃，從頭到尾哭著接受採訪。」高芙回答。

「不，我覺得總比進浴室去哭來得好，妳必須讓這些人知道，呃，妳的感受。」直美摸著胸口回道。

在直美的勸說下，高芙終於點頭。她含著淚，與直美一起接受 ESPN 記者瑪麗・喬・費南德茲的場邊採訪，一邊說話一邊抹眼淚。

「可可，觀眾絕對愛妳，擦掉眼淚吧！」費南德茲在觀眾和直美的掌聲中說道。

觀眾再次歡呼，很高興看到平淡無奇的比賽也有令人感動的時刻。「她表現得非常好，我在這場比賽學到很多東西。」高芙談起直美：「而且她對我很好，感謝妳，謝謝。」

高芙轉身正準備走開，直美上前再次擁抱她，觀眾的歡呼聲更加響亮。

「妳的表現非常傑出。」費南德茲對直美說，然後問她：「如今妳已經是老將了，指導像可可這樣的人有什麼感覺？」

「我不認為我是導師。」直美回答，然後轉頭看著高芙的包廂。「你們培養出非常了不起的球員，我記得以前看過你們——我不想哭——。」

現在輪到直美拭淚。「各位，這真是一個令人動容的夜晚！」費南德茲宣布。

「我記得，以前常看到你們和我們在同一個地方訓練。」直美恢復平靜後說：「在我看來，我們兩個都辦到了，也都還在拚命努力，我覺得這太不可思議了，我覺得你們很了不起。我覺得可可，妳真了不起。」一直在一旁等待並觀看直美接受採訪的高芙，在直美離開球場時再次上前擁抱她。

經歷去年美國網球公開賽決賽醜陋而令人憤怒的一幕後，兩位年輕女性的惺惺相惜被視為療傷良藥。ESPN記者克里斯．艾芙特後來說：「我這輩子從來沒見過這樣的場面。」

高芙後來知道了人們對那一刻的評價，在賽後記者會對直美讚不絕口。「比賽結束後，我認為她證明了自己是真正的運動家。」高芙談到直美：「對我來說，運動家的定義就是場上把你當成最大的敵人，場外卻能成為你最好的朋友，我認為這就是她今晚展現的氣度。」

直美說，兩人在網前相擁時，她看見高芙悲傷的神情，便「下意識地」做出了這個舉動。接著她補充說明，希望高芙在球迷心目中的印象是帶著正面心態離開球場，畢竟他們可能看不到她的賽後記者會。「老實說，唔，我知道你們也是帶著愛來看她的，但我覺得她這個年紀就要面臨排山倒海的報導，未免有點招架不住。」直美補充說明：「我只是希望她能，呃，照顧好自己。」

••••••••••••••••

這令人動容的時刻瞬間傳遍所有媒體，成為兩位有色人種年輕女性之間的美好時刻。

《時尚》雜誌：「大坂直美和可可．高芙的賽後時光，展現美好而活躍的運動精神。」

《魅力》（*Glamour*）雜誌：「大坂直美和可可．高芙的美國網球公開賽感人時刻，正是姊妹情誼的最佳寫照。」

《*Elle*》雜誌：「大坂直美和可可．高芙在美國網球公開賽後的交流太感人——每個人今天都應該看看這部影片。」

《女性健康》（*Women's Health*）：「我們為什麼對大坂直美和可可．高芙在美國網球公開賽的感人時刻如此著迷。」

那一刻雖然廣受好評，但過了幾年，高芙滿十八歲後，我對她舊事重提，她表示事後看來，她對那一刻沒有那麼深刻的感情。「老實說，我已經不太記得當時情景，因為現在回想起來，唔，我在球場上一定是恐慌發作了。」高芙說：「我呼吸急促，還有一堆症狀，覺得無法承受。因為我當時認為，自己害大家失望，沒有拿出他們想看的表現。在那一刻，我記得自己根本沒有為輸掉比賽而沮喪，只是覺得我沒有滿足大家的期望。」

高芙以世界排名第一百四十位迎戰網壇一姐，但她告訴我，她說服自己相信媒體和宣傳人員賽前的炒作。「但願我能回到那時候，不要給自己那麼大的壓力。」她說：「因為那是我第一次參加美國網球公開賽，我甚至沒有好好享受比賽的樂趣。」

經歷美國網球公開賽精彩的前三輪賽事後，第四輪對直美來說是熟悉而不幸的經歷，她以五比七、四比六在本賽季第三次輸給貝琳達．本西琪。雖然直美輸球後依然保持樂觀，但排名恐怕不太好看。直美將再一次失去排名第一的寶座，她二度回到第一僅僅維持四週，前後總共在第一名寶座上坐了二十五週，大約半年。直美未來還會贏得更多大賽，但此後她再也沒有重回世界第一。

直美失利後決定改變，結束與傑梅因．詹金斯的合作。在這一年與巴金的合作中，直美的戰績是九勝一負；在詹金斯的指導下則是二十勝九負，而且三項大滿貫都沒有打進八強，其他所有賽事也都沒有打進四強。與幾個月前和巴金分道揚鑣相比，兩人結束合作的消息沒那麼令人驚訝。直美在簡短聲明中寫道：「我非常慶幸我們能一起度過那段時光，也很感謝我在球場內外學到的東西，但我覺得現在正適合改變。」

直美有意和新教練維姆．菲塞特合作，但在該賽季剩下的時間裡，她決定採用昔日的做法，由父親倫納德擔任教練。這對父女首場比賽恰巧在直美的出生地大阪舉行。東麗泛太平洋網球公開賽通常在東京舉行，但這一年由於東京的運動場館要為隔年的奧運做準備正在進行翻修，因此整個賽事轉移到大阪。這次倫納德待在場邊觀看女兒比賽，沒有像往常那樣緊張地繞著球場走來走去，而直美則在日本國土贏得第一個冠軍。這對父女在接下來的比賽獲得了更大的勝利。在WTA的賽事等級中，北京的中國網球公開賽與印地安泉網球公開賽同級。在這裡，直美八強擊敗了剛剛獲得美網冠軍的比安卡．安德烈斯庫；在四強賽擊敗衛冕冠軍卡洛琳．沃茲尼亞奇；並在決賽擊敗了世界排名第一的艾許莉．巴蒂。

從大阪到北京的十連勝是直美職業生涯中的最長紀錄，並因此獲選為WTA年終總決賽的參賽選手，當屆賽事從新加坡移師中國深圳。直美在循環賽首戰擊敗佩特拉·科維托娃後，因右肩傷勢退賽，以低迷狀態結束賽季，但同時將賽季結束在十一連勝。為了療傷，她將近一個月沒有拿起球拍，這段空檔給了她足夠的時間沉澱，對這趟狂野的旅程滿懷感謝。

「二〇一九年可能是我這輩子最美好的一年。」直美在十一月初發表推文：「雖然有時候還是會遇到重大考驗。這一年我學到很多，也明白自己可以發揮很大的影響力，去改變我的際遇。現在我很期待二〇二〇年的一切（球場內外）。」

二〇二〇年將為直美以及全世界帶來意想不到的挑戰，但在疫情還沒開始改變每個人的生活方式之前，她的世界已經天翻地覆。

⋯⋯⋯⋯⋯

直美在布里斯本國際賽開打第一週進入四強，連勝紀錄來到十四，但於二〇二〇年一月二十四日的澳洲網球公開賽第三輪意外敗給高芙。直美第二次與大滿貫衛冕冠軍失之交臂，世界排名也從第四跌至第十。

兩天後，她已回到洛杉磯家中，沒有料到更慘重的損失忽然降臨。柯比·布萊恩原定陪同女兒參加青少年籃球比賽，途中卻因飛行員迷失方向，一行人搭乘的直升機墜毀在加州卡拉巴薩斯（Calabasas）濃霧瀰漫的山坡上，機上九人全數罹難，包括時年四十一歲的柯比、他的十三歲女兒吉安娜和飛行員。

在官方尚未證實前，墜機消息及柯比也是乘客之一的傳言便已在社群媒體傳開。直美傳訊息給柯比，因為她知道對方總會馬上回覆。但這次直美遲遲沒有收到回音，她明白這個消息一定是真的。

兩人相識不到八個月，突然失去了珍貴的人生導師，令直美悲痛欲絕。在 Netflix 專為她拍攝的紀錄片中，收錄了一段她對於柯比逝世的反應。畫面上的她對鏡頭展示自己的手機桌面，那是一張她和柯比的合照。

直美深深陷入內疚當中，覺得自己在墨爾本輸掉比賽，辜負了導師的期望。「我覺得我害他失望。」她說：「我應該傳承他的精神，卻變成這樣。」

直美說，在墨爾本失利後，她原本想傳訊息給柯比，問他如何面對這種情況，但她後來猶豫了。「我最後沒有發訊息，因為不想覺得自己是輸家。」她說：「現在，我再也沒有機會和他說話了。」

每當面臨人生轉捩點，直美便會用手機的筆記應用程式寫下感言，這次也不例外。她寫了一張給「大哥」的字條，試圖表達心中的感受：

> 嘿……我真的不知道該怎麼辦，所以寫這封信給你。
>
> 感謝你成為這樣的你。
>
> 感謝你激勵世界各地的人們，你不知道自己感動了多少人。感謝你如此謙遜，沒有因為身分而自大。感謝你在我慘敗後還關心我，主動詢問我的情況。感謝你不時傳訊息問我：「妳還好嗎？」因為你知道我的腦子偶爾有多混亂。在我有幸認識你的短暫日子裡，感謝你教了我這麼多。
>
> 感謝你的存在。
>
> 你永遠是我的好大哥、好導師、好靈感。愛你。

柯比去世後，直美前往西班牙參加聯邦盃的紅土比賽。她的身體雖然在球場上，但球技、思緒和心靈似乎都不見了，最後以〇比六、三比六輸給了莎拉．索里貝斯．托摩。這是直美六個多月來的最後一次比賽；新冠病毒很快就中斷了體壇所有賽事。

下一次直美重返巡迴賽時，不僅找回球技、思緒和心靈，還前所未有地勇於發聲，並找到了一個完全不同的目標。

26 待在屋裡，勇於發聲

Staying In, Speaking Out

在新冠肺炎大流行最初幾個星期，面臨突然降臨的封鎖，直美的應對之道和許多人一樣。她對世界變化之快表示震驚和困惑（使用的是動畫《海綿寶寶》〔*SpongeBob SquarePants*〕蟹老闆〔Mr. Krabs〕的動態圖）。她雖然不太明白這場大瘟疫到底是怎麼回事，但仍對在前線奮戰的醫護人員表示感謝（「我希望每個人都健康平安。」她為「全球公民」（Global Citizen）組織拍攝影片並說道）；她接受無所事事的生活（「對不起，我最近沒怎麼活動，忙著放空發呆。」），並評估生活的巨變及限制（「以前是辣妹的夏天，現在是宅女的春天。」）。她申請抖音帳號，上傳跳舞影片。有時候，直美的一些行為看似有道理可循，但其實又蘊含了一些無厘頭的點。她玩連線遊戲（與名模海莉·比伯〔Hailey Bieber〕組隊玩瑪利歐網球〔Mario Tennis〕，海莉也是ＩＭＧ的客戶，還是超級巨星小賈斯汀的妻子）。*她更常下廚，並設計全新食譜，混合了牛排、蝦和義式洋蔥燴飯，她稱之為「大坂燴飯」（RisottOsaka）（這份食譜後來登上《魅力》雜誌）。

最重要的是，直美在停賽期間終於有空，讓思路以全新方式漫遊。自從她三歲開始打網球，這是被迫停賽最

* 直美代表「海地希望」基金會參加瑪利歐網球錦標賽，響應疫情期間父親故鄉的慈善活動。

久的一次，她的身體處於休息狀態，不需要為近期的比賽做準備，她有時間和空間以前所未有的方式探索思想。她在二〇二〇年三月最後一天寫道：「很多以前沒想過的事都在隔離期間冒出來，害我的腦子停不下來。」

有了思考的時間，讓直美得出新結論：她的害羞一直以來都有目共睹，但她再也無法接受這個特質阻礙自我實現。她在推特上寫道：「我受夠害羞了，真的很浪費時間。我原本可以分享很多想法，和各式各樣的人交談，學到很多東西（打巴掌表情符號），但我卻在這裡給自己設限。」直美用淚滴符號落款進一步詮釋想改掉害羞的決心，她講述有一次傑斯*主動找她說話，但她卻因為太緊張而壞事──「談話非常突兀地中斷，天啊，為為為為為什麼（哭泣表情符號）。」

直美下定了決心──既然球技可以靠勤加練習來精進，社交能力自然也可以。疫情期間，數百萬人透過 Zoom 和其他視訊聊天媒介與親朋好友重新連絡感情，於是直美也找了一些自己最感興趣的網球選手，與他們公開來往。

這當中最有意義的是大威廉絲的邀請，直美應邀參加她在 IG 直播的健身課程。「一位球場內外真正的贏家，一個超棒又了不起的人。」大威廉絲這樣介紹直美。在小威廉絲和成千上萬網友的圍觀及評論下，大威廉絲一邊帶領大家進行由弱到強的伸展練習，一邊對直美提出各種問題，包括網球公開賽最令她懷念的是哪個部分。「我會說，和團隊在一起。」直美回答：「老實說，我在外面沒有朋友，所以他們是我平常交流的對象。」大威廉絲從頭到尾表示支持，她也安慰直美，自己二十二歲時也因為全心打球而沒有太多外界朋友。

除了大威廉絲，直美也主動與別人連繫，邀請法國男子網球選手加艾爾．蒙菲爾斯（Gaël Monfils）、美國男子網球選手弗朗西斯．提亞佛（Frances Tiafoe）、史蒂芬諾斯．西西帕斯和伊加．斯威雅蒂加入她的公開通話。她和每位選手生平最長的一次談話幾乎都是透過 IG 視訊達成的。直美採用她最有經驗的互動形式──訪談，她在小記事本上寫下準備詢問每位球員的問題，從他們在網球方面最美好的回憶到最喜歡的霜淇淋口味，內容包羅萬象。

直美的坦率經常讓來賓感到驚訝。

「老實說，到頭來，我覺得自己還是不想因為打網球而出名。」直美告訴斯威雅蒂。

「哦！」斯威雅蒂回答：「那會很難。」

「超級難。」直美認同她的說法：「但是，呃，網球在我們的整個人生只占了一小部分。」

……………

直美希望擴大社交圈，但她感興趣的不僅僅是學會在新朋友面前侃侃而談。她在「受夠害羞」宣言的最後立誓——一旦堅持下去，這句誓言將改變她的人生：「我不會再放棄說出想法的機會。」

直美剛開始分享想法時，大部分都源於壓抑已久的挫敗感。因此，她在社群媒體上有好一陣子顯得自我貶低、羞愧且尷尬。到了二〇二〇年春夏，她的貼文轉變得更尖銳、憤慨和挑釁。

人們對她發布的泳裝照褒貶不一，直美針對此事發表了看法。「我只是想說，很多人都用@標記並評論我，要我保持『清純形象』，還有『不要變成不適合妳的那種人』，我只覺得毛骨悚然。」她寫道：「你們又不了解我，再說我都二十二歲了，去泳池游泳當然會穿泳裝。為什麼你覺得自己可以評論我該穿什麼？」

---

* 譯註：Jay-Z，一九六九年生，美國知名饒舌歌手、詞曲作家及製作人，妻子是樂壇天后碧昂絲。

在一段抖音影片中，直美身後有兩個辭彙的谷歌檢索頁面，都是她認為與自己有關且經常被誤解的辭彙定義，她說自己「只是想再一次為那些不理解字義的人說明」。「看到這個了嗎？」她開口問道，並在第一個辭彙定義的頁面前打著手勢。「這叫做『族——群』，看到了吧？讀一讀，想一想，去了解它。」隨著身後的畫面轉換，直美故意而嘲諷地倒抽一口氣，假裝很震驚：「然後這個——那是什麼？那是『國籍』！它和族群不同！天哪，我好驚訝，怎麼回事？怎麼會這樣？」

二〇二〇年五月，彷彿命中註定一般，大坂直美決定將想法公諸於世。而那個月底，她將和數百萬美國人一樣，因為一次事件而大受影響——它發生在明尼亞波利斯（Minneapolis）南區東三十八街（East Thirty-Eighth Street）與芝加哥大道（Chicago Avenue）交叉口的人行道上，位於直美洛杉磯住家東北方兩千四百公里處。

··············

二〇二〇年五月二十五日星期一晚上，四十六歲的黑人男子喬治．佛洛伊德（George Floyd）在明尼亞波利斯南區的便利商店裡買菸，他是這家店的常客。交易完成後，收銀員和店長懷疑佛洛伊德用來結帳的二十美元是假鈔，於是他們來到停在外面的汽車旁，要求他回到店內退還香煙。佛洛伊德拒絕，另一名員工隨即報警，並在電話中聲稱佛洛伊德「醉得很厲害，無法控制自己」。九一一調度員派遣了兩名員警前往現場。

警方一介入，這起微罪事件瞬間演變成悲劇。其中一名員警剛抵達現場便掏槍，後來雖然收了回去，但沒過幾分鐘就把佛洛伊德從駕駛座上強拉下來。員警將他上銬，在人行道上與他交談，然後押他上警車。佛洛伊德愈來愈痛苦，他還沒坐上警車便倒下，聲稱自己呼吸困難並患有幽閉恐懼症，不想進入警車。此時第二輛和第三輛警車到場支援，第三輛警車上載著德瑞克・肖文（Derek Chauvin），這位白人員警曾經被投訴過十七次。佛洛伊德雖然已被強行推進警車後座，但肖文又把他從另一邊車門拉了出來，將他面朝下壓制在警車旁的柏油路面上，肖文左膝緊緊抵住他的後頸，另外兩名員警則壓著他的身軀和雙腿。「老兄，我喘不過氣，求求你。」佛洛伊德立刻叫道：「拜託，拜託讓我起來！老兄，拜託，我不能呼吸。」一名員警用無線電呼叫緊急醫療援助，肖文雖然意識到佛洛伊德的情況十分危急，依然堅持用膝蓋抵住他的脖子，持續了足足七分鐘。「我不能呼吸。」佛洛伊德再次懇求：「拜託你，不要用膝蓋壓我的脖子。我不能呼吸，該死。」一名員警應道：「我說，老兄，起來上車。」佛洛伊德回應：「我想起來，但我動不了。」肖文沒有要鬆開的意思，一直壓住佛洛伊德的脖子，將他牢牢箝制在地上。「媽媽，媽媽！」佛洛伊德叫著，聲音愈來愈吃力：「我動不了。」

根據《紐約時報》分析，佛洛伊德在不到五分鐘內曾十六次告訴員警自己「不能呼吸」，但他的多次懇求都被置之不理。數名旁觀者看到佛洛伊德失去意識後，立刻齊聲懇求，但員警還是置若罔聞。

救護車終於趕到現場，肖文仍然用膝蓋抵著佛洛伊德的脖子。「鬆開他的脖子！你真的要這樣嗎？」旁觀者喊道。急救員檢查佛洛伊德的脈搏，但肖文的膝蓋依然壓在他的脖子上將近一分鐘，直到急救員直接要求他移開；這時他的膝蓋已經壓住佛洛伊德的脖子長達八分多鐘。佛洛伊德毫無生氣的身軀被抬上擔架並搬上救護車。救護車剛剛開過兩個路口，急救員便呼叫進一步增援，因為他們看到佛洛伊德的心跳已經完全停止。最後他在急診室被宣告死亡。

明尼亞波利斯警察局對這起事件的最初聲明是「男子在與警方交涉過程中因醫療事故死亡」，但事件影片流傳開來之後，這個過分籠統而委婉的說法隨即被推翻，屍檢結果顯示佛洛伊德死於他殺。當時執行勤務的四名員警全被開除，肖文則被控二級謀殺罪。他逮捕和謀殺佛洛伊德的影片在網路上廣為流傳，點燃了明尼亞波利斯和全美民眾的怒火。

佛洛伊德不是第一個被員警殺害的黑人，但那段施加酷刑的影片充分顯示了肖文的冷酷無情，引發了各界前所未有的強烈抗議，包括一位曾對自己承諾不再沉默的年輕女性。

•••••••••••••••

五月二十七日，佛洛伊德過世後兩天，直美分享了兩段他遇害的影片。隔天，她在推特轉發男友科爾代引用馬丁・路德・金恩（Martin Luther King Jr.）的一句話：「有朝一日，沉默就是背叛。」在接下來的幾天裡，直美用自己的話打破沉默，每次的用語都更加犀利：

「事情沒有發生在你身上，並不意味著它根本沒有發生。」

「真可笑，那些想戴鍊條、在健身房大播特播嘻哈音樂，想用擊拳跟別人打招呼，還有滿嘴流行用語的人，現在突然都安靜了。」

「想要在推特轉貼那些搶劫事件時，不妨先轉貼手無寸鐵的黑人之死（四個小丑表情符號）。」

「事件剛發生的那一週，我看到推特上的人都無聲無息，但只要一出現搶劫事件，他們一定會迅速轉貼，而且每小時更新一次，不停訴說他們的感受。」

「我很糾結，不知道該譴責他們整個星期只貼了黑色方塊……還是接受他們原本可能什麼都不會貼的事實，所以他們丟出這點殘渣我就該偷笑了。」

佛洛伊德遇害後，直美某些措詞強烈的發言不是針對其他人的沉默，而是那些認為她也應該保持沉默的人。這起謀殺事件餘波蕩漾，體壇和文化界紛紛發聲，當中包括直美的聲音。但也有許多人對此表示反感，他們關注直美是基於她網球選手的身分，對於她的其他意見則不屑一顧，認為她只要專心打網球就夠了。一位惡名昭彰的保守派評論員也曾跳出來發表類似意見。

這位人士為人詬病的事蹟還要從二〇一八年說起，她是福斯新聞評論員蘿拉・英格拉漢姆（Laura Ingraham）。在她接受 ESPN 記者卡里・錢皮恩（Cari Champion）採訪時曾播放一段影片，畫面中勒布朗・詹姆斯和另一位職籃球星凱文·杜蘭特（Kevin Durant）感嘆自己對於川普總統屢屢發表種族歧視言論已經愈來愈麻木。「他們一定要這樣口無遮攔嗎？」英格拉漢姆在影片結束後問道：「……從拍球就能賺取一億美元年薪的人嘴裡尋求政治建議並不明智。噢，那麼勒布朗和凱文呢？你們是偉大的球員，但沒人投票給你們。幾千萬人選川普當教練，所以政治評論還是少說為妙。或者，就像有人說過的：閉上嘴巴好好運球。」

佛洛伊德死後，抗議聲浪愈來愈大，英格拉漢姆粗暴且充滿嘲諷意味的「閉上嘴巴好好運球」影片重新被人翻了出來。此外，對於近期美式足球紐奧良聖徒隊（New Orleans Saints）四分衛德魯・布里斯（Drew Brees）公開反對卡佩尼克式抗議，英格拉漢姆也發表了支持性評論，再度引起批評聲浪。詹姆斯在推特上分享那段對比強烈的二〇一八年影片，轉發量超過十四萬次，直美也共襄盛舉，在推特寫道：「這是妳吧 @IngrahamAngle ？」並配上一張動態圖，是英格拉漢姆在二〇一六年共和黨全國代表大會（Republican National Convention）台上以納粹手勢敬禮的樣子。

直美隨後在一篇貼文中闡述自己反對英格拉漢姆的原因，獲得兩萬多次轉貼：「我討厭不時有人說運動員不應該參與政治，只能娛樂大眾。」直美寫道：「首先，這是人權問題。其次，你憑什麼比我更有資格說話？按照這種邏輯，如果你在宜家（IKEA）工作，是不是只能談論『格倫利德』（GRÖNLID）沙發？」

隨著直美的信念愈來愈堅定，她也得到愈來愈多支持和鼓勵，以前她只能靠球拍展現力量，如今她正以相同的力量回擊頑固的反對聲浪。

直美分享了一則消息：她的出生地日本大阪正在籌備「黑人的命也是命」（Black Lives Matter）遊行。名叫大衛·貝查德（David Bechard）的推特用戶（他的檔案照片是一位白人男性長者站在一條大鮭魚旁邊）責備她：「不要把運動和政治混為一談。」直美回覆：「我希望那條魚把你吃掉。」

另一位名叫拉汀（S.Ladin）的推特用戶回覆：「日本沒有種族歧視，不要在這裡興風作浪。」直美用一張文章截圖回應，內容描述日本喜劇演員前一年為種族歧視笑話向直美道歉，當時她們聲稱直美「需要漂白劑」，因為她「晒太多太陽」。二〇一九年底爆發嘲笑事件時，直美對這些言論曾公開地一笑置之，但現在她準備把它們拿出來用。另一位名叫克洛伊·湯瑪斯（Chloe Thomas）的推特用戶對直美的貼文這樣回應：「種族歧視不是單方面的，好好打網球吧！」這次直美用自己最喜歡的迷因哏圖回應對方，那是一張修改過的熱門魔法故事系列第五集封面，書名已被改成《哈利波特與厚顏無恥的賤人》（*Harry Potter and the Audacity of This Bitch*）。

直美發布最尖銳的推文後，往往在幾分鐘、幾小時或幾天內就刪除，因為她意識到自己在網上抨擊他人（包括日本人），可能會玩火自焚。「每次上推特，經紀人就會出現在我面前。」她在推特這樣發文，並貼了一張迷因哏圖，是一隻緊張的科米蛙（Kermit the Frog）。當夏天漸漸到來，直美慢慢地變得沒那麼好鬥，她寫道：「我現在要做一個和平的人……不過我的推特手指很癢。」直美後來說，她貼的訊息都是以英文寫成的，有人擔心翻譯成日文會失真。「我認為，運動員會害怕發表言論後失去贊助商。」她說：「對我來說確實如此，因為我的大多數贊助商都是日本人。他們可能根本不知道我在說什麼，也可能會不高興。但你這輩子總有某個時刻會覺得，自己必須為正確和重要的事發聲。」

⋯⋯⋯⋯⋯⋯⋯⋯

直美不會甘於躲在螢幕後面當「鍵盤鄉民」。一直以來，她的行程幾乎完全按巡迴賽的各項賽事來安排，但她會利用空檔前去最想去的地方。「隔離既是詛咒也是祝福，因為它讓我有機會旅行，親眼看看那些事物。」直美後來說。喬治．佛洛伊德去世後，直美和科爾代決定搭私人飛機前往明尼蘇達，親自參加抗議活動，並且是在抵達當地之後才通知團隊。她說，在明尼蘇達的經歷改變了她的一生，她親眼「看到一切」，而不是透過螢幕。「每個人都充滿熱情。」她後來說：「很多活動接連出現，人們談論這次集會由誰發起之類的話題，真的很震撼。」

直美後來接受線上媒體「高端時尚」（Highsnobiety）採訪，她談到去明尼蘇達前，她比較喜歡讓那些「更善於表達」的人說話，而不是自己發言。「這對我來說絕對是超現實的經歷。」直美談到親臨抗議活動的感受：「我開始想：『哪怕只有一個人在意我說的話，或許這個人也會讓另一個人看到。』」

直美在明尼蘇達之行幾週後為《君子》（*Esquire*）雜誌撰文，描述參加那場活動的經過，並闡述自己對政治議題前所未有的支持。「我支持撤銷警方經費的運動。」直美寫道：「我的意思並不是要徹底消除它們。警方一些經費，比如為犯罪員警提供金援的計畫，應該重新分配給社區的保障措施，包括：教育、住房和青少年計畫，這些往往遭到忽視。我們需要全方位照顧社區，以確保彼此的安全。」

直美坦承，願意勇於發聲，用自己的名字和聲音公開發出政治呼籲，要求當局採取行動，對她來說是全新的體驗。她將文章命名為「兩年前我絕對想不到會寫這篇文章」。

27 停賽與再戰

Stop and Start

比利時教練維姆・菲塞特在WTA巡迴賽執教十年間，曾指導多名球員登上世界排名第一並贏得幾乎所有大賽冠軍。但在他看來，二〇一九年底進入大坂直美團隊才是真正的成功。菲塞特告訴荷蘭記者大衛・阿瓦基安（David Avakian），被直美聘用的感覺就像「攀上職業生涯巔峰」。雖然他曾經與大滿貫冠軍和幾位世界第一選手合作過，但菲塞特認為，與直美合作是他的生涯巔峰，因為她不僅僅是「球迷心目中的名人」，更是「全球明星」和「世界級人物」。

菲塞特上任時，直美已經強勢結束二〇一九年賽事，取得十一連勝。二〇二〇年澳洲網球公開賽開打前，菲塞特與直美一起度過了一段收穫滿滿的休賽期，菲塞特說自己主要想觀察並了解這位新球員的球路，但雙方合作後首次出戰卻坎坷收場，直美不僅在澳洲網球公開賽第三輪輸給十五歲的可可・高芙，結束衛冕冠軍之旅，賽後她還直接不告而別，沒有通知團隊任何人。「這實在令人難以接受。」菲塞特說：「對我來說，無論順境還是逆境，我們都在一起，才會叫做團隊。」

大約十天後，兩人在西班牙碰面，那時日本隊正在進行聯邦盃比賽。雖然直美出戰失利，但她與菲塞特的溝通情況大幅改善。「其實那是合作以來感覺最好的一週，因為我們針對整個情況和她的感受談了一遍。」菲塞特說：「她非常坦誠。」

他們在她的洛杉磯基地訓練，準備迎接即將到來的印地安泉賽事，菲塞特覺得直美接近最佳狀態，儘管她的排名已經從第一位下滑到第十位。「我感受到她身上有一股極大的動力。」他說：「老實說，我沒辦法證明這一點，但我敢說，她一定會贏得印地安泉大賽。其實，她的水準很高，澳洲網球公開賽之後，她真的很想向世人證明：『沒錯，我還能做到，因為我是大坂直美。』她為此非常努力，球技水準和心態讓我留下深刻印象，不料疫情就在這時出現了。」

當各方選手抵達印地安泉，紛紛展開訓練和其他宣傳活動，當地卻出現第一個新冠病毒陽性病例，在衛生部門的建議下，公開賽在開打前夕臨時決定停辦，成為首批被迫取消的大型運動賽事之一。三天後，由於猶他爵士隊（Utah Jazz）中鋒魯迪・戈貝爾（Rudy Gobert）的檢測結果呈陽性，NBA也暫停賽季，情況如滾雪球般日漸惡化，全球各運動聯盟和各種公開活動紛紛關閉或取消。愈來愈多網球賽事也遭到波及，不是延期就是乾脆取消，複賽日期不明，直美的團隊成員也回到各自的國家。

疫情打亂了二〇二〇年網球賽事日程。按照慣例，法國網球公開賽五月下旬開打，但這次延到九月下旬，東京奧運則延到二〇二一年舉行。溫布頓網球錦標賽有先見之明，早就買好流行病保險，主辦單位乾脆取消了二〇二〇年的比賽。

儘管紐約是疫情初期的重災區，但美國網協仍決定照例在八月下旬舉辦美國網球公開賽，並祭出一系列特別措施。屆時比賽完全不對觀眾開放，在空蕩蕩的看台前進行。辛辛那提大師賽通常在美國網球公開賽前兩週舉行，向來被視為它的主要熱身賽，本屆乾脆訂於前一週在紐約的美國網球公開賽場地舉行。選手被要求待在「防疫泡泡」內，不能像以前那樣在曼哈頓隨意行動。

眼看比賽就要展開，菲塞特忙著尋找從比利時返回加州的方法。「我已經做好充分準備。」他說：「我覺得這是我們可以締造輝煌紀錄的好時機。」他得知運動員有旅行限制的豁免權，可以前往美國，於是從比利時搭機飛往加州，途經都柏林（Dublin）和紐約。他說，這趟橫跨大西洋的航班只有他和另外兩名乘客。

菲塞特在洛杉磯與直美重聚，當時她已經為自己的主張勇敢發聲，站在他面前的是一位煥然一新、活力四射的球員。「直美彷彿一生下來就拿著網球拍。」菲塞特說：「她一直在打網球，生命裡除了網球還是網球，能休息兩、三個月對她來說真的很好。我覺得她非常懷念比賽和訓練；這段空窗期讓她真正意識到自己多麼熱愛網球運動。」

菲塞特致力於微調直美的擊落地球技術，重點放在腳步，要讓她的第二次發球沒那麼容易被攻擊。為了提高她的運動能力，他們聘請新的力量與體能教練中村豐，他曾與瑪麗亞·莎拉波娃共事多年。「有好幾週我都在說：『嘿，這段時間太美妙了，以往哪有可能找到三個月空檔來好好鍛鍊？』」菲塞特說：「『通常妳在賽季開始前只有，呃，三、四週空檔。而現在，我們有三個月，可以好好培養妳的球技，讓妳的技術更上一層樓。這是我們的目標；也是我們的機會，一定要好好利用。』」巡迴賽預定在硬地球場恢復舉行，但菲塞特還是抽出一些時間讓直美在紅土球場練習，因為他知道，在美國網球公開賽和延期的法國網球公開賽之間幾乎沒有空檔。

這樣的安排也很特別，因為直美在疫情期間接受培訓時，菲塞特、中村和私人助理都住在她家。這群人幾乎全天候待在同一個地方，一起用餐，一起從事沒有傳染疑慮的活動，包括在附近山上徒步。「這樣做是為了安全起見，而且真的很有幫助。」菲塞特說：「我們一起做了很多事。」

菲塞特說，直美是一個「非常冷靜」、「超級隨和」的室友，並且渴望讓每個人都過得舒適。「她總是想照顧別人。」他說：「她很重視讓每個人過得好，並健康快樂。」雖然同在一個屋簷下，但大家也會給彼此獨處的空間。「直美也需要留一些時間給自己。」他說：「因此，她每天會在視聽室或臥室稍微自我隔離，一個人待上一段時間。」菲塞特也很欣賞直美對各種商業合作的投入程度，她在這一年首次超越小威廉絲，成為全球收入最高的女運動員。「她總是能想出很多點子，總是在畫什麼，或者研究什麼。」他說：「我們總是一大早就開始練習，下午兩、三點左右就會回家，然後她就去做其他事。」

直美說，她很想多開發贊助和合作關係，因為她在某種程度上把這當做成人教育，藉以培養更全面的專業知識。「我從小到大都在打網球，對很多領域不太了解。」她說。

菲塞特告訴我，直美很擔心將來退役後不知道該何去何從，於是決定開發網球以外的興趣，以平息內心的擔憂。「她說，她最怕的是，有一天再也不打網球了，卻沒有安排好後續可以做的事。」

……………

結束幾個月的蟄伏與期待，終於到了前往紐約參加美國網球公開賽和辛辛那提熱身賽的時候。「我很慶幸能來到這裡。很高興還有比賽要舉行，很高興我可以參加。」直美重返巡迴賽時這樣表示。雖然沒有人在看台上盯著她，但直美注意到更衣室裡選手的表情已經不一樣，與疫情之前、她被評為全球收入最高的女運動員之前，以及她開始勇於發聲之前所看到的都不同。「以前人們看我的眼神總是不一樣，但現在很正常。」她說：「氛圍改變了。」

直美睽違六個多月以來的首場比賽，與足智多謀的捷克選手卡羅利娜・穆霍娃（Karolína Muchová）對戰。直美以三盤獲勝，她說，原本以為空曠的賽場會令人分心，但事實上並沒有。她在安安靜靜的球場裡開打第二輪，以直落兩盤擊敗達亞娜・亞斯特雷姆斯卡（Dayana Yastremska），對手當時的教練恰巧是沙夏・巴金。

這種平靜不會持續太久。兩天後，上中西部（Upper Midwest）發生的暴力事件粉碎了體壇脆弱的平靜，包括直美在內，許多運動員再次挺身而出、呼求正義。

二〇二〇年八月二十三日星期天，威斯康辛州（Wisconsin）基諾沙市（Kenosha）員警拉斯騰・謝斯基（Rusten Sheskey）對雅各・布萊克（Jacob Blake）連開七槍，四槍擊中背部，三槍擊中側腹。布萊克是通緝犯，後雖逃過一死，但下半身癱瘓。這個國家剛剛因為喬治・佛洛伊德被殺害而元氣大傷，現在又出現新的傷口。短短幾天內，布萊克遭槍殺的影片在網上瘋傳，七次槍聲響徹全美，無論是在基諾沙（當地少年凱爾・里登豪斯〔Kyle Rittenhouse〕用衝鋒槍射殺兩人），還是正在進行職業賽事的防疫泡泡內，都引起了抗議和動亂。

槍擊案發生隔天，奧蘭多的NBA球星利用受訪機會談論了近期的暴力事件，他們當中大約百分之八十都是黑人。「我們說過要為社會不公發聲，在我們身上不斷發生的事——都是不對的。」奧克拉荷馬（Oklahoma）雷霆隊（City Thunder）的克里斯・保羅（Chris Paul）在場上接受採訪時，談到布萊克的槍殺事件。天王球星勒布朗・詹姆斯也在發言中詳細談到黑人群體的恐懼。他說：「對現在的黑人來說，我們認為你們在獵殺我們。」

過了幾天，議論化為史無前例的行動，選手們破天荒地利用自身力量對抗體壇運作機制。八月二十六日星期三下午，密爾瓦基（Milwaukee）公鹿隊（Bucks）在布萊克中槍地點以北約六十四公里處進行主場比賽，原定下午四點開賽，但球員們在熱身時段拒絕現身，一直待在更衣室裡。這場比賽被迫延期，連帶影響當天後面兩場賽事。這一天的混亂成為ＮＢＡ賽季的隱患，包括快艇隊和最終奪冠的湖人隊在內，一些球隊都在考慮放棄季後賽的剩餘比賽。公鹿隊的擾亂行動不僅引起聯盟內部重視，甚至驚動了政壇；當天，公鹿隊與威斯康辛檢察長和副州長進行電話會議。前總統歐巴馬（Barack Obama）最終在球員拒絕出賽期間與他們連絡，建議他們利用自己的地位向球隊老闆尋求保證，因為這些老闆絕大多數都是白人、富人、政治保守派且交遊廣闊。球隊老闆後來讓步，採取支持民主的新方案，比如出借ＮＢＡ運動館，做為二〇二〇年總統大選的投票處。雖然ＮＢＡ球員的行為不符合集體談判協議，但無論將其定義為抵制還是未經工會允許的罷工，他們都利用了勞工的力量，以史無前例的突發行動擋下聯盟賽事，大型職業運動聯盟從未因黑人遇害而停擺。

公鹿隊的抗議在奧蘭多引起迴響，接下來兩天ＮＢＡ都沒有舉行比賽，全國各地聯盟也共襄盛舉，ＷＮＢＡ當天和隔天所有比賽延期；職業足球大聯盟（Major League Soccer）和職棒大聯盟一些比賽也都延期，後續加入的還有加拿大國家曲棍球聯盟。

紐約網球賽事主辦單位的螢幕頻頻出現相關新聞，他們也注意到ＮＢＡ停賽的消息，擔心這會影響五天後即將開打的美國網球公開賽。然而，他們沒有料到，短短幾小時內，一位網球選就手讓他們不得不提早正視這個問題。

……………

大坂直美下午一點在紐約上場，於八強賽對戰阿內特．康塔維特（Anett Kontaveit）。比賽進行到一半，公鹿隊的抗議已進入白熱化。直美原本以四比六、〇比二落後，但後半段奮起直追，終場以四比六、六比二、七比五戰勝了康塔維特——這位後起之秀短短兩年後便在WTA躍升至排名第二。在賽後記者會上，沒有人對直美提到抗議活動相關問題，記者主要針對比賽討論一些輕鬆話題，也想知道直美在辛辛那提有哪些回憶——「妳去過辛辛那提動物園嗎？」完全沒有提到政治議題。

即使沒有人想到要問她，直美也知道了NBA的情況，並早已準備表態。「在整個隔離期間，我看到很多事發生，心裡一直在想，如果網壇有人能帶頭發起什麼就好了。」直美後來在ESPN上說道：「老實說，我的個性比較偏向追隨者，不是領導者，我喜歡追隨事物的發展，所以我一直在等。但後來我意識到，也許我應該做跨出第一步的那個人。所以，對，事情大概就是這樣。」

直美在職業生涯中多次遇到轉折，每每都用自己最熟悉的媒介來傳達心聲，這次也不例外。她打開iPhone的筆記應用程式，以前所未有的緊迫感寫下聲明。

不過，在截圖和發送前，直美希望先通知團隊。她回到團隊的租屋處，將訊息傳給夥伴們，包括教練維姆・菲塞特、力量教練中村豐、物理治療師茂木奈津子和練球搭檔卡魯・塞爾（Karue Sell），邀他們幾分鐘後在客廳見面。塞爾說，當直美開始說起要退出辛辛那提大師賽，他感覺得到她有些緊張，畢竟在WTA千分巡迴賽中，辛辛那提大師賽是僅次於大滿貫的最高級別巡迴賽。「她不喜歡跟人作對，也不想讓團隊失望。」塞爾告訴我。但最初的猶豫很快就被果斷的決心取代，直美告訴團隊，自己決定退賽，以響應NBA的抗議活動。

「老實說，聽到這個消息時，我的下巴都要掉下來了。」中村告訴我：「我當時滿腦子想的都是：我們來這裡是為了參加辛辛那提網球公開賽，接下來還要為美國網球公開賽做好準備……但她心裡想的完全不同。」

塞爾說，這個消息一開始讓團隊成員無比震驚。「我們當然都在努力工作，畢竟已經打進千分巡迴賽辛辛那提站的四強；我認為大多數球員哪怕是骨折了，依然會忍痛參加這個級別的四強賽。」塞爾說：「但對她來說，有些事還是更重要。」

菲塞特告訴我，這個決定對他來說「來得太突然」。「她沒有找我們商量：『你們覺得怎麼樣？我該不該上場？』不，完全沒有，她已經做了決定。」

不過，震驚歸震驚，大家最終還是基於同情和必要性而接受。「沒錯，我很驚訝，但身為教練，你能怎麼辦？只能支持她。」菲塞特說：「『好吧，直美，這是妳的決定。當然，我們為妳做出這樣重大的決定而驕傲，畢竟妳是為了支持絕對正確的事。還有，對，我們支持妳。』我的意思是，除了這樣，你還能怎麼辦？幾天後美國網球公開賽就要開打，你很想贏，也相信她能贏。當然，你也希望帶著積極正面的心態投入美國網球公開賽。」

這個決定對菲塞特和其他成員來說宛如晴天霹靂，畢竟眾人為了這次賽事已經準備了數個月，這是直美在疫情停賽後復出的第一場比賽，整個春天和夏天，大家一邊在洛杉磯一起隔離，一邊陪直美訓練，目標就是要在復出賽上一舉成功，而現在說取消就取消。「每個人的工作都很繁重；比如說，我連續十週都不在家，因為不能回去，怕一回去就有可能回不來了。」菲塞特說：「好不容易終於有比賽可以參加，不料卻發生這種事。當然，某方面來說，我非常失望；但從另一個角度來看，沒錯，這也是她非常勇敢的時刻，當然，我也完全能理解。」

塞爾說，團隊這時才發現，他們並不了解直美對於「黑人的命也是命」有多麼在乎。「我們不太清楚細節，但她知道。」身為巴西人的塞爾告訴我：「我是白人，團隊其他成員不是白人就是日本人。我們不了解，所以有些事我們必須支持。」

菲塞特與杜吉德討論這個決定，杜吉德是直美團隊中唯一沒有前往紐約的核心成員。「我記得他說：『維姆，你知道嗎？也許兩週後回過頭來看，我們會說，嘿，這或許是這輩子做過最好的決定。』」菲塞特回憶。

杜吉德聽到消息時，不像其他人那麼驚訝，因為那天他在電視上觀看直美的比賽時，螢幕下方的 ESPN 快報已經出現公鹿隊抵制賽事的新聞，他隨即料到直美會共襄盛舉。杜吉德全力支持直美，唯一的要求是晚十分鐘再發表聲明，這樣他就可以提醒巡迴賽主辦單位、美國網協，還有贊助商，以免他們被聲明和退賽嚇到。

杜吉德將直美的決定告知巡迴賽主辦單位時，他們詢問能否再等三十分鐘，以便利益共同體各方協調如何回應。隨後，各處高層開始透過電話會議協商，與會者包括杜吉德、美國網協執行長史黛西・阿拉斯特和 WTA 執行長史蒂夫・西蒙等等；由於這是聯合賽事，ATP 執行長馬西莫・卡爾維利（Massimo Calvelli）也代表男子組與會。一通電話就這樣變成了一連串電話，持續了幾個小時。各方高層擔心直美退賽可能會帶來連鎖反應，於是向杜吉德施壓，要求直美重新考慮退賽事宜。他們最後主動提議：整個巡迴賽暫停一天，週五再恢復。

杜吉德對直美提出主辦單位的建議時，她一開始有些懷疑，畢竟先前她已經下定決心要退出。但雙方溝通後，她有了新的想法：一旦比賽在沒有她的情況下如期進行，她的立場可能很快就會被忽略。如果同意停賽，就能讓整個活動停擺一天，並在週五重新恢復，這樣一來，她想傳達的訊息就能在網球新聞話題中占據兩天主導地位。

就在她考慮這個決定時，電話協商還在繼續，杜吉德要求她暫緩的十分鐘已經變成幾個小時的等待。在又一個電話繼續拖延的情況下，直美終於決定不再等待，以確保最初的心聲能夠傳達；同時，她也不確定，要是繼續等下去，會不會又有其他變動從中作梗，甚至扭曲了她的本意。晚上八點五十三分，就在電話會議仍在進行時，直美上推特發布親筆寫下的聲明：

大家好，很多人都知道，明天我要打四強賽。運動員是我的職業，但我本質上是黑人女性。既然身為黑人女性，我覺得目前有比看我打網球更重要的事需要大家立即關注。我不指望因為我不打網球而發生什麼翻天覆地的變化，但若能在白人占多數的運動中展開對話，我認為這就是朝著正確方向跨出了一步。看著黑人一個又一個死在員警手中，老實說，我覺得噁心到不行。我已經厭倦每隔幾天就有一個新標籤出現，也非常厭倦一遍又一遍進行同樣的對話。什麼時候才會結束？# JacobBlake, # BreonnaTaylor, # ElijahMcclain, # GeorgeFloyd

對於近幾個月來持續關注直美勇於發聲的人來說，不難料到她會提出這樣的聲明，但此事依然令人咋舌。直美向來以羞澀和順從著稱，從未做出這樣擾亂網球運動的行為。

兩個多小時後，美國網協、WTA和ATP發表了聯合聲明，沒有提到直美：

種族不平等和社會不公義的狂潮正席捲美國，網球界決定集體站在反對二者的立場。美國網協、ATP巡迴賽和WTA決定於八月二十七日星期四暫停西部和南部的網球公開賽，以紀念此一時刻。比賽將於八月二十八日星期五恢復。

雖然主辦單位的聲明沒有提到直美，但任誰都看得出來，當晚大坂直美以一己之力撼動了網壇，導致男子和女子網球賽事停擺一整天。

雖然隔天沒有比賽，但在巡迴賽的男女選手之中，關於大坂直美的話題比以往都多。

直美確實以一己之力造成重大影響，當其他運動停賽都歸因於某個團隊或聯盟，網球賽事停擺卻歸功於直美一人，許多支持者都對她讚不絕口。「大坂直美，非常感謝妳在這四十八小時裡所做的一切。」幾天後直美上ESPN，克里斯．麥肯德里對她說：「感謝妳領先群倫，勇於發聲。」

．．．．．．．．．．．．．．

雖然她的行為幾乎得到媒體讚揚，但更衣室裡的人卻對這個事件褒貶不一。隔天直美沒有來到比賽場地，但她的抗議以及主辦單位的效法成為當天熱門話題。ＮＢＡ和ＷＮＢＡ是由全隊和全聯盟公開做出決定的，但大坂直美是引發網球比賽停擺的唯一功臣或罪魁禍首；而且，職籃聯盟的球員大多是黑人，但直美卻是網球比賽中斷的四男四女中唯一有色人種。

其他七位選手中有六位是歐洲人，只有加拿大人米洛斯．拉奧尼奇（Milos Raonic）例外。他和直美有相似背景，三歲就隨父母和兄姊從蒙特內哥羅（Montenegro）移民到北美。拉奧尼奇是前一天八強賽中最後結束比賽的選手之一，在直美發表聲明大約一小時後才離場。他上場前已經看到ＮＢＡ的報導，但直到參加賽後記者會，他才得知直美的主張。當我問他對此事有什麼想法，他立刻熱烈表示支持。「我認為，真正的擾亂才能帶來改變。」拉奧尼奇說。接著有位記者建議他在上衣佩戴「黑人的命也是命」胸章，這樣可以帶來變革。「我很樂意佩戴胸章，但我認為應該要有更大的改變。」他說：「需要出現更大的示威，需要發生更大的騷動。」

拉奧尼奇發表評論大約一小時後，主辦單位便正式宣布延期，所有預定參賽的選手都接到電話，得知空前的停賽使得他們隔天無須上場。

歐洲選手不太了解美國政局，大多對這個決定感到震驚和困惑。許多人甚至相當憤怒，尤其美國網球公開賽迫在眉睫。

雖然停賽當天沒有球員公開表示異議，還是有幾個人向巡迴賽和公開賽主辦單位抱怨。在前所未有的疫情中舉辦這場比賽，球員已經夠焦慮了，現在賽事忽然中斷，使得許多人的情緒直接爆發。甚至一些沒有參加辛辛那提大師賽的球員，比如費利西亞諾．洛佩斯（Feliciano López），也藉機向主辦單位投訴，抱怨他們怎能一時心血來潮就擾亂比賽。另外兩位大滿貫冠軍諾瓦克．喬科維奇和維多利亞．阿扎倫卡都還在這項賽事中角逐晉級席位，他們也各自提出了類似的抱怨：在他們的祖國塞爾維亞和白俄羅斯，不會因為與運動無關的事件便暫停比賽，為什麼美國會出現這種情況？喬科維奇向來以一絲不苟的計畫和準備而聞名，他對此事特別不滿，因為如此一來，辛辛那提大師賽與美國網球公開賽的間隔會少一天。

「我不同意，完全不同意。」ATP四強賽選手之一的羅伯托．包蒂斯塔．阿古特（Roberto Bautista Agut）後來告訴我：「我覺得這不公平，我們在辛辛那提和大滿貫之間的休息時間變得更少。我認為這對比賽來說不是個好選擇……ATP賽程不應該取決於她的行為；我們必須為自己著想，我認為這不是很好的選擇。」

……………

儘管直美的聲明和主辦單位的反應直接影響了還在比賽的所有選手，但最首當其衝的還是直美的四強賽對手愛麗絲．梅騰斯（Elise Mertens）。直美原本準備放棄四強賽，讓梅騰斯無條件進入決賽，並獲得晉級一輪的兩百三十五個排名積分和七萬七千九百九十九美元獎金；但主辦單位決定延期一天，讓直美留下來比賽，梅騰斯眼看就要到手的好處全都落空。

許多球員會覺得自己受騙上當，他們認為對手為了逼迫主辦單位做出前所未有的讓步，會採取以退為進的策略。但是二十四歲的比利時女孩梅騰斯是少數一直抱持正面心態打球的選手，在不確定的局面持續數小時後，她很高興比賽能重新開始。梅騰斯告訴我，能與直美對戰是一種榮幸，而她也可以利用這場比賽為即將來臨的美國網球公開賽做好準備。「我很高興和頂尖選手對決。」她說：「如果我能進入決賽，那也很好。但我知道她退賽的原因，我不想表現得像是：『好吧，那就讓我直接晉級吧！』不，我真的很尊重她，當然也想參加比賽。」

梅騰斯說，今年夏天她待在比利時期間，一直關注著美國各地的抗議活動。「這是一個非常大的國家，所以新聞一直在報導。」她在某種程度上可以理解直美為什麼要表明立場。「我當然可以理解。」她說：「但是你知道，我是白人，或許不能保證自己百分之百理解，但多少還是可以。」

梅騰斯並不打算抱怨，她說即使抱怨了，她也覺得不會有人要聽，因為自己不像直美、阿扎倫卡或喬科維奇這樣，擁有大滿貫冠軍等級的影響力。「我還沒有得過大滿貫單打冠軍，所以，只需要按照規定去做就行了。」梅騰斯說：「我只是努力適應環境。我認為，對於那些必須在週一參加（美國網球公開賽）的選手來說，這絕對不是最理想的情況。但另一方面，我們必須尊重她這樣做的原因。我認為她並不是故意要製造混亂，這絕對不是她的作風。」

⋯⋯⋯⋯⋯⋯

直美與梅騰斯重新排定的四強賽將在一天後展開，直美表態後仍對同意出戰心存疑慮。「昨晚真的壓力很大。」直美賽後說：「我醒來時滿身大汗，肚子很痛，應該是緊張造成的。我知道為什麼，我的大腦認為自己必須贏得這場比賽，絕對不能輸。我覺得我給自己很大的壓力，我只是很想支持我自己發的聲明。」

團隊成員都看得出直美相當緊張。「我們不得不告訴她：『嘿，我說，反正妳也沒辦法收回決定；主辦單位已經對全球發出公告，比賽延期，所以妳想說的話他們已經幫妳傳達了。』」菲塞特說：「『妳已經做了想做的事，現在可以安心比賽了。』但是，沒錯，她非常擔心外界的反應。」

直美生平頭一次在日本以外的國家受到格外密切的關注。雖然賽場上沒有球迷，但她從更衣室走向球場時，一堆人拿著相機和攝影機圍著她。菲塞特說：「我從沒見過她上場時有這麼多鏡頭跟著。」直美並沒有對她想要傳達的訊息表現出任何疑慮，她穿著一件黑色運動衫，上面寫著「黑人的命也是命」，正面印著握緊的拳頭，這是幾十年來黑權的象徵。

比賽開始後，直美沒有表現出絲毫緊張，她很快以六比二、二比〇遙遙領先；梅騰斯雖然奮起直追，但直美仍以六比二、七比六（五）獲勝，鎖定決賽席位。

……………

疫情期間的記者會不受場地限制，世界各地記者紛紛湧入直美的記者會直播現場，比上一場多了幾十個人。「現在有那麼多雙眼睛盯著我，我當然會覺得壓力更大。」直美告訴記者：「老實說，有些人我不認識，所以我想應該先說聲『嗨』吧！」

直美說，不參加比賽是個「既艱難又容易」的決定。「我覺得需要站出來發聲。」她說：「如果退出比賽會引起天大的轟動，那我就非這麼做不可。」

不過，對於別人形容她很「勇敢」，直美並不認同。「我只是覺得自己在做該做的事。」她說：「就是這樣，所以，老實說，當人們說『很有勇氣』之類的，我不太有共鳴，只覺得這是我當下應該做的事。」

直美說，她沒有料到自己的聲明會受到廣大關注。「老實說，當我發布消息時，以為頂多會在網球界引起轟動。」她說：「我沒有意識到，呃，它會有這麼大的影響力。所以，若要我完全說出實話，這對我來說有點可怕。我不得不關掉手機，因為每當我看到別人談論我，都會非常焦慮。但老實說，是我讓自己陷入那種境地的，真的有點蠢。不過，沒錯，我會說沒想到自己會得到這樣的回應。」

直美的焦慮也對身體造成影響——與梅騰斯的比賽接近尾聲時，左腿筋的輕傷惡化，使得她無法參加隔天的決賽。「事情總是這樣，當你壓力過大，很快就會受傷。」菲塞特說。

維多利亞．阿扎倫卡在另一場四強賽獲勝，直美因傷退賽後，她無需再上場就能接下冠軍獎盃。無緣決賽是直美當屆賽事的一大遺憾，但直美當週的言行卻比她在場上的表現更引人注目。

阿扎倫卡是因賽事延期而最為憤怒的球員，她在記者會上拒絕回答有關直美造成的延期問題。「我為什麼不談這件事？」阿扎倫卡說：「因為我想談的只有網球。」

28 戴在她嘴上的名字

The Names on Her Lips

美國在二〇二〇年因防疫不力而臭名遠播，許多頂尖女選手選擇放棄紐約之行，導致抽籤人數明顯減少。在前十名選手中有七位境外人士，只有排名第三的卡羅利娜．普莉絲可娃前往紐約。這樣一來，她就成了美國網球公開賽的一號種子選手；二號種子是排名第四的索菲亞．凱寧（Sofia Kenin）；三號種子是排名第八的小威廉絲；四號則是排名第九的直美。在二〇一九年決賽擊敗小威廉絲的衛冕冠軍比安卡．安德烈斯庫也決定不參加本次比賽，因此直美成為當年最近一屆的美網冠軍。

二〇二〇年美國網球公開賽，直美的第一輪對手是日本同胞土井美咲，這場比賽被安排在週一，是亞瑟．艾許球場當屆首日最後一個夜場賽事。在往年的美國網球公開賽上，夜場是亞瑟．艾許球場活力四射的時刻，觀眾席擠滿成千上萬喧鬧的紐約人，隨著夜色愈來愈深，他們喝下愈來愈多灰雁蜂蜜酒（Grey Goose Honey Deuces），聲音也愈來愈大。但在這超現實的一年，情況恰恰相反，白天的亞瑟．艾許球場多多少少有些動靜，主辦單位將閒置的包廂分給頂尖球員使用，他們待在各自的空間裡觀戰。到了晚上，大多數人都回到飯店，全球最大的網球場變得冷清而荒涼。低層大部分座位都鋪上了防水布；在北側底線後面的前三排座位上，展示著一系列受到「黑人的命也是命」運動啟發的藝術品，展覽的名稱是「將黑人的生命擺在最前面」。

陳列在背景的藝術品獲得了一些關注，然而大坂直美即將以一種意想不到的新方式，將它推到世人面前。

⋯⋯⋯⋯⋯⋯

「來自日本，二〇一八年美網冠軍大坂直美。」球場播音員安迪・泰勒（Andy Taylor）高聲喊道，大坂背著大包包和球拍袋，身上繫著腰包，頭上戴著 Beats 耳機，走上球場。直美的名字隨著電音節拍在電子螢幕上閃爍，但她臉上戴著的黑色口罩用粗體大寫字母寫著另一個名字：布倫娜・泰勒（Breonna Taylor）。

對亞瑟・艾許球場的眾人來說，布倫娜・泰勒這個名字很陌生，但對那些在二〇二〇年夏天關注「黑人的命也是命」運動的人來說卻耳熟能詳。泰勒是二十六歲黑人女性，同年三月在肯塔基州（Kentucky）路易斯維爾市（Louisville）遇害。當天員警執行「不敲門」搜查令（以假藉口取得），半夜以撞錘破門而入。泰勒的男友肯尼斯・沃克（Kenneth Walker）擔心有人硬闖，於是開了一槍，擊中一位員警的大腿。多名員警立刻開槍還擊，朝公寓隨意掃射，泰勒身中五槍死亡。

ESPN 記者湯姆・里納爾迪對直美進行賽前採訪時，沒有提及她口罩上的名字，而是問了兩個不痛不癢的問題，大概是事先準備好的。第一個問題是自從上次決賽退賽後，她這幾天是怎麼過的；第二個問題是此次參加美國網球公開賽的情況。

瑪麗・卡里略為美國網球公開賽進行全球轉播，她充分了解到口罩的意義和直美的訴求。卡里略與球評嬋達・魯賓一起在亞瑟・艾許球場內，一開始便對觀眾解釋布倫娜・泰勒是什麼人。「大坂直美已經成為『黑人的命也是命』運動的狂熱分子。」卡里略簡單總結泰勒的死因後說：「嬋達，對於她還沒開始揮拍，剛上場就發表聲明，妳覺得驚訝嗎？」

「並不驚訝，因為自喬治．佛洛伊德遇害後，我們看到的大坂直美始終如此。」魯賓回答：「她一直在勇於發聲，一直在表達立場。謀殺案發生後，她在抗議活動期間前往明尼亞波利斯，只是想要了解和感受當時的情況……她真的勇敢站出來並發表主張。當你還在努力完善球技並參加最高級別賽事時，要做到這一點並不容易。」

「『我受夠害羞了』，她如此宣稱。」卡里略引用直美的話對觀眾說：「這是一個幾年來始終非常（害羞）的女人……她有時看起來不善社交。但是，天啊！情況變了，大坂直美開始意識到自己的力量。」

威廉絲姊妹崛起之前，魯賓曾是一九九〇年代中期美國黑人女子網球選手的佼佼者。她後來告訴我，看到直美戴著口罩走上球場的那一刻，她覺得「太不可思議」。「對我來說，身為有色人種、黑人、黑人女性、黑人網球選手……當我看到這一幕，心裡只有一個感想：實在太了不起了。」魯賓說：「基本上要做到這種程度，還要說出這種話：『比賽歸比賽，不管怎樣，我一定要這麼做。』需要勇氣和堅定的決心。」

魯賓非常清楚，正在打巡迴賽的球員和教練都會極力避免風險和分心，這讓她更加欣賞直美的選擇。「我們踏上球場時，往往認為一切都得按照既定模式來走。」魯賓說：「但她想到這件事，覺得很重要，並認為無論比賽對她來說多麼重要，都要把它放在第一位。在我看來，這是莫大的尊重。」

直美三盤獲勝，賽後戴上口罩接受ESPN記者蕾娜．史塔布絲採訪。史塔布絲首先詢問她的傷勢和發球情況，接著便談到她臉上的名字。「我注意到妳的口罩，上面寫著布倫娜．泰勒。」史塔布絲開口說道：「我們知道這週以來，妳一直在為這件事努力，這是妳為我們帶來的社會議題。接下來還會看到更多名字嗎？還是妳每晚都會戴著這個口罩出場？」

「不是每晚都戴這個。」直美回答：「其實我有七個口罩，很遺憾，七個還不夠呈現所有的名字。我希望能打進決賽，讓你們看到所有口罩。」

史塔布絲後來告訴我，直美所說的話讓她「瞬間大受震撼」。她說：「我正在發表評論時忽然跳出第六感，我有時候會這樣。當時我心想：『天哪！她一定會贏得這屆比賽。』真的，她站上風口浪尖，冒險做出這些事，最後必定會實現七場勝利。但這也讓她成為萬眾矚目的焦點，現在她不僅是網球選手，也將成為其他領域的焦點，並得對這些事負責。她從來就不是會主動站出來的那種人，所以這兩週是她生命中的大日子。」

魯賓在直播間看著直美大聲說出自己的目標，同樣驚嘆連連，她深知要在大滿貫賽場打完七場比賽有多麼困難。「了解這一切後，她仍堅定地站出來，實在了不起。」魯賓對我說：「在我看來，這也是所有比賽中最不可思議的勝利。」對於直美的自信絲毫不顯得驕傲自大，魯賓也表示欽佩。「她不是在吹噓，沒有那種感覺。」她說：「她就是這樣，這正是大坂平日的作風……她只是很平靜地講述：『我已經準備好了，為每場比賽都做好準備，這對我來說深具意義。希望我能成功，但即使我沒有做到，這件事依然重要。』這是一種巧妙又簡潔的方式，可以呼籲大家關注這個嚴肅的議題，以及我們必須持續解決的問題。」

直美在當晚的賽後記者會上闡述，她的目標是「提高大眾對事件的意識」。「我很清楚，全世界都在看網球比賽，但也許還有人不知道布倫娜・泰勒的遭遇。」直美在賽後記者會上說。

她的努力終於奏效。一位日本觀眾說，她看見直美戴著口罩走進球場，便上網搜索「布倫娜・泰勒」，以為這是什麼新銳時裝設計師的名字。當她讀到泰勒的遭遇，不由得大為震驚。

直美在第一場比賽前兩天才想到戴口罩的點子；杜吉德委託洛杉磯一家印刷公司製作口罩，並設法以最快速度寄給她。在直美前一週的退賽風波中，杜吉德也充當了中間人角色，並對她這兩個主意給予充分肯定。「這兩件事百分之百都是她的主意，與我無關。」他後來說：「特別之處就在這裡，它們不是事先設想好的；而是在最激情的時刻發自內心的真情流露。」

和直美一起前往紐約的菲塞特及團隊成員不知道她的口罩計畫。「和上次一樣，直到我們看見她走上球場才知道這件事。」菲塞特告訴我：「當然，她就是這樣的人，喜歡把事情藏在心裡，讓所有人嚇一跳——也許是因為她不想聽別人的意見？」

菲塞特很快發現，口罩會增加關注，給球員帶來壓力。「所有目光都集中在你身上，告訴你，你輕鬆不到哪裡去。」菲塞特說。但當他看著她闖過一輪又一輪，發現壓力為她帶來動力。「回想起來，這簡直難以置信。」他說：「我認為，這對她來說是額外的巨大動力，在這困難時刻對她有幫助。」

在賽後記者會上，直美被問到如何應對為政治因素比賽的壓力。「很多人問我，自從我開始發表更多言論後，是否感覺壓力更大。」她回答：「老實說，並沒有。關於這一點，呃，你喜不喜歡我是一回事，它則是另一回事，你明白我的意思嗎？我這麼做是為了以自己為榮，其實，唔，我沒有這個義務，你知道嗎？所以對我來說，我來這裡只是希望能打動別人。」

・・・・・・・・・・・・・・

雖然直美戴口罩沒有讓菲塞特困擾，但他對直美第一輪的表現有些不滿。面對排名第八十一位、身高一百六十公分的土井，直美以六比二、五比七、六比二獲勝，他覺得她太散漫。「我有強烈的預感，她一定會贏，但第一場比賽，我覺得她的心理狀態不好。」他說：「賽後我找她談，因為我對她的態度不滿意。」

菲塞特還希望直美不要慢吞吞地比賽，因為她身上有傷；直美確實因為與土井的比賽超過兩個小時，腿筋的疼痛加劇。他知道，要想在美國網球公開賽奪冠，直美必須提高效率，以應對壓力和腿傷。但菲塞特也認為，讓直美更加自律的方法就是讓她盡量遠離網球，儘管這或許有悖常理。總之，他們達成共識，為了調整傷勢和心態，直美生涯以來第一次在美國網球公開賽的休息日不進行訓練，純粹休息和療傷。

• • • • • • • • • • • • • • •

直美的左大腿纏著厚厚的繃帶，接下來每場賽事都是如此。她在第二輪拿出更犀利的表現，以六比一和六比二輕鬆擊敗卡蜜拉・吉奧爾吉（Camila Giorgi）。直美的腿傷疼痛依舊，賽後她接受ESPN採訪時表示：「我覺得，我想成為別人看不出我身上很痛的球員。」但當她再次進入亞瑟・艾許球場，口罩上出現第二個名字——以利亞・麥克萊恩（Elijah McClain），這場比賽和她的傷勢再次相形失色。

麥克萊恩是二十三歲黑人男子，在科羅拉多州奧羅拉市（Aurora）與員警交涉的過程中死亡。當時員警使用已被禁止的扼頸法，狠狠掐住他的頸動脈處，並對他注射麻醉劑氯胺酮，他在送醫途中心臟病發作。麥克萊恩於二〇一九年八月去世，事件已過去一年多，當全美重新審視員警如何對手無寸鐵的黑人施暴，他的遭遇再次引起關注。在一年後的抗議活動中，人們口中的麥克萊恩是善良而溫柔的人；他在商店為流浪貓拉小提琴的照片在網上瘋傳。他和員警交涉時，聲稱自己是內向的人。「沒有人會去渲染他是個壞人，因為他們有太多關於他的故事和暖心事蹟可以說。」賽後直美談道，並強調他的遭遇沒有獲得多少關注：「對我來說，今天非常特別……我想好好代表他。」

直美的行動引起美國和日本觀眾注意，日本媒體肩負重要任務，必須對民眾解釋，他們國家的超級球星臉上為什麼會出現這些名字。一位日本記者在直美第二輪獲勝後問道，她希望全球觀眾獲得什麼啟發，直美說出生涯以來最直接的話。「上谷歌搜尋一下這個名字。」她懇求：「了解這個故事，看看到底發生了什麼事。種族歧視不僅僅是美國人的問題，呃，全世界都有，可以說每天都在影響每個人。我不知道，我只是想傳播這個故事，提高人們的意識。我覺得這樣做很有幫助，但願如此。」

直美和往常一樣，在比賽期間沒有和其他選手說過幾句話；除了一貫的害羞，更由於疫情而採取的社交隔離措施，以及她和團隊獨享一個套房，讓她可以前所未有地與外界隔絕。雖然其他選手不會直接過來和她當面交流，但直美希望口罩能在他們之間引起話題。

直美知道，自己在紐約的行動已經打動一位公開賽選手，他就是史蒂芬諾斯．西西帕斯。「史蒂芬諾斯真的很有意思。」直美一如往常，每當試著描述他就會泛起笑容：「他一聽到消息就發訊息問我問題。」西西帕斯恰巧被分配到直美的隔壁套房，他在球場都會穿著「黑人的命也是命」運動衫。「他那件衣服不是從我這裡拿到的。」直美談起西西帕斯的運動衫：「但我超級以他為榮，我很高興在事情剛發生時，他的第一個反應就是問我問題。」

直美打進第三輪，對手是戰鬥力十足的十八歲烏克蘭好手瑪爾塔．科斯蒂尤克（Marta Kostyuk），這是她第一週最棘手的比賽。直美拿下第一盤；第二盤的決勝局，眼看再得幾分就可以獲勝，科斯蒂尤克卻幸運地殺出一記截擊球，贏得關鍵一分。接下來，科斯蒂尤克再度贏得一分，直美憤怒地將球拍丟出去。

科斯蒂尤克在第三盤漫長的第三局保發，以二比一領先；下一局，她在直美的發球局中以四十比〇遙遙領先。直美先以強勁的發球挽救了兩個破發點；在第三個破發點上，她以微弱的一百二十二公里時速送出第二次發球，對手完全沒有把握機會，回擊球掛網，科斯蒂尤克痛苦地尖叫起來。之後，直美又挽救兩個破發點並保發，比賽就此逆轉，科斯蒂尤克再也沒有拿下任何一局，終場直美以六比三、六比七（四）、六比二獲勝。「她原本可能輸掉那場比賽。」菲塞特回憶：「我認為科斯蒂尤克打得很好，但她有點緊張……我覺得這場比賽總算是有驚無險。」

．．．．．．．．．．．．．．．．．．

直美第四輪以六比三、六比四戰勝十四號種子選手阿內特．康塔維特。她第三輪口罩的名字是阿馬德．阿貝瑞（Ahmaud Arbery），第四輪則是特雷馮．馬丁（Trayvon Martin）。這兩個人都遭到攻擊性強的平民射殺，僅僅因為他們是行經住家附近的黑人，行兇者便誤以為他們想要幹非法勾當。

「我清楚記得特雷馮的死。」直美戴上這個十七歲男孩的名字後在推特上寫道，他於二〇一二年遭人殺害，地點位於她在佛羅里達的家以北，只有幾小時車程的地方。「當時我還小，只覺得害怕。我知道他的死不是第一起事件，但對我來說，是他讓我睜開眼睛，親眼去看到底發生了什麼事。眼看同樣的事一再出現，我很難過，情況必須改變。」

直美在八強賽以六比三、六比四戰勝謝爾比・羅傑斯（Shelby Rogers），賽後她來到 ESPN 轉播台接受採訪，即將看見意想不到的人現身。主持人克里斯・麥肯德里讓直美觀看現場螢幕，接下來她首度得知自己在紐約球場所做的一切，已經被口罩上那些受害者的家屬看到。

「我只想說，感謝大坂直美，在妳訂做的口罩上代表特雷馮・馬丁。」ESPN 為直美播放兩段影片，第一段是馬丁的母親西布麗娜・富爾頓（Sybrina Fulton）的發言。「此外妳也代表了阿馬德・阿貝瑞和布倫娜・泰勒，我們由衷感謝妳。繼續加油，繼續在美國網球公開賽打出好成績，謝謝妳。」

富爾頓致辭後，阿馬德的父親馬庫斯・阿貝瑞（Marcus Arbery Sr.）在第二段影片中現身。「直美，我只想告訴妳，謝謝妳對我家人的支持。」阿貝瑞說：「願妳所做的一切蒙上帝賜福，我們全家受到妳的支持，包括我兒子，還有家裡每個人，我真的非常非常感激。願上帝保佑妳。」

直美當下強忍情緒，但一離開現場，這些訊息便重重擊中她的心。我在記者會上問她，得知自己的行動已經被受害者家屬接受，對她來說有什麼意義。「嗯，其實我只是努力不讓自己哭出來。」她說：「但對我來說有點不真實，我的所作所為打動了他們，我聽了真的很感動。我自己覺得，這一切其實不算什麼，只是略盡棉薄之力。所以，是的，我真的很激動。看到影片後，起初我有點震驚，花了點時間平撫心情，現在我在這裡，真的很感激，也很慚愧做得不夠多。」

直美在比賽期間除了發布戴口罩的照片外，始終保持沉默，當晚她在推特發表評論。「我常想，我所做的事能不能如願引起共鳴並影響更多人。」她寫道：「儘管如此，我在採訪現場還是努力穩住。但再度看完那些影片後，我哭得唏哩嘩啦。這些父母擁有我遠遠不如的堅強和品格，愛你們，謝謝。」

以利亞・麥克萊恩是直美第二個口罩上的名字，他的母親席寧・麥克萊恩（Sheneen McClain）也對直美為兒子發聲的行為表示感謝。「由於大眾對我兒子的謀殺案缺乏了解，我的壓力一直很大，當我看到大坂直美為以利亞伸張正義時，我的心情多麼激動！」麥克萊恩說：「我知道祈禱終於應驗了！」

⋯⋯⋯⋯⋯⋯

在直美努力為受害者發聲的過程中，ESPN 播出的家屬感謝影片是媒體參與的高潮，但其他時候媒體的表現則顯得相當笨拙。許多體育記者很少在報導中討論「黑人的命也是命」運動，尤其是那些美國以外的記者。賽事轉播人員主要由退役球員組成，他們往往不懂該如何談論黑人面臨的種族暴力議題，畢竟這不是球評必備的工作技能。

嬋達・魯賓告訴我，在二〇二〇年美國網球公開賽期間，她「不記得主播們針對直美的口罩進行過大量討論」。她說：「對很多人來說，這仍然是非常令人不安的話題。在白人主導的網球運動中——我的意思是，它本來就是這樣——每個人都會回歸常態，也就是只關注網球，與你熟悉和信任的人閒聊。除此之外，你只需要繼續前進，一切照舊。」

在運動媒體這個圈子當中，千篇一律以輕鬆愉快的方式採訪獲勝者。但直美獲勝後，負責在場上採訪她的人必須具備改變語氣和基調的能力，才能針對她口罩上的名字提問——如果依舊維持歡快振奮的語調，就會顯得尷尬和不協調。

在直美首場比賽後的場邊採訪中，ESPN的蕾娜．史塔布絲率先詢問口罩的事，她說，主播們都希望公正報導直美為了伸張正義所做的努力。「我們想為她進行正確的報導；無論如何，我們都想試試看。」史塔布絲對我說。然而，直美贏得八強賽後，史塔布絲支持直美行動的熱情卻與賽事主題不合，她以一種令人不安的玩笑口吻預測直美口罩上的名字，似乎將悲劇視為兒戲。

「我每天都在猜下一個口罩會出現什麼名字。」史塔布絲說，這次直美的口罩印著喬治．佛洛伊德的名字：「我今天猜錯了，妳能不能預告一下，下一場比賽要出現的是誰？」

直美回答，她沒有事先安排，某一天要戴哪個口罩純粹基於「內心的感覺」。

「好吧，唔，我們迫不及待要知道妳有什麼感覺，也迫不及待想看到下一個口罩。」史塔布絲回答。

史塔布絲嬉鬧的語氣招來批評，她後來告訴我，她一直在努力展現支持直美行動的熱情，但礙於疫情期間的社交距離規範，採訪時兩人隔得有點遠，再加上臉都被口罩遮住，她為了彌補這些缺憾，不小心用力過猛，但她也坦承，當時說的話「聽起來多麼麻木不仁」。

「這是我在那段期間學到的重要教訓。」史塔布絲說：「談到這個國家因種族議題而產生的分歧時，你必須更敏銳，所以我認為她把這件事攤開來，做得很棒。」

接下來，ESPN在場上與直美對話時顯得更為慎重。直美贏得四強賽後，瑪麗．喬．費南德茲進行隨後的採訪。在一連串關於比賽的一般問題之後，費南德茲拿出一張紙，上面寫著跟口罩有關的問題，以確保不會出現相同失誤。她逐字朗誦，仍以某種樂觀的方式切入這個議題：「直美，也許比起妳的網球表現，妳的行動受到全世界更多關注。妳努力引起人們對社會不公的重視，過程中妳最感欣慰的是什麼？」

直美和小威廉絲再度雙雙打進美國網球公開賽四強賽，那場充滿爭議的決賽睽違兩年後，距離萬眾矚目的再度交手只差一輪了。對於備受爭議的該屆賽事來說，她們的傑出戰績無疑是種祝福。儘管頂尖女子選手出席率大幅降低，但天后級球星依然堅持參賽。然而，男子組賽事卻在這時出現變數，頭號種子選手諾瓦克·喬科維奇意外被取消資格，他因一時氣惱而做了非必要擊球，不料球碰巧打中一位女線審的喉部，因而被逐出賽事。喬科維奇離去後，男子組的選手中已經沒有任何一位得過大滿貫冠軍。

美國網球公開賽在八月底至九月初舉行，通常享有一枝獨秀的地位，但這屆比賽卻有許多運動賽事一起湊熱鬧——不僅有棒球比賽來搶風頭，還有NBA和職業曲棍球的季後賽，這兩項往年都在春天舉行，今年則延後推出。美國網球公開賽進行八強賽時，電視收視率比前一年下降了四七%。在擁擠的體育版面中，美國網球公開賽唯一能殺出重圍的就是直美和口罩，因為它與各大媒體的頭條新聞有關。

四強賽開打，直美戴著第六個也是倒數第二個口罩上場，上面的名字是菲蘭多·卡斯蒂爾（Philando Castile），這位三十二歲黑人男子於二〇一六年在明尼蘇達州（Minnesota）交通攔查中被員警開槍打死，他的女友在臉書直播事發經過，可以看見畫面中的他慢慢死去。對卡斯蒂爾近距離連開五槍的員警被無罪釋放，但卡斯蒂爾的家人提告對方非法行為引起死亡，最後獲得近三百萬美元賠償。

二〇一八年四強賽由小威廉絲率先勝出並搶下決賽席位，而這次直美的四強賽在週四晚間的黃金時段率先開打。現場只有大約一百五十人觀看，但有一位引人注目的新面孔，科爾代專程飛到紐約，穿著連帽衫坐在場邊，衣服上印著流浪者合唱團（Outkast）說唱歌手安德烈三千（André 3000）的名言：「在各種文化中，黑人最痛苦，為什麼？」

直美在四強賽遭遇二十八號種子選手珍妮佛．布雷迪，這位來自賓夕法尼亞州（Pennsylvania）的球員第一次打進大滿貫四強賽。由於下雨，亞瑟．艾許球場關上伸縮屋頂，為兩位力量型選手提供優質的室內環境。在沒有觀眾的情況下，該屆公開賽的某些比賽令人感到無趣或冷清，但直美和布雷迪的對決卻顯得格外純粹，因為不受人群或環境噪音干擾，兩位女選手朝對方打出的強勁擊球，聲音在整座場館中迴盪，清脆、乾淨的擊球在球場和螢幕上彈過來又彈過去。

本屆美國網球公開賽女子四強賽的宗旨是紀念「創始九人」（Original 9）成立五十週年。「創始九人」是比莉．珍．金率領的女子組合，她們在一九七〇年不顧美國網協反對，另行籌組職業巡迴賽（後來演變為今日大眾熟悉的WTA）。如今兩位年輕選手在場上的高水準球技，絕對會讓當年的九位創始人引以為榮。兩位選手憑藉冷靜沉著的發球，總共打出十九個愛司球，只有三次雙發失誤。第一盤沒有出現破發點；比賽進入決勝局，直美對這種局面早習以為常，以穩定的姿態締造七比一的懸殊比數，輕鬆取勝。後布雷迪拿下本場比賽第一個破發點並保發，以六比三贏得第二盤；但直美在第三盤扭轉局面，終於獲得本場比賽第一個破發點，以三比一領先。直美在五局後鎖定勝局，打出時速高達一百八十六公里的強勁發球，布雷迪伸出的正手拍無力回天，直美終場以七比六（一）、三比六、六比三獲勝，第三次搶下大滿貫決賽席位。

球迷和球評一一細數這場比賽的高水準球技，而直美對自己大部分的努力都被有效化解有點訝異：「我已經拚盡全力，這樣的比賽通常會兩盤就結束。」她說：「但我感覺比賽一直在繼續。老實說，對手的高水準表現讓我覺得挺有趣。」

直美的歡樂才剛剛開始。贏得四強賽後，她回到套房，觀看偶像小威廉絲在四強賽對戰維多利亞．阿扎倫卡。

整個公開賽期間，直美多次在休息日觀看小威廉絲的比賽，即使對方極有可能成為下一場的對手，直美還是懷著興奮的心情觀賞她的比賽。二〇一八年那場決賽對兩人來說是不堪回首的往事，因此外界對接下來萬眾矚目的再次對決充滿負面臆測，但直美對小威廉絲始終保持正面態度。有人問直美，那場比賽的回憶會不會影響雙方再次交手，直美堅稱對方是小威廉絲，她絕不會「抓著過去不放」。她說：「老實說，我會想到這件事的唯一原因是有人提起它。對我來說，這就是我長時間練習的原因，這可以說是我從小到大的夢想——在大滿貫決賽和小威廉絲對戰。」

⋯⋯⋯⋯⋯⋯

由於球場少了大批球迷，可以進行精確的目測，主播尼克・麥卡威爾（Nick McCarvel）數了數，場內共有一百四十七人，大多是工作人員和已經交班休息的媒體人員，以這座可以容納兩萬三千七百七十一個觀眾的球場來看，這群人還不到百分之一。在比賽大部分時間裡，身穿黑色柯比球衣的直美也是其中一員。儘管小威廉絲在大滿貫決賽表現不佳，包括在二〇一九年溫布頓網球錦標賽和美國網球公開賽的決賽雙雙失利，但她產後復出參加的四場四強賽都獲得壓倒性勝利，比數分別為六比二、六比四、六比三、六比〇、六比一、六比二、六比三和六比一。

小威廉絲和阿扎倫卡的四強賽開打，她以六比一贏得第一盤，看起來勝券在握。她在歷屆大滿貫與阿扎倫卡對戰多達十次，全都是她拿下勝利，包括二〇一二和二〇一三年美國網球公開賽的決賽。小威廉絲球技犀利、全神貫注，只要再拿下三盤就可以獲得第二十四個大滿貫冠軍。但阿扎倫卡和她在其他大滿貫四強賽遭遇的對手不同，此人毫不畏懼，而且信心十足，因為她已經締造十連勝戰績，包括前一週在辛辛那提奪冠。她在小威廉絲的發球局發威，於第二盤中段破發。隨著阿扎倫卡逐漸站穩腳跟，小威廉絲的嗓門也愈來愈大，無論是在來回球之間低聲咆哮，還是得分之間的粗重喘息，在空曠賽場上聽來都異常清晰。任何正在觀看或聆聽的人都知道，大家期待且睽違兩年的再次交手沒機會上演了，小威廉絲再怎麼吼也無力回天。阿扎倫卡拿下第二盤，繼續追平比數，她在第三盤打出了十二個制勝球，只有一個非受迫性失誤。在賽末點上，阿扎倫卡打出一記愛司球。小威廉絲來不及搶救，只能挑戰判定。她來到球的落點，看到它擦線而過的痕跡。「可惡。」小威廉絲輕聲說。一秒鐘後，鷹眼確認判定無誤，阿扎倫卡以一比六、六比三、六比三獲勝，七年來首次晉級大滿貫決賽。

⋯⋯⋯⋯⋯⋯

二〇一八年美國網球公開賽決賽終究沒有機會重演，但大坂直美和維多利亞．阿扎倫卡的當屆決賽對戰也不乏精彩的看頭和變數。

阿扎倫卡生涯早期曾奪得二〇一二和二〇一三年兩屆澳網冠軍，使得她的排名躍升至第一位。接下來數年，小威廉絲屢屢在美國網球公開賽決賽中擊敗她，甚至將她拉下球后寶座，但二〇一六年初，阿扎倫卡在布里斯本、印地安泉和邁阿密連奪冠軍，拿回第一頭銜，開始新賽季的征程。早在二〇一六年澳洲網球公開賽上，直美就曾在阿扎倫卡氣勢最旺的連勝時期與她交過手，那是直美第一次參加大滿貫會內賽——阿扎倫卡以六比一和六比一大勝。

但就像小威廉絲一年後的情況一樣，阿扎倫卡職業生涯表現剛剛達到巔峰，沒幾個月就因意外懷孕而退賽。

二〇一六年十二月，她在加州生下兒子里奧（Leo），於二〇一七年年中重返巡迴賽；但不久她再次退賽，因為和里奧的父親比利．麥克凱格（Billy McKeague）爭奪監護權。官司因涉及美國和白俄羅斯兩地法院，加上爭議不斷，延宕多時。阿扎倫卡不願意離開孩子到外地參賽，因此在接下來的幾年裡上場的次數非常有限。每當她參加比賽並遇到實力相當的對手，往往在關鍵時刻失去自信，比如她在二〇一九年法國網球公開賽第二輪對戰排名第一的直美時，儘管以六比四、四比二領先，卻未能獲勝。「維卡（Vika）整整一年都在與自信搏鬥。」菲塞特回憶：「個人問題讓她的信心徹底崩盤。」

阿扎倫卡曾與直美打過兩場大滿貫，當時菲塞特還是阿扎倫卡的教練。現在雙方即將在大滿貫第三次交手，他已經帶著阿扎倫卡的祝福成為了對手的教練。

直美在二〇一九年美國網球公開賽第四輪輸給貝琳達．本西琪，在傑梅因．詹金斯的執教下，戰績始終沒有起色。賽後杜吉德連絡菲塞特，問他有沒有興趣擔任直美的教練。當時阿扎倫卡在紐約參加雙打比賽，菲塞特還是她的教練。「我喜歡和維卡合作。」菲塞特說：「我覺得自己的任務還沒有結束，我想贏大滿貫，因為維卡是史上最好的選手之一，和她合作非常有趣。但話又說回來，她有私人問題，不知道能打多少比賽。她的私生活並不順利，連帶影響到職業生涯，不知道未來會怎麼走。」

監護權官司持續影響阿扎倫卡的職業生涯。菲塞特與她前往武漢參賽，但她出於個人因素退賽；不但整個賽季都不會再參加比賽，還會缺席隔年的澳洲賽事。在阿扎倫卡職業前景不明的情況下，菲塞特告訴她，自己收到與直美合作的邀請。「我和她開誠布公地談話：『維卡，我知道妳目前真的很不好過，但我也必須為自己打算一下。』」菲塞特回憶：「『我有機會與直美這樣的人合作。我喜歡和妳合作，但另一方面，如果妳不知道明年會打多少比賽，或者是否會參賽，那麼我還是另做打算比較好，是不是？』那次談話非常愉快。一週後，維卡來電表示：『好吧，維姆，我真的不知道明年會如何，所以，我決定讓你去追求生涯的其他機會。』」

菲塞特開始和直美合作，後來阿扎倫卡整整五個月沒有碰球拍。「我差點就要放棄網球。」她談到當初考慮放棄職業生涯的想法：「但我靠著追求夢想的渴望努力堅持下來。」

阿扎倫卡來到紐約參加辛辛那提及美國網球公開賽時，已經一年多沒有贏過一場比賽。「我認為維卡在辛辛那提賽開始時完全沒有信心。」菲塞特說：「她完全不在狀態裡。但接著我看到她每場比賽都在進步。我知道，只要維卡有自信，就會拿出非常傑出的表現。」

直美的行動造成比賽延期一天，無論阿扎倫卡對此還有什麼不滿或沮喪，兩週前直美退出辛辛那提決賽，都使得阿扎倫卡四年多來首個冠軍頭銜變得沒什麼看頭。「我非常期待。」阿扎倫卡談到再次對戰直美：「和上週一樣興奮，我相信這次我們一定有機會交手，而且一定會打得非常精彩。」

……………

雖然還有一場硬仗要打，但直美打進美國網球公開賽決賽時，已經完成重要目標：她終於可以把帶來的七個口罩全戴上，她表示這是她參加本屆賽事一個「非常大的激勵」。「我想讓更多人說出更多名字。」她在決賽後說。

開場時，直美走進亞瑟．艾許球場，臉上戴的第七個也是最後一個口罩上印著塔米爾．萊斯（Tamir Rice）的名字。二〇一四年，十二歲黑人男孩萊斯在克里夫蘭（Cleveland）被白人員警提莫西．洛曼（Timothy Loehmann）殺害。當時警方接獲報案，民眾指稱一名少年在公園用一把「可能是假的槍」指著人。洛曼趕到現場時，警車尚未停下，他已經從車窗內朝萊斯開一槍；事後證實萊斯持有的只是玩具槍。二〇一六年，萊斯家人獲得克里夫蘭市政府六百萬美元賠償金。

直美進入比賽最後階段，口罩任務宣告成功，但高舉獎盃的目標還有待努力。直美參加過史上最喧鬧的美國網球公開賽決賽，現在則要設法贏得史上最安靜的決賽。主辦單位邀請球場工作人員一起觀賽，但總數仍不到平常的二%。科爾代再次出現在看台上，上衣印著「撤銷警方經費」的字樣。自攝影機第一次拍到他的身影之後，後續所有導播都只讓他露出脖子以上的部位。

開局由直美發球，但很快被破發。她停下來，呼一口氣，點點頭，然後換邊。阿扎倫卡隨後保發，她的第一次發球全部沒有失誤。接著直美終於靠一次保發破蛋，將比數追至一比二；阿扎倫卡以另一次保發回應，同樣保持第一次發球沒有失誤，並以一記正手拍直線制勝球結束這一局，締造三比一領先局面，她高舉拳頭歡慶勝利。

阿扎倫卡火力全開，延續在四強賽對戰小威廉絲的氣勢，或許小威廉絲為阿扎倫卡對戰直美做了最佳準備，讓她奠定了迎戰強敵的基礎。歷經整整十次失敗後，她終於在第十一次大滿貫賽事中擊敗小威廉絲，現在的她似乎在場上發揮出全新的自由。正手拍和發球原本是她的弱項，此刻看起來卻成了強項。相較之下，直美此戰的表現遠不如在四強賽對戰布雷迪時那般出色，她的擊球似乎缺乏方向感和目的性。「直美一開始非常被動，維卡則是隨心所欲地發揮。」菲塞特說。

第五局直美再次被破發，在換邊的短暫空檔，她坐在位子上，用毛巾蓋著頭。比賽剛過十七分鐘，她已經面臨一比四的嚴重落後。下一局她的正手拍擊球失誤，直美沮喪地將球拍重重摔在地上，空洞的撞擊聲迴盪在空曠的球場上。直美有能力打得更好，但需要一些機緣。因此，當阿扎倫卡在下一局首度出現第一次發球失誤時，直美悄悄握緊拳頭並揮舞，為阿扎倫卡無懈可擊的連勝終於被破壞而鬆了一口氣。

阿扎倫卡依然遙遙領先，但直美的表現已大不如先前與布雷迪的對戰。「這太糟糕了。」瑪麗．卡里略在播報台上說。阿扎倫卡第三次破發，只花了二十七分鐘就以六比一拿下第一盤。比賽還沒有結束，但歷史證明這場賽事可能已成定局，畢竟美國網球公開賽女子組賽事已經連續二十五屆由拿下決賽第一盤的選手獲勝。

第二盤開局沒有多大希望，阿扎倫卡保發，直美第四次遭到破發，以一比六、〇比二暫時落後。「我們常以為網球比賽和馬拉松一樣；現在阿扎倫卡即將把它變成短跑賽。」主播泰德．羅賓遜說：「你不能說比賽已經結束，但對大坂來說，現在正符合尤吉．貝拉*的名言：『為時已晚來早了。』」事實上，比賽開始三十七分鐘後，阿扎倫卡的發球局已來到四十比三十，直美距離失利只差十三分。話題已不再是阿扎倫卡會不會獲勝，而是她會不會締造史上最快結束的大滿貫決賽。阿扎倫卡打出十五個制勝球，僅出現六次非受迫性失誤；直美則相反，她只有六個制勝球，非受迫性失誤多達十五次。阿扎倫卡的第一次發球成功率超過九〇％，以往的弱點變成了意想不到的武器。「我只是覺得，如果不到一小時就輸掉這場比賽，那真是超級丟臉，所以我只能拚命努力，趕走非常糟糕的心態。」直美賽後說。

直美急於找到一種方法改變頹勢，在第二盤中段她想到一個主意，完全違背她身為網球選手的進攻本能——她決定把這場比賽變成田徑賽。「也許我們應該輪流從一邊跑到另一邊，這樣我就能贏？」直美賽後說：「這個打法並不漂亮，但我覺得也許這樣就能完成任務。」

直美開始混合更慢、弧度更大的擊球方式，阿扎倫卡果然開始失誤。輪到直美進攻時，她打出了很多直線球，而不是慣用的斜線對角球。

阿扎倫卡一記反手拍長球嚴重失誤，直美很快獲得本場比賽第一個破發點，扳回一局。她在第二盤暫時以一比二落後，接下來輪到她發球。從這時開始，她頑強地達到兩次保發，將比數追至三比三。

開賽時表現不佳的直美，現在球技大幅提升，阿扎倫卡似乎因此感到不安，她開始陷入自我懷疑，失誤也變多。面臨破發點時，阿扎倫卡一記反手拍打了出界，讓直美取得四比三領先——這是她本場比賽第一次占領優勢。「維卡有點緊張，終於出現幾次失誤。」菲塞特說：「然後情況完完全全變了。」

阿扎倫卡的狀態愈來愈差，直美則開始找回狀態。第一盤她沒有打出任何愛司球，第二盤則有五個愛司球，並以六比三獲勝，迫使比賽進入第三盤。直美的強勢並未就此停下，她在第三盤破發，以三比一領先，並在底線的來回球贏得破發點，在勝利中大喊了一聲：「加油！」

直美以四比一保發，下一局又獲得四個破發點。但此時無路可退的阿扎倫卡突然稍微回復狀態並成功保發。直美似乎因情勢危急再次陷入緊張，她在第三盤來到四比二時發球，本來取得四十比十五暫時領先，接下來卻連丟四分，送給阿扎倫卡一個破發點。她舉起球拍，氣得準備將它往地上砸，後來還是選擇尖叫。

直美搖搖欲墜，對手也一樣。直美第二盤中途決定讓比賽更耗費體力的策略，現在看到了成果。阿扎倫卡為了避免抽筋，在換邊空檔期間一直保持站立，不敢坐下休息；這位三十一歲老將在三週內打了十場比賽，已經吃不消了。下一局直美充分利用最艱苦的底線來回球，讓阿扎倫卡在破發點上打出的正手拍因嚴重錯估而失誤。直美破發成功，以五比三領先，再拿下一局就可以奪得冠軍。

兩年前，直美曾因小威廉絲被罰一局而與冠軍只有一局之遙。當她終於奪得美網冠軍時，不得不遮擋兩萬兩千名紐約觀眾的尖叫聲，這是網球史上最喧鬧、最憤怒的大滿貫決賽。這一次，沒有聲音淹沒她的思緒，她只需要對抗阿扎倫卡和自己的緊張情緒即可。直美第二個冠軍點成為全場最精彩的拉鋸戰，雙方你來我往，讓對方疲

＊ 譯註：Yogi Berra，一九二五～二〇一五。曾擔任美國職棒大聯盟捕手及教練，主要效力紐約洋基隊，生涯入選全明星賽十八次，獲得十次世界大賽冠軍。他妙語如珠，說過的話被球迷戲稱為尤吉語錄。

於奔命，直到第十三球也就是最後一球，阿扎倫卡的反手拍擊球終於觸網，她的招牌低吼變成絕望的尖叫，直美也因為終於解脫而放聲大喊，宣洩壓力。

這一次不會再有淚水，直美伸手托著臉，深深呼一口氣，然後仰頭慢慢朝網子走去。兩人沒有擁抱，而是以球拍互相輕觸，這是疫情期間網壇公認的致意方式。她們相視微笑。

然而，看台上很多人抱在一起，菲塞特、中村和茂木圍成一圈慶祝，接著朝科爾代和塞爾招手，邀他們加入。「我可以上去嗎？」直美問站在球場上的WTA經理，對方回辦公室詢問。在等待答覆的過程中，直美又想到一個去處。

她走回球場中央，仰起頭，就地躺下。「我當時在想，常常看到那些偉大的球員倒在地上仰望天空。」直美事後解釋：「我一直想看看他們看到什麼。對我來說，這是多麼不可思議的時刻，我真的很高興自己做到了。」

‧‧‧‧‧‧‧‧‧‧‧‧‧‧‧

頒獎儀式幾乎沒有像上次那樣充滿淚水，不過開始前阿扎倫卡還是哭了一下，這是她第三度在美國網球公開賽決賽亮相，但沒有如她預料那般「魅力十足」，令她大為失望。雖然這次沒有憤怒的人群發出噓聲，但仍然是美國網球公開賽史上第二奇怪的頒獎儀式，要怪就怪疫情，選手只能從桌上拿起自己的獎盃，而不是由別人遞給她們。主辦單位的高階主管全戴著口罩，在場上站得遠遠的，每個人都保持社交距離。

輪到直美致辭時，她鎮定自若、思路清晰，與兩年半前在印地安泉站支支吾吾、語無倫次的二十歲女孩相比，簡直判若兩人。直美首先向阿扎倫卡表示恭喜和感謝，她說多年前在電視上看到阿扎倫卡時就受到她的啟發。接著，她感謝團隊的信任，然後迅速對WTA、主辦單位、球僮、工作人員、美國網協、贊助商，以及「所有家人——媽媽、爸爸、姊姊——沒有你們，我不會在這裡。」

不久，紅白藍三色彩帶第二次落在直美身上，她舉起獎盃，酷玩樂團（Coldplay）的〈滿天繁星〉（*A Sky Full of Stars*）響徹整座球場，接下來她和團隊在球場上合影留念。

許多精彩瞬間成為了式的恆久回憶。直美演講後接受採訪，ESPN的湯姆．里納爾迪談到本屆公開賽最引人矚目的那場行動。「妳一開始就說有七場比賽、七個口罩、七個名字。」里納爾迪說：「直美，妳想要傳達什麼訊息？」

直美很快把問題拋回去：「嗯，要我說，你得到的訊息是什麼？（這）才是問題的關鍵，我覺得重點是讓人們開始談論這件事。」

．．．．．．．．．．．．．．．．

直美轟轟烈烈地完成目標，全球開始談論這個議題。她打進決賽時，日本電視台播放影片，向觀眾解釋塔米爾．萊斯等人的身分及遭遇。住在日本的黑人作家貝伊．麥克尼爾告訴我，看到週日早晨的節目深入報導受害者的故事，他非常訝異。「他們花了很多時間，逐一介紹這些被殺害的成人和小孩，並講述種族歧視事件，我從來沒看過這種節目內容。」他說：「聽都沒聽過，所以說，她帶來重大改變，你知道嗎？那天早上，日本人的早餐菜色是『黑人的命也是命』，他們從來沒吃過，是一頓奇怪的早餐。沒錯，我永遠不會忘記那天，永遠不會忘記那個早晨。那天早上我說：『哦，哇！也許日本有機會發揮最真實的潛能。』……我確實認為有這樣的機會，因為有大坂直美這樣的人，他們利用自己的名氣和聲譽來推動人人平等。這就是她的行動帶來的影響，我多麼以她為榮，真的很感動，也很感激她的慷慨，真的很美好。」

……………

除了印在口罩上的名字引起廣泛討論，這個世界也開始前所未有地議論著口罩後面的女人。由於她已經奪冠，關於她的話題都是正面的。如果大坂直美表明立場並戴上口罩後，不幸在辛辛那提對戰梅騰斯時失利，或者在美國網球公開賽的任何一輪失利，無疑會受到右翼媒體和運動媒體守舊派的無休止批評，要她「專心打好網球」，並說她之所以會輸就是因為分心搞抗議行動。如果瑪爾塔．科斯蒂尤克在第三輪把握機會逆轉局面，或者珍妮佛．布雷迪贏了那一戰，或者阿扎倫卡延續開賽的潰敵氣勢，直美就會聽到無數人批評，說她的失敗不僅僅是輸球，也包括沒有專注於眼前的任務，沒能待在自己的賽道上。

直美如果要讓這些聲音全部消失，唯一的選擇就是贏得美國網球公開賽。所以，她做到了。

……………

奪冠後幾天，直美與比莉．珍．金談話，她是史上第一位在生涯中展開類似抗議的女選手。「我看到妳時真的很高興。」金告訴直美：「因為妳能帶來多麼巨大的改變，妳做了了不起的事，我真的好開心。」

「要是沒有今天的成就，我也無法站上規模這麼大的平台，我要說，這都要歸功於妳。」直美告訴金：「非常感謝妳所做的一切。」

直美深知，最具文化影響力的球員不一定是戰績最好的人。二〇〇六年，美國網協將美國網球公開賽場地重新命名為「金」，並不是因為她拿下最多冠軍——許多球員的冠軍頭銜更多——而是她為婦女和同志群體發聲。亞瑟·艾許也不是戰績最好的選手，但他身為第一位贏得大滿貫的黑人選手，美國網協在一九九七年決定以他的名字命名新球場，以凸顯他的先驅價值。

在網球運動中，尤其是美國，最重要的冠軍往往是在場外開闢另一番天地的人。

29 祖先 Ancestors

直美第一次和第二次參加美國網球公開賽決賽的氣氛迥然不同，就連和獎盃合影留念時也有顯著反差。兩年前，直美上在日本設計師的精品服飾店內挑選禮服；這一次，她的目光鎖定西非僑民，身上穿著亮橙色花紋荷葉邊禮服，頭戴迦納（Ghana）肯特布（kente cloth）頭巾。「你們已經知道，我必須把頭巾拿出來，搭配這次的服裝。」直美在推特上寫道。

直美傾力打造的黑人形象受到許多黑人群體讚譽。「大坂直美給了我老虎伍茲不曾給予的一切。」推特用戶 @shizzyshane215 分享直美的獎盃照片並寫道，這篇推文被轉發一萬八千多次。「她不斷提醒大家，黑亞混血兒的『黑』代表黑人。」

直美的日本身分常遭到同胞把關和審查，但美國黑人群體將直美視為自己人，尤其是在二〇二〇年夏天之後。直美贏得美國網球公開賽後，收到美國前第一夫人蜜雪兒．歐巴馬（Michelle Obama）的推文：「為妳感到驕傲，@NaomiOsaka！」

直美在二〇二〇年勇於發聲後，她對於自己的海地黑人血統，也有了不同的談論方式。在巡迴賽征戰的最初幾年，直美談到海地時，話題總不離在紐約與祖父母一同生活的期間、對海地美食的熱愛，以及遇到的海地人都對她很熱情等等。

直美大約從十一歲開始就常和家人長途跋涉前往日本，起初是為了看望環的父母，後來也開始參加比賽。從佛羅里達前往海地的飛行時間雖然更短，直美卻在成年後——也就是二〇一七年底剛過二十歲生日後，才首度踏上那片土地。

直美第一次回海地不久，戰績便開始突飛猛進，她後來說這並非巧合。「我懷著非常謙卑的心情回去，因為看到那麼多人生活匱乏。之後，回到自己的家，回到你認為理所當然的一切。」直美說：「你會開始更加珍惜目前擁有的生活。我第一次去海地（二〇一七年底），然後球愈打愈好，我認為這是因為我開始懂得感恩……說真的，他們必須步行數公里去取水，你心裡會想：『看到有人如此過日子，你為什麼還要抱怨生活？』」

距離直美第一次回故鄉一年後，她的年收入已達到數千萬美元，於是她把海地當做慈善工作的重點區域，尤其是倫納德在家鄉雅克梅勒創辦的學校。她在海地待的時間不多，二十五歲前累計不到一個月，但談到身分時，她經常強調自己的海地血統。「代表海地非常重要，他們都是我的同胞。」她在二〇二三年說：「我一直認為自己是一半海地人，那是我的血脈。因此，我認為，擁有自己的文化和傳承非常重要。」

直美在二〇一八年美國網球公開賽奪冠幾個月後再次前往海地，同時被視為當地英雄和外國貴賓，享有雙重禮遇。在太子港（Port-au-Prince）國家宮（National Palace）舉行的儀式上，她受到總統若弗內爾・摩伊士（Jovenel Moïse）的歡迎，並被任命為海地親善大使。」海地觀光部長瑪麗・克莉絲汀・史蒂芬森（Marie-Christine Stephenson）告訴《隊報》：「她很年輕，又是女性，象徵復興，象徵我們國家的未來。」

二〇一九年初，直美從佛羅里達搬到加州，她曾抱怨新家周邊缺少海地美食。雖然肚子不滿足，直美與海地在心情和心智方面卻於二〇二〇年有了更緊密的連結。科爾代的閱讀量非常大，為了讓直美更了解黑人歷史，他借她很多本相關書籍，包括法蘭茲．法農（Frantz Fanon）的經典著作《人間疾苦》（*The Wretched of the Earth*）；直美於解放黑奴紀念日在推特上張貼本書的照片。

直美並非因海地人匱乏的生活受到啟發，而是他們擁有的事物賦予了她力量。這個國家擁有獨特的革命史，是全球唯一由奴隸推翻殖民統治並建國的地方。「我總是告訴自己：妳是海地人，不應該懼怕。」直美後來說：「因為我爸爸老喊著『一八〇四』，那是海地革命的年代。」

當辛辛那提賽事因直美的行動而延期一天，她將自己表明立場的決意歸功於海地血統。「我爸爸是海地人，我們都這樣做。」直美告訴 ESPN 的克里斯．麥肯德里：「所以，沒錯，我天生就這樣。」

「妳所謂的『我們都這樣做』是什麼意思？」麥肯德里問道。

「我是指海地的歷史。」直美回答。

兩週後，直美贏得美網冠軍，再次將榮耀歸於祖先。「我要感謝祖先。」她寫道：「因為每當我想起血管裡流著他們的血，就會覺得我不能輸。」

二〇二〇年巡迴賽恢復後，直美確實不會輸。當她在二〇二一年重返賽場時，還有更多勝利等待著她。

30 帝國時期

Imperial Phase

流行音樂學家經常使用「帝國時期」（Imperial phase）來形容超級巨星的生涯巔峰，這個詞彙由寵物店男孩樂團（Pet Shop Boys）的尼爾．坦南特（Neil Tennant）提出。帝國時期指的是看似無敵的階段，持續數月或數年，成功的密碼已被破解，可以說一帆風順、無往不利——每首單曲必定爆紅，完美迎合並主導文化潮流；每張作品都夾帶大量威力。二〇一〇年，湯姆．尤因（Tom Ewing）在《音叉》（*Pitchfork*）上寫道，帝國時期是「職業生涯全速前進的時刻，是強烈關注與天大機運相遇的時刻。」尤因概括帝國時期三要素：掌控（「快樂感，來自努力工作、表現良好，以及作品與受眾產生共鳴」）；認可（「大眾對你的作品所產生的興趣、興奮和善意」）；以及自我定義（「定義一種行為，為職業生涯其餘部分定下基調」）。

二〇二〇年疫情大爆發後，大坂直美在某個時間點開始邁入了帝王時期。也許是從《富比士》將她評為前一年收入最高的女運動員開始；也許是從她為社會議題發聲時開始；也許是從二〇二〇年八月巡迴賽恢復時開始；更確切地說，也許是從辛辛那提四強賽那天她停止比賽時開始。無論你把出發點回推到何時，毫無疑問，二〇二〇年賽季結束時，直美在場內的表現已進入巔峰狀態，同時也在場外引起了共鳴，完全掌控天賦和外界的關注。由於腿傷一直沒有痊癒，加上沒有時間準備紅土球場比賽，再加上在紐約奪冠並成為抗議行動代表人物的雙重成就，直美疲憊不堪。在贏得美國網球公開賽幾天後，她便決定退出法國網球公開賽，這意味著她將在大滿貫連勝紀錄中結束二〇二〇年賽季。

二〇二一年巡迴賽恢復後，直美依然是最具競爭力的選手，不僅因為她具有堅強的網球實力，更因為她的文化影響力。直美雖然沒有贏得二〇二〇年WTA年度最佳球員——由索菲亞・凱寧拿下，她不但贏得澳網冠軍，也打進法網決賽——但在休賽期訓練時，團隊仍感受得到她無可匹敵的氣勢。「我記得，她快要出發時，我告訴大家：她一定會在這屆澳洲網球公開賽奪冠。」她的陪練搭檔卡魯・塞爾告訴我：「她離開時狀態非常好，很難相信有人能打敗她。」

・・・・・・・・・・・・・・・

二〇二一年澳洲網球公開賽從一月延到二月，巡迴賽雖然恢復但仍令人不安。由於疫苗尚未普及，疫情依然嚴峻，澳洲的隔離法規也是全球數一數二的嚴格。為了參加澳洲網球公開賽，選手們被迫在墨爾本飯店隔離，每天只能訓練大約五小時。主辦單位為一千兩百多名選手、教練和賽事主管支付包機及食宿費用，最後卻入不敷出，損失了大約八千萬美元，主要因為各國球迷無法買票進場觀賽，而且許多當地人對參加大型公開活動仍心存疑慮。在墨爾本隔離的球員紛紛抱怨規定太嚴格，比如飯店房間不能開窗透氣。有些人不幸與檢測結果呈陽性反應的球員搭乘同一班包機，抵達墨爾本後整整十四天都不能離開房間。

不過，主辦單位也選擇了幾位球星給予特別待遇，直美是其中之一。她和小威廉絲、西蒙娜・哈勒普、諾瓦克・喬科維奇、拉斐爾・納達爾以及最新美網男子組冠軍多明尼克・蒂姆等人，在阿德萊德（Adelaide）而不是墨爾本隔離。他們在阿德萊德可以更早、更頻繁地使用練習場和訓練設備；公寓有陽台可以呼吸新鮮空氣，每個人還可以帶一位球員做為陪練搭檔。小威廉絲帶大威廉絲；哈勒普帶伊琳娜・卡梅利亞・貝古（Irina-Camelia Begu）；直美不喜歡和其他球員一起練習，所以沒有邀請其他球員和她去阿德萊德；菲塞特便帶著比利時陪練搭檔塞佩・庫柏斯（塞爾正在申辦綠卡，無法離開美國）一同前往澳洲。「我們可以肯定地說，這是一種優勢，沒錯，尤其是對心理層面來說。」菲塞特談到阿德萊德的住宿環境。

阿德萊德眾球星離開南澳首府前，在滿座的運動場進行了表演賽，這是他們近一年來第一次在觀眾面前比賽。澳洲的疫情控制得很好，只要不是長途旅行，各地對民眾的防疫限制不多。在這場輕鬆、低競爭且穿著隨意的比賽中，小威廉絲以六比二、二比六、十比七擊敗直美。「我認為她們都不想展現自己真正的實力，只是小試身手玩一玩。」菲塞特說：「直美大概測試了兩局，了解自己的狀況，覺得還不錯，然後，對，就是在球場上找點樂子。」

・・・・・・・・・・・・・・・

二〇二一年澳洲網球公開賽的熱身賽沒有像往常一樣分布在澳洲和紐西蘭各地，而是集中在墨爾本舉行，類似於幾個月前在紐約合併舉行的辛辛那提及美國網球公開賽。直美在名為「吉普斯蘭錦標賽」（Gippsland Trophy）的賽事中打了三場比賽全部獲勝，並在四強賽前退出，以便休整、備戰大滿貫。澳洲網球公開賽開打時，她已經取得十四連勝，即使在首週最難打的那場硬仗中，也沒有出現任何問題。

直美在第一輪對戰俄羅斯老將安娜塔西亞・帕夫柳琴科娃（Anastasia Pavlyuchenkova），對手曾在前四屆澳洲網球公開賽中三次打進八強賽，也將在三個月後的法國網球公開賽打進決賽。直美面臨強敵毫不畏懼，以六比一、六比二取得十五連勝。次一輪的對手是卡洛琳・賈西亞，她從過去到未來一直都是排名前五的好手。但她當天的表現沒有比帕夫柳琴科娃好多少，只贏了五局，終場直美以六比二、六比三取得十六連勝。再下一輪的對手是突尼西亞選手昂絲・加博，這位迅速崛起的新秀以天分和球技著稱。直美依然只有丟掉五局，終場以六比三、六比二順利擊敗加博，取得十七連勝。

第四輪時，直美遇到了當屆賽事最嚴峻的挑戰。加比妮・穆古魯莎曾貴為世界第一，也是兩屆大滿貫冠軍得主，分別在二〇一六年法國網球公開賽（戰勝小威廉絲）和二〇一七年溫布頓網球錦標賽（戰勝大威廉絲）奪冠。兩人首次交鋒，穆古魯莎開局便採取強勢猛攻，很快以六比四、二比〇遙遙領先。直美以六比四扳回第二盤，但穆古魯莎在第三盤再次拉開比數；直美在破發點上雙發失誤，以三比二暫時落後，接下來宛如瘋了一般。她扔掉球拍，對著自己的包廂發牢騷，把毛巾蓋在頭上，很大聲地翻找其他球拍，像是在狂翻著書尋找解決辦法。穆古魯莎的身高比直美還要高，長手長腳的她可以有效顧及網前，比直美更勝一籌。穆古魯莎第三盤打出一記俐落的反手拍直線制勝球，取得五比三領先，直美難以置信地看著團隊。穆古魯莎是偉大的球員，前一年還打進澳網決賽，但直美不該輸掉這場比賽。然而，下一局她出現雙發失誤，接著反手拍擊球掛網，這是她該場比賽中第四十次的非受迫性失誤，以十五比四十落後，穆古魯莎獲得兩個賽末點。

⋯⋯⋯⋯

直美和菲塞特相處幾年下來，已經愈來愈了解彼此，他當初很快就發現直美有個特點——她在球場上非常依賴直覺，她說這是小時候被教出來的習慣。「『我父親總是在沒有任何計畫的情況下送我去比賽，我只能自己規劃。』」菲塞特回憶，直美曾在荷蘭記者大衛・阿瓦基安的採訪中提起兒時經驗。菲塞特也是教練，但做法恰恰相反，他非常依賴統計資料和邏輯分析，來讓他的球員做好面臨對手的準備工作。

直美靠著牆壁，設法讓思路恢復清晰。她在腦中複習菲塞特為她準備的筆記，將內容與自己的直覺融合起來。「我覺得自己當下釋出很多想法。」直美說：「讓我更投入比賽，呃，變成靠直覺打球。」

直美打出一記愛司球，挽救穆古魯莎的第一個賽末點。在第二個賽末點上，她不得不進行第二次發球，而且僅僅發了時速一百三十五公里。穆古魯莎回敬一記中路重炮，直美奮力將球撈過網。在來回球的第七次擊球中，穆古魯莎伸出長長的正手拍，依然跟不上對手的速度。直美突然找到猛烈和謹慎攻擊的最佳平衡點，擊球有力但維持在界內。在打出第四十個非受迫性失誤並出現賽末點後，直美在剩下的二十二個得分中沒有再出現非受迫性失誤。終場直美以四比六、六比四、七比五獲勝，她抬起頭對菲塞特微笑，臉上洋溢著自豪和欣慰。「面臨那些令人緊張的得分關頭時，我覺得只需要進入內心深處，陪著自己度過比賽。」直美在場上接受採訪時說。

菲塞特屢次看到直美在關鍵時刻切換成強化狀態，這種超凡的心流通常被稱為「極限」狀態（the Zone）；菲塞特稱它為直美的「超級模式」，他說自己從來不知道如何從旁觀者的角度啟動這種勢不可擋的狀態。「這絕對是個謎。」菲塞特說：「這其實是我們經常討論的話題，因為直美有超級模式，但只有她知道如何開啟……一旦開啟，呃，威力會很可怕。」

直美八強賽的對手是謝淑薇，這位打法多變的台灣老將曾在二〇一九年多次讓她陷入苦戰。這一次，直美在前三輪比賽輕鬆取勝，並以六比二、六比二擊退謝淑薇，成功晉級四強賽重頭戲——這將是她自二〇一八年美國網球公開賽那場令世人難忘的決賽後，首次在大滿貫場合與小威廉絲交手。

在兩人上一次大對決之後的幾年裡，直美對小威廉絲的態度有些部分變了，也有一些地方保持不變。在記者會和社群媒體上，她總是不遺餘力地表達自己對小威廉絲的欽佩和喜愛。在澳洲的首次記者會上，有人問她對於「近期被視為女子網球代言人」有何感想時，直美表示自己沒有這種感覺。「只要有小威廉絲在，我就會覺得她才是女子網球的代言人。」直美說。兩人打完阿德萊德表演賽的隔天，直美曾發布一張照片，說明文字是：「昨天與女王（皇冠表情符號）在一起。」並搭配上二〇一四年她與小威廉絲在史丹佛的自拍照。「那天我笑得合不攏嘴。」

這是直美多年來第二次與小威廉絲一起參加澳洲網球公開賽前的表演賽；上一次，直美發布一張兩人坐在長椅上的照片，說明文字是：「我和我媽媽，大笑。」有評論說這樣稱呼小威廉絲「有點不妥」，直美回應：「沒有她，我真的不會在這裡。如果這還不能算是媽媽，那我也不知道什麼才算。不過，當然，我猜我的網路用語害你不爽。」有人問小威廉絲對那句評論的看法，她似乎也不以為然：「我一直挺欣賞她的，因為我在她非常非常小時就見過她，看到她從那個年紀成長為球后和多個大滿貫冠軍，真的酷得不得了。我覺得照片很可愛，在此也發表一下評論，我應該會喜歡，但我絕對不是媽媽，差不多可以說是……表親之類的？」

「我不知道奧林匹亞會怎麼想。」小威廉絲笑著補充：「不過，她應該會很高興有她這個姊姊，真的很酷，她可以當奧林匹亞的姊姊。」

自從三年半前生下奧林匹亞，小威廉絲再也沒有贏過大滿貫冠軍，接連四次都在決賽以一局之差敗下陣來。

小威廉絲已經三十八歲，時間不多，但她在四強賽對戰直美前，狀態達到了近幾年的巔峰。二〇二一年澳洲網球公開賽，小威廉絲的體態看起來比休產假後更好，無論是身上穿著模擬「花蝴蝶」葛瑞菲絲（Flo-Jo）的耐吉緊身裝，還是在八強賽中以六比三、六比三擊敗世界排名第二的西蒙娜．哈勒普，她都顯得更加精力充沛。在與哈勒普的比賽中，數次來回球都由小威廉絲勝出，有人問她，上一次她覺得自己能贏得這樣的來回球是什麼時候。「拉鋸戰絕對有一分鐘，感覺過了很久。」她笑著說：「我覺得是在一九……一九二六年吧，一九二六的夏天，我想，上一次有這種感覺是那時候的事。」

小威廉絲雖然感覺很好，但直美的感覺更好，她的團隊也信心十足。「當時我們都覺得直美是表現更好的選手。」菲塞特告訴我：「我們都認為比賽掌握在直美手中，而不是小威廉絲。」

菲塞特除了幫助數位選手在大滿貫獲勝，他還有另一項金字招牌：成功訓練多名球員戰勝小威廉絲。二〇〇九年美國網球公開賽，金．克莉絲特斯在他的訓練下戰勝小威廉絲，奠定了他的王牌教練身分。此後，菲塞特陸續執教四位球員，包括莎賓娜．利斯基（Sabine Lisicki）、西蒙娜．哈勒普、維多利亞．阿扎倫卡和安潔麗克．柯珀，都讓小威廉絲成為她們的手下敗將。只要是菲塞特的球員，打贏小威廉絲的次數都比其他選手要多。對於如何擊敗小威廉絲，尤其是在她職業生涯後期，菲塞特的戰術非常明確。「要多多運用正手拍，尤其是在緊要關頭。」他說：「辦法很簡單，防守時，採取中路長球策略，這樣她就必須跑更長距離，腳步因而不再輕盈；進攻時，要嘗試以更多正手拍逼她，讓她跑到另一側，疲於奔命。」

不過，比起戰術運用，直美和小威廉絲這場比賽的最關鍵之處似乎在於心態——從比賽一開始，小威廉絲的樣子就像是不相信自己會贏。「小威廉絲上場時並沒有表現出慣有的氣勢：『我是最好的球員，想贏我，除非跨過我的屍體，我毫不懷疑會贏得這場比賽。』」菲塞特說：「小威廉絲意識到：『好吧，我已經不再天下無敵，像直美這樣的人如果發揮最佳水準，就會比我強』。」

小威廉絲在第一盤暫時以二比〇領先，並一度又拿到破發點，眼看就要以三比〇領先，但直美連下五局，反而以五比二逆轉了局面。小威廉絲的聲音愈來愈大，時而低吼，時而高喊，但直美還是以六比三拿下第一盤。兩人的打法相似，但直美打得更好。從各項數據來看，這一盤打得很激烈，兩位選手的非受迫性失誤都多於制勝球，但直美在最重要的幾分上拿出了最佳表現。第二盤開局，直美早早破發並取得領先，小威廉絲在得分之間變得更情緒化，也更激烈地宣洩情緒。由於墨爾本前陣子陽性病例大增，才剛剛結束短暫的封城，羅德．拉沃競技場只有幾千名球迷到場，他們都殷切期盼小威廉絲重新振作起來。他們的鼓勵似乎發揮短暫的作用，直美一度表現不佳，出現三次雙發失誤，小威廉絲破發，將第二盤比數追平成四比四。但小威廉絲剛剛追平比數，直美瞬間就挽回頹勢，打出三個反手拍制勝球，以零失分實現破發。

直美暫時以六比三、五比四領先，並以一記愛司球開局。接下來又是兩次讓對手漏接的發球，她以四十比〇領先。在直美的第一個賽末點上，小威廉絲揮出一記反手拍掛了網，比賽以六比三、六比四結束。勝者直美來到網前，敗者小威廉絲伸手與她單臂擁抱，在疫情期間，選手間的網前標準致意早已改為球拍互擊，這樣的肢體接觸前所未見。直美在網前與小威廉絲互動時，頻頻點頭鞠躬致意。「和她比賽向來是一種榮譽。」直美在場邊接受採訪時說：「只要能在球場上與她對戰，對我來說就是夢想成真。」

無論在夢想還是現實中，從來沒有人與小威廉絲對戰時如此成功。四強賽的勝利讓直美在大滿貫對戰小威廉絲的戰績變為二勝〇負，總戰績變為三勝一負。直美是僅有兩位至少三次與小威廉絲交手並取得連勝戰績的選手之一；另一位是阿蘭查．桑琪絲．維卡里奧，她在十七歲前對戰小威廉絲的四場比賽中取得三場勝利（她退役前雙方的最後三場比賽，小威廉絲都以直落兩盤獲勝）。球評傑夫．薩克曼寫道：「小威廉絲稱霸女子網壇二十年，但現在大坂可能是比她更出色的明星，即使小威廉絲已經過了巔峰時期。」

‧‧‧‧‧‧‧‧‧‧‧‧‧‧‧‧‧‧

比賽結果非常明確，小威廉絲走下球場時，被淘汰的感覺最為明顯。她通常會在輸球後匆忙退場，但這一天，她走到一半又停下來，向歡呼的人群揮揮手，接著以手按著胸口，然後又揮揮手。

小威廉絲比往常更快來到記者會現場，明顯還在試著接受這次的失利。有人請她說明對比賽結果的看法，她再度祭出生涯早期慣用的藉口以淡化失利，把重點放在自己的失誤上，而不是對手的成功。「今天的差距在於失誤。」她說：「我今天有太多失誤……是我失誤最多的一天。」

《紐約時報》的凱倫．克勞斯（Karen Crouse）對小威廉絲提出不容忽視的問題：她按著胸口離開球場，這個姿勢有什麼含意嗎？「嗯，我不知道。」小威廉絲說：「澳洲網球公開賽的觀眾太棒了，讓我覺得很窩心。」

克勞斯接著說：「有些人不免會想，妳是不是差點要跟大家告別。」

小威廉絲微笑著低下頭。「嗯，我不知道。」她說：「就算真的要告別，我也不會跟任何人說再見。」小威廉絲又笑起來，但下一個問題出現時，她的眼睛開始泛淚，她趕緊喝一口水。「我不知道。」在回答關於失誤的問題時，她搖搖頭，淚水從眼中滑落。「我說完了。」她站起身，走下講台。

在賽後記者會上，克勞斯問直美，由於「不知道小威廉絲還能打多久」，這次與她交手的意義有多麼大，直美似乎被這明顯的暗示嚇了一跳。

「妳這樣說，我有點難過。」直美說：「因為，對我來說，我希望她能永遠比賽下去，我心裡的小孩是這麼希望的。但是，沒錯……。」

小威廉絲還要再過兩年半才會正式宣布退役，但她在二〇二一年澳洲網球公開賽四強賽中輸給直美，事實上已結束她數十年來爭奪大滿貫冠軍的生涯。

小威廉絲再也不會回到澳洲網球公開賽。

小威廉絲再也不會打進大滿貫四強賽。

小威廉絲再也不會和大坂直美交手。

……………………

對小威廉絲來說，職業生涯後期最難以面對的就是退出大型賽事。在二〇一五年美國網球公開賽之前，小威廉絲曾二十八次打進大滿貫四強賽，其中二十一次奪冠，高達七五％的轉換率令人咋舌。但自從二〇一五年美國網球公開賽四強賽輸給羅貝塔·文琪之後，小威廉絲雖有十二次打進大滿貫四強賽的紀錄，卻只有兩次捧著冠軍獎盃離場，轉換率驟降至一六·七％。

直美參加巡迴賽最初幾年，趨勢完全相反。她四次打進大滿貫八強賽之後，全都以冠軍圓滿收場，後續比賽未曾輸掉任何一場。「她會說：『哦！我已經進入八強賽，所以今天加倍努力絕對值得。』」菲塞特告訴我：「這是她賽前會說的話。」

直美在決賽的專注度達到巔峰。「我有一種心態，認為人們不會記住亞軍。」她在贏得四強賽後說：「或許你會記得，但冠軍的名字才會刻在大眾心上。我認為我在決賽最拚，因為這是脫穎而出的關鍵。」

在轟轟烈烈的四強賽擊敗小威廉絲後，直美接下來的決賽反而沒有那麼吸引人。在她四次大滿貫決賽中，這是她第一次比對手更有成就。珍妮佛・布雷迪是實力強勁的美國選手，自從結束疫情停頓並恢復比賽以來，她一直是巡迴賽中最傑出的選手之一，包括在美國網球公開賽打進四強賽，並在三盤的較量中讓直美傷透腦筋。

但五個月後，她們再次相遇，比賽已經不像上次那麼有看頭。直美的掌控能力似乎自始至終都很穩固，儘管開賽後的幾局比數一直不相上下。第一盤比數來到四比四，布雷迪有機會在直美的發球局中掌控局面，她打出一記高吊球，讓球從直美頭頂上方飛過，贏得一個破發點。但直美一記正手拍將球打向對角遠遠的角落，讓布雷迪來不及搶救，成功化解對手的挑戰。下一局，布雷迪一度以四十比十五領先，但連續出現四次慘重的失誤，將這一盤的勝算拱手讓給直美。直美從這時開始發威，連續拿下六局，將領先優勢擴大到六比四、四比〇。布雷迪開始隨意揮拍，冒險將球打進線內，但她的反擊完全無效。直美保持領先，以六比四、六比三結束比賽，順利拿下第四個大滿貫冠軍。比賽開始一小時十七分鐘後，布雷迪在第一個冠軍點回擊，球卻出了界，直美看見球遠遠地落了地，高興地微笑著跳了幾下，接著來到網前向布雷迪致意，然後對現場數千名觀眾揮手。

直美第二次接下達芙妮・阿克赫斯特*紀念盃（Daphne Akhurst Memorial Cup），在麥克風前的表現遠比兩年前更加自如，她流利地發表了將近三分鐘的談話，除了恭喜布雷迪，也對自己的團隊、現場球迷和賽事工作人員表示感謝。直美還巧妙地提到，四面楚歌的公開賽在疫情期間面臨的特殊情況，在正值封城的墨爾本，本屆賽事一直備受爭議。「感謝你們向我們敞開心扉並張開雙臂。」直美說：「當然，我覺得現在打大滿貫是一種超級

＊ 譯註：Daphne Akhurst，一九〇三～一九三三。前澳洲女子網球選手，曾五次奪得澳洲網球公開賽女子單打冠軍，最高排名世界第三，不幸於一九三三年因子宮外孕而逝世。澳洲網壇為了紀念她，自一九三四年起以她的名字為冠軍獎盃命名。

特權，我不會認為這是理所當然的，所以，感謝你們給我這個機會。」直美致詞時，澳洲網球協會主席傑恩・赫德里卡（Jayne Hrdlicka）在她身後讚賞地點頭，顯然十分高興這位冠軍在頒獎儀式上表現得可圈可點。*

⋯⋯⋯⋯⋯⋯

當時，公開化年代僅有三位男女選手在生涯前四次大滿貫決賽中締造全勝紀錄，分別是直美、羅傑・費德勒和莫妮卡・莎莉絲。此外，直美一旦打入大滿貫八強賽就必定奪冠，締造了八強賽及後續比賽十二勝〇負的紀錄，這是史無前例的優秀戰績。

傑夫・薩克曼在「網球文摘」（Tennis Abstract）網站撰文表示，直美在大滿貫進入第四輪後的總戰績為十六勝二負，這是令人難以置信的成就。「如果大坂在第二週的十八場比賽中，每場都能發揮預期水準，預計她可以贏得十・七場。」薩克曼寫道：「不料她總共贏了十六場。她在十八場比賽中贏得十六場或更多場，概率約為兩百分之一，要麼是模擬數據低估了她，要麼是她的表現打破了模擬數據的演算法。」當然，直美打破薩克曼模擬數據的部分原因是，她在非大滿貫的其他賽事中，最後的比賽往往非常容易被擊敗，因而降低了預測的評級。但是當風險升到最高時，直美的能力就會超乎尋常且前所未有地提升。薩克曼寫道：「即使將她與小威廉絲和莫妮卡・莎莉絲等同樣在緊要關頭達到巔峰的傳奇球手相比，大坂的水準也是天壤之別。」

⋯⋯⋯⋯⋯⋯

在球評看來，直美第四次打進大滿貫決賽並不是特別值得紀念或是什麼經典之作，但這似乎反而對她有利。她既已如此頻繁地贏得大滿貫，要增加冠軍數量可以說輕而易舉，一點都不稀奇。

直美獲得了第四個大滿貫頭銜，在當年的現役女子網球選手中僅次於小威廉絲和大威廉絲；現役男子網球選手中，則僅次於羅傑・費德勒、拉斐爾・納達爾和諾瓦克・喬科維奇。人們開始討論，將來直美結束職業生涯時，總共會得到多少個冠軍。馬茨・韋蘭德（Mats Wilander）是一九八〇年代七次大滿貫的得主，他宣稱直美將超越他的紀錄。「我認為她至少會得到十個大滿貫冠軍，我真的這麼認為。」韋蘭德在歐洲運動頻道上說。他承認直美還沒有完全適應紅土或草地球場，但他認為她最大的優點就是不屈不撓。「你根本無法干擾她。」維蘭德說：「你只會看到她平靜地慶祝勝利。這告訴我一件事：她早就料到自己會贏，接下來她還會贏更多次。」

・・・・・・・・・・・・・・・・・・

「這個概念具有雙面性。」湯姆・尤因在《音乂》上談論帝國時期時提到：「它結合了征服世界的自信以及不可避免的過時。我們對皇帝了解多少？他們最後都會赤條條地離開人世，就算再怎麼不可一世，帝位總有坐完的一天。」

在二〇二三年一次採訪中，直美表示她曾三次面臨成功帶來的憂鬱，並將二〇二一年澳洲網球公開賽列為第

* 直美唯一一次口誤出現在剛開始致詞時，她突然轉頭看布雷迪。「妳喜歡別人喊妳珍妮還是珍妮佛？」直美問道。「珍妮。」布萊迪笑著回答。「好的。首先我要恭喜珍妮佛。」直美接著說道。

三次也是最困難的一次。「在我第二次贏得澳洲網球公開賽後，它已經達到某種程度的嚴重。」直美說：「我想，我需要做點什麼，因為我不想再這樣下去。」

不過，在直美的王冠戴不穩之前，另一個時代也將結束。她將首度成為大坂姊妹當中唯一繼續打網球的人。

一九九七年，環（肚子裡懷著直美）、倫納德和寶寶麻里，攝於大阪。
提供：佩德羅．赫里沃（Pedro Herivaux）

直美的父親倫納德（中）透過電視節目表演，在日本成為知名人士，偶爾也會接廣告代言；有一次，他和幾位朋友為日本滑雪度假村拍攝了《癲瘋總動員》主題的廣告。
提供：佩德羅．赫里沃（Pedro Herivaux）

二〇〇六年在加州舉辦的美國網協青少年營隊，右四為直美；左二為麻里；左四為泰勒・湯森。

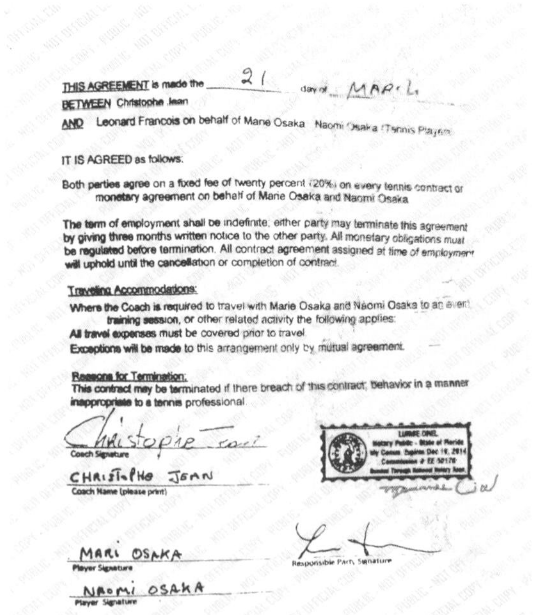

THIS AGREEMENT is made the 21 day of MARCH

BETWEEN Christophe Jean

AND Leonard Francois on behalf of Marie Osaka Naomi Osaka (Tennis Players)

IT IS AGREED as follows:

Both parties agree on a fixed fee of twenty percent (20%) on every tennis contract or monetary agreement on behalf of Marie Osaka and Naomi Osaka

The term of employment shall be indefinite; either party may terminate this agreement by giving three months written notice to the other party. All monetary obligations must be regulated before termination. All contract agreement assigned at time of employment will uphold until the cancellation or completion of contract.

Traveling Accommodations:

Where the Coach is required to travel with Marie Osaka and Naomi Osaka to an event, training session, or other related activity the following applies:

All travel expenses must be covered prior to travel.

Exceptions will be made to this arrangement only by mutual agreement.

Reasons for Termination:

This contract may be terminated if there breach of this contract; behavior in a manner inappropriate to a tennis professional.

Christophe Jean

Coach Signature

CHRISTOPHE JEAN

Coach Name (please print)

Notary Public - State of Florida

MARI OSAKA

Player Signature

Responsible Party Signature

NAOMI OSAKA

Player Signature

二〇一二年，倫納德代表女兒們與教練克里斯多夫・尚簽訂的合約。

來源：布洛瓦郡法院（Broward County Courts）

二〇一四年，直美擊敗珊曼莎·斯托瑟後與記分板合照，攝於史丹佛。
提供：凱文·費舍爾（Kevin Fischer）

二〇一四年，直美與小威廉絲見面的自拍照，攝於史丹佛。
提供：凱文·費舍爾（Kevin Fischer）

二〇一四年，麻里、直美和直美的第一位經紀人丹尼爾·巴羅格。
提供：丹尼爾·巴羅格（Daniel Balog）

二〇一六年，直美對日本媒體致詞，攝於東京。
來源：吉米四八（Jimmie48）

二〇一七年，直美在美國網球公開賽穿著菲瑞．威廉斯與愛迪達的聯名服裝，打出一記強勁的正手拍。
來源：吉米四八（Jimmie48）

二〇一八年，直美在致詞時傻笑，攝於印地安泉。

來源：吉米四八（Jimmie48）

二〇一八年，直美與獎盃及日本國旗合照，攝於印地安泉。

來源：吉米四八（Jimmie48）

二〇一八年，直美與小威廉絲生涯首次對戰，她獲勝後與對方握手，攝於邁阿密。
來源：吉米四八（Jimmie48）

二〇一八年，直美在美國網球公開賽決賽中成功掌握戰況，高興得握緊拳頭。
來源：吉米四八（Jimmie48）

小威廉絲向裁判長布萊恩·厄利申訴，美國網球公開賽決賽陷入混亂。

來源：吉米四八（Jimmie48）

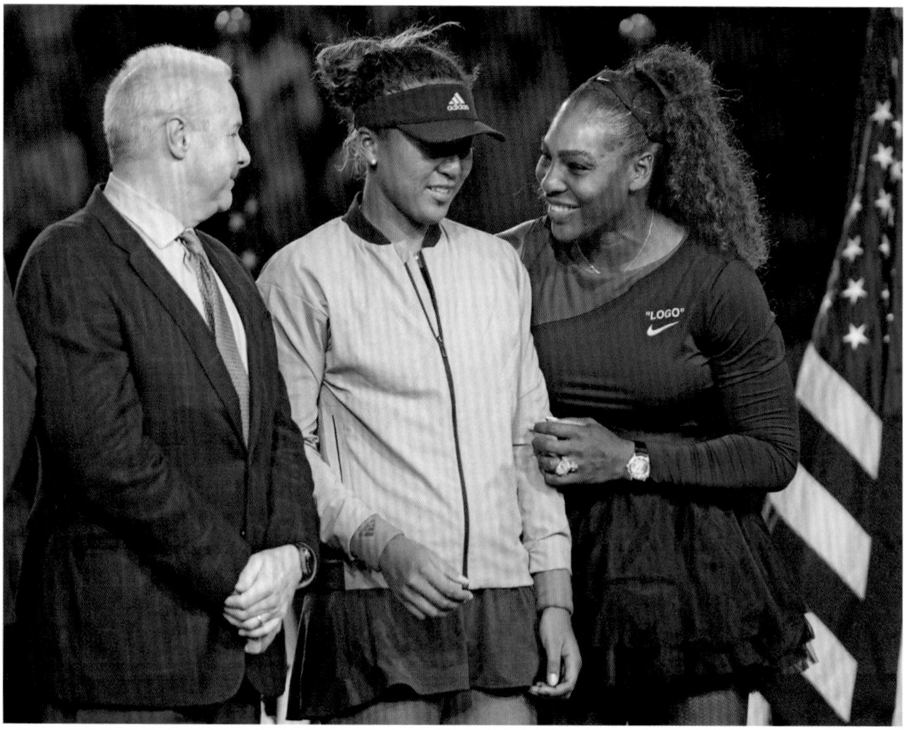

二〇一八年，小威廉絲在美國網球公開賽頒獎典禮上安慰直美。

來源：吉米四八（Jimmie48）

二〇一八年，直美捧著獎盃，坐在美國網球公開賽決賽頒獎台的布景上。
來源：吉米四八（Jimmie48）

二〇一八年，直美穿著 CDG 的白色連衣裙，在曼哈頓捧著美國網球公開賽獎盃，擺姿勢供攝影師照相。
來源：吉米四八（Jimmie48）

二〇一九年，直美慶祝教練沙夏·巴金獲得 WTA 年度最佳教練獎，攝於布里斯本。
來源：吉米四八（Jimmie48）

二〇一九年澳洲網球公開賽，一位球迷為直美舉起日本國旗。
來源：吉米四八（Jimmie48）

二〇一九年，直美在澳洲網球公開賽贏得第二個大滿貫冠軍。
來源：吉米四八（Jimmie48）

二〇一九年，直美在記者會上談到解雇巴金時哭了，攝於杜拜。
來源：吉米四八（Jimmie48）

二〇一九年，大坂麻里以外卡身分出戰生涯唯一一場 WTA 單打會內賽，攝於邁阿密。

來源：吉米四八（Jimmie48）

二〇一九年，直美在美國網球公開賽的包廂眾星雲集，包括經紀人斯圖爾特．杜吉德（藍衣）、柯比．布萊恩、科林．卡佩尼克，以及直美的男友科爾代。

來源：吉米四八（Jimmie48）

二〇一九年，可可・高芙和直美在美國網球公開賽第三輪比賽結束之後交談，一時間蔚為佳話。

來源：吉米四八（Jimmie48）

二〇二〇年，直美在澳洲網球公開賽敗給高芙，獨自在原地感傷。
來源：吉米四八（Jimmie48）

二〇二一年，法國網球公開賽開賽前，直美在練習賽中表現不佳，維姆·菲塞特安慰她。

來源：吉米四八（Jimmie48）

二〇二一年，直美愈來愈常戴著耳機，她一邊聽音樂，一邊參加令她煎熬的記者會，攝於辛辛那提。

來源：吉米四八（Jimmie48）

二〇二二年，直美與WTA 監督克蕾爾·伍德討論觀眾喧嘩事件，攝於印地安泉。
來源：吉米四八（Jimmie48）

二〇二二年夏天，菲塞特離開後，倫納德接任女兒的教練。
來源：吉米四八（Jimmie48）

二〇二二年，直美接受場邊採訪時看起來心不在焉，攝於東京。
來源：吉米四八（Jimmie48）

31 一段她終究不喜歡的旅程

A Journey Which She Didn't Enjoy Ultimately

直美在澳洲時，麻里一直在阿拉巴馬州和喬治亞州交界處的小鎮上參加ＩＴＦ職業巡迴賽的小型聯賽。擁有豐厚電視轉播合約的比賽早在幾個月前就已恢復，但自疫情爆發以來，低級別賽事一直很少，世界排名落在兩百以外的選手幾乎沒有機會參賽。疫情出現後，麻里已經長達十個月沒有參加比賽，排名基本停滯，她當時位於第三百三十三位，和之前差不多。麻里告訴我，隨著時間過去，她的目標愈來愈節制。「我總是告訴自己，要成為球后或大滿貫冠軍。」她談到自己最初的職業目標時說：「對我來說，這才叫成功，但那可能不是鞭策自己最健康的方式……一年又一年過去，我把目標放得愈來愈低。到了某個階段，目標僅僅是打進大滿貫資格賽（大約第兩百三十名）。我的排名不夠參加資格賽，但我也不會滿足於僅僅打進資格賽，所以當時這種想法有點令人沮喪。」

麻里告訴我，直美的成功並沒有為她帶來額外的壓力。「我只是為她感到驕傲。」麻里說：「老實說，她的成功從來沒有給我帶來任何壓力，我的壓力純粹來自於多年的嘗試和不斷的失敗。哪怕她只有第一千名，我的感覺依然不變。我打球是為了讓家人過更好的生活，而不是為了自己。這是我未能克服的最大障礙……我覺得，不管轉到哪一條跑道，對家裡的幫助都會比網球來得大，這個念頭在疫情期間特別強烈。」

麻里以幾名之差錯失喬治亞州會內賽，因此她只能從資格賽開始。她的第一場資格賽在二〇二一年一月二十五日星期一下午，於貝里學院（Berry College）室內網球中心的五號球場進行。她的對手是莎拉・哈姆納（Sarah Hamner），一位被南卡羅來納大學（University of South Carolina）錄取的十八歲無排名選手。一年多沒有打過職業賽的哈姆納以七比六（三）、六比四直落兩盤擊敗麻里。賽後，麻里拿到十個月來第一張獎金支票，只有一百四十二美元。

……………

在團隊運動中，如果沒有球隊與運動員簽約，職業生涯便宣告結束，但網球選手只要身體、頭腦、心臟和錢包允許，就可以繼續參加比賽。在期待已久的復出賽失利後，麻里總結了自己的網球生涯。

「我這輩子每當打球時都在想：『我喜歡這樣嗎？還是不喜歡？』」幾個月後，麻里在《球拍》（*Racquet*）雜誌上說：「因為我從來沒有選擇打球的權利……疫情過後，我想自己終於可以享受下一場比賽，我挺期待參賽的。但開賽後，我心裡又想：『我不想在這裡。』儘管我已經很久沒有打球。從那場比賽開始，我就知道未來不可能……我可能永遠都無法享受網球比賽。」

麻里決定從網球運動退役，那年她二十四歲。

麻里說：「最困難的部分」是把決定告訴父母；她說父母表示「理解」，但勸她在正式宣布前花點時間考慮一下。麻里說：「這是我爸爸提出來的，他說：『好吧，妳應該讓事情定下來，在妳心裡，先平靜地接受它，然後告訴大家。』」

《球拍》雜誌請藝術家昂諾・泰特斯（Honor Titus）採訪麻里，當對方問到「網球生涯中最值得驕傲的成就」時，她停頓很久才回答。「也許這就是我退出的部分原因，因為老實說，我真的不覺得自己有什麼成就。」她說：「我甚至想不出任何一件值得驕傲的事……我的表現永遠不夠好，真的。對不起……現在的我就是非常負面的人。」

⋯⋯⋯⋯⋯⋯

直美說，麻里的決定「讓全家陷入悲傷」，但她已經事先預料到了。環後來寫道，她「忍不住為麻里感到遺憾」，但遺憾中也夾雜了欣慰，畢竟麻里可以在受到更大傷害前退役。不過，環還是寫道，她覺得大女兒似乎相當內疚。「麻里一定這樣想：『如果我不打網球，對父親和母親都不好。』」環在《穿越隧道》中寫道：「『我的父母冒著生命危險，為女兒的網球事業傾注金錢、時間和熱情；儘管我從小就打網球，但我甚至還沒來得及參加大滿貫就放棄了。』看來，這種想法一直在折磨她。」環說，她努力向麻里保證，未來還有更多事可以期待，網球只是她人生的「第一章」。

麻里談起自己的網球生涯時，彷彿那是一場徹頭徹尾的失敗，甚至可以用這種殘酷的說法形容——儘管她把整個童年都獻給了網球，卻沒能賺到足夠養家的收入；要不是妹妹打出一片天，家人的犧牲就白費了。其他人的看法沒有這麼嚴苛。七年前直美為了爭取愛迪達贊助而進行試賽時，麻里陪著妹妹一起打球，當時達倫・卡希爾對麻里的敬業和心態讚不絕口，他對於麻里在職業生涯達到的高度給予正面肯定。「有數百萬人都希望成為世界排名第兩百八十位的網球選手。」卡希爾提到麻里的最高排名時說：「她的成就大多數人無法企及。但是，你知道，直美的成就始終更高。」

⋯⋯⋯⋯⋯⋯

二〇二一年三月九日，在最後一場比賽六週後，也是她與父母談話約一個月後，大坂麻里在ＩＧ發布了一張照片——一片藍天下方綿延著平靜的藍色大海。「我決定從網壇退役。」麻里透過標題宣布：「這是一段我終究不喜歡的旅程，但我很感激多年來從中獲得的所有回憶和支持。現在我要繼續前進了，大家可以期待我未來即將推出又新又好玩的計畫。」

一個從未打進世界排名前兩百五十位的選手宣布退役，很少會得到家人和朋友以外的關注。但由於麻里與直美是近親，主流媒體廣泛地報導了她的決定，從《運動畫報》、《時人》（*People*）到《ＴＭＺ》，紛紛刊登她宣布退役的消息。

《雅虎新聞》（Yahoo! News）稱麻里這篇貼文是「令人心碎的聲明」，而其他人則對麻里以反常的直率評價職業生涯表示讚賞。《近身發球播客》主持人喬納森．紐曼（Jonathan Newman）和詹姆斯．羅傑斯（James Rogers）引用麻里的聲明，將下一集標題定為〈一段我終究不喜歡的旅程〉（*A Journey Which I Didn't Enjoy Ultimately*），紐曼稱之為「我這輩子聽過最棒的措辭」。

「在退役聲明上看到這麼坦率的態度十分反常。」羅傑斯說：「這是很好的示範，讓我們學會徹底斷開生活或工作中不喜歡的事物。麻里很幸運，二十四歲就發現這一點。她現在還超級年輕……還有大好人生等著她。儘管去做妳喜歡的事吧！」

麻里退役後不久就從佛羅里達搬到洛杉磯，但她沒有住進妹妹的豪宅，而是在市中心租了一間公寓，很快在住家兼工作室裡展開藝術生涯，而且工作日漸繁忙。麻里一直是大威廉絲的球迷，就像直美一直是小威廉絲的球迷一樣，她曾以為自己可以追隨大威廉絲的腳步，一邊打網球一邊從事設計。在麻里退役前，直美已經將她延攬進各個專案中，擔任設計師和插畫家；現在她已高掛球拍，但將會得到更多工作。

「我一直告訴自己，家人為我放棄了那麼多東西，我認為如果我能以找回這些東西的方式來回饋他們，才是最重要的。」直美說：「所以，假使沒有我姊姊，我不會在這裡。小時候全靠她鞭策我，我自己根本沒有動力……所以我現在大部分專案都是找她做的，她幫了我很多忙，這是我對她最起碼的報答。」

麻里經常受託為妹妹畫像。她為《日本GQ》和《君子》刊登的直美個人檔案繪製肖像畫。她還為漫畫《直美無雙》（*Naomi Unrivaled*）提供諮詢，這個系列煞費苦心地描繪直美的膚色，比近兩年前的日清廣告更為準確。

二〇二一年四月，麻里退役後推出第一批收藏品，包括一套六件非同質化代幣（NFT）作品，名為「繽紛的大坂直美」（The Colors of Naomi Osaka）。據拍賣網站報導，這套收藏品的總成交價接近六十萬美元，由匿名者競拍而得。

麻里最突出的作品是一件可以觸摸的具體事物，她為直美在二〇二一年大都會藝術博物館慈善晚宴的紅毯禮服繪製原創水彩畫，借鑒海地和日本的傳統，並符合「美國」意象，這也是當年晚會的主題。麻里告訴《時尚》：「這是一場文化慶典，就像美國一樣，是一個大熔爐，融合眾多特殊而獨特的元素。」成品由麻里和路易威登女裝創意總監尼古拉斯・蓋斯基埃（Nicolas Ghesquière）合作完成，整體是以藍色和紫色提花布製成的束腰連衣裙。

紅色腰帶宛如和服的腰帶，另外還搭配黑色荷葉邊斗篷，由近七十公尺的絲綢和絲光皮革製成，宛如海地四角裙的荷葉邊。

二〇二二年初，麻里也借鑒日本和海地文化設計虛擬造型，為電玩《要塞英雄》（*Fortnite*）*設計了兩款皮膚，原型是妹妹和她們的共同祖先。一款是粉色頭髮的原宿風格公主，另一款是充滿巫毒教氣息的「黑暗女祭司」，她們都拿著球拍形狀的武器，戴著網球製成的項鍊。不久，她設計出真正的球拍。二〇二二年夏天，優乃克新款簽名球拍「OSAKA EZONE 98」採用麻里設計的金色和紫色龍圖騰。新品發布幾天後，麻里與時尚品牌Market和直美的經紀人合作，在曼哈頓下城一家快閃商店出售系列作，搭上二〇二二年美國網球公開賽的熱潮。

⋯⋯⋯⋯⋯⋯

麻里透過直美建立的人脈打開了無數扇門，這是其他新晉藝術家在生涯初期夢寐以求的好事，但她也想對自己證明，她可以憑真本事贏得屬於自己的成功。於是，二〇二二年夏天，她主動報名日本知名藝術家村上隆舉辦的「Geisai 藝祭」比賽，並獲邀在東京的展覽館展出作品，令她欣喜若狂。「藝祭是我自己決定要做的事和追逐的目標。」麻里告訴我：「所以我覺得這是自己的成就。」她在那裡賣出第一幅畫，並認識了村上。

雖然麻里沒有獲獎，但她說村上在會面時給了她「非常重要的建議」，她認為這本身就是一種獎勵。「他告訴我，他到現在還在學習。」幾週後，麻里談起當時情景：「就像現在，他仍然每天練習，這對我來說有點瘋狂。呃，他根本不需要練習，畢竟他已經賺了幾百萬、幾千萬！但你知道嗎？我認為，保持學習心態非常重要，這樣你才不會認為自己什麼都會了。」麻里一直在學習和嘗試藝術創作，從玻璃蝕刻到刺青多方涉獵。

二〇二二年夏天，麻里照慣例在自己的動態上發布一張正在創作的作品照片。不過，照片附帶一條長長的自省評論。「這些年來，我一直在做自己不喜歡的事，現在的工作才是我真正喜歡的，所以，我喜歡把放鬆的時間也用在工作上。」麻里寫道：「不工作時，我的壓力其實很大；以前則完全相反。我只是覺得，這是我此時此刻超級奇怪的領悟，想要分享給目前正在拖延工作或想到工作就害怕的人。也許你並不懶惰或缺乏動力，你只是不喜歡現在的工作……但世界上一定有更適合你的事在等著你去做。」

麻里在第二張照片寫完所有想法；這次的背景全黑，訊息也同樣鮮明。「我不喜歡網球，而它在我生命中又占據重要地位且涵蓋每個層面，結果我真的恨透自己的人生。」麻里寫道：「不要變得像我一樣。」

---

* 《要塞英雄》的角色是正式授權的大坂直美頭像，與二〇二三年出現在迷你客（Miniclip）網球手遊的仿製角色「京都妮奇」（Niki Kyoto）不同。

隱患

要了解大坂直美二〇二一年五月在紅土球場賽季上發生的一切，可以先簡單回顧一下兩年前。

前兩屆大滿貫冠軍及世界排名第一的直美，在二〇一九年春季的紅土球場賽季極具冠軍相。她在歐洲紅土球場取得七勝一負戰績——她在斯圖加特打進四強賽（因腹部受傷退賽），在馬德里打進八強賽（輸給宿敵貝琳達·本西琪），並在羅馬贏得兩場比賽，打進義大利網球公開賽（Italian Open）八強賽，在在證明了她的驚人天賦確實可以在塵土飛揚、速度較慢的場地上大放異彩。

在即將走上羅馬的練習場為八強賽熱身的前幾分鐘，直美對著物理治療師茂木奈津子（娜娜）笑了起來。「我一緊張就會開始笑。」直美後來解釋。直美緊張地告訴茂木和團隊其他成員，她的右手在一夜之間變得腫脹且僵硬。「『我的拇指不能動，不確定能不能握住球拍，所以我不確定能不能比賽。』我一邊說一邊笑。」直美回憶：「所以我覺得，剛才我有點，呃，害娜娜崩潰，因為我應該一大早或更早就告訴她，哪怕只是有點痛。我每小時都在想要怎麼掩飾，以為等一下就會好起來，結果沒有。」

由於沒有足夠的時間治療傷勢，直美退出比賽，對這次賽事的結果承擔所有責任。「老實說，這完全是我的錯。」她說：「因為我是那種會掩蓋事情的人，直到局面變得非常糟糕。」

二〇二一年初，大坂直美的表現非常非常好，至少數據上是這樣。自從一年多前疫情爆發以來，她任何比賽都沒有輸過，屢戰屢勝，包括在美國網球公開賽和澳洲網球公開賽拿到的第三和第四個大滿貫冠軍。二〇二一年邁阿密網球公開賽，直美拿下第四輪，連勝戰績達到二十三場。

直美在場外一樣節節勝利，獲得空前的商業收入。《紐約時報》刊登一篇報導，標題是〈大坂直美如何成為人人喜愛的代言人〉（*How Naomi Osaka Became Everyone's Favorite Spokesmodel*），這篇文章不是發表在運動版，而是「週四時尚」（Thursday Styles）的頭版。它並沒有誇大，下一次運動商業（Sportico）公司公布全球收入最高的女運動員時，直美的代言收入將達到空前的五千萬美元，打破她自己保持的紀錄，成為有史以來女運動員的最高紀錄。《泰晤士報》（*Times*）的報導引用了品牌顧問辛蒂・蓋洛普（Cindy Gallop）的話，她稱直美是二〇二一年品牌渴望擁有的「完美風暴」。「首先，她是傑出的運動員；第二，她有強烈的社會正義感，願意說出想法。」蓋洛普說：「第三，她是女性；第四，她不是白人。我討厭、厭惡、憎恨這樣的詞彙，但她就是『多元化』。她符合每個群體的喜好，你簡直聽得到品牌經理們在想：『她絕對是現在最適合贊助的人選。』」

與直美合作的品牌不僅可以銷售產品，還可以彰顯美德（他們希望這樣又可以帶動產品銷售）。當各品牌因董事會中年齡偏大、白人和男性比例過高而面臨審查時，直美無疑是一劑完美的解藥，而且她還具備社會正義的特質。內衣製造商維多利亞的秘密（Victoria's Secret）等陷入困境的品牌在二〇二一年簽下直美，它們尤其渴望利用象徵性力量來挽救品牌，尤其是找回Z世代消費者。

愈來愈多品牌評估後認定，直美就是困境的解方，她的投資組合計算式全是加法和乘法。不只開始贏得大賽冠軍後所簽下的日本贊助商，現在全世界都想得到直美。她從頭到腳可能全都是美國和全球贊助商的商品——頭上戴著Beats by Dre耳機；手腕戴著泰格豪雅錶（TAG Heuer）；下半身穿著Levi's牛仔褲；肩上背著路易威登皮包，裡面裝著萬事達卡；泳裝則有弗蘭基比基尼（Frankies Bikinis）。當她穿著附帶人力資源軟體公司「工作日」標誌的耐吉運動衫下場時，她可以使用海皮萊斯（Hyperice）提供的恢復設備，並以甜綠沙拉（Sweetgreen）和護體牌（Bodyarmor）飲料補充能量。即使不穿衣服，直美也會抹上自創的護膚產品金洛，它主打為「富含黑色素」的皮膚提供防曬保護。她在運動界的商業足跡早已跨出網球領域，在北卡羅來納勇氣隊（North Carolina Courage）持有少量股份，這是一支美國國家女子足球聯盟（National Women's Soccer League）球隊，科爾代便是在當地出生。球隊大老闆史蒂夫・馬利克（Steve Malik）告訴我，直美之所以能加入這個集團，是因為她與這支兩屆聯賽冠軍球隊的「核心價值觀一致」。「女子足球及勇氣隊都和性別平等及其他社會使命息息相關。」他說：「而對於我們這個特許經營事業來說，贏得比賽是最要緊的。」*

直美得到的不僅是現金和獎金，還有追捧和頌揚。三月，直美第一次聽說（儘管先前嚴格保密）她將有幸在延期後的八月東京奧運會開幕式上點燃聖火，以前只有亞特蘭大（Atlanta）奧運會的拳王阿里（Muhammad Ali）和溫哥華（Vancouver）奧運會的韋恩・格雷茨基等國家級英雄才能享有此等殊榮。

不只運動賽事對直美趨之若鶩，五月初，她獲選為當年大都會藝術博物館慈善晚宴的主持人之一，同時獲選的還有另外三位年輕名人。直美將與歌手怪奇比莉（Billie Eilish）、演員「甜茶」提摩西・夏勒梅（Timothée Chalamet）和詩人艾曼達・戈爾曼（Amanda Gorman）一起，成為九月這場星光熠熠盛會的代言人。同樣在五月初，直美被評為勞倫斯世界體育獎（Laureus World Sports Award）二〇二〇年度最佳女運動員；幾個月前，她還獲得美聯社和《運動畫報》頒發的類似榮譽。此外，由曾經入圍奧斯卡的加勒特・布蘭得利（Garrett Bradley）所執導的

Netflix 紀錄片《大坂直美》亦定於七月上映。

* * * * * * * * * * * * * * * *

然而，在這些亮麗新穎的榮耀之間，也有一些跡象表明麻煩正在悄悄醞釀，而且事後看來更為清晰。當直美以六比三、六比三戰勝愛麗絲・梅騰斯並獲得二十三連勝，在賽後記者會上，有人問她是否即將從艾許莉・巴蒂手中奪回球后頭銜——儘管直美近期表現十分亮眼，但排名計算方式因疫情而重新調整，使得巴蒂依然位居世界第一。直美說，她一直沒有把注意力放在排名上，也沒有去研究該如何才能奪回第一的位置。†「呃，我明白排名有多重要，能成為第一多麼光榮，但我有自知之明，如果我一直想著所有可能發生的事，大腦就會變得很不靈活。」直美說：「所以，現在我只想著打好這場比賽，畢竟每一輪對手都非常強悍。」

兩天後，直美在邁阿密的八強賽再次登場，不幸落敗。排名第二十五位的瑪麗亞・莎卡瑞在第一盤比賽賞了她貝果，終場以六比〇、六比四獲勝，這也是直美一年多來首次失利。直美嘗試解釋這次失利，她說場上的壓力來自兩天前被問到關於排名的問題，當時看似無害，後來卻在她心裡發酵。

「上次坐在這個位置時，我其實完全沒有想過排名的問題，但有人提起，所以我動不動就會想到它。」直美說：「所以，也許是我給自己帶來壓力，儘管我並不想這麼做。但你知道嗎？我覺得即使是這樣，我也應該要有

* 有一點相當不尋常，直美在身為球隊老闆的前三個賽季裡沒有去現場看過勇氣隊的比賽，但她有時會在比賽中穿上他們的球衣。

† 如果直美在邁阿密奪冠，而巴蒂沒有打進決賽，她就會重返世界第一。事實上，冠軍最後由巴蒂贏得。

本事克服。無論如何，將來還是會有人問我各種問題，所以我絕對不能再像這樣受影響。」

直美的團隊也注意到她在那一週的變化，不過他們都將問題歸咎於缺乏動力。菲塞特告訴我：「直美有點狀況外。」但他和其他成員都認為沒什麼好擔心的。「我的意思是，我們都希望，呃，她只是暫時缺乏動力罷了。」他說。

不過，當直美後來描述這種失落的心情，她表示，與其說是缺乏，不如說是一種超載。「我不知道應該如何形容。」她說：「但我感覺所有東西都在腦中響個不停。」

* * *

直美腦中很多聲音來自八年前日本人在布宜諾斯艾利斯（Buenos Aires）希爾頓飯店（Hilton）的歡呼聲，當時國際奧會（International Olympic Committee）在二〇二〇年夏季奧運會申辦競賽中選了東京，淘汰一同角逐的伊斯坦堡（Istanbul）和馬德里（Madrid）。就在申奧兩年前，日本發生地震和海嘯，造成近兩萬人死亡，也導致福島第一核電廠（第一原子力発電所）發生事故，在天搖地動中大大衝擊了日本人的心靈。這次申奧成功讓日本人歡欣鼓舞，象徵日本恢復穩定，也找回了海內外對日本的信心。

自從贊助商和媒體開始注意直美，就將她視為有望打進奧運的選手；直美在二〇一六年澳洲網球公開賽首次參加大滿貫會內賽，當時就被問到參加東京奧運的問題，但她那時還是一個排名一百多的十八歲少女。

直美的職業生涯突飛猛進之際，恰巧遇上日本主辦奧運會（自一九六四年以來首次舉辦夏季奧運會），為她帶來了巨大的收益。企業都想在這個終極運動平台上與最有把握的選手結盟，日本贊助商紛紛與她簽約。她自二〇一六年開始獲得代言，原本只有一些小規模贊助，但開始贏得大滿貫冠軍後，贊助商蜂擁而至。直美因為擁有極高的媒體知名度和奪冠的潛力，經常被冠上非官方的「東京奧運會代言人」。從 Airbnb 到松下（Panasonic），各大奧運贊助商都希望直美成為他們標誌旁的代言人，既因為她的勝利，也因為她積極進取的精神。當然，這些企業的聲明要比直美含糊得多，並沒有明確表示支持她的理念，比如：撤銷警方經費。松下高層森良弘在宣布雙方合作的演講中談道：「關於直美對社會的態度以及她的價值觀，我們有強烈的共同信念。」這次演講的重點是企業的社會責任。「松下也殷殷期盼能實現理想世界的願景。」

日本贏得第三十二屆奧運會主辦權後，斥資了兩百多億美元，原本寄望在二〇二〇年迎來屬於他們的理想世界，但真實世界卻相去甚遠。奧運會原定於二〇二〇年夏季舉行，後因疫情而延期一年，這讓直美和西蒙・拜爾斯*等東京奧運明星的壓力又增加了一整年。這將是最奇特的一屆奧運會，儘管二〇二一年會繼續沿用「東京二〇二〇」這個稱號，但這確實是有史以來唯一在奇數年舉行的奧運會。

基於某些可控和不可控的環境因素，東京奧運會可能在正式開始前就成為了最不受歡迎的一屆。隨著東京、大阪和日本其他大都市封城，奧運會與公眾的優先權愈來愈不一致。對日本政府來說，雖然主辦奧運是一種勝利的象徵，但花費卻成了龐大的負擔。《朝日新聞》二〇二一年五月的民意調查顯示，八三％受訪者認為奧運會應該延期或取消；當月也有六千名東京基層醫生連署，敦促日本首相菅義偉取消奧運會。

同月，日本媒體問直美是否認為應該取消奧運會。「我當然會說希望奧運能夠舉行，因為我是運動員，那也是我畢生期待的盛事。」她說：「但我認為現在有很多重要的事……我覺得，如果奧運會讓人們處於危險之中，

---

* 編註：Simone Biles，非裔美國女子競技體操選手，二〇二一年《時代》年度百大影響力人物之一。

讓大家覺得非常不舒服，那麼絕對應該討論。」

在奧運會籌備階段，直美經常會遇到這類難以應付的問題，隨著公眾支持率下降，對直美來說，奧運會「代言人」已經成為了危險的身分標誌，而奧會高層的失誤則讓情況更為惡化。二〇二一年二月，八十三歲高齡的東京奧會主席兼日本前首相森喜朗表示「女性會在理事會過度發言」，引發軒然大波。在日本，商界和政界的女性主管比例很低，森喜朗的言論引起眾怒。

在澳洲網球公開賽前夕，有人請直美針對森喜朗的言論發表看法，以及是否認為他應該辭職。對於被要求針對這樣的問題做出判斷，直美似乎很驚訝。她回答：「我是網球運動員，對我來說，我覺得——嗯，哇！這真是一個有意思的話題。我是否認為他應該辭職？我認為發表這種評論的人，需要對他們談論的事有更多了解。我覺得這樣的言論實在太無知。」果然，在這位超級巨星發表看法後，媒體針對這場愈演愈烈的爭議時，紛紛將直美「真的很無知」的評價放在第一位。幾天後，森喜朗辭職，由女性內閣大臣橋本聖子接任。

奧運會以及圍繞它的一切讓直美在紅土球場賽季的焦慮達到頂峰，這絕非偶然。「今年似乎有點混亂，尤其是我即將迎戰奧運。」她在二〇二一年五月說：「我覺得這是非常重要的時期，很想在家裡多待一陣子。」

⋯⋯⋯⋯⋯⋯

為了平息腦中那些喧鬧聲，直美減少比賽行程，這對於沒有受過傷的年輕球員來說十分罕見。她沒有參加二〇二一年在查爾斯頓和斯圖加特舉行的中型紅土球場賽事，不難看出她為什麼做出這樣的選擇，畢竟她已錯過整個二〇二〇年的紅土球場賽季，不如把時間挪出來，好好準備法國網球公開賽。她休戰近一個月後，在馬德里的義務性賽事復出。她在當地解釋自己如何安排賽程，強調她需要平息思緒。「事實上，邁阿密賽後，呃，我休息了一段時間，因為我覺得——我也不知道——我需要讓思緒稍微慢下來。」她說。

菲塞特一直對紅土球場賽季的備戰感到沮喪，因為直美決定在洛杉磯家中訓練，但那裡沒有與歐洲條件相當的紅土場地。直美來到馬德里時，正如菲塞特所描述的，「絕對沒有準備好發揮最佳水準」。直美第一輪戰勝排名第七十九位的土居美咲，後者是日本第二好手；第二輪以四比六、六比三、一比六輸給排名第二十位的卡羅利娜．穆霍娃。

穆霍娃在歐洲紅土賽場上有非常豐富的比賽經驗，二〇二三年甚至打進了法國網球公開賽決賽，輸給這位靈巧的捷克選手不算什麼重大失利。然而，菲塞特擔憂的是，當團隊在羅馬開始備戰時，他發現直美不太投入。「我和她談話，因為我覺得她雖然做了我們要求的事，但沒有真正把心思放在球場上。」他說。這次談話似乎打動了直美。「突然之間，就在第一場比賽的前兩天，情況好多了。」他說。

直美獲得第一輪輪空，在羅馬的首場比賽是第二輪對戰排名第三十一位的潔西卡．佩古拉（Jessica Pegula），這位美國選手當年的賽季戰績一直持續上升。現場異常安靜，由於疫情限制，直美幾個月來第一次在沒有球迷的情況下進行比賽。皮耶特蘭傑利球場（Stadio Pietrangeli）是下沉式大理石球場，在貝尼托．墨索里尼（Benito Mussolini）法西斯政權時期，按照宏偉的羅馬風格建造，向來是巡迴賽中氣氛最熱烈的球場之一，但這天到場的人包括球員、官員、工作人員和各自的團隊在內，總數與環繞球場的十八座裸體運動員大理石雕像大致相當。與過往的熱烈氣氛相比，如今這片空蕩蕩的場地顯得格外不真實。

當然，直美之前在沒有球迷的情況下也打得很好，尤其是前一年在紐約的奪冠。那場比賽一開始，她就拿出絕佳狀態應戰，短短八分鐘便取得三比〇領先。「大坂開局就像火車一樣無比迅猛。」球評安娜．史密斯（Anna

Smith）說：「你已經可以看出她有多麼自信，她的擊球時機把握得多麼好……她看起來毫不費力，不是嗎？」但佩古拉穩住陣腳，將第一盤追平成三比三，火車軌道隨之改變。「二號種子選手大坂直美開局就像火車。」主播提姆．懷特（Tim White）附和：「但潔西卡．佩古拉可能會從這裡開始，讓她出現有點危險的脫軌。」比數來到四比五，直美在佩古拉的發球局獲得盤末點，但正手拍擊球失誤。在下一局比賽中，直美一度陷入奇怪的混亂，她誤以為決勝局會在五比五之後開始，而不是六比六。之後，直美在六比五時贏得兩個盤末點，但佩古拉的強力擊球挽救了它們，第一盤比賽進入決勝局。在前面幾局中，直美的表現更勝一籌，總共贏得四十三分，佩古拉只有三十七分，但怪異的網球計分規則使得目前比數持平。

佩古拉在決勝局上拉開比數，直美的反手拍擊球掛網讓她取得五比二領先。直美突然發飆，憤怒地連續三次將球拍朝紅土重重揮去。「看得出來，她沒有把握的那些盤末點，開始在她的心裡作怪了。」史密斯說：「我們很少看到大坂拿球拍出氣，但她的挫敗感已經沸騰。」更換球拍後，直美以二比七輸掉決勝局，休息時她坐在椅子上，頭上蒙著毛巾，偶爾擦擦眼睛。

將近一年後，我問她這場比賽當時的情況，直美的第一個反應很簡短：「哎呀！」她說：「不知道為什麼，那時我非常激動，覺得壓力很大，因為我想在紅土球場上取得好成績。所以，是的，我讓自己壓力爆錶。明知第一盤有機會，但不知為什麼，我做錯了一些事，然後比賽急轉直下，我知道第二盤我隨隨便便就輸了。」

事實上，第一盤花費了五十八分鐘，但第二盤還不到第一盤的一半時間，佩古拉便在二十九分鐘內以六比二獲勝。不過，那場比賽的看點並不是處於劣勢的直美有什麼出眾的表現，而是她糟糕的球技。「天哪，天哪，天哪！」懷特看見直美出現嚴重的高球失誤時說：「這正好總結了大坂直美的狀態，她現在面臨真正的挑戰，簡直是連發球都放棄了。在這位日本選手的職業生涯中，很少看到這樣的情況。」比起失誤的一球，人們更關注的是直美一反常態的消極心態。「她現在的肢體語言很糟糕。」懷特說：「她這場比賽的開局非常好，我們都還在談論她積極的態度……但現在她看起來只想趕快進更衣室。」第二盤比數來到二比五，直美暫時落後，她準備發球時，懷特明顯加強了對她心態的審視。「妳現在的心態如何，大坂直美？」他大聲提問，引起觀眾注意：「妳是否有足夠的決意，能從義大利廣場（Foro Italico）皮耶特蘭傑利球場這片下沉式場地全身而退？她的義大利網球公開賽已經到了命懸一線的地步。」

佩古拉對這場比賽記憶猶新，這是她生涯以來贏過的對手中排名最高的，她的勝利來自於能看清對手的情況。「我第二盤打得非常好，同時感覺得到她不太能掌控比賽。」佩古拉回憶：「她非常沮喪——我能體會她的心情，我想我們都能體會。我們都經歷過這樣的比賽，只想把球打到圍欄上，然後儘快離開球場。」

坐在場邊的菲塞特也對直美的態度感到失望。他認為，直美要想提高紅土球場戰績，最需要的是「在球場上老老實實一小時一小時地認真打」，以克服她對這種球場的不適應。菲塞特說：「我懷疑她到底做了多少認真應戰的心理準備，唔，好比如何度過艱困的階段。她崩潰了，而且，她好像準備放棄。」

在法國網球公開賽前，直美只在紅土球場打了三場比賽（一勝兩負），但她仍然有時間。法國因疫情而封城，還有許多禁令，法國網球公開賽延後一週舉辦，球員有更多時間在歐洲紅土球場上做好準備。「我覺得我需要更多時間適應紅土球場，尤其是我過去的成績並不好。」直美在羅馬賽前被問及賽程延期時說道：「希望我在這裡能表現得更好，但我想，我並不介意在紅土球場多多磨練，還有在這裡多練習幾週。」

但在這次回應中，直美也對比賽延期表達負面看法。她說：「我有點難過，因為這勢必意味著要離家更久。」

當她的生活出現「混亂」時，最終勝出的正是這個躲回家的渴望。輸給佩古拉之後，直美沒有留在歐洲進行紅土球場訓練、沒有為法國網球公開賽備戰，而是決定從羅馬一路飛回洛杉磯的家。

菲塞特說，在失利後得知直美要離開歐洲，讓他很氣餒。「在那之後回家，想也知道到時在巴黎無法發揮最佳狀態。」他感嘆：「我們需要在球場上多花些時間磨練。」

儘管菲塞特心存疑慮，但也覺得似乎應該相信直美，畢竟最了解她的還是她自己；雖然她這陣子不太順利，但還是贏得了上兩場大滿貫。「好吧，她畢竟贏了上兩場大滿貫，姑且相信她。」他說：「如果她認為，這是她在法國網球公開賽奪冠需要的，非在家待一週不可？那好吧，在那一刻，也只能相信她。如果是已經失敗了幾個月，那麼我就會說：『嘿，我們換個方式吧！』但她有過兩次成功經驗，所以我只能全心全意信任她。」

⋯⋯⋯⋯⋯⋯

大坂直美與前輩球星小威廉絲和瑪麗亞．莎拉波娃一樣，成為大滿貫冠軍後，她的訓練就不再納入巡迴賽其他選手，幾乎只和男性陪練搭檔進行訓練，而不是和其他WTA球員一起擊球。

菲塞特第一次陪同直美參加比賽，是二〇二〇年賽季第一週在布里斯本舉行的WTA賽事，他問直美是否能在賽前為她安排與其他選手對戰的練習賽，畢竟她已長達幾個月沒有比賽，這個做法可以幫助她調整狀態。「但她回答：『不，我不喜歡這樣。』」菲塞特談到當時的情況。他很驚訝，但還是接受。「好吧，還是那句老話，對她有信心；既然贏過兩次大滿貫，她一定知道自己需要什麼，對吧？」比賽開打後，菲塞特終於被眼前的景象說服——直美在布里斯本的球技未見生疏，連續三場迎戰排名前二十五的對手都獲勝，成功打進四強賽。「我的意思是，如果有效，那就有效。」他說。但在教練生涯中，菲塞特曾對其他球員採取練習賽策略，他仍然認為這是有用的培訓工具。「我絕對支持練習賽的做法，因為身為教練，我想培養球員。我認為，呃，當你進行練習賽時，才會真正明白重點無關輸贏⋯⋯這似乎是一種理想的做法。」

「但如果球員不喜歡，或因此失去信心，當然是我們不希望看到的。」他補充說明：「事實上，我第一次逼她時，情況就變得不太好。」

菲塞特在直美脆弱時決定堅持進行練習賽。她在二〇二一年法國網球公開賽前幾天回到歐洲，由於在洛杉磯家中沒有練習，菲塞特認為若要以最快速度為即將到來的大滿貫備戰，與其他頂尖球員進行練習賽是最佳方式，因為她兩年來只在紅土球場打過三場比賽。「『我們都認為，妳需要透過練習賽找出適合的紅土球場比賽計畫，所以我們不妨安排幾場練習賽吧！』」菲塞特回憶當時他對直美說的話。直美似乎也被他的邏輯說服了，於是菲塞特連絡其他球員的團隊，並與他能找到的最佳人選——排名第一的艾許莉．巴蒂——安排練習賽。

她們開打之後，菲塞特立刻發現直美不適應陌生的練習賽，她「太會為別人著想」，希望對方也能從中獲益。「很明顯，直美無法自由自在地按照平常習慣打球。」他說：「她做不到這一點。還是那句老話，她不是自私的人，所以總是為對方著想。」在非正式的練習賽中，比數並不重要，但直美慘敗。排名第一的巴蒂憑藉紅土球場的強勢表現，拉開雙方的差距，在羅蘭．加洛斯的主場館菲利普．夏特里爾球場的練習賽中，以六比一擊敗直美。「我當時覺得這是她需要的。」菲塞特談起練習賽：「但反而害她失去信心。」

⋯⋯⋯⋯⋯⋯

說真的，大坂直美不會成為二〇二一年法國網球公開賽最受關注的球員。儘管她在前兩站大滿貫都奪得冠軍，但球評皆知紅土球場是她的剋星，也看到她最近幾次失利，因此在賽前報導中沒有密切注意她。直美仍有機會在法國網球公開賽奪回世界排名第一的寶座，前提是她要打進決賽，而巴蒂則在四強賽前失利。但考慮到她最近的狀態，沒什麼人主動討論這種可能性。在奪冠熱門排行榜上，為運彩制定賠率的人只將直美列在第五順位，排在其他明顯具有冠軍相的競爭者後面，包括球后巴蒂，她自二〇一九年在羅蘭·加洛斯奪冠後首度重返此地；還有衛冕冠軍伊加·斯威雅蒂，她剛剛在義大利網球公開賽決賽中以六比〇、六比〇戰勝卡羅利娜·普莉絲可娃；以及小威廉絲，雖然從現實層面來看希望不大，但只要有她在的比賽都會引起大眾關注。

比賽前幾天，直美在社群媒體上發布貼文，展示她那雙法國網球公開賽紫色球鞋（耐吉大坂直美氣墊硬地網球鞋〔NikeCourt Air Zoom GP Turbo Naomi Osaka〕）上閃亮的水晶，以及在夏特里爾球場上對著鏡頭蹦蹦跳跳並咯咯發笑——這些都是常見的內容。五月二十五日星期二，運動商業發布最新報告，直美十二個月裡獲得約五千萬美元的代言收入，是所有女運動員中最高的，在所有運動員中僅次於羅傑·費德勒、勒布朗·詹姆斯和老虎伍茲。但五月二十六日星期三傍晚，當夕陽餘暉映照巴黎時，大坂直美沒有出現在人們的視線中。

情況說變就變，當天晚上十一點二十四分，直美在巴黎做了一件在大賽臨近時做過好幾次的事——在手機的筆記應用程式上撰文並截圖，透過現代媒介分享想法。不過，她之前的文章都為自己加油打氣，這次則充滿了反抗意味：

大家好：

希望你們一切都好，我寫這篇文章是想說，我不會在羅蘭·加洛斯期間接受採訪或開記者會。我常覺得，人們對運動員的心理健康漠不關心，每當我看到或親自參加記者會時，這種感覺非常真實。我們經常坐在那裡，應付一些已經被問很多次的問題，或是會讓我們產生懷疑的問題，我不想再去面對那些懷疑我的人。我看過很多運動員輸球後在採訪廳崩潰的影片，我知道你們也看過。我認為這是落井下石，我不明白背後的原因。我不接受採訪並不是針對比賽，何況我小時候就接受過一些記者採訪，我和大多數記者關係都很友好。但是，如果相關單位認為他們可以一直說：「去開記者會，否則你會被罰款。」並繼續忽視重要合作對象的心理健康，那我也能笑笑。總之，希望我被罰款的那筆錢能用於心理健康慈善事業。

xoxo（和平手勢表情符號）（心形表情符號）

直美在IG上傳這篇文章的截圖，並添加兩段影片說明觀點：第一段影片發生於一九九四年，十四歲的大威廉絲接受美國廣播公司新聞記者約翰・麥肯齊（John McKenzie）採訪，理查・威廉絲因不喜歡他的反覆提問影響到女兒的自信，因而打斷採訪；另一段影片發生於二〇一五年，西雅圖海鷹隊（Seattle Seahawks）跑衛馬肖恩・林奇（Marshawn Lynch）在第四十九屆超級盃（Super Bowl）賽前記者會上，針對每一個問題都說同一句話：「我是為了不會被罰款才來這裡。」

直美於巴黎深夜發表的聲明，隨即在無時無刻躁動的網路上引發轟動，後續效應如漣漪般迅速擴散，在直美引領的媒體和流行文化等領域掀起跨界波瀾。直美為自己的新抗議設計了令人信服的框架，以迎合當前文化潮流——她是獨立的個體，也是青年、女性及有色人種，站出來反抗她所謂殘酷而不公正的制度。在她看來，這個制度以長者、男性和白人為主，他們把她的福祉和心靈平靜視為資本主義盈利機器的一部分。許多追隨和支持直美的名人，包括流行歌手妮姬·米娜和賈奈兒·夢內（Janelle Monáe），都迅速在留言區為她打氣。

雖然直美獲得外界廣泛的支持，但網壇內卻出現了大混亂。對於巡迴賽主辦單位、記者和其他球員來說，他們普遍對直美的宣布感到沮喪和困惑，而且對宣布方式和內容都有異議。她前一年曾宣布要中途退出紐約賽事，但這次的聲明不同，主辦單位沒有收到任何預告。直美出其不意地在社群媒體上貼文並下戰帖，此舉被視為過度反應且充滿指控意味。如果她對記者會有意見，為什麼不事先找主辦單位投訴，讓他們設法減輕令她不舒服之處，反而非要讓網球運動成為眾矢之的？記者自認多年來始終對她尊重有加，為什麼她要讓公眾對他們反感？尤其是那些包容她用外語回答問題的日本記者。對於直美為什麼會有這種感覺，大家同樣百思不得其解，沒有人能夠指出在直美最近的記者會上，有出現什麼明確的問題導致她對目前的做法提出批評。直美在羅馬輸給佩古拉後，沒有人要求她舉行記者會；她最近一次出現在媒體面前是羅馬的賽前記者會，她發表聲明後，人們在這場記者會中仔細尋找線索，但比較引人注意的只有這個問題：她是否希望在大都會藝術博物館慈善晚宴上見到蕾哈娜（Rihanna）？在記者眼中，直美多年來的記者會始終是獨一無二的古怪、新奇和迷人。究竟是什麼改變了她？

球員和經紀人討論直美的立場時，常會提到時機問題，他們的嚴厲說法不外乎：怎麼可能前一天還在報導妳賺了五千萬美元的贊助費，隔天就說妳不希望媒體關注？與直美相比，許多球員的收入和關注度只是她的一小部分，而且幾乎所有球員都是如此，因此他們很難同情她。

突然之間，一篇貼文造成網球界與直美的關係出現巨大變化。他們不認為直美的訊息是在尋求幫助，而是將其視為一種挑戰，甚至是一種生存威脅，體壇自商業活動問世以來的基礎，因這次事件而出現動搖。

．．．．．．．．．．．．．．．

隨著二十世紀之交，報業蓬勃發展，運動報導被視為吸引中下階層讀者的關鍵，尤其在美國。歷史學家老亞瑟．施斯勒辛格（Arthur M. Schlesinger Sr.）在一九三三年出版的《城市崛起》（*The Rise of the City*）書中估計，報紙的體育版面比例從一八七八年的〇．六%增加到一八九八年的四．二%；據估計，到了一九二〇年，體育版占整個報紙版面的比例已高達二〇%。運動賽事的業主和主辦方自然歡迎人們關注他們的企業和運動員的成就，採訪和記者會也成了標準做法。

一項運動愈需要宣傳，他們就愈願意做任何能促進媒體曝光的事。網球媒體向來由男性主導，女子網球因而常常被忽視，在一九七〇年代初職業巡迴賽剛起步時，女子網球運動員往往要特別努力爭取媒體關注，當時女子職業運動還是一個未經檢驗的概念。一九七〇年，被稱為「創始九人」的女子網球運動員簽約成為首批職業巡迴賽選手，她們的主要任務之一是確保觀眾願意來看她們比賽，而且她們知道，最好可以賺到報紙、電視和廣播的版面和時段，這比她們負擔得起的所有廣告都要有效。

「新賽道往往會發生瘋狂的事。」「創始九人」成員朱莉．海德曼（Julie Heldman）回憶：「報紙會派出時尚記者而不是體育記者，我們不得不向他們解釋網球比賽如何計分，反手拍又是什麼。但我不認為場外的人事物會讓我們分心，大家都在為這件事努力，我們只是盡上自己一份心力，這件事非做不可。我們都要參加雞尾酒會、辦講座、上電視，以及和記者交談，因為這是我們開始巡迴賽的方式。」

「創始九人」中最傑出的球員是比莉．珍．金，沒有人比她更努力推廣新巡迴賽。在職業生涯巔峰時期，金在外界耗費的時間不亞於在球場上比賽的時間，只為了尋求媒體關注，她深知女子網球要想在市場上生存下去，就必須竭盡所能找出每一個宣傳機會。「每個人都非常努力。」金在二〇二一年出版的自傳《全力以赴》（*All In*）中寫道：「我是九人組當中排名最高的球員，常被選為主要發言人……他們對我一直有很多要求。我會在黎明前起床，接受晨間電視和廣播節目採訪；有時我會躺在飯店床上，直到午夜或更晚才撥通記者的電話，宣傳賽程表下一站……我們竭盡所能提供幫助。如果平面媒體或電視台不派人來採訪，我們就自己開車去找他們。」金的勤奮、應對媒體的聰慧和明星效應，最終幫助女子網球運動發展為經久不衰的霸業，也幫助她和後輩成為全球收入最高的女運動員。

二〇二〇年，「創始九人」成立五十週年，《洛杉磯時報》專欄作家海倫．艾略特（Helene Elliott）為了撰寫相關報導而採訪金，她再次談到，當初花時間向媒體宣傳剛剛開始的巡迴賽有多麼重要。「如果傳統媒體不報導我們的故事，我們就什麼都不是。」金當時說。

一年後，艾略特著手撰文，打算談論直美反對記者會的立場，以及網球選手與媒體的互動發生了哪些變化。她再度連絡到被她稱為「七十七歲仍熱衷推廣網球運動」的金，請她談談對局面變化及新球星立場的看法。金以電子郵件回覆：

> 我完全欽佩並尊重直美在她的社群平台上所做的一切，所以，當我試圖了解這個情況的正反兩面，不禁有些糾結。有權說出真實想法固然重要，但我始終認為，身為職業運動員，我們有責任讓媒體了解我們。在我們那個時代，如果沒有媒體，沒有人會知道我們是誰，我們在想什麼。毫無疑問，在他們的幫助下，這項運動有了今天的規模。我承認，隨著社群媒體發展，每個人都能立即表達真實的想法，情況已經今非昔比。但是，媒體仍然是不可或缺的角色，他們可以傳講我們的故事。毫無疑問，媒體需要尊重某些界限。但歸根結柢，我們必須互相尊重，同舟共濟。

由於《洛杉磯時報》網路版是付費制，金在艾略特專欄的言論沒有引起廣泛關注。她向來積極活躍於社群媒體，經常對社會問題和時事發表評論，於是決定將這篇聲明傳到推特上，這個看似不請自來的想法意外地引起軒然大波。金本該被奉為女權主義的先驅，成為人們心目中與網球媒體打交道的專家，而且專業知識受人追捧，但這些全都沒有發生，她反而遭到成千上萬人鋪天蓋地的猛烈抨擊——這種情況在推特被稱為「負評滿滿」——當中有兩個意見他們不喜歡。簡而言之，他們的不滿源於金是年長的白人女性，當一個年輕的有色人種女性提出問題，她竟不請自來地提供並非完全支持的意見，而她本來只需要管好她自己該死的事就行了。*

「白人女性最不爽的莫過於黑人女性以自己為優先。」《在白人的注視下生存》（*Surviving the White Gaze*）一書作者瑞貝嘉．卡羅爾（Rebecca Carroll）回覆金。

劇作家克蕾爾．威利特（Claire Willett）則從世代角度表達對金這番言論的失望：「在專業上更有地位的年長女性看不起同領域中嶄露頭角的年輕女性，並且一副『當年我得受罪，所以妳現在也得受罪』的嘴臉，往往令人非常難過。」

直美前一年在紐約以退賽表達抗議，許多人迅速讚美她頗有金的大將之風，兩人都是直言不諱的先驅，一起傳承可貴的精神。不到一年的時間，她們已經站在文化分歧的對立面。

…………………

巧合的是，三個月後，直美在紐約參加《球拍》雜誌舉辦的小組討論。當她和金對話，首次就法國網球公開賽發生的事發表公開評論，從中可以明顯看出世代差異。

西蒙娜．曼努埃爾（Simone Manuel）是第一位獲得游泳個人金牌的美國黑人女性，她在當月的東京奧運會期間發表了一則推文：「請不要在運動員表現不佳後立刻採訪他們，這時他們還沒有時間處理任何事。相信我，他們已全力以赴，除了這一點，人們不需要知道其他事。」在小組討論中，直美被要求針對這則貼文做出回應。

「我會是第一個認同的人。」直美這樣評價曼努埃爾的貼文：「那些人不像我們受過高強度訓練，也沒有經歷過我們的生活，要回答他們反覆提出的問題真的很難。」

金坐在直美對面，對她來說，那些一再重複的問題根本無傷大雅，直美卻表示反感，她不禁有些惱怒。「在我們這一代，每天為十四美元而戰，而且不僅僅是為自己而戰。」金開口說道：「我們只有傳統媒體，如果沒有辦法讓他們講述我們的故事，我們也不會有今天。」

在談話的後半段，直美說她覺得自己有義務對媒體發言，因為她從小就被「要求」這樣做。「呃，我從十五歲開始就這樣做。」她說：「後來我開始質疑：『為什麼？』呃，我知道這是為了發展這項運動，為了所有這些了不起的事，但我也覺得某些時候，與我們交談是一種特權，有些人就會濫用這種特權。」

「不管你們有沒有意識到，媒體讓你們賺了很多錢。」金後來說：「人們是因為媒體才認識你們。」

「妳覺得我們有義務和他們交談嗎？為了收入？」直美反問。

「在某種程度上，是的。」金回答：「這樣的經驗讓我們獲勝，讓我們有工作，我們都因此得到報酬。」

……………

在直美下戰帖前，網球媒體早已提心吊膽好幾年。隨著千禧年迎來數位媒體時代，報社努力尋找盈利的商業模式，網球賽事的出差費經常成為削減預算的頭號犧牲品。報導網球巡迴賽的全職記者不斷減少，剩下的大部分記者都轉為自由撰稿人，往往必須靠新聞之外的工作來補貼收入。

＊ 一些推特用戶回覆金時，使用節奏藍調歌手吉兒・史考特（Jill Scott）在音樂影片〈漫長步行〉（*A Long Walk*）中的歌詞：「也許我們可以保持沉默？」

不僅僅是消費端發生變化，報紙轉向數位化、分類廣告流失，都造成利潤不穩定，使得網球報導工作無以為繼。大滿貫在一九九〇年代末開始建立自己的網站，主辦單位很快發現，他們籌辦的賽後記者會上做出的文字紀錄可以當做現成的內容，並受到網路上的球迷歡迎。如今已是數位時代，球迷可以看到一刀未剪的記者會，直接閱讀球員的完整問答，而不是讀作家在報紙文章中精選的片段。二〇一〇年後，主辦單位也開始將記者會的完整影片上傳官網和 YouTube。記者經常懇求他們不要發布這些內容，並對一些情況爭論不休，包括在報導刊登前搶先將記者會的經典語錄上傳推特，這樣的做法是否妥當——但這些都無濟於事，潮流已經轉向即時線上資訊。對許多記者和編輯來說，如果坐在辦公室刷新一下網頁就能獲得同樣的語錄，便很難再有理由進行昂貴的出差採訪，比如去澳洲，迅速變遷的環境使得出差頻頻叫停。此外，疫情期間改用遠端會議軟體參加記者會，也加速削減了各大媒體的差旅預算。

儘管記者會的影響力大不如前，但它依然是網球記者汲取球星經歷的資料庫，當中充滿了他們珍貴的語錄和見解（網球運動與北美主要的團隊運動不同，不允許記者在更衣室接觸球員）。除了少數幾家知名刊物的大牌記者能獲得一對一採訪或安排特別採訪——例如安迪．莫瑞曾在記者會後為英國日報記者舉辦額外、個別、獨家的媒體見面會——記者會是大多數媒體接觸網壇巨星的唯一管道。

因此，當直美表明立場，並似乎正在拉攏更多球員支持她時，風險就變得十分明顯。正如一位記者對其他人發出的警告：「要是我們屈服，哪怕只讓步一吋，我們都會完蛋。」

雖然媒體在直美的批評中首當其衝，但他們的應對方式幾乎僅限於抱怨。其實她的終極目標不是記者，而是強制規定球員召開記者會的「組織」。這些組織對直美本人及其職業生涯有更大影響力，不妨這麼說，球在他們的球場上，主導權握在他們手裡。在這個比喻當中，球雖然在他們那邊，球拍卻有四支，每支都被許多雙手緊握著，互相爭奪控制權。在這史無前例的來回球中，在全世界的注視下，他們試圖找出下一次揮拍的最佳方式。

大多數超級球星在職業生涯大部分時間裡，都僅在一個管理機構中參加比賽，例如：NBA的勒布朗．詹姆斯，但網球運動員的環境就沒這麼單純了。職業網球的最高層級目前被劃分為我常提到的「七大王國」，分別是澳洲網球公開賽、法國網球公開賽、溫布頓網球錦標賽、美國網球公開賽、女子巡迴賽（WTA）、男子巡迴賽（ATP）以及國際網球總會（ITF），最後這個王國的管轄範圍包括奧運網球賽事和國家隊比賽。雖然球員可以跨界，但每個王國都有自己的管理階層、企業文化、地理版圖和網球賽曆，以嚴防其他王國侵蝕。合併和統一常常被認為是改善這項運動明顯的和諧之路，但七國中任何一方都不願意讓出任何領地或自主權。

在七大王國中，四項大滿貫賽事——澳洲網球公開賽、法國網球公開賽、溫布頓網球錦標賽和美國網球公開賽——經常合作。雖然每項賽事都有自己的總監和主審，但共用著《大滿貫規章》。當大坂直美表明要違反規章中的第三條H項時——

> 除非受傷或身體狀況無法出席，否則球員或球隊必須在每場比賽（包括因對手退賽而自動獲勝）結束後立即或三十分鐘內出席媒體見面會，無論該球員或球隊是勝方還是負方，除非主審有正當理由延長或以其他方式修改時間……所有媒體義務包括但不限於接受主持人和球員所屬國家的主播採訪。違反本節規定的球員將被處以最高兩萬美元罰款。

——另外三項大滿貫主辦方也紛紛行動起來，像北約組織一樣團結，支持法國網球公開賽。

⋯⋯⋯⋯⋯⋯

直美發表聲明隔天，當局做出回應，明顯擺出絕不退讓的姿態。法國網球聯合會（French Tennis Federation）主席吉勒．莫雷頓（Gilles Moretton）指稱她的立場是「明顯的錯誤」，並補充說，她決心破除規則，這表明需要對球員進行「強而有力的管理」，他們必須嚴守這項運動的「守則和規定」及其處罰和罰款。莫雷頓並沒有低估直美的宣戰所帶來的威脅。「這是普遍的問題，我們必須解決，或者至少要擔心。」莫雷頓說：「這件事對網球運動非常不利，也許對她自己也沒有任何好處。她傷害比賽，傷害網球運動，這是真正的問題。」

⋯⋯⋯⋯⋯⋯

直美公開表態後，當局急於私下與直美對話，以平息這場正在醞釀的風暴。二十七日，法國網球公開賽總監蓋伊．佛蓋特（Guy Forget）和法國網球聯合會主席吉勒．莫雷頓收到大坂直美的郵件。主旨欄雖然空白，但意思顯而易見。

親愛的蓋伊和吉勒：

希望您一切順利，感謝您為了舉辦今年的法國網球公開賽付出的努力。

關於我在羅蘭・加洛斯期間對於採訪和記者會抱持的立場，說明如下：

這件事絕對不是針對法國網球公開賽，也不是針對記者。我的立場是，反對運動員在罹患心理疾病（原文如此）的情況下被迫接受媒體採訪的制度。我認為這種制度已經過時，需要改革。這次比賽結束後，我希望與巡迴賽和管理階層合作，找出改變這個制度的最佳折衷方案。

不幸的是，在您的羅蘭・加洛斯賽事期間發生這樣的事，但這純屬巧合，並非針對您個人，我非常尊重您的賽事。

我現在要集中精力打網球，但倘若您今後有任何問題，請直接與斯圖爾特連絡，他的連絡方式請參見附件。

感謝的，直美

這封郵件的措詞比前一天在社群媒體上的聲明緩和得多，卻使得前景更加暗淡。直美在信中表示願意「妥協」，但要等到「比賽過後」，這意味著她打算繼續維持僵局，直到比賽結束。更重要的是，直美所謂的「我現在要集中精力打網球」，意思是在接下來的幾天裡，試圖連絡她的所有工作人員都只能吃閉門羹，但他們讀信當下還沒有意識到這件事。在接下來的三天裡，他們再也沒有收到大坂直美的消息。

……………

直美最初對此議題的表述被解讀為大肆抨擊媒體；數月甚至數年後，她在回憶往事時，措詞有更多細微的差別。她的焦慮一直在增加，她認為若要減輕壓力，可以從記者會下手。她後來解釋，她反對記者會主要源於疫情帶來的變化。以前和她一起待在採訪廳的記者，如今全成了螢幕上一格又一格的影像，直美覺得很難跟他們連絡感情，疫情期間數百萬遠端工作的人也都有相同的感覺。她談到虛擬記者會時說：「人與人之間的互動已經不復存在。」

自從改用視訊採訪，可以接觸直美的人也比以前多了很多。現在任何人都可以從全球各地進入虛擬採訪廳，以前不願意把差旅預算花在網球比賽的媒體，現在只需要點擊幾下，就能讓記者和直美面對面，希望她的話能帶來大量點閱。「最近情況變得很奇怪，因為有一些我從來沒有交談過的新面孔，我覺得他們想要從我說的話裡找到負面素材來報導。」她說：「所以我覺得我必須提高警覺。」

這種轉變發生在九個月前直美在紐約的停賽抗議風波；從那時起，她就被視為吸引爭議的磁鐵和可靠的流量密碼。「記者會開始出現一些我不認識的人，他們沒有陪著我一起長大。」她說：「所以，焦點開始轉移⋯⋯我開始覺得，我更加需要保護自己。我的作為並不是要陷害認識的記者，因為對我來說，我和一些媒體人有很深的感情，比如日本媒體和一些網球記者。所以，如果我無意間傷害了他們，要在這裡說聲抱歉，那不是我真正想要做的事。」

幾年後談起那次僵局，直美坦承以前她非常喜歡開記者會，她可以暢所欲言，說的話會原封不動傳達出去，不至於被過濾，這在其他地方很少做得到。「在採訪廳裡，我變得非常開放。」她說：「有時我會說一些也許不該說的話，常常會帶來麻煩，但這是因為我喜歡記者。我想他們不知道這一點，但我喜歡和他們交談，喜歡聽他們提問。對我來說，有人願意問我問題是因為他們非常關心我，這很酷。」

直美說，當這個原本安全的空間被新面孔和違反人性的技術侵犯時，她開始感到脆弱，想要停工。「然後，我覺得自己變得有點封閉，覺得自己的個性在改變。」她說：「我真的不喜歡這樣。」

如果直美在二〇二一年五月就能從這個角度解釋想法，很可能不會造成後續風波，但當時她幾個月和幾年來的經歷使她沒有足夠能力清楚表達感受。她後來說：「我從來沒有像這樣，呃，覺得整個心都被掏空。」

網球作家漢娜·威爾克斯寫道：「對於從未患過憂鬱症和焦慮症的人來說，這個情況很有意思：在最迫切需要尋求幫助、支援和喘息的時候，往往是你最沒有能力表達需求的時候。」

⋯⋯⋯⋯

教練維姆·菲塞特雖然每天都和直美一起參加巡迴賽，但也對她突然以強硬態度反抗記者會的行為感到措手不及。菲塞特說，由於平常無法透過和直美談話全面了解她，於是他和前任教練沙夏·巴金一樣，經常看直美的記者會，以了解自家球員的另一面。「因為有時候她對媒體反而比對自己的團隊更坦誠。」他說，直美從未與他討論過拒絕受訪的決定，在他看過的多次記者會中，也沒有看到「他們對直美有任何負面評價」。「我認為雙方的關係一直都很好。」菲塞特談到直美與媒體的互動：「她（應對媒體）總是很恰當，媒體應對她也總是很恰當。」

有人說直美成名拜媒體報導所賜，菲塞特對此也表示認同。「我的意思是，大家都知道，直美也是因為媒體報導才成名的。」他說：「身為運動員，你需要媒體報導才能成為明星，才能獲得大量贊助商青睞。」

當他讀到直美的陳述，很快想到另有隱情，不像她寫的那麼單純。「我非常驚訝，但另一方面，她當時的心理狀態並不好。」他說：「她不是真正的自己。」

菲塞特對這件事有自己的看法，他在巴黎陪伴直美的時間也比其他人都長，但他認為自己沒有資格介入這場爭論。他說，他覺得自己和團隊其他成員（中村豐和茂木奈津子）在這場逐漸醞釀的爭議中「完全置身事外」。「這是大滿貫、直美和斯圖爾特之間的事。」菲塞特說。

不過，也有一些人試圖把他扯進來。當許多工作人員試圖連絡直美都失敗後，有幾個人希望透過教練找到她。菲塞特說，他收到澳洲網球公開賽總監克雷格．泰利（Craig Tiley）和美國網球公開賽總監史黛西．阿拉斯特等人的訊息，希望他連絡上這位避不見面的球星。

「我們能和她談談嗎？」

「我們能幫上什麼忙？」

「直美應該知道我們都愛她，我們希望她得到最好的待遇。」

「我們能和她談談嗎？」

菲塞特只想把全副心力放在網球上，他認為自己不應該捲入這件事。「我感到很多人願意支持。」他談到自己收到的訊息：「但這確實是他們之間的事。」

當風暴愈來愈大，菲塞特繼續盡自己的本分，為直美參賽做好準備。抽籤結果出爐，為直美提供了輕鬆參賽的途徑。第一輪她將對戰排名第六十三位的派翠夏．瑪麗亞．蒂格（Patricia Maria Ţig），後者從未與排名前十的選手對戰。第二輪比賽看起來也很輕鬆，對手會是排名第一百零二位的安娜．博格丹（Ana Bogdan）或排名第一百一十三位的伊莉莎白．科恰雷托（Elisabetta Cocciaretto）。

但由於在紅土球場上信心不足，菲塞特還是認為直美在首場比賽前需要更多實戰經驗。因此，在法國網球公開賽開打前的週五，當許多同行都在採訪廳談論她時，直美站在其中一位同行安潔麗克．柯珀的對面，進行當週第二次練習賽。

直美的表現再次失常，以潰敗之勢輸給柯珀，就像之前輸給巴蒂一樣。她和柯珀握手後，回到西蒙娜・馬修球場（Court Simonne-Mathieu）邊的座位，菲塞特蹲在她身邊。雖然她用毛巾遮住臉，場邊的攝影師還是拍到了直美拭淚的照片。

• • • • • • • • • • • • • • • •

直美在練習場的照片還附上其他球員的發言。除了大威廉絲在ＩＧ發表了支持直美的評論，事件剛發生的三十六小時內，沒有任何球星公開評論過直美的立場，所有討論僅限於更衣室、休息室和群組。到了週五，也就是會內賽開始前兩天，主辦單位為賽事的球星舉辦賽前媒體日，終於有人打破沉默。直美沒有如期出現在當天的陣容中，但大多數大牌球星都願意上台。

球后艾許莉・巴蒂首先登場，直美在發表聲明前曾與她打了幾小時練習賽。巴蒂以一貫親和的態度回答問題。「噢！在我看來，接受採訪是工作的一部分。」她說。巴蒂對記者會的危險性輕描淡寫，她說自己在職業生涯中「從來沒有因為需要接受採訪而焦慮不安」。巴蒂還提到直美：「所以，我想你們下次和她聊天時，應該問問她。」

疫情隔離期間，衛冕冠軍伊加・斯威雅蒂曾是直美在ＩＧ直播採訪的球員之一，她對巴蒂所謂的「工作的一部分」說詞表示贊同。「我覺得媒體也非常重要，因為你們給了我們一個平台，讓我們可以談論自己的生活和觀點。」她說。

羅蘭・加洛斯十三次冠軍得主拉斐爾・納達爾是第一位發表看法的男選手。他首先表示：「我尊重她的決定。」接著談道：「身為運動員，我們需要準備好面對提問，並努力回答，不是嗎？」納達爾進一步表示，運動員在世界上的地位要歸功於那些前來採訪並報導他們成就的媒體。他說，沒有他們，「我們可能就不是今天的樣子，我們（不會）得到全世界認可，也不會那麼受歡迎，不是嗎？」

佩特拉・科維托娃曾在二〇一九年澳洲網球公開賽決賽中輸給直美，她表示自己在職業生涯中「曾經面臨很多棘手的問題」。科維托娃透露，當年她第一次要在記者會上討論讓她幾個月無法參加巡迴賽的襲擊事件，臨上場前為了壯膽，喝了一小杯捷克烈酒斯利沃威茨（slivovica）。「老實說，這非常困難。」科維托娃說：「另一方面，事後我為自己順利挺過這一關而自豪。」*

當天針對直美的報導充斥著大牌球星的言論，這些頂尖球員似乎有了明確的結論，羅蘭・加洛斯對直美的質疑已經平息，但其他地方還在激烈論戰。

⋯⋯⋯⋯

大坂直美一旦在法國網球公開賽表明立場，她除了是網球運動員，也成了一顆網球，被人在文化戰爭的網子邊左右來回轟擊。直美曾經得到左派的支持，但此次的爭議性立場使她前所未有地成為右派的攻擊目標。她晉身為公眾人物後，生平第一次受到尖刻的批評，其中包括全球媒體中一些最明顯的嫌疑人。

皮爾斯・摩根（Piers Morgan）在直美身上找到新的發洩目標。「別自以為是，@naomiosaka——打著心理健康幌子來逃避媒體的正當審查，真是可悲。」摩根在推特上寫道。隨後，他預告即將發表的《每日郵報》（*Daily Mail*）專欄，主題是「世界體壇最任性的小姐」。為了增加吸引力，他還在標題中加入一些最愛的目標，因為他知道這兩個名字在當時會引起多少小報讀者點閱：「自戀而玩世不恭的直美利用心理健康來壓制媒體，取材自梅根（Meghan）和哈利王子（Harry）想要製造新聞蛋糕又想吃掉它的劇本。」

摩根和其他人一樣，認為直美是這世界所有問題的縮影。他寫道：「大坂的胡言亂語可悲地體了現當今這個被覺醒文化摧殘的世界。」他寫道，然後做出自信的診斷。「有一點非常明確，這跟心理健康無關。」

右派的《澳洲人報》（*The Australian*）專欄作家威爾・斯旺頓（Will Swanton）也寫道：「大坂直美的幼稚、做作和虛偽令我無言以對。她先是告訴所有人要大聲反對世上的不公，接下來卻決定閉口不談，一邊拒絕在法國網球公開賽舉行記者會……一邊又高高興興地收下數百萬美元獎金，這些錢全是她所唾棄的主辦單位提供的。你們說她是先驅？少來了，不如說她是公主。」此外，斯旺頓還罵直美「太傲慢」，沒把更衣室裡的人放在眼裡。「她是和其他人一起待在裡面嗎？還是這位女神有自己的拖車？」

直美在美國也引起很多右派人士關注。保守派球評坎迪斯・歐文斯（Candace Owens）在推特上標注直美，說她是「一片特殊的雪花」，已經「變得令人難以忍受」。在隨後的ＩＧ直播中，歐文斯進一步討論她根本不在乎直美的感受，並利用陣亡將士紀念日（Memorial Day），比較直美在法國的行為和八十年前將士們的行為，結果對直美來說很不利。「她和那些犧牲的士兵年齡相仿——我想她今年應該二十三歲——當年有三千名士兵在諾曼地登陸那天，（死）在法國奧馬哈（Omaha）海灘上。」歐文斯說：「現在這一代就是這麼廢。」

……………

＊科維托娃後來出了詭異而讓人啼笑皆非的狀況，她在法國網球公開賽第一輪獲勝後接受媒體採訪，從網球頻道轉播台朝下坡走去時，不慎扭傷腳踝，不得不退出比賽。

當媒體的喧囂聲愈來愈激烈，體壇安靜的內部對話卻愈來愈絕望。巡迴賽和大滿貫的工作人員一直沒有連絡上直美，他們從和她身邊的人有限的交談中了解到，直美並不是身體不適，只是想提高自己身為鬥士的聲譽，為了表態而表態。

直美揚言要破除的規則並非神聖不可侵犯，事實上，不出席記者會的罰款從來沒有接近規章訂定的兩萬美元上限。大威廉絲曾因輸球缺席記者會而被罰款三千～五千美元；諾瓦克．喬科維奇曾在二〇二〇年美國網球公開賽上，不小心用球擊中女線審的喉嚨而被取消比賽資格，後因缺席記者會而被罰款七千五百美元。

然而，大威廉絲和喬科維奇的行為被淡化為衝動違規，被視為因比賽失利而一時衝動犯下過錯。大滿貫對直美謀劃的事卻有不同看法，他們認為直美的違規情節已經從輕微升級為嚴重，不但屬於事先預謀，而且情節惡劣，旨在煽動廣泛的響應和騷亂。

在四大滿貫高層都發表意見後，他們共同議定了回應方案。比賽即將展開，他們決定將直美的比賽盡可能安排在最早時段，也就是第一天第一場，在最大的球場進行。在她比賽前一天，四大滿貫發了一封電子郵件給杜吉德，內容是如果直美將威脅付諸行動，不出席賽後記者會，他們會如何應對。

⋯⋯⋯⋯⋯⋯

媒體對直美在場外與主辦單位對峙很感興趣，但她第一輪的對手是排名第六十三位的派翠夏．瑪麗亞．蒂格，對羅蘭．加洛斯的球迷來說沒有什麼吸引力。早上第一場比賽，表面上看來就是一種錯誤的安排。由於疫情限制，菲利普．夏特里爾球場內只有零零星星的觀眾，現在一萬四千九百六十二個座位，最多允許一千名戴口罩的客人入場，而到場的人似乎比這還少。

蒂格在球場上表現穩健，但直美更勝一籌，花了一小時四十七分鐘完賽，比數是六比四、七比六（四），她在賽末點上以一記反手拍直線球鎖定勝局。直美來到網前，露出燦爛的笑容。她拉下遮陽帽遮住眼睛，這是她打贏一場硬仗後才會做出的動作，也許此刻她真的覺得自己打了一場硬仗。球評塔蒂亞娜·戈洛文（Tatiana Golovin）說：「看看那笑容，看看大坂直美如釋重負的樣子。」

直美贏了比賽，但問問題的時間到了。第一個問題是：她會接受一貫的場邊採訪嗎？

她會。記者法布里斯·聖塔荷（Fabrice Santoro）為直美帶來一大束母親節鮮花，這是一個暖心但奇怪的舉動；這些花也許是要送給蒂格的，畢竟她在二〇一八年生了一個女兒。但聖塔荷告訴直美，他要為「她媽媽」獻上這束花，但她媽媽不在法國；直美說，母親正在家裡看電視轉播：「她會樂意透過畫面接受花束。」

聖塔荷最後問了一個標準問題：「妳如何在紅土球場上調整球技和動作？」直美戴著口罩，遮住臉的下半部，但她一聽到紅土球場的問題，表情明顯不悅。「我想說，我一直有在進步。」她說：「希望我可以漸入佳境。」她聳聳肩，豎起兩個大拇指。

「大坂直美有個好消息，她今年會參加更多比賽。」球評皮特·奧傑斯（Pete Odgers）在直美走下球場時說：「因為她今天贏了。」

奧傑斯的預測不無道理，第一輪獲勝的選手本來就會參加第二輪比賽。然而，直美的下一場比賽還沒開始就要結束了，她沒有再踏上該屆公開賽的球場。

與聖塔荷交談後，直美還停下來接受日本 Wowow 頻道的簡短採訪。但在那之後，她兌現了幾天前的承諾，沒有出席賽後記者會。四大滿貫見她心意已決，便公布了前一天寄給杜吉德的那封信，主旨是「大滿貫對大坂直美的聲明」。

四大網球賽事主廚們熬了一碗又濃又苦的湯：對大坂直美開出一萬五千美元巨額罰款，並威脅要對她採取更嚴厲的處罰。「我們已經告知大坂直美，如果她在比賽期間繼續無視媒體義務，她可能進一步面臨違反行為準則的後果。」四大滿貫寫道：「重複違規預期將招致更嚴厲的處罰，包括違約（《行為準則》第三條 T 項），並引發重大違規調查，可能導致更高額罰款和未來大滿貫停賽（《行為準則》第四條 A 項 3 款）。」

為了不讓其他選手認為直美享有任何明星待遇，四大滿貫強調這是公平競爭的問題。「我們要在此強調，制定規則是為了確保所有球員得到完全相同的待遇，不分地位、信仰或成就。」他們寫道：「這是一項運動，最重要的是確保每位球員受到公平對待，任何球員都不應享有其他球員沒有的優待，如果球員拒絕抽出時間參與媒體活動，而其他球員均履行義務，那麼就會出現這種不幸的情況。」

四大滿貫在聲明中一再重申，他們曾試圖與直美直接溝通，但沒有成功，他們「請她重新考慮立場，並試圖與她交談以了解她的健康狀況、問題的具體情況，以及目前可以採取何種解決辦法，但都沒有成功。」他們說，這次溝通失敗的責任完全在於「大坂直美不願意參與對話。」

在刺眼的言辭中，也有對「心理健康」的認可，直美先前在聲明中三次提到這個詞。他們寫道：「參加我們賽事和巡迴賽的球員，其心理健康對四大滿貫來說至關重要。」

四大滿貫的聲明立即被各方認為苛刻得令人震驚；ESPN 的霍華德・布萊恩特（Howard Bryant）說此舉無異於「用機關槍殺一隻蒼蠅」。

帕姆．施萊佛曾是美國網協董事會成員，她寫信給現任高層，對他們連署的聲明表示失望。「我發了一封電子郵件，指出他們對這件事的誤解。」施萊佛說，自從一九九〇年代澳洲網球公開賽取消男女獎金平等制度以來，她從未像現在這樣對當局感到憤怒。「他們不理解，或者沒有先退一步並說：也許這裡面真的有問題。」

直美距離她的第二輪比賽還有三天。當天她並沒有對四大滿貫的聲明做出回應，不料她身邊有個人決定挺身而出。

⋯⋯⋯⋯⋯⋯

前一年，大坂麻里接受《高端時尚》雜誌專訪，談到自己與妹妹的親密關係，以及她們之間仍然存在的界限。麻里說，在大多數情況下，直美不會「談論她的感受、問題、心裡是否不好過，或者諸如此類的事。」麻里說：「她把這些全藏在心裡。」

因此，儘管麻里不太了解直美到底在想什麼，但眼見妹妹面對排山倒海的反對勢力，她不忍心繼續保持沉默。為了讓大家聽到她的想法，麻里登錄 Reddit，在她經常潛水的網球論壇寫了一篇貼文，試圖為妹妹辯護和解釋，標題是「大家好，我是大坂麻里」。

「所以，看到這麼多不同的意見，而我卻不能站在直美這邊，哪怕只有一點點，讓我有點難受。」麻里開口說道：「她大多時候不善於解釋自己的行為，而且她正在打大滿貫，更不可能花時間去糾結和解釋她根本不願去想的事，現在她只想專心應付比賽。」

麻里對於直美目前的狀況有自己的看法，她詳細闡述直美在聲明中提到的「懷疑我的人」是她的主要麻煩。

「直美賽前跟我提到，有家人跑來跟她說，她的紅土球場成績不好。」麻里寫道：「每次記者會都有人說她的紅土球場成績很差……為了取得好成績並有機會贏得羅．蘭加洛斯賽事，她必須相信自己辦得到。這是任何運動員都需要採取的第一步，相信自己，所以她的解決辦法就是擋掉一切。」

麻里說，直美並沒有罹患什麼特別的病症，她只是在保護自己。「好多人對這個詞吹毛求疵，認為你非得要有憂鬱症狀或某種障礙才能用『心理健康』這個詞。」麻里寫道。

麻里表示，她完全支持直美的立場，並希望她的表態能夠幫助那些無力承擔罰款的球員。隨後，麻里提到自己兩年前在邁阿密的經歷。「當我輸掉WTA一場比賽後還得參加賽後記者會，我很不幸地在採訪廳裡崩潰，然後看到頭條新聞寫我哭了。」麻里寫道：「這讓我很尷尬，球員被迫要面對這種事。有些人可以接受，但有些人很難接受。」

不到幾個小時，麻里就刪除貼文，換上一小段話，說她「搞砸了」，那篇貼文讓人們以為直美「關心心理健康是出於策略」，而不是真心的。

「對不起，直美。」麻里寫道：「我可能害情況變得更糟了。」

……………

直美隔天決定退出法國網球公開賽。她與經紀人討論，共同撰寫聲明，這次她透露更多訊息，再度改變爭議的條款。她透過筆記應用程式截圖發表聲明，看似隨性，實則經過團隊精心策劃，並由直美進行最後編輯潤色：

大家好，我幾天前發文時，沒有想過或希望看見情況變成這樣。我認為，現在對比賽、其他選手和我本人來說，最好的辦法是由我退出，這樣大家就能重新把精力放在巴黎的賽事。我從未想過要分散大家的注意力，也承認提出意見的時機不夠理想，還有我應該要說得更清楚一點。更重要的是，我絕不會輕視心理健康，也不會輕易使用這個詞。事實上，自二〇一八年美國網球公開賽以來，我長期遭受憂鬱症折磨，為了跟它對抗，我吃足了苦頭。了解我的人都知道，我十分內向，在比賽中見過我的人也會發現，我經常戴著耳機，因為這有助我緩解社交焦慮。雖然網球媒體一直對我很好（我要特別向那些可能被我傷害的超棒記者們道歉），但我不是天生的演說家，每當需要對全球媒體發表演說時，嚴重的焦慮感就會一波又一波襲來。為了努力參與每次受訪並給出最好的答案，我既緊張又壓力大。因此，來到巴黎後，我開始覺得脆弱無助和焦慮，於是我認為最好還是多多照護自己，不參加記者會。我之所以先發制人地宣布，是因為我覺得部分比賽規則已經過時，而我想強調這一點。我私下寫了一封道歉信給主辦單位，表示我非常樂意賽後與他們溝通，因為大滿貫戰況向來非常激烈。我現在要離開球場一段時間，一旦時機成熟，我還是真心希望與巡迴賽合作，討論如何為球員、媒體和球迷創造更好的環境。不管怎樣，希望你們一切順利，注意安全，愛你們，下次再見（愛心表情符號）。

……………

直美退賽後不久，法國網球聯合會主席吉勒．莫雷頓來到採訪廳，宣讀一份書面聲明。「首先，我們為大坂直美感到遺憾和難過。」莫雷頓開口：「直美退出羅蘭．加洛斯令人遺憾。我們祝她一切順利，盡快康復，期待直美明年能參加我們的賽事。與四大滿貫、ＷＴＡ、ＡＴＰ和ＩＴＦ一樣，我們將一如既往、全心全意地照顧所有球員的福祉，並不斷改善球員在賽事的各方面體驗，包括與媒體的關係。謝謝大家。」

莫雷頓絲毫沒有意識到這篇聲明稿是一種天大的諷刺，他沒有回答問題就離開講台。

34 聖火傳遞手

Torchbearer

全球聚焦且規劃已久的時刻即將到來，然而這位奧運「代言人」卻不想讓任何人看到她——在這註定是職業生涯最輝煌的時期，直美只想隱身。

從巴黎回國後，她幾乎完全在洛杉磯隱居，退出溫布頓網球錦標賽和草地球場賽季的其他比賽。「我在家裡躲了幾個星期。」她後來說：「我有點不好意思出門，不知道人們看我的眼神是否和以前不一樣。」直美後來說，她最擔心的是人們會因為她說出心裡的脆弱而看輕她。「有時候，我真希望自己當時什麼都沒說。」直美說：「我也不知道為什麼，但我覺得很尷尬，也覺得人們會說我『沒用』，還會說我應該要更堅強之類的，這些想法一直在我腦子裡打轉。」

直美很難接受自己的法國網球公開賽賽程以「破例」的方式結束，以及她被人以放大鏡檢視。幾個月後，直美說：「我感覺自己受到很多人批判。」她說：「這有點奇怪，因為我習慣比賽失利後被人們評論，我認為退賽無關輸贏，但卻還是有那種被批判的感覺。這件事引起很多媒體關注；我還不太習慣這種程度的注意，所以有點害怕。」

直美退賽並披露自己與憂鬱症抗爭後，受到公眾廣泛關注，從職籃球星史蒂芬・柯瑞（Steph Curry）到眾議院議員亞歷山德里婭・奧凱西奧－科特茲（Alexandria Ocasio-Cortez）等各界名流，都在社群媒體上傳訊給她表示支持。另外也有蜜雪兒・歐巴馬、梅根・馬克爾（Meghan Markle）和麥可・菲爾普斯（Michael Phelps）等A級人物透過私人管道私底下連絡她。在網球運動員中，最引人注目的是諾瓦克・喬科維奇的私人支持訊息。在其他社群媒體上，大批民眾也紛紛給直美留言，對她為了自身福祉而勇於發聲並犧牲重大賽事的行為表示欽佩和感激。「我當下沒有想到這個決定也會影響其他人。」直美後來說：「但我真的很高興它對別人有正面影響。」

這次事件影響所及遍布文化界。喜劇演員麥可・切（Michael Che）在Netflix特別節目《羞辱魔鬼》（*Shame the Devil*）中說，直美承認悲傷的能力是歷史性進步的標誌。「有一位網球運動員，叫大坂直美，對嗎？」他一開場，僅僅提到她的名字就引來陣陣掌聲。「她在法國網球公開賽為了心理健康，決定休息一段時間。這太瘋狂了，我從來沒聽說過……我知道你們在鼓掌，但你們知道這有多進步嗎？……黑人多年來都不敢這麼說！我不知道你們對歷史知道多少——想像一下，兩個奴隸在棉花田裡，其中一個說：『嘿，老兄，怎麼回事？你看起來很沮喪。』」

直美退賽甚至為影集《法網遊龍》（*Law & Order*）帶來創作靈感。在〈斷層線〉（Fault Lines）這一集，主要講述被譽為「全球偶像」的黑人女網球運動員（由長得和直美有些相似的女演員克莉斯汀・莎莉絲〔Christen Sharice〕扮演）公開自己的心理健康問題。「她不就是前陣子崩潰，不得不退出大賽的那個人嗎？」科斯格羅夫警探（Detective Cosgrove）（傑佛瑞・唐納文〔Jeffrey Donovan〕飾）在這個角色出場時問道。「是的，法國網球公開賽。」凱文・貝爾納警探（Detective Kevin Bernard）（安東尼・安德森〔Anthony Anderson〕飾演）回答，明確指出前一年在巴黎苦苦掙扎的直美就是這個角色的靈感來源。

直美也帶動許多私下討論和省思，他們欽佩她優先考量自身福祉的能力。常有人把她退出法國網球公開賽與

「大離職潮」連結起來，「大離職潮」是指員工不滿工作與生活不平衡而大量離職的趨勢。直美的支持者也常誇讚她遵循了引起黑人共鳴的六字箴言：「保護你的平靜。」

心理治療師蘿蘋・史東（Robin D. Stone）將這句話定義為黑人婦女「理直氣壯地優先考量自己的心理健康」，而不是默默忍受。「對不利於心理健康的環境百般忍耐，曾經被視為力量的象徵。」史東寫道：「但如今，許多人有了這層體悟：我們需要改變面臨生活磨難時的應對之道。」史東舉例說，直美退出法國網球公開賽是她第一次採取自我保護的行動，非常具有突破性——公然反抗了幾代人逆來順受的做法。「我們終於把那些日子拋在腦後了。」

ESPN 專欄作家克林頓・葉慈（Clinton Yates）也多次用「保護你的平靜」來闡述他對直美的支持。「『一年多以來，這句箴言不僅成為幸福的生活方式，也成為生存方式，尤其是對黑人來說。』」葉慈在《線外》（*Outside the Lines*）節目中說道：「就連大坂直美也不例外。」

……………

直美的平靜最需要社群媒體保護。據博彩網站「智慧投注」（Pickswise）統計，二〇二一年，直美在推特收到三萬兩千四百一十五次「有負面情緒的評論」，幾乎是第二名小威廉絲一萬八千一百一十八次的兩倍。「我認為網路霸凌——針對所有人，並非單指運動員——在有色人種和女性身上特別嚴重。」斯隆・史蒂芬斯曾受邀前往白宮，談論她在社群媒體被辱罵的經歷。她告訴我：「不管是不是運動員，只要你是有色人種或女性，或二者都是，那麼你會知道自己可能不安全。」直美刪除了手機裡的ＩＧ和推特，這些曾經是她表達自我的重要工具。

原本以為可以從此眼不見為淨，但她發現自己無法完全避開。

直美承認心理健康問題並宣布退出後，直接攻擊一度有所緩和；但幾週後，許多右派聲音迫不及待要結束這段寬限期。直美先前排定的一系列媒體行程早已陸續展開，隨著奧運會即將來臨，許多活動如水龍頭大開般源源不絕，包括拍攝雜誌封面：《時尚》日本版、《時尚》香港版和《運動畫報》泳裝特刊，還有Netflix紀錄片，以及第二個以她為原型的芭比娃娃（第一個已批量生產並對外銷售）。退賽事件發酵後，大坂直美的管理團隊雖然竭力把水龍頭關小，包括耐吉公司原定推出的大坂直美系列延期。但等到她想抽身時，很多媒體已經超出團隊的控制範圍。

對於那些不願表示同情的人來說，他們有充足的彈藥。「明明說自己太內向，不願意在賽後與媒體交談，現在大坂直美又推出真人秀、芭比娃娃，還登上《運動畫報》泳裝特刊封面。」保守派球評克萊・特拉維斯（Clay Travis）在推特上寫道。

「別忘了，大坂直美還登上《時尚》日本版及《時代》雜誌封面（並接受採訪）！」前福斯新聞網評論員梅根・凱利（Megyn Kelly）也大酸特酸。

直美原本幾乎不理會外界評論，現在又登錄推特並回覆凱利：「既然妳是記者，我還以為妳應該會花時間研究一下雜誌的前置作業時間有多長。要是妳願意去查，就會發現我的封面都是去年就拍好了。妳不但不查，還立刻跳出來大肆抨擊，拿出好一點的表現吧，梅根（原文如此）。」

凱利隨後在推特上展示直美封鎖她的截圖，彷彿在炫耀戰利品。「可憐的@naomiosaka，一邊封鎖我一邊對我開轟（原以為她只敢在球場上強硬）。」凱利寫道。

直美後來表示，針對雜誌封面的惡意攻擊反而讓她更加堅定。「這讓我不再在意別人的看法。」她說：「你知道嗎？我心想，這些都不是真實的人。他們認識我，但我根本不認識他們。所以，老實說，輿論反正就在那裡，但我已經不再受它影響。」

直美說，她很難擋掉陌生人的雜音，部分原因是她青少年時期很少有機會練習與別人接觸。「我這輩子就只認識五個人，你明白我的意思嗎？」她解釋：「突然有這麼多新朋友，我就想，要命喔！他們說的話真的很重要，你知道嗎？因為我是和父母、姊姊一起長大的，家人說的話很有分量。那麼其他人呢？他們說的話也這麼重要嗎？我花了很長時間才領悟，呃，我可以把別人說的話放在（或不放在）心上。比如，假使對我來說沒有任何意義，那麼他們說的話立刻就變得無關緊要。」

⋯⋯⋯⋯⋯⋯

在法國網球公開賽結束後的幾週裡，直美主要靠這些自我肯定和關懷的行動來應對心理健康問題，她的做法令身邊的人感到沮喪。為了讓自己振作起來，直美養了一隻法國鬥牛犬，取名布塔（Butta），並在手機下載應用程式，播放讓人平靜且放鬆的音樂和自然音效。儘管直美成為全球心理健康和憂鬱症議題的焦點，但她並未尋求或接受任何心理健康專業人士的協助。外界原本以為，她的心理健康狀況既然已經攤在陽光下，她應該會尋求專業協助。

「儘管我們都在談論心理意識，但這仍然不是輕鬆的話題，」直美的教練維姆．菲塞特後來告訴我：「你可以隨口說出：『嘿，我們需要體能訓練師。』但『我們需要心理教練』這種話就不太容易說出口。當然，我們給了她建議，要她找人談談。但歸根結柢，這是她自己的決定，不是嗎？我和團隊都不能逼迫她，這是她的決定，她的責任。我一直覺得球員的職業生涯掌控在他們自己手中。」

直美原本有一個明確的範本可以仿效，但她沒有照辦。好友伊加・斯威雅蒂是女子網壇最傑出的選手之一，多年來一直帶著運動心理學家黛莉亞・阿布拉莫維奇（Daria Abramowicz）征戰巡迴賽。阿布拉莫維奇經常出席斯威雅蒂的記者會，她告訴我，眼看直美在巴黎的掙扎成為記者的熱門議題，而不是探討運動員如何學習應對挑戰，令她相當沮喪。「我尤其不喜歡焦點偏向媒體。」她說：「我們完全沒有討論心理健康和個人福祉對於高強度運動的作用。」

此外，阿布拉莫維奇還提到，直美現在儼然成為心理健康議題的全球代言人，但不具備相關專業資格，這令她有些擔憂。「如果一個運動員擁有像大坂直美、喬科維奇這樣的大平台，我認為就應該有相應的責任感。」阿布拉莫維奇說：「因此，對於運動員如此勇敢而隨意地談論心理健康，我覺得非常猶豫，因為他們不是這方面的專家。」阿布拉莫維奇說，運動員討論自身經歷是一回事；但沒有正確掌握心理健康術語就用它們來「教育」公眾，又是另一回事，兩者之間往往只有一線之隔。對於後者，阿布拉莫維奇說：「這是不負責任的行為。」

⋯⋯⋯⋯⋯⋯

直美不久便重返舞台。她在法國網球公開賽退賽約五週後首次公開露面，當時許多同行都在溫布頓網球錦標賽的第二週賽事奮戰，她則出席紐約的年度卓越運動獎（ESPY）頒獎典禮。直美獲頒最佳女子運動員獎，接受來自運動界眾多明星的熱烈掌聲。「我真的不想長篇大論致詞，因為我有點緊張。」直美開口說道，這是她退賽後第一次面對麥克風：「但我只想說謝謝⋯⋯我知道今年還沒有過完，但對很多人來說，這是很辛苦的一年。至於我呢，我只想說我真的愛你們。」

直美將在舞台上扮演體壇最重要的角色，但不需要發言。幾個月前她已經得知，東京奧委會選擇她接下終極榮譽——在該屆奧運開幕前，將有一萬零五百一十五人在希臘及日本傳遞聖火，而她是最後一位。

由於疫情防控措施，長達四小時的開幕式只有少數運動員參加。奧運聖火在一位柔道選手和一位角力選手簇擁下進入運動場。他們將聖火傳遞給三位棒球運動員，包括前洋基隊球星松井秀喜；接下來依序傳給醫護人員、帕運選手及六名學生。所有人都戴著口罩。領頭的學生繞過轉角，轉頭看到大坂直美，此時直美已準備接下這長達兩千公里接力的最後一棒。直美鞠躬，用自己的火把碰一碰學生的火把，然後舉著聖火走上階梯，小跑步穿過高台，來到一個結構的基座前——它的外型模仿日本的標誌性地貌富士山。運動場變暗，聚光燈罩獨照著直美，山坡分開，露出一排發光的階梯，由日本建築師佐藤大（佐藤オオキ）設計的聖火台開啟，宛如一朵盛開的花，花瓣上布滿鏡子，反射著內部閃耀的光芒。直美緩慢而堅定地登上階梯，撥開臉上一條紅辮子，轉身分別面向運動場兩側，接著回身點燃氫氣驅動的聖火台。火焰燃起，直美轉過身，微笑著高高舉起自己的聖火，交響樂的演奏也達到頂點。

直美點燃的聖火幾乎只為螢幕前的觀眾閃耀，新裝修的運動場有八萬個座位，為了迎接點燃聖火這個歡欣鼓舞的時刻，通常都會滿座，這次卻成了例外。她獨自站在聖火旁，但場館內還是有人支持她。當鏡頭對準德仁（德仁）天皇和幾位奧運選手時，直美的家人也來到現場。環在《穿越隧道》中寫道：「我想親眼看著女兒，而不是透過別人的鏡頭在螢幕上看到她。」環後來寫道，當她看到女兒點燃聖火台，不覺淚流滿面。

「毫無疑問，這是我畢生最了不起的運動成就和榮譽。」直美當晚寫道。

直美並不是日本奧委會當晚選擇的唯一混血運動員。美國職籃球星八村壘是日本隊兩名旗手之一，他的父親來自西非貝南共和國（République du Bénin）。兩名混血運動員被選入幾乎為純日本血統的國家隊，這在日本引起爭論，既被認為是包容性的突破，也被認為誤導並歪曲了該國仍須解決的多元化問題。

西倉惠（西倉めぐみ）是二〇一三年紀錄片《混血兒：日本的跨種族體驗》（ハーフ：ハーフによるハーフについてのドキュメンタリー）的導演，她告訴我，一開始她覺得東京奧運的「多元共融」口號很可笑，因為她知道在日本，少數族群往往遭到邊緣化和排斥。「我當時就想，這是什麼鬼東西？」西倉笑著回憶。但當她看到直美和八村的形象被凸顯出來，不禁對主辦方的堅持表示讚賞，儘管也有人認為這與實際的文化相悖，是一種空洞的宣傳。「為了符合當初設定的口號，他們選擇這兩位代表人物，沒有迴避。」西倉說：「我完全可以理解人們批評這只是作秀，與日本實際情況不符。但我認為，這類慶祝活動某種程度上是一種展望，讓人們對理想中及未來的日本有所期待。」

・・・・・・・・・・・・・・・

奧運主辦方、直美和她的贊助商多年來一直計畫讓她成為東京奧運會代言人；但誰也沒有料到，直美也會成為奧運會的發言人。退出法國網球公開賽後，直美無意間成為心理健康宣傳的代表性人物，尤其在體壇。她披露自己的心理困境，在有相同狀況的運動員和觀眾中引起了共鳴，成為即將到來的奧運會最熱門的話題之一。直美在東京奧運前登上《時代》雜誌封面，但並沒有擺出在以奧運為主題的雜誌封面上常見的超級英雄姿勢——「奧林匹克運動會選手」這個稱號本來就會讓人聯想到希臘神話的眾神。這次的封面只是一張直美的黑白特寫，標題是「不 OK 也 OK」。

直美剛退出法國網球公開賽時感到矛盾又尷尬，後來在東京與全球頂尖的運動員在一起，那些感覺緩和多了。她住在外面的公寓，但當她與其他運動員一同在選手村或東京機場現身時，很多人會上前感謝她的坦誠和脆弱。「最讓我大開眼界的是去參加奧運會，其他運動員過來對我說，他們對我的作為真的很高興。」直美後來說：「所以，沒錯，現在的我為自己的所作所為感到驕傲，我認為這本來就是需要做的事。」

直美的影響力在東京奧運會開幕幾天後最為明顯。當時美國隊頭號明星西蒙・拜爾斯在跳馬比賽中凌空一躍後，在半空中驚恐地發現自己失去控制。拜爾斯是體操界第一把交椅，發明了四種自我挑戰的動作，都以她的名字來命名（例如：招牌跳馬動作「拜爾斯空翻」是「繞圈，後手翻加半轉體進入；前伸翻滾加兩次全轉體」）。拜爾斯不斷提升動作難度並登上頒獎台，獲得有史以來最偉大的體操選手讚譽*，她在體操服上用水鑽排出山羊的輪廓。但在女子體操團體決賽進行到一半時，她被龐大的關注和期待壓垮，跳馬時從半空中摔下，幸而奇蹟般地沒有受傷。拜爾斯意識到，如果她在空中失去自我感覺還繼續比賽，很有可能受重傷，這種現象在體操界稱為「空中失感」（the twisties）。於是她決定中途退出團體決賽。拜爾斯面臨的風險與直美在巴黎面臨的風險大不相同，畢竟拜爾斯從空翻到落地只要一個不慎，就可能導致半身癱瘓。她表示，她必須優先考量心理健康問題，就像直美一樣。

拜爾斯說，直美兩個月前在巴黎的所作所為，讓她覺得自己有權優先考量自身福祉，而不是他人的期望和要求。「我們也必須關注自己，因為歸根結柢，我們也是人。」拜爾斯在東京對記者說：「我們必須保護自己的身心，而不是一味去做世界希望我們做的事。」

---

* 譯註：英文為「Greatest Of All Time」，縮寫恰巧是GOAT，因此常被戲稱為山羊。

拜爾斯退賽時，直美發了訊息問候，雖然兩人未曾謀面，但在二〇二一年剩下的時間裡，人們提到心理健康問題時都會想到她們。《華盛頓郵報》專欄作家凱文．布萊克史東（Kevin Blackistone）在年終專欄中表示，這兩位女性對體壇的貢獻無與倫比，但並非出自她們的勝利。「在這場因疫情而起的公共衛生災難中，很多人都在黑暗、孤獨和悲傷中掙扎。大坂和拜爾斯儘管在世人面前表現出脆弱的一面，但我們仍然可以從她們身上看到，即使自己的狀況不太好，也沒有必要羞愧，可以暫時休息，向那些訓練有素的專家尋求幫助。」布萊克史東寫道：「大坂和拜爾斯是我心目中的二〇二一年度最佳運動員。」

拜爾斯退出個人全能賽事和幾乎所有器械類決賽。後來她恢復到了一定程度，便在平衡木上表演了精簡的動作——平衡木是最不需要空中動作的器械。奧運開賽前，拜爾斯原本被看好可以拿下四枚個人金牌，最終僅在平衡木項目拿下一枚銅牌。

⋯⋯⋯⋯⋯⋯

直美的奪冠之旅開始得較為順利。她只參加單打賽事，不像許多網球選手為了竭盡所能獲獎，還會報名雙打和混合雙打賽事。她在主運動場空蕩蕩的看台下比賽，並拿出一貫的水準，連續贏得了前兩場比賽。教練維姆．菲塞特告訴我，他們在奧運前三週恢復練習。「練習效果非常好。」他說：「她的鬥志很旺盛，一心要在東京打得漂亮。老實說，我認為她在這種壓力下也能獲得很好的成績。」

直美在奧運會第三輪的對手是瑪卡塔·萬卓索娃（Markéta Vondroušová），有人認為她根本不應該出現在東京。按照奧運規定，每個國家只有四名選手可以參加單打比賽，萬卓索娃在排名計算截止時並不在捷克前四名之列。

但由於她在二〇一九年賽季大部分時間都因傷缺席，有資格以「保護」排名參賽，因而排在排名第四的捷克選手卡羅利娜・穆霍娃之前。當大家意識到萬卓索娃將憑藉技術性理由擠掉穆霍娃，許多球迷紛紛表達不滿。「我在伊斯特本（Eastbourne）時一直哭，因為聽到所有人都在議論。」萬卓索娃告訴我：「他們說：『她根本不該去那裡！』我很緊張，因為我想贏，哪怕壓力這麼大。」

萬卓索娃的職業生涯在巔峰和低谷之間搖擺不定，當她突然獲得成功，不禁令人覺得莫名其妙又諷刺。兩年前，不具備種子選手身分的萬卓索娃在抽籤結果不理想的情況下脫穎而出，打進二〇一九年法國網球公開賽決賽。二〇二三年，萬卓索娃將再度創造歷史，成為當年溫網冠軍，這也是溫布頓網球錦標賽史上第一位非種子選手拿下女單冠軍。

萬卓索娃這兩次大滿貫重大突破相隔四年，正中間還有一場奧運會，她的表現也令大家刮目相看。她的第一輪對手是十六號種子選手琪琪・貝爾騰斯（Kiki Bertens），這位對手所謂的「職業生涯最後一場單打比賽」就這樣敗在萬卓索娃手中。第二輪，萬卓索娃以六比一、六比二輕鬆戰勝米哈埃拉・布扎內斯庫（Mihaela Buzărnescu）。出人意料的是，她在第三輪對戰二號種子選手直美時，開局同樣迅速發威。直美頻頻失誤，短短十三分鐘就以〇比四落後。直美在第五局找回狀態，化解破發點，終於破蛋，不料萬卓索娃隨後第三次破發成功，以六比一拿下第一盤。

晚上的比賽節奏特別慢，萬卓索娃感覺遊刃有餘。雖然直美具備日本英雄的身分，但對她沒有任何影響，因為看台上空無一人。「如果球場上都是日本人會不一樣嗎？」她告訴我：「我想，沒觀眾也有助於我在那場比賽中全力發揮。」

第二盤比賽變得勢均力敵，雙方輪流得分，來到第十局的發球局時，直美以四比五落後。萬卓索娃贏得一個賽末點，直美打出強勁的斜線對角球。萬卓索娃頑強對峙，奮力回擊每一顆球，其中一擊打中網帶，球彈得很高，慢慢掉回場內，給了直美更多時間應戰。然而這多出來的一秒鐘反而讓她退縮，一記反手拍把球打了出界。開賽僅僅過了六十八分鐘，萬卓索娃就以六比一、六比四獲勝，她高興得高舉雙手。大坂直美的奧運之旅就此結束。

萬卓索娃延續爆冷勝利的氣勢，接下來又連勝兩輪，最後在金牌爭奪戰中輸給貝琳達．本西琪，獲得銀牌。「我認為，和直美打的這場比賽是最重要的一場。」萬卓索娃告訴我：「每個人都傳訊息給我，每個地方都有很多關於這場比賽的報導。我在四強戰中擊敗艾莉娜．斯維托麗娜，反而好像不是什麼大事……如果你在第三輪敗下陣來，這在奧運不算什麼。」

直美第三輪失利後，一無所獲地離開奧運會，她對自己的表現非常吃驚。以前，她總以為只要下定決心獲勝，她就一定會勝利。東京奧運是她第一次全心全意想奪冠，卻一個不小心失之交臂。

幾個月後，直美總結她對奧運失敗的看法。「這有點難以描述，但我想，當下我只是覺得自己辦得到，這樣說得通嗎？」她說：「這種想法其實並不理智，但我覺得這是我第一次參加奧運會，一定可以在東京奪冠。我並不是說這很容易，我只是覺得，在拿下幾次大滿貫之類的冠軍後，這種事自然而然就能辦到。在奧運的失利提醒我，我也是人——不是說我覺得自己不是人，而是，呃，那是我最擅長的硬地球場。」

六個月後，直美觀看二〇二二年北京冬奧會，並在ＩＧ上發表對東京奧運的複雜情緒。「我意識到，我對整個經歷有些遺憾（不包括點燃聖火，雖然那確實是一把〔火表情符號〕）。有一種深深的悲哀感，為我在那裡時沒有享受到更多樂趣。」直美寫道：「真不敢相信，我參加東京奧運，卻沒能始終如一地從中找到快樂。」

35 煞車

The Brakes

網球賽程最棒也最糟糕的地方在於它從不停歇，從一月到十一月，每週都有賽事。幾天後新的比賽一開始，先前的慘敗可能就會被一場大勝治癒；同樣的道理，一個所向披靡的冠軍也可能因幾天後一場失敗而跌入谷底。你沒有時間悶悶不樂，也沒有時間處理和恢復。

直美為奧運備戰至少五年，這場賽事卻成為她職業生涯中數一數二的慘敗。之後直美在辛辛那提重返巡迴賽，她希望透過這次比賽為即將到來的美國網球公開賽衛冕之戰做準備。

由於奧運不要求選手召開記者會，直美直到重返ＷＴＡ巡迴賽才再度面臨記者會，她同意為辛辛那提公開賽以視訊方式舉行賽前記者會，這是一個振奮人心的好徵兆。一開始非常順利，關於她被迫成為心理健康提倡者、與西蒙・拜爾斯短暫接觸，以及對奧運成績的失望，直美都欣然回答。第三個問題由美國網球作家克里斯・奧多（Chris Oddo）提出，他想知道直美能否「給我們這些人一些建議，當我們在記者會上對正遭遇艱難失利和困難時刻的運動員提問時，如何幫助他們獲得更好的體驗？」

直美早已準備好應付這個話題。「我這個人個性就是這樣，對於記者會，我還是很開放的，我覺得我這輩子都是這樣。」直美首先表示：「有些時候我會說，某些我並不熟悉的人會問非常非常敏感的問題，尤其是在失利之後，挫敗感會被這些問題放大一些。」直美隨後建議記者可以查看以前的紀錄，確保問題對球員來說不會過於重複。「我不是記者會或任何事情的專家。」她接著提醒大家：「但是，對，我想說的是，請讓大家有更友善的體驗。」她還建議，如果球員沒有心情接受採訪，或許可以請一天「病假」，或者透過電子郵件回答問題。

在眾多記者提心吊膽、主辦單位屏氣凝神的情況下，直美回歸記者會的前五分鐘可以說非常成功，鑒於她的回歸有種微妙的氛圍，雙方都展現一定程度的尊重。然而，第四位被叫到的記者改變了和諧的氣氛。

《辛辛那提問詢報》（*Cincinnati Enquirer*）的保羅・道格蒂（Paul Daugherty）是典型的地方體育專欄作家，主要報導當地的運動團隊，他提出的問題都是為了引起讀者迴響而設計。道格蒂在推特帳號的自我介紹寫道：「我真誠地挑釁（原文如此），並始終有球迷支持我。」他和直美從來沒有說過話，在這次視訊採訪中，他的鏡頭也沒有打開。道格蒂帶著熟悉、戲謔的語氣開口，針對直美與媒體和傳播業的關係提出質疑。「妳並不熱衷與我們打交道，尤其是以這種形式，但妳有很多外部利益，而有了媒體平台就能為妳滿足這些利益。」道格蒂說：「我想，我的問題是，妳如何平衡這兩者？還有，關於妳對西蒙・拜爾斯說的話，有沒有什麼想和我們分享的？」

由於直美面前的螢幕上沒有出現這個人的臉，她的目光只能隨著他說話四處遊移。「嗯，你說我『並不熱衷與你們打交道』，是指哪方面？」道格蒂一開口就給她扣了一頂帽子，把直美嚇了一跳，她連忙問道。

「唔，妳說過，妳不太喜歡記者會的形式。」道格蒂說。

「呃。」直美表示不同意。

「然而，這似乎是對媒體以及透過媒體對公眾傳達訊息最普遍的方式。」道格蒂最後說。

「呃，挺有意思的。」直美說：「嗯，我會說，我覺得最困難的是時間點，好比何時開記者會，但……嗯。」

直美默默抬頭望向天花板，淚水開始在眼眶裡打轉。

「對不起，我在想，嗯……。」

「我想，我們可以進入下一個問題，好不好，直美？」WTA主持人凱薩琳．斯內登（Catherine Sneddon）打破沉默問道：「妳想進入下一個問題嗎？」

直美幾個月來一直被周圍的人溫柔對待，面對突來的挑戰，她不想退縮。道格蒂給她扣的大帽子與上個月梅根．凱利等人在網上提出的觀點並無二致，也就是直美一直在批評為她帶來豐厚報酬的媒體生態；現在，她有機會當面回應這種批判。

「嗯，不用，我對這種，呃，觀點其實很感興趣。」直美說：「所以，如果你可以再重覆講一次的話，那就太好了。」

道格蒂將問題重述一遍，直美回答：「嗯，我的意思是，對我來說……我不能代表所有人，只能代表自己。從小有很多媒體對我感興趣，我想這是因為我的背景和球技。」直美說：「首先，我是網球運動員，這就是很多人對我感興趣的原因。所以我想說，在這方面我和很多人不一樣，我在推特上發的東西或說的話，會引起很多新聞報導之類的後續效應，這也是沒辦法的事，我知道這是因為我贏了幾次大滿貫，也參加很多記者會，所以才會發生這些事。」

直美隨後坦承，對於道格蒂指出的差異，她沒有滿意的答案。「我還想說，我……我真的不知道如何平衡兩者。」她說：「呃，我會說，我也跟你們一樣都還在摸索。」

斯內登隨後說還可以問四個問題，直美再次看向天花板。她用連帽衫的袖口擦眼睛，把帽簷拉低遮住臉。接下來提問的是直美最熟悉的記者——《WTA內部報導》的蔻特妮．阮，她問直美最近承諾將比賽獎金捐給海地以救援地震災民的事。

「我想我們先稍微休息一下。」斯內登說，因為直美看起來還沒準備好：「我們馬上回來。」
直美起身走到房間另一側，斯內登問她為什麼而苦惱，是剛才關於海地的提問嗎？
「不，就是之前那個人。」直美說。
「我感覺得出來妳很想回答他的問題。」斯內登說：「我們可以馬上停下來，他們已經問了七、八分鐘，沒必要再繼續。」
「不，沒關係。」直美說。
杜吉德也參與了這次視訊記者會，並且已經在和斯內登通電話。斯內登開了擴音，讓他和直美交談。
「嘿，嗯，我很好。」直美讓他安心：「我真的不知道為什麼會哭起來……是那個傢伙，他——我也不知道為什麼，就是覺得他……他太咄咄逼人。」
斯內登再次提議結束記者會，但直美堅決不放棄。「沒關係，我沒事，我想回答蔻特妮的問題，已經好一陣子沒見到她。」直美說。接著她向斯內登確認，得知連線的人當中還有日本記者，她說她也會回答他們的問題，然後回到講台上。
「對不起，我剛離開鏡頭。」直美回來時對阮說。
「沒關係。」阮回答。
「很高興見到妳。」直美說，然後開始回答她的問題。

道格蒂的問題並不殘忍或刻薄，壞就壞在他嚴重誤判直美的能力，其實她根本沒準備好面對陌生聲音提出的尖銳問題。在直美離開講台的那四分鐘，記者們陷入恐慌，擔心她再也不會回來繼續回答。「這真是一場災難⋯⋯噩夢。」另一位資深網球記者當下傳訊息告訴我。

一向保護直美的杜吉德也非常憤怒，他要求我在本書中載明他對這次事件的看法：「《辛辛那提問詢報》的惡霸就是球員與媒體關係如此緊張的縮影。」杜吉德在信中寫道：「視訊記者會的每個人都會同意，他的語氣完全錯誤，他唯一的目的就是嚇唬人，這種行為實在令人震驚。他還把直美在場外的成功歸功於媒體，簡直是無稽之談，別這麼自我陶醉。」

直美在講台上流淚的影片——幾個月來的第一個視覺證據，證明她一直在談的心理困境——讓她的情緒狀態再次成為大新聞。當下也許沒有想像中那麼糟糕，影片展現了她的悲傷和脆弱，卻淡化她這次回歸的堅強意志，以及WTA為了保護她做足準備，盡可能讓她控制整個流程。從很多方面來看，保護措施發揮了作用，直美可以跳過問題，也可以離開，但她展現十足的毅力，後來又回到鏡頭前。該賽季剩下的賽事她都參加了賽後記者會，包括在辛辛那提首場比賽戰勝可可・高芙，以及第二場輸給瑞士左撇子選手吉爾・泰希曼（Jil Teichmann）。

⋯⋯⋯⋯⋯⋯

直美帶著一些樂觀的理由參加美國網球公開賽。她是衛冕冠軍，也是前兩屆硬地球場大滿貫冠軍；嚴格來說，她在法國網球公開賽沒有輸過任何一場，因此在大滿貫已經取得十五連勝。二〇二一年美國網球公開賽，她的第一場比賽是在夜間對戰瑪麗・布茲科娃（Marie Bouzková），只花了一個半小時就以六比四、六比一獲勝，大滿貫來到十六連勝。

情況往好的方向發展，直美最近的筆記截圖貼文也變得正面多了。「我要試著多為自己和所有成就慶賀，我想我們都應該這樣。」她寫道：「看到世界上正在發生的那些事，我覺得早上能醒來就是一種勝利，我就是這樣過來的。」

直美第二輪的對手奧爾加・達尼洛維奇（Olga Danilovi）退賽，讓她直接獲勝。第三輪的對手是排名第七十三位的萊拉・安妮・費南德茲（Leylah Annie Fernandez）。一開始直美就顯得很不自在，她穿著耐吉短裙和露肩中空上衣上場，但第一盤打到一半時，她又在衣服外面套了一件黃色連衣裙，遮住更多部位。她雖然看不懂這位十八歲加拿大左撇子選手的發球，但還是在第十一局取得開打以來唯一一次破發，以六比五領先，並以七比五拿下第一盤。

第二盤似乎又是同樣的局面。直美再次在第十一局破發，並再次在六比五時發球。她在第一盤表現得沉著冷靜、攻擊猛烈；但這一次，已經締造大滿貫十七連勝的她卻變得不太穩定。先前直美在整場比賽中沒有遇到一個破發點，卻開始狂亂地揮舞正手拍，出現四次嚴重失誤，為費南德茲製造一線生機。第二盤進入決勝局，費南德茲愈戰愈勇，吶喊聲也愈來愈響亮，她和亞瑟・艾許球場的觀眾都為比賽延長而興奮不已，直美則露出明顯的挫敗感。她憤怒揮舞球拍，沮喪地尖叫，把帽簷拉低，遮住自己的臉。又一次正手拍擊球失誤，在決勝局以〇比四落後時，她把球拍扔到地上，向來支持她的紐約觀眾發出零星噓聲。下一分，直美又一次正手拍擊球失誤，以〇比五落後，她再次怒摔球拍。雖然一度得分，但直美最後兩次的正手拍擊球都失誤，以七比二輸掉決勝局，比賽進入第三盤。觀眾已經在不知不覺間轉而支持費南德茲，眼見這位名不見經傳的選手還有希望，他們都高興起來。

費南德茲在決勝盤一開局就破掉直美的發球局，雖然直美一直緊咬比數，但依然無力回天，她在決勝盤中沒有獲得破發點，最終以七比五、六比七（二）、四比六敗下陣來，並且在最後以一個正手拍失誤收場。直美並不知道，這是費南德茲奇蹟之旅的開始，她後來打進美國網球公開賽決賽，只輸給另一位意外殺出的黑馬——年紀輕輕的資格賽晉級選手艾瑪・拉杜卡努（Emma Raducanu）。直美只知道，自己的賽季到此為止。

……………

直美以往只要在大滿貫慘敗，就會穿著汗濕的比賽服出席記者會，表明她在失利後多麼茫然和沮喪，這次也不例外。

有人提到她在球場上怒摔球拍且情緒激動，直美表示，她對自己情緒失控感到「非常抱歉」。「我一直告訴自己要冷靜，但我覺得那時情緒可能已經達到沸點。」直美說：「通常我覺得自己喜歡挑戰，但最近只要事情不順心我就會非常焦慮，我覺得你們應該看得出來。我不太清楚為什麼會出現這種情況。」還有人問到，費南德茲的發球似乎令她吃不消，對於是否因整個環境使然或擊球難度過高，直美都一一否認。「我認為不是她的發球問題，因為我面臨發球更高明的選手時也可以打得很好。」她說：「我也覺得不是場合的問題，因為我以前也遇到過這種情況。所以，我知道……。」

直美停下來，無法給出清楚的解釋。「我想，每個人都有需要面對的情況，我知道自己也正在面對某種情況，所以……。」她說。

接下來，美國網球公開賽採訪主持人蓋瑞・蘇斯曼（Gary Sussman）請日本媒體提問。第一個日語問題針對直美賽前發布的樂觀、肯定聲明——她是否能以這種態度面對這次失敗？

「對，我是說，當然，我很願意繼續秉持這種心態。」直美開口說道，接著停頓一下，深吸一口氣，再停頓一下。然後，她看看站在一旁的杜吉德，似乎在提醒他有狀況。「我想，我要說的就是之前已經說過的那番話。」她說。

「好吧，我該怎麼說呢？」直美繼續說道：「我覺得對我來說，最近，呃，打贏比賽時我並不開心，覺得更像是解脫了。打輸時，我會非常難過。我覺得這不正常嗎？我真的不想哭，但基本上我覺得，嗯……。」

直美又停下來並開始擦眼睛，蘇斯曼立刻插話，他急於在直美連續第二次當眾哭泣前停止記者會。「各位先生，記者會就到這裡，好嗎？」蘇斯曼宣布：「謝謝大家。」

但直美不想就此結束。「不，我想回答這個問題，對不起。」她對他說。

「妳可以自己決定。」蘇斯曼說。

「好的，所以說，基本上我覺得——好吧，那個……嗯，這很難表達。」直美恢復發言：「唔，基本上，我覺得我正處於這樣一個階段：試著弄清楚自己想做什麼。老實說，我也不知道什麼時候會參加下一場比賽。」

話音剛落，直美再度抬手捂住眼睛，然後把帽簷拉得很低。「對不起，但是……。」

又一次停頓後，她的眼淚終於止不住。「抱歉。」直美為自己第四次在記者會上控制不住情緒而道歉。

「謝謝大家。」蘇斯曼再次插話，迫不及待要為台上令人心碎的場景拉下帷幕。

直美拍拍臉頰，試著平撫情緒。「好吧，嗯。」她說：「不過，我想我會停賽一陣子。」

直美豎起大拇指，表示她已經說完想說的話。她重新戴上口罩，拿起手機和水瓶，走下講台，走向不確定的未來。

直美流淚傷心的照片和影片再一次傳遍全世界，也再次讓這項運動蒙上悲傷而痛苦的陰影；但也有很多人感到欣慰，因為她終於選擇暫時退出這個明顯令她煎熬無比的巡迴賽。

幾個星期和幾個月以來，誰都看得出直美不開心，因此人們普遍建議她暫離網壇。然而，哪怕只是暫離一陣子，退出巡迴賽都不是件容易的事，畢竟它宛如一座旋轉木馬，金錢、排名積分和希望匯聚的強大向心力，往往讓選手捨不得放棄。

在美國網球公開賽前一週，直美曾和幾位體壇人士一同錄製小組討論節目，比利．珍．金也是來賓之一，她敦促直美，要掌握自己職業生涯的主導權。「首先，我希望妳快樂健康。」金告訴直美：「這個盼望一直沒有改變過，所以，無論需要採取什麼行動，妳都要為了自己去做……妳的餘生甚至不需要再打球，現在就可以停下來，是不是？」

直美當下似乎沒有思考或回應金的發言，但坐在她們中間的前職業選手馬迪．費許（Mardy Fish）知道，對網球運動員來說，這個建議完全顛覆他們的認知。

二〇一二年美國網球公開賽開打時，費許已是三十歲老將，在網壇這座最大舞台上擁有豐富經驗，但他不知道如何處理當下面臨的狀況。第四輪賽事（預定於勞動節下午由哥倫比亞廣播公司〔CBS〕轉播）將至，對手是羅傑．費德勒，費許和妻子史黛西搭乘專車前往亞瑟．艾許球場，途中飽受嚴重的焦慮折磨。自從他在ATP排行榜上首次擠進前十名，焦慮便如影隨形。在紐約的上一場比賽中，他打到一半忽然焦慮發作——雖然心神變得恍惚，他還是設法贏得比賽。當汽車再次駛向比賽場地，淚水順著他的臉龐滑下，腦海中湧現無數疑慮和恐懼。

此時，他的妻子提出一個建議，那是他這輩子從未想過的選擇：「比賽並不是一定要打。」費許告訴我，他的妻子是律師，也曾是實境秀《一擲千金》（*Deal or No Deal*）中負責提公事包的角色。聽到這麼一位外行人的觀點，當場破除他大半輩子在網球圈內（包括青春期就離鄉背井，在佛羅里達各學院受訓的時期）所養成的狹隘視野。「我們根本沒有接受過『你也可以不比賽』的訓練。」費許談到如何放過自己：「我們從很小就被訓練絕不表現出內心的脆弱、恐懼和負面情緒……所以，聽到那句話時，我睜大眼睛，妻子的建議立刻讓我卸下肩上的重擔。我當時心想：『哎呀，妳是對的，我**又不是**非打球不可。』……我是男子網球運動員，那個年代人們總是說『不要示弱，要堅強，不要告訴我你受傷了，打更多比賽，再拚一下』等等。這樣的訓練方式很好，但如果把它變成生活方式，就太不好了。」

離開紐約後，費許在家裡一待就是幾個月，最終被診斷出嚴重焦慮症，他接受治療並服藥，幫助自己控制症狀。「諷刺的是，表現出脆弱和恐懼並讓人們走進我的內心，反而成了我東山再起的主因。」費許在二〇二一年Netflix紀錄片《體壇祕話：爆發點》（*Untold: Breaking Point*）中談道。經過幾年治療和休養，費許重返巡迴賽，並在三年後的美國網球公開賽退役。但費許表示，即便已經去除了網球這個壓力源，他的焦慮症依然是餘生的對手。「我還是要每天和它爭戰。」他說：「但我每天都贏。」

他很快指出，自己一直都很強悍，退役後他接受綜合格鬥訓練，並積極與各方對手切磋泰拳。但他說，網球需要更強悍的心，畢竟球員在場上孤立無援，一對一單挑長達數小時，比賽暫停時也無法與任何人交談，幾乎每週都在慘敗中度過。他告訴我，更讓人頭昏眼花的是，他們長年奔波各地甚至跨國參加巡迴賽，加上從小到大整天只盯著場上那幾條線，雖然滿懷雄心壯志，但沒有底子且眼界狹小。「我們總是在旅行，再加上沒有上學……這就是我們的世界嗎？」他說：「天啊！這太殘酷了……我知道網球不是接觸性運動，不會有一個拳頭直接打在你的臉上，但它會為你的身心帶來殘酷的影響。」

直美表示不知道自己何時會打下一場比賽，幾天後費許和我談話，他認為她正在努力破除根深蒂固的模式，他當年也曾為了重新編排這個模式而掙扎。費許說，直美這場戰鬥可能比他的更艱難。「畢竟她有那麼多大型贊助商。」他說：「她可能覺得自己有義務參賽。」

36 比賽結束？

Game Over?

二〇二一年十二月三十一日，直美在推特上寫道：「我從來沒有像這樣期待一年趕快結束。」這種感慨也算意料之中；真正令人意外的是，經歷二〇二一年賽季的一切以及在淚水中結束紐約賽事，直美已經重返巡迴賽，準備在墨爾本展開她的二〇二二年賽季。

直美說，二〇二一年，不堪重負的生活將她壓垮。但如今，她已經做好心理建設，有勇氣面對這一切。「這就像內在不停積累的極端事物，恰好在去年全冒出來。」她說：「其實，我現在的感覺不太一樣了。當然，我覺得每個人都有失落的時候，這也是人之常情，但我會以更樂觀的心態迎接今年。」

直美遠離網球的幾個月裡，一直和家人、朋友待在一起，彌補兒時不曾有過的體驗，比如：和幾位在北加州讀書的朋友一起過夜。「我一直沒能去同學家過夜之類的。」現年二十四歲的直美說：「現在心願終於實現了，很酷。」

她說，她覺得自己已經準備好重新開始打網球，因為她重拾了對這項運動的熱愛。「自從三歲開始打網球，我年復一年地參賽，從未真正休息過，情緒愈積愈多，使我的網球生涯蒙上一層陰影。」

直美在美國網球公開賽後就與團隊失聯，現在她不確定他們會如何看待這次重聚。「去年我可能給他們帶來心理創傷。」她說：「老實說，發生了很多事，我都沒有跟他們說，所以，這對他們來說有點不公平。我真的很慶幸他們一直陪著我，換做是**我**的話，才不願意待在這種團隊。」

十一月中旬，維姆．菲塞特和力量教練中村豐收到直美發來的訊息，詢問他們是否願意回來重新開始工作。「內容大概是：『很抱歉在美國網球公開賽後失聯了，但我真的覺得需要休息一下。老實說，我現在很懷念打球，也準備好重新接受訓練。你們同意恢復訓練嗎？』」菲塞特回憶。

他們沒有猶豫。「當然，我們已經準備好了。」他說：「大家很高興能重新開始。」

贏得當年首場比賽後，直美坦承，沒想到自己這麼快就能重返巡迴賽。「其實，我真的以為今年大部分時間都不會打球。」她說：「我覺得我真的——應該不能用『驕傲』來形容——我是真的為自己感到高興，因為我多麼熱愛這項運動。因為我確實說過，美國網球公開賽後，我不知道什麼時候才會回來比賽，而我現在就在這裡。」

直美說，她的焦慮雖然真實存在，但不太明顯。「在休息期間，我的感覺是：不知道未來會怎樣？我相信很多人都有過類似經歷。」她說：「當然，人永遠不知道未來會怎樣，那絕對是一段猶豫不決的日子。但現在能坐在這裡，我真的很開心。」

直美的贊助商也很開心。萬事達卡在墨爾本買下廣告看板，印上直美的臉龐，在她復出的第一場比賽後懸掛起來，上面寫著：「無價：不僅僅是回歸球場而已……」

……………

在這十二個月裡發生太多事，以致人們都忘了直美還是澳洲網球公開賽的衛冕冠軍。前兩輪她都以令人信服的直落兩盤獲勝；順利的話，她會在第四輪迎戰頭號種子選手艾許莉・巴蒂，球迷都開始期待這場萬眾矚目的大戰。直美在第三輪的比賽上眼看再拿下一分就能晉級，卻終究沒能擊敗對手艾曼達・阿尼西莫娃（Amanda Anisimova）。這位美國對手的出色回擊化解了直美的發球，挽救兩個賽末點，在第三輪終結了直美的衛冕之路。巴蒂得以略過直美，繼續奪冠之途。

自四個月前直美聲淚俱下地描述失利對她造成的影響以來，這還是她第一次輸球，距離勝利就差那麼一步。但從離開球場的那一刻起，直美已能正確看待比賽結果。「我覺得她打得非常好。」直美在記者會開場時這樣評價阿尼西莫娃：「對我來說，我認為這是一場高水準比賽。我覺得她的球速讓我很吃驚，但除此之外，比賽還是很有趣的。」

直美的表現和態度也令菲塞特振奮不已。「打了幾場漂亮的比賽，只不過失去了那最後的五%，現在我們要繼續打完剩下的賽季，好事一定會發生。」菲塞特說：「這是目前團隊的氛圍，當然，她也一樣。」

⋯⋯⋯⋯⋯⋯⋯

二〇二二年澳洲網球公開賽的焦點人物不是直美，而是諾瓦克・喬科維奇，他被驅逐出境的風波成為國際頭條新聞。直美在墨爾本時，多次在記者會上被問及此事。她對喬科維奇在夾縫中的處境表示同情。「有人問我這件事⋯⋯我可以體會他的處境。」直美說：「（對）那個人來說，看到其他球員的評論，應該不是太好過。」直美第五次被問到此事時，她已經不想再回答。「我的意見會有什麼幫助嗎？」她問：「所以，我就不說了，不過還是謝謝你。」

直美後來在印地安泉站因觀眾喧譁事件哭泣，再次成為眾人矚目的焦點。她開始透過電話與心理治療師交談，接著成績出現反彈，在邁阿密網球公開賽贏得六場比賽並打進決賽。「法國網球公開賽之後，呃，我只花了一年走出來。」她自嘲。

直美在邁阿密的決賽中以四比六、〇比六輸給伊加・斯威雅蒂，這位對手當時已是ＷＴＡ排名第一的新科冠軍，以強大的氣場拿下第三十七場連勝，但直美的表現也像個贏家。賽事總監詹姆斯・布雷克在頒獎儀式上特別表揚直美。「妳的職業生涯激勵了很多人，看到妳再次在球場上快樂地比賽，我非常高興，很多人也很高興。」他對直美說。觀眾的掌聲久久未歇，她感動得幾乎要落淚。「我差點就哭了，但我不想再當著大家的面哭。」她後來談到觀眾熱情的回應：「很高興大家樂於看到我再次比賽，或者樂於看到我開心起來。我很感激，呃，是以一個普通人的角度來看。」

直美雖然在決賽第二盤以一面倒的方式慘敗，但當天下午她的鬥志昂揚，目標明確。有人針對排名提問，因為她打進邁阿密決賽，排名從第七十七位迅速提升到第三十五位。直美回答，希望能成為法國網球公開賽的種子選手，這個目標還算恰當，因為在接下來的兩個月裡，她只需要將排名從第三十五位提升到三十二以內就可以了——然而直美還有更大的目標。

「年底我希望進入排名前十。」她說：「明年，我想成為世界排名第一。」

直美大聲說出雄心壯志，似乎連自己也嚇了一跳。「哦！這可是天大的聲明。」她聽到自己突然脫口說出要重回巔峰，猶豫了一下後，開始閃爍其辭。「接近……前五吧？」她說完立刻重拾剛剛發過的豪語：「重講，就是前五。」

然後她停頓一下，不甘心逃避挑戰。

「你知道嗎？我要定下這個目標。」她下定決心：「世界第一，沒錯，就是第一。」

⋯⋯⋯⋯⋯⋯⋯⋯

事實證明，直美沒有實現排名目標，連成為法國網球公開賽種子選手的小小目標也沒有達成。和上一年一樣，直美參加的紅土球場賽事極少，只有馬德里和羅馬的ＷＴＡ一千級別賽事。只有一件事不同，她在首站比賽前一週前往西班牙的馬略卡島（Mallorca），以適應歐洲的紅土球場，儘管只待了一週左右。「我希望能再待久一點。」菲塞特說：「雖然只有六天，但結果很正面，真的很好。」不過，直美承認，她在馬略卡島一開始的表現不穩定，因為她已經休息了大約三週。「頭幾天很難熬，因為自從邁阿密站之後，我就再也沒有打球或運動。」

馬德里第一輪賽事是直美該賽季首場紅土球場比賽，她幾乎沒有受到準備不足的影響，以六比三、六比一輕鬆戰勝已締造九連勝的俄羅斯小將安娜塔西亞．波塔波娃（Anastasia Potapova）。直美有機會嘗試向拉斐爾．納達爾借鑒的新技巧，這是納達爾*近二十年來在紅土球場上極具殺傷力的打法——向左側跨步並在反手位打出正手拍擊球。直美開始從球場左側遠端回擊波塔波娃的發球，贏得賽末點時，她回頭朝團隊露出燦爛的笑容。「我想，很多優秀的紅土球場選手都會這種打法。」直美賽後說：「所以，我也在努力學習這個技巧。」

直美在紅土賽季好的開始很快就結束。她隔天沒有訓練，第二輪對戰莎拉．索里貝斯．托摩，她的腳踝包紮起來，這是阿基里斯腱受傷的跡象，後來這個傷勢持續了數月。這場比賽的失利與勝利一樣令人震驚，索里貝斯．托摩以六比三、六比一獲勝，令西班牙觀眾大為振奮。「我相信它會好起來的。」直美談起她的左腳跟。

事實並非如此。直美前往羅馬後，在第一場比賽開打前就退出。和往常一樣，她這麼做目的是要為大滿貫做好萬全準備，或者說是盡可能準備好。「對我來說，不可能不參加這次的公開賽。」直美在羅蘭．加洛斯的賽前記者會上說：「當然，有點情況需要處理，但我也打算吃止痛藥，就是這樣。」

．．．．．．．．．．．．．．．．

沒錯，直美這次在巴黎舉行了記者會。回到前一年令她情緒崩潰的地方並不容易。「不瞞你說，剛抵達時我非常擔心。」直美談到重返羅蘭．加洛斯：「當然，我也不喜歡自己當時的處理方式，但我擔心可能某方面冒犯了一些人，而這次又會遇上他們。」

她顧慮的情況並沒有發生；事實上，新上任的法國網球公開賽總監阿梅莉．莫瑞絲摩（Amélie Mauresmo）在大滿貫冠軍生涯中，也常常在媒體的聚光燈下掙扎，她專程出面迎接直美，盡量讓她感到自在。莫瑞絲摩後來在賽事舉辦期間告訴我：「讓直美知道情況已經不一樣，我們都在這一年裡學到很多，這對我來說很重要，我想這對她來說也很重要。」莫瑞絲摩在羅蘭．加洛斯採取了一些措施，讓球員能享受更安靜的待遇，比如以前媒體可以進入場館內某些走廊，現在都改為禁止進入。

直美在這一年裡也學到很多，尤其是在印地安泉站崩潰後接受治療師諮商的幾個月。她很快就承認，一年前發生的事讓她很擔心。「這件事一直壓在心裡，當然，我到現在還在想它。」直美在羅蘭．加洛斯首次對媒體發表談話時，聊到她的看法。「我也在做準備，以防上場時有球迷說些什麼，就像在印地安泉時那樣。是的，在大

＊　納達爾是左撇子，所以他做這個動作時姿勢和方向是相反的。

多數情況下，我覺得我應該沒問題。」

⋯⋯⋯⋯⋯⋯⋯

然而，直美做好的心理準備無法復原左腳的傷勢。直美以非種子選手身分出戰法國網球公開賽，這是四年多來她在大滿貫裡第一次遇到這種情況。她第一輪就遇到嚴峻的考驗，對手是曾在墨爾本擊敗她的二十七號種子選手艾曼達．阿尼西莫娃。從對手、場地和身體三方面都不適應的狀況來看，直美的表現已經可以說相當不錯，蘇珊．蘭格倫球場（Court Suzanne Lenglen）的觀眾也很熱情，但她的第一次發球不太順利，最終以五比七、四比六直落兩盤敗陣。

在僵持一年後，直美出席法國網球公開賽失利後的記者會，雖然過程平淡無奇，但仍值得注意。提出最後一個英語問題的記者藉機發表感言。「我想說，我們感謝您這麼親切。」他說：「妳願意參加記者會，並一一回答我們提出的問題，尤其是在輸掉比賽之後，真的很貼心。」

⋯⋯⋯⋯⋯⋯⋯

直美參與的賽事雖然不多，但整個賽季都在場外大顯身手。她和杜吉德離開ＩＭＧ，共同創辦了運動管理機構「進化」（Evolve）。羅傑．費德勒、湯姆．布雷迪（Tom Brady）、勒布朗．詹姆斯等體壇超級明星也做過類似的事，但直美是第一位獨立創業的女運動明星。二〇二二年，這間新經紀公司簽下兩位新客戶：尼克．基里奧斯（Nick Kyrgios）和昂絲・加博，前者是杜吉德在ＩＭＧ的客戶。

直美和杜吉德也與勒布朗的「春山」（Spring Hill）公司聯合設立媒體製作公司「花熊」（Hana Kuma），以直美的個人標誌「花熊」命名。「這是一隻強壯無畏的熊，配上一朵大而溫柔的花，代表直美的雙面性。」品牌手冊寫道：「她既是兇猛有力的選手，又是善良的培育者。」花熊的前兩部作品都是紀錄短片，一部是以第一位當選國會議員的亞裔美國女性竹本松為主題；另一部則探討海地的女子足球推廣計畫。

然而，二〇二二年，直美追隨其他體壇明星的商業冒險——與眾多名人一起推廣加密貨幣平台ＦＴＸ——卻遭遇重大挫折。要說服消費者購買ＦＴＸ的無形資產，「很酷的人都會做」這個訊息非常重要，直美在聲明中表示，她正在跟隨某個潮流。「如果 @StephenCurry30 @ TomBrady 和 @giseleofficial 都加入，那麼你們知道我也加入了！」她在推特上寫道：「期待與 @FTX_Official 和 SBF_FTX（火箭飛船表情符號）共赴未來。」杜吉德說，ＦＴＸ名冊上眾星雲集，意味著它是「我們希望經營的那種公司」。直美與ＦＴＸ簽訂股權協議，而不是一般的報酬協議，她還更新了ＷＴＡ網站的個人照片，以確保她的新ＦＴＸ標誌清晰可見。二〇二二年八月，ＦＴＸ進入日本市場，在東京最具代表性且全世界最繁忙的澀谷十字路口買下大型電子看板，直美和棒球明星大谷翔平在畫面上一同現身。

直美在聲明中提到的「SBF_FTX」是三十歲的創始人山姆・班克曼－弗里德（Sam Bankman-Fried）。「與大坂直美合作將進一步推動我們的目標，讓各界人士一同參與數位貨幣和第三代網路的未來發展。」班克曼－弗里德宣布直美成為ＦＴＸ名人錄上第一位女性有色人種，這份聲明也引述直美的看法，她希望自己加入ＦＴＸ後，可以「讓這個空間更民主」。

還沒來得及實現民主，這個空間就分崩離析了。ＦＴＸ因監管規定所限，將總部設於巴哈馬群島（Bahamas），二〇二二年十一月，班克曼–弗里德在當地被捕，美國當局指控他「策劃一場長達數年的大規模詐騙」。不到一週的時間，FTX公司迅速倒閉並波及直美，在佛羅里達提起的集體訴訟將班克曼——弗里德、直美和其他十名FTX代言人列為被告，聲稱因「被告關於欺騙性FTX平台的部分或全部虛假陳述和疏漏」而蒙受損失。

…………

直美在法國網球公開賽失利後，距離溫布頓網球錦標賽開打還有五週，她一邊繼續治療阿基里斯腱，一邊開始訓練。直美原本為了提早適應而報名了柏林的草地球場賽事，但在洛杉磯進行兩週訓練後——包括在當地罕見的草地球場——直美決定退出比賽。一週後，她連續第二次退出溫布頓網球錦標賽，因為她對自己受傷後在草地球場的表現仍然沒有信心。

菲塞特眼見直美愈來愈排斥硬地球場以外的比賽，再一次錯過溫布頓令他更加挫敗；自二〇一九年以來，她就再也沒有參加過草地球場賽事。「我們要再次錯過溫布頓網球錦標賽，令我非常失望。」他說：「看看過去四年，她幾乎沒有在草地或紅土球場上比賽過；未來只會愈來愈困難。」

菲塞特愈來愈擔心直美的職業生涯方向。「我想澄清幾件事：我認為，每六到十二個月就要進行一次這類談話，只是稍微聊一下各自的目標和動機。」菲塞特說：「我找她談，但她無法給我明確答案。」

從日本度假歸來後，直美正式與維姆·菲塞特分道揚鑣，結束兩人長達兩年半及兩次大滿貫冠軍的合作關係。

直美重返巡迴賽，參加聖荷西（San Jose）的硬地賽事，她稱讚菲塞特，並「確認沒有發生任何不好的事」導致雙方結束合作。「和維姆在一起的那段時間真的很美好，他是非常傑出的教練，我們不是因為鬧得不愉快才分開。」她說：「我只是覺得我需要……不同的能量？他滿懷著雄心壯志，呃，而我受傷了，我相信他還是想去參加溫布頓之類的比賽。我會說，這是兩種不同的心態。」

……………

直美在邁阿密的決賽捲土重來時，似乎已經想清楚自己要的是什麼，但當巡迴賽回到了硬地球場，她的心態就沒那麼明朗了。在聖荷西時，她的鬥志高昂，第一輪獲勝後，第二輪她出戰可可．高芙，在這場艱苦的賽事中不幸敗北。雖然輸掉比賽，但直美在第二盤勇猛地化解了七個賽末點才敗下陣來。生氣勃勃的她在記者會上以傲視群倫的勝利口吻發言。「我剛才比賽時，意識到自己長久以來容許別人說我是個心理脆弱的人，以至於早已忘記自己是誰。」她說：「……是的，我今天打輸了，但我對真實的自己充滿信心。我覺得壓力打不倒我，唔，我就是壓力。所以我真的很高興有了這個新領悟。」

但在後續幾次的公開賽上，直美似乎愈來愈找不到方向，主要因為她沒有專業教練。菲塞特離開後，直美沒有聘請別的專業人士接手，父親的角色再次變得重要，他回到賽場上擔任女兒的教練。但直美發現，倫納德幾乎沒有給予具體的指導。在聖荷西打贏第一輪比賽後，直美說她覺得自己可以和父親充分溝通，但同時也要「重新學習他的教練風格，那就是：在比賽之前，他什麼都沒告訴我。」

夏季的硬地賽季仍在繼續，這種奇特的安排令人費解。沒有菲塞特的指導，直美的訓練似乎愈來愈雜亂無章且漫無目的；沒有人站出來安排整套訓練計畫，就連直美也一樣，儘管她才是團隊真正的領袖。

這種混亂也反映在賽場上。由於背部受傷，直美在接下來多倫多和辛辛那提賽事的第一輪都輸給了非種子選手；這是她四年來首次連續在第一輪失利。美國網球公開賽開打時，她的排名在第四十四位，無法獲得種子席位。第一輪她抽到十九號種子選手丹妮爾．柯林斯，這位對手的表現時好時壞，她在年初的巔峰期打進澳洲網球公開賽決賽，但沒有參加過任何一場美國網球公開賽的熱身賽。儘管兩人的狀態都不穩定，這仍是引人注目的賽事，被安排在週二晚上於亞瑟．艾許球場舉行。比賽一開始，直美做好萬全準備，在短短九分鐘內就以三比〇領先。但柯林斯奮起直追，將第一盤的比數追到三比三，最終進入決勝局。兩人都拿出高水準表現，比數只有微小差距。然而直美被柯林斯的幾次失誤弄得有點不知所措，最後以六比七（五）輸掉第一盤。她在第二盤有多次機會絕地大反攻，但六次面臨破發點只有一次成功破發；柯林斯則是三次當中有兩次成功，終場以七比六（五）、六比三贏得比賽。這是直美連續第三次在第一輪失利，已經破了五年來的紀錄，甚至在她成為大滿貫冠軍前的青澀時期都沒這麼糟過。

「她正處於低潮期。」走出運動場時，記者對我感嘆地說。

四年前，直美在同一個球場上成為全球超級巨星，這次卻第一輪就失利，有種前後反差極大的感覺——她從未在美國網球公開賽第一輪就敗下陣來。

離開球場前，直美做了一件從未做過的事——與柯林斯握手後，她回到座位坐下，拿出手機，對著球場拍了一張照片。在賽後記者會上，我問她為什麼要這麼做。

「只是為了，呃，記住它。」

……………

二〇二二年夏天，直美最感興趣的是小威廉絲的比賽。小威廉絲當年已四十歲，公開宣稱美國網球公開賽將是她最後一次參加大型賽事。直美在小威廉絲的夏季告別巡迴賽期間，親自坐在場館內觀賽，追尋偶像職業生涯最後的點點滴滴。「我只是覺得她是這項運動中有史以來最偉大的運動員。」直美說。

一向好勝的小威廉絲說，這是她幾十年來第一次覺得在球場上沒有什麼好失去的，終點線已近在眼前，她終於留了點體面給自己。「自從一九九九年獲得美網冠軍後，我的背上就有了一個紅色的大X；整個職業生涯它都在那裡，因為我很早就贏得第一個大滿貫冠軍。」她說：「但在這裡，感覺不一樣。我覺得我已經贏了，無論是在形象上還是精神上。這一路走來，我的表現實在是太棒了。」

小威廉絲在美國網球公開賽第三輪失利，職業生涯至此畫下句點。

……………

直美日程表上的下一站比賽在東京，此行她帶了兩個朋友——力量教練阿卜杜勒．西拉的孩子——但仍然沒有網球教練。菲塞特已經離開團隊將近三個月，她到現在都還沒有聘請接替的人；這段日子倫納德是名義上的教練，但他前往海地，讓女兒自己去日本比賽。

「當然，這一年……對我來說並不是最好的一年。」直美第一輪將出戰黛莉亞．薩維爾，她在東京的賽前記者會上說：「但我認為整體來說，我對自己有更透徹的了解……我認為人生就是起起落落，而這一次主要是落，起只有一小部分。」

東京有明競技場的球場上設置精工（Seiko）數位時鐘，不僅顯示小時和分鐘，就連秒數也精準展示，這在巡迴賽中可以說獨一無二。

第一輪開始兩分五十四秒，直美以一記反手拍直線制勝球贏得開場發球局。

比賽進行到七分十秒時，剛剛進入第二局，直美揮出正手拍，球擦過網後彈上空中，即將落在薩維爾一側的網前。

比賽進行到七分十三秒，薩維爾衝上前搶救，輕輕鬆鬆一記正手拍制勝球，將球打進對手空空的場地中。

比賽進行到七分十四秒，薩維爾揮出正手拍後，左腳著地有誤，她尖叫著倒在地上。「噢！我的膝蓋！」她呻吟著，捂著臉側過身：「哦，天啊！」

比賽進行到七分三十六秒，直美跑過去，蹲在薩維爾身邊，為她拿來兩條毛巾。看著薩維爾痛苦地躺在球場上，直美也幫不上什麼忙，但她還是問薩維爾要冰塊還是水。

比賽進行到八分七秒，WTA物理治療師來到場上評估薩維爾的傷勢，接著將她扶到場邊。

比賽進行到十四分十三秒，十字韌帶受傷的薩維爾告訴物理治療師她要退賽，然後她看著直美說：「我沒辦法打了。」接著她離開球場，沒有坐上主辦單位準備的輪椅，直美和全場觀眾報以輕輕的掌聲。

在賽後採訪中，直美三年來首次用英語對日本觀眾致詞。「首先，我想說：『嗨，大家好。』」她說：「能回來真好。這場比賽的結局讓我很難過，但是，沒錯，還是要感謝大家來這裡，希望你們明天也能來——如果我明天上場比賽的話。」一位男士將直美的回答翻譯為日語，觀眾聽完後紛紛鼓掌。隨後，記者鼓勵觀眾再次為直美鼓掌，歡迎她回到日本，觀眾立刻照辦。接下來，記者也對直美提出建議。

「妳能對球迷說『おかえりなさい』嗎？」翻譯轉述給直美聽，說明這是日語中熱烈歡迎某人回家的措詞。直美緊張地咯咯笑起來，用英語接續剛才的話題。「嗯，我的意思是，我現在真的覺得非常糟糕，因為很明顯比賽就這樣結束了。」她談起薩維爾。

直美在賽後記者會上說，看到薩維爾突然受傷並聽到她尖叫，「真的很嚇人」。「我也為她難過，因為她當著那麼多人的面發生這種事。」直美說：「這是我當下第一個想法。」

⋯⋯⋯⋯⋯⋯⋯⋯

因嚴重急性損傷導致比賽突然結束，人們有理由懷疑，這場短暫的比賽會不會是薩維爾職業生涯的終結。但隨著時間過去，那一天可能面臨職業生涯結束的人竟意外地又多了一個——薩維爾害怕的事果然成真，她的十字韌帶斷裂，直到二〇二三年六月才重返巡迴賽；但令人跌破眼鏡的是，直美比她更晚回到賽場。

直美在第二輪開打前以腹痛為由退出東京賽事。WTA賽曆上的二〇二二年賽季還有很多比賽，包括兩場大型北美硬地球場賽事——聖地牙哥站和瓜達拉哈拉（Guadalajara）站，雖然直美最拿手的就是硬地球場比賽，但這些她都沒有參加。她在日本待了幾天履行贊助商的義務後，飛往歐洲參加科爾代的巡迴演唱會。這次旅行結束後不久，直美就和朋友及媽媽去夏威夷度假了。

直美沒有參加比賽，沒有訓練、沒有教練，動機不明，她漸漸退出這項運動。她還是職業網球運動員嗎？這個問題誰也沒有答案，就算是了解她的人也不例外。

二〇二二年九月下旬，我與維姆．菲塞特談話，對於這位曾在他的指導下獲得兩次大滿貫冠軍的球員，未來到底會怎麼走，他直率地表達看法。

「我不知道。」菲塞特說：「我完全沒概念。」

……………………

直美的發言也充滿了不確定的氛圍，二〇二三年十月，她在二十五歲生日發布的訊息中寫道：「老實說，隨著每一年過去，我總是期待自己變得更成熟，或者神奇地更像成年人。但我現在明白了，很多事情不能操之過急，它終將透過生活的歷練實現。謝謝你們，謝謝你們，謝謝你們看著我走過這段旅程，非常感謝所有的愛和留言，我真的不知道我做了什麼，竟然配得到這一切。愛你們，相信我們一定會再見面（心形表情符號）。」

至於會在哪裡見面，誰也說不準。

十二月初，直美在紐約的網路電視台稍微露了幾次面，宣傳她的繪本《冠軍的玩法》（*The Way Champs Play*）。《早安美國》（*Good Morning America*）主持人羅賓．羅伯茨首先針對直美過去的事蹟與最近的宣傳活動介紹了一番，接著談到她近期不明確的動向。「好吧，讓我把話說清楚。妳現在是作家，還成立製作公司，還出了書——大家都想知道，妳會在二〇二三年重返賽場嗎？我們能對球場上的妳有什麼期待？」

直美咯咯笑起來。「嗯，我不知道。」她告訴羅伯茨：「我覺得自己是好奇心很強的人，所以很慶幸有這麼多機會可以多方探索，我非常期待能做很多事。」

「但是，我是網球運動員。」直美隨即坦承：「所以，你知道，如果我太久不打網球，手會很癢。」

「噢！」羅伯茨說：「唔，沒看到妳上球場，我們心裡也會癢癢的，大家喜歡看到妳在場上。」

……………

直美沒有參加二〇二三年賽季初期任何一場比賽，私下的議論終於擴大為公開的談論。當她退出二〇二三年澳洲網球公開賽時，許多人認為這是她非正式退出比賽的信號。

英國《衛報》專欄作家喬納森．劉（Jonathan Liew）認為，直美應對網球事業的做法「具有『安靜辭職』的所有特徵」。「安靜辭職」是疫情期間的流行語，指的是員工愈來愈少投入工作，以最少時間、精力和情緒應付每天的工作量，而不是乾脆離職。換句話說，一邊領薪水，一邊做著隨時準備走人的工作。劉坦承，對於直美最近在忙什麼、身心狀況如何，以及她對現階段有什麼期望都不了解。「我們不太清楚她想要什麼，甚至不知道她到底想不想要。」他寫道：「我們所能做的就是願大坂一切順利，或許還會欽佩她那小小、悄無聲息的反叛行為。」

……………

關於直美在二〇二二年賽季結束時的心態和她的承諾，劉的判斷不算完全錯誤，當時的她確實充滿矛盾，缺乏雄心壯志。

但在上一場比賽過後幾個月裡，除了跟直美親近的幾個人，劉和所有人都不知道，她的內在也出現了某種全新的變化。

尾聲

重啟

Reset

二〇二三年一月十一日，直美退出澳洲網球公開賽幾天後，發布了一張筆記應用程式的截圖，每逢職業生涯面臨重大轉折時，她都會這麼做。

不過，這一次，直美在截圖旁邊搭配上了完全不同的東西——一張一個月前的超音波照片，顯示她體內一個剛進入發育初期的嬰兒。

大坂直美就這樣交代了她接下來的動向，並引發更多問題：她是人也是運動員，未來她將會如何發展？

……………

對於一個矛盾且處於低潮的選手來說，懷孕顯然是出口，讓她可以離開這條不想再走的路。但直美把懷孕視為「神奇的時刻」，並且反其道而行，把它當成催化劑，為即將耗盡燃料的網球生涯添加渦輪增壓。她坐在沙發上觀看二〇二三年澳洲網球公開賽，腦子裡飛快地思索：今後的比賽該朝哪個方向走？哪位教練最適合帶領她重返網球巔峰？

直美不僅僅是坐著觀看別人比賽，在懷孕的頭幾個月，她也回到球場上，進行高水準擊球訓練，並在場外參加健身課。她比發現懷孕前的那幾個月更加努力。

••••••••••••

在近幾年的女子網壇中，休完產假重返賽場的女選手可以說運氣好壞參半。金・克莉絲特斯一手抱著十八個月大女兒，一手拿著二〇〇九年美國網球公開賽獎盃，堪稱二十一世紀女子網壇最經典的畫面之一——這是她職業生涯中第三個大滿貫冠軍，而且是在產假結束後締造的成就。她休產假前只拿過一次大滿貫單打冠軍，復出後又獲得兩次，並且重新奪回了排名第一的寶座，她以母親的身分在巡迴賽中寫下更成功的篇章。

但誰也無法保證這種事一定會發生。十年來，幾位網壇天后當了媽媽後，回歸之路都走得不太順利。維多利亞・阿扎倫卡和小威廉絲的生涯戰績都比休產假前的金・克莉絲特斯要好，而且兩人都在休產假前贏過大滿貫。二〇一六年，阿扎倫卡剛懷兒子里奧（Leo）時，接連贏得印地安泉和邁阿密的冠軍，世界排名重新躍居前五；小威廉絲剛懷女兒奧林匹亞約兩個月時，贏得二〇一七年澳網冠軍，重奪世界排名第一。但在復出後幾年裡，阿扎倫卡和小威廉絲都沒能重回排名高峰，也都沒有奪得大滿貫冠軍，且雙雙遭遇了意想不到的挑戰——阿扎倫卡與兒子的父親發生監護權糾紛；小威廉絲則得在分娩併發症後努力恢復產前體能。兩位母親也不得不面對另一個她們跨不過的障礙，在美國網球公開賽決賽中，與狀態正佳、鬥志昂揚的大坂直美對戰。

小威廉絲復出的目標是追平瑪格麗特・考特（Margaret Court）二十四個大滿貫單打冠軍的紀錄，並且一邊扛著職業婦女的大旗，一邊打進四大滿貫決賽，但四場決賽都未能如願，令她痛苦不已。「產後復出後，我有過幾次機會。」小威廉絲在二〇二二年《時尚》雜誌的退役隨筆中寫道：「我歷經剖腹產及第二次肺栓塞，最後打進大滿貫決賽。我一邊哺乳一邊比賽，也一邊對抗產後憂鬱一邊比賽。我應該要、會、可以達成目標，原本要以我應該或可以的方式打好這些比賽，但終究失敗了。不過，我先前曾成功二十三次，所以沒關係，這本來就已經是非凡的紀錄。」

小威廉絲最終以母親身分在網球運動中締造了非凡成就，但不是寫在紀錄本上，而是寫在規章中。她成功喚起網壇對懷孕生產議題的關注；此外，她在休產假前排名高居世界第一，卻在復出後被取消種子選手資格，引起她強烈抗議，WTA因而在二〇一八年年底修改母親選手回歸的規則，允許她們有更多緩衝時間，並在回歸後對於參賽和種子選手資格給予更大的保護。所有女性選手在WTA的排名和薪資水準都因這些改革而受益，她們擁有更大的靈活性和能力，在不影響職業生涯的情況下生兒育女。直美將再次因為小威廉絲在前面開路而更加輕鬆。

因其他女運動員而興起的變革，使得直美場外的收入也有相應的保護措施。二〇一九年，因耐吉與九面奧運獎牌得主艾麗森．菲利克斯（Allyson Felix）等田徑明星簽訂的合約中缺乏對孕產婦的保護或保障收入，引起抗議聲浪，直美最近的耐吉合約中已經包含保障孕期收入的條款。「這一切都要歸功於妳和他們合作的經驗。」二〇二三年，菲利克斯的播客節目特別來賓杜吉德說：「我認為他們學到很多教訓。」

……………

雖然有小威廉絲和菲利克斯等體壇前輩以挫折鋪路，讓直美重返賽場時可以運用，但在她二〇二三年缺席巡迴賽期間，人們清楚看到，她也為他人鋪了一條康莊大道。

直美在社群媒體透露自己懷了女兒的同一天，少了她的巡迴賽再次上演熟悉的場景——在羅蘭・加洛斯賽場上，二號種子選手兼澳網冠軍以心理健康為由，不出席法國網球公開賽記者會，再次成為頭條新聞。

世界排名第二的白俄羅斯選手阿麗娜・薩巴倫卡第二輪獲勝後，烏克蘭記者請她談談在俄羅斯入侵烏克蘭的戰爭中，她的國家扮演何種角色。問題具體而尖銳，不容俄羅斯和白俄羅斯選手以含糊其辭的陳詞濫調來迴避戰爭問題。

不論被問了多少次，薩巴倫卡一概以「無可奉告」應答。她對長時間採訪大為不滿，並在賽後與主辦單位和巡迴賽相關人員溝通。他們沒有威脅或處罰，而是給予通融並制定新計畫。兩天後，薩巴倫卡第三輪獲勝，只需要和巡迴賽工作人員進行一對一賽後訪談，她首先提到這次不尋常的情況。「賽後接受記者採訪時，我應該要有安全感。」接下來，她響應直美的說法：「為了我的心理健康和福祉著想，我決定脫離今天這種局面，主辦單位也支持我的決定。這幾天很不好過，我現在只想專心在巴黎打出好成績。」

情況已經和兩年前不同，現在有了解決方案，即使這位世界排名第二的選手對記者會有疑慮，還是可以繼續參加法國網球公開賽。薩巴倫卡繼續比賽並打進四強賽，這是她生涯中在羅蘭・加洛斯獲得的最佳成績。能夠避免兩年前直美的慘況，對球員和賽事來說無疑是雙贏的結果。但報導比賽的記者紛紛表示擔憂：為什麼薩巴倫卡的訪談出現「記者會」三字，卻更像內部公關稿發布會？薩巴倫卡是全球最知名的白俄羅斯人，對於該國在戰爭中扮演何種角色，為什麼可以避而不答？現在球員以「心理健康」為由退出記者會的標準又是什麼？巴西球員蒂亞戈・賽博特・維爾德（Thiago Seyboth Wild）在同一賽事的第一輪獲勝後，記者提到前女友對他的家暴指控，他看起來相當生氣；他是否也應該以心理健康為由迴避這個話題？

法國網球公開賽記者會展現了全新的彈性作風，並不是直美改變網壇格局的唯一例子；還有幾位選手也效法她，公開討論自己的心理健康問題。艾曼達．阿尼西莫娃曾在二〇二二年的大滿貫兩次擊敗直美，她在二〇二三年五月宣布：「自二〇二二年夏天以來，我一直在心理健康問題及職業倦怠中苦苦掙扎。」並決定暫時退出巡迴賽。「參加網球比賽已經令我難以忍受。」阿尼西莫娃寫道。

就在直美暫時退出網壇之際，另一項運動也出現了正面的心理健康新聞。在二〇二一年的體壇話題中，人們常將西蒙．拜爾斯與直美相提並論。拜爾斯退出幾乎所有奧運比賽，整整兩年後重返賽場。經過不到四個月的全天候訓練，拜爾斯於二〇二三年八月在美國體操經典賽（U.S. Classic）復出，並以絕對優勢奪冠，重新登上頒獎台。人們把話題轉向隔年的巴黎奧運，認為拜爾斯到時可以奪回在東京失去的獎牌，但她不以為然。「結婚時，別人會問你什麼時候生孩子。」拜爾斯說：「你來到經典賽，他們就會問奧運會的事。我們只想一步一步來。」隨著時間過去，拜爾斯沒有錯過任何一步。在十月份的世錦賽（World Championships）上，她又恢復到震驚世界的最佳狀態，贏得四面金牌和一面銀牌。

⋯⋯⋯⋯⋯⋯

關於重返賽場，直美的言論遠比拜爾斯大膽。杜吉德建議她不要把復出時間訂得太緊，以免造成過大壓力，但直美還是在懷孕公告貼文中宣布，她打算在二〇二四年一月，也就是產後不到六個月時，在澳洲重返巡迴賽。她的動力和決心不限於復出的時間表。二〇二三年四月，孕期剛邁入第三個月的直美前往日本，與松岡修造進行訪談，討論她的目標。松岡是日本前職業選手，在錦織圭叱吒網壇前，他是日本最傑出的ＡＴＰ運動員，退役後成為大受歡迎的電視名人；當他與直美對坐並交談，不難看出他為什麼會出現極度震驚的表情——她的回答實在是太大膽了。

松岡以最生動的表情問直美，對職業生涯後半段有什麼期許，他戲稱這是直美的「人生第二盤」。

「妳在『直美人生第一盤』贏了四個大滿貫冠軍。」松岡開口說道：「接下來即將迎接『直美人生第二盤』，妳的目標是什麼？」

直美向下瞥了一眼，然後回看松岡。「八個。」她斬釘截鐵地說。

「啊？」松岡睜大眼睛說。

「八個。」直美再說一遍。

「八個。」松岡收回大張的嘴巴並再次應道：「八個大滿貫冠軍？」

「嗯！」直美緊抿著嘴微笑並確認。

「再拿八個大滿貫冠軍？」他問，以澄清她是否計畫將大滿貫冠軍總數增加到十二個。

直美點點頭。

「溫布頓……。」松岡開口說。

「法國。」直美細數願望清單：「還有奧運金牌，我打算明年努力一下，在奧運會奪冠。我也不知道。我非常期待再度拿起球拍，所以——我不知道——總之我會非常開心。」

⋯⋯⋯⋯⋯⋯

直美大聲說出如此崇高的目標，似乎對自己並不公平；鑒於她近年來處境艱難，加上長期休戰後重返賽場的艱鉅挑戰，哪怕只得一個大滿貫冠軍都已是了不起的成就。但在重新開始擊球之前，直美已經得到重大勝利，也就是前任教練再次對她信心滿滿。

維姆．菲塞特坦承，二〇二二年夏天，他與直美的合作關係結束後，繼續前進並不容易。「直美絕對是我職業生涯的亮點。」他告訴我：「和當時——至少在過去五年裡——最偉大的女運動員合作是多麼盛大的榮耀，很難再遇到，不曉得之後會如何？」

儘管還不確定下一步要怎麼走，但二〇二三年，菲塞特的指導能力受到青睞。二月，他被任命為比莉．珍．金盃比利時隊隊長；六月，他接受鄭欽文的聘雇，擔任她的教練，這位二十歲年輕球員是中國女子網壇最被看好的選手。雙方合作的頭幾個月便締造幾項傲人成績，包括贏得第一個ＷＴＡ公開賽冠軍，並在美國網球公開賽首次打進大滿貫八強賽。但菲塞特告訴我，他覺得自己的指導風格沒有達到預期的效果，也沒有引起共鳴。他談到鄭欽文時表示：「我希望對球員帶來一些影響，但我覺得在她身上沒有看到。」

二〇二三年夏天，菲塞特接到杜吉德的電話，問他有沒有可以推薦的教練。杜吉德說直美對網球「比以往任何時候都更有動力」。菲塞特回憶：「我給了他們幾個名字，他描述她多麼有動力，我當時想：哇！這對網壇來說是好消息，對直美來說也是好消息。」

鄭欽文在紐約打進八強賽後，菲塞特回到比利時，再次接到杜吉德的電話。直美也打來，表明希望他再次擔任教練。雙方談了一陣，他接受直美的提議，結束與鄭欽文的合作，並在兩人分開十四個月後重新攜手。在一年前，直美對網球事業明顯欠缺方向，這個矛盾心理一直困擾著菲塞特，後來導致兩人結束合作關係。菲塞特說：「她知道我對漫無目標的選手不感興趣。」但他告訴我，二〇二三年九月與他通話的直美，「活像換了一個人」。

她不僅表明自己渴望職業生涯能夠長長久久，還說希望二〇二四年打遍所有公開賽。他說：「沒錯，我真的發現她比以往都要有動力和志向。」

直美在二〇一九年首次聘請菲塞特時，沒有考量他是否指導過具有母親身分的選手，但他在這方面其實經驗豐富。他在WTA巡迴賽的第一份教練工作便是在金．克莉絲特斯夢幻復出後為她提供指導；此外，維多利亞．阿扎倫卡在混亂不安的復出期間也是和他合作。菲塞特說：「當你站在世界頂尖的位置，又有足夠的經濟能力，就可以帶著孩子舒適地環遊世界。」他還說，對新手媽媽來說，穩定的環境將決定她們面臨何種結果。「家庭狀況理想的話，當然很好。」他說；「但若不理想，就會很困難。」

菲塞特告訴我，他與直美初次通話時便談到，如果無法立即成功，保持樂觀積極很重要，他與直美有共同目標，就是讓她重返網球運動巔峰。「有了直美，機會就在眼前。」他說：「我感到她身上有一股非常積極的能量和氛圍，我的意思是，她贏過四個大滿貫冠軍，展現過不可思議的球技，但我總覺得她身上還有很多東西，一定可以發展得更好。我的願望就是幫助她更上一層樓，我認為這件事大有可為，而且迫不及待要開始。在我眼中，她仍然是未經雕琢的鑽石，希望在接下來幾年裡讓她發揮所有潛能，努力把她培養成全方位的運動員。」

若要成為全方位運動員，就必須在歐洲的紅土和草地球場成功，這是直美一直以來無法實現的目標。「不妨看看排名前一百的球員，我想很少有人在紅土和草地球場花費的時間或參加的比賽比直美少。」他說：「前景無限，但取決於她，取決於她有多麼想繼續在比賽中進步。她需要耐心，同時也要非常積極主動。」

除了在不適應的場地上調整擊球和步法，菲塞特也希望優先確保團隊有合適的人來照顧她的身心健康。「接下來兩週裡，我最想跟她說的就是，在現代運動中，應該要將運動心理學家納入團隊。」菲塞特在與直美重新合作的前幾天告訴我：「我覺得這一定有幫助。但不會強求，而是一起談論這個問題。」

十月中旬，菲塞特來到洛杉磯，展開與直美的二度合作。從十月九日第一次共同練習開始，她的專注就讓他留下了深刻印象。「暫別網壇和生孩子勢必為你帶來不同的視角。」菲塞特說：「我想，每個人都希望孩子能以父母為榮。如果你有機會在孩子面前做最偉大的事，這已經（超越）為自己努力的範疇，達到更高的境界。她知道自己有機會，也有能力拿出非凡的表現。」

⋯⋯⋯⋯⋯⋯⋯⋯

大坂直美能否重返網壇巔峰？當然，我們有理由保持樂觀。雖然她在法國網球公開賽和溫布頓網球錦標賽連第三輪都沒有打進過，但她曾多次在硬地賽場上施展舉世無雙的球技。她仍然記得如何擊球、如何贏得比賽。如果她能保持良好的體能和動力，回歸巔峰指日可待。小威廉絲剛剛退役，接著直美懷孕並休產假，女子網壇缺乏家喻戶曉的名將，這是幾十年來未曾有過的情況。幸而十九歲的可可・高芙在二〇二三年美國網球公開賽贏得第一個大滿貫冠軍，稍稍紓解了「災情」。直美獲得的四個大滿貫冠軍頭銜僅僅是小威廉絲的一小部分，但在同輩中暫時還沒有人能夠超越。

不過，我們也有理由降低對她的期望值。在邁阿密重新振作後，直美在二〇二二年賽季剩餘的九場比賽中只贏了三場（在東京與薩維爾的七分鐘比賽也算），年終排名第四十二位。更令人擔憂的是，從她退出二〇二一年法國網球公開賽開始，總戰績僅為十八勝十二負。自從對全世界承認自己一直在苦苦掙扎，她就再也不是人人心目中那個網壇常勝軍。

但直美也將不再是暫別當下的她。「老實說，我覺得這一年，還有這段休息時間，對我來說真的很重要，因為它讓我記起真實的自我。」直美在二〇二三年說：「自法國網球公開賽以來，這三年發生了很多事。我心裡多少有點憤怒，但也覺得自己改變很多，愈來愈像我所散發的那股能量。所以，我很高興能暫時回歸自我，並想起所有對我來說重要的事。」

直美利用一年的休息時間追上她飛速運轉的大腦。「我只是想利用這一年，呃，放鬆一下。」她說：「自從贏得第一個大滿貫之後，所有事都發生得非常非常快，我很想好好處理它們，但一直沒有時間。我和媽媽聊天，談到一些往事，她會說：『哦，那不過是五年前的事罷了。』但我想，五年雖然很短，在我的大腦裡卻像是已經過了很久。」

直美說，暫別網壇改變了內心獨白的平衡。「我覺得內心裡有兩個聲音，通常我會努力去聽那個心地善良的聲音。」她解釋：「我用『她』來稱呼這個聲音，她說話很溫柔，很正面。但有時我在球場上，彷彿有另一個稍微嚴厲的聲音。我現在聽到的主要是溫柔的聲音……已經有一陣子沒聽到嚴厲的聲音。」

⋯⋯⋯⋯

沒有人知道直美將如何應對未來的成功和掙扎，她可能加倍努力、繼續奮鬥，也可能直接放棄。無論接下來會如何，她在公眾心目中絕對是網壇傳奇人物，此外，她也已成為名人堂的候選人——但對於自己是否值得如此崇高的評價，她就沒那麼確定了。直美向來不習慣對自己寬容大方。二〇二一年 Netflix 紀錄片《大坂直美》中，有一幕場景最引人注目，那是二〇一九年十月，全家在日本的鐵板燒餐廳為直美慶祝二十二歲生日。當時她已經贏得兩個大滿貫冠軍，登上世界第一的寶座，收入高達數千萬美元。但她似乎仍不滿足。「妳覺得我在二十二歲這一年會有更多表現嗎？」直美問母親。「還是說，妳覺得現在這樣已經算是，呃，可以接受？」

環搖搖頭。「比可以接受好太多了。」她告訴女兒。

直美不以為然。「我有時候會很困擾。」她說：「我也不知道，只是有時會想這件事，它偶爾會成為我的思考主題。我知道不應該設定時間表，但又很想知道我是不是太慢了。」

即使後來直美又贏得兩個大滿貫冠軍，收入達到數億美元，但她依然擺脫不掉那種不滿足的感覺。畢竟在職業生涯起步階段，父母為了追求網球夢想而犧牲安全和穩定的生活，使得直美產生非常嚴重的飢餓感。這種感覺帶來的動力不僅讓她的家庭擺脫貧困，也讓她成為有史以來收入最高的女運動員，現在她的目標已經轉向成為第一位億萬富翁女運動員。

然而，儘管她和家人已擁有無可爭議的財富和奢華的生活，小時候的飢餓感依然沒有消失。無論她在富比士排行榜上排在第幾名，或帳戶有多少餘額，她始終無法擺脫一定要更努力的想法。「有時候，我真希望父母很有錢，我就不用覺得需要為大家的生存而工作。」二〇二二年八月，直美在推特上說：「話又說回來，如果父母很有錢，我不會有今天的成就，因為沒有動力。」她接著補充說明：「所以我想，這一切會發生都是有原因的。」

當年，父母讓她的童年圍繞著高風險及高報酬的網球夢，隨著時間過去，直美漸漸學會從這當中尋找安慰。

••••••••••••••

「我覺得這源於小時候。」直美在二〇二二年說：「父母非常相信我，以至於我有時會想：天哪！真希望我能像他們那樣相信自己。而現在，我已經達到這樣的地步，呃，沒錯，我看到他們當年看到的。所以，我認為這是非常有力量的事。我想，小時候的我看到現在的自己，一定會非常自豪和開心。」

⋯⋯⋯⋯⋯⋯

二〇二三年七月初，直美生下女兒莎伊（Shai）。短短十天後，她就開始進行產後第一次健身。

「唔，這是一次很酷的中場休息。」直美在推特上發布一張照片，畫面中的莎伊穿著網球主題的連身衣，躺在她的腿上。「現在回到已經排定的行程（網球表情符號）（平靜符號）（心形表情符號）。」

謝詞

ACKNOWLEDGMENTS

多年來，我一直想寫一本女子網球的書，二〇二〇年八月十九日，大坂直美在紐約的抗議行動導致停賽，讓我在幾分鐘內就意識到，直美將是引人入勝的主題。我從她還是個自嘲而害羞的少女時就認識她；在報導巡迴賽十多年裡，看著她勇敢發聲並領悟自己有多麼強大，這是最了不起的轉變。接下來的幾個星期和幾個月，直美輪流戴著七個印上名字的口罩，又贏得兩個大滿貫冠軍，並引發關於心理健康和冠軍意義的全球性話題。我想盡可能了解這一切，並與全世界分享。

她的故事既引人入勝也難以捉摸，我剛開始寫這本書並跟著直美轉戰巡迴賽那段時間，正逢她人生中最難以預測的篇章之一。隨著她在網壇的發展及進進出出，努力跟上這位始終在變動的主角，是我職業生涯中最具挑戰性的工作。

但在大家的幫助下，我想我們終於辦到了。非常感謝編輯吉爾・施瓦茨曼（Jill Schwartzman）和她在達頓

（Dutton）的團隊（尤其是夏綠蒂·彼得斯〔Charlotte Peters〕，多虧她的幫忙，這架飛機才能著陸），感謝他們的耐心與指導，協助我們一次次調整本書以適應不斷變遷的主題和故事。也感謝經紀人——斯特林勳爵文學出版社（Sterling Lord Literistic）的道格·斯圖爾特（Doug Stewart），即使經歷了一些嚴重的天候影響，他仍穩定地培育這顆種子，讓它長成一棵參天大樹。

當然，如果沒有直美本人，我也無法講述這個故事。自從第一次見到她，我就被她的坦率和脆弱深深震撼；她是非常真誠的人，讓你意識到其他人都有所保留。正是她多年來對我、對他人、對自己都完全坦誠，我們才有可能講述這個故事。我還要感謝直美和她的經紀人斯圖爾特·杜吉德，感謝他們從最初的想法到最後的事實查核都全力配合並參與。還要感謝接受我採訪的每個人，包括數十位沒能納入最終版本的受訪者，他們為我的寫作提供了寶貴的意見。

寫完本書感覺就像為我十幾年的網球報導畫上句號，這個美麗而令人瘋狂的運動讓我繞著地球跑。一九九〇年代，我也是在電視上看到威廉絲姊妹的比賽後迷上網球，多年來定期和父親一同前往紐約觀看她們的美國網球公開賽。我從未想過這些旅行最終會把我帶向何處，也沒料到一九九七年，美國網球公開賽上第一次讓我著迷的大威廉絲，在我完成這本書時還在打球！

當我和父親坐在亞瑟·艾許球場上層看台時，作夢也想不到將來我會結合對網球和寫作的熱愛，將之變成一種可以維生的職業。這件事在二〇一一年成真，首要功臣是凱倫·克勞斯（Karen Crouse），我在辛辛那提記者會上向小威廉絲提問小甜甜布蘭妮（Britney Spears）的歌詞時，克勞斯覺得既好笑又困惑，後來她將我介紹給《紐約時報》的編輯，我和他們合作寫了十多年的網球報導。傑出編輯奈拉·尚·梅耶斯（Naila Jean Meyers）和傑森·斯托爾曼（Jason Stallman）是我的掌舵人，對於我提出的那些鮮為人知的故事（比如當時排名還遠在一百多的海地與日本混血美國少女），他們由衷支持。此外，還有凱倫（Karen）、克里斯・克拉瑞（Chris Clarey）、大衛・沃爾斯坦（David Waldstein）、約翰・布蘭奇（John Branch）、哈維・阿拉頓（Harvey Araton）、庫爾特・斯特里特（Kurt Streeter）和葛列格・畢夏（Greg Bishop）等傑出的同事，因為他們，我每天都能向最好的人學習。

網球記者的工作時間很長，連續十四天待在墨爾本的新聞編輯室裡，一直工作到凌晨，讓人疲憊不堪，但這從來不是負擔，因為我有一群好夥伴。我的戰友包括蔻特妮・阮、莉姆・阿布利爾、圖馬伊尼・卡拉約爾（Tumaini Carayol）、蕾妮・丹菲爾德（René Denfeld）、卡羅爾・布沙爾（Carole Bouchard）、瑞奇・迪蒙（Ricky Dimon）、大衛・阿瓦基安、尼克・麥卡威爾、麥特・特羅洛普（Matt Trollope）和羅伯特・「吉米」・普蘭奇（Robert “Jimmie” Prange），他們讓工作充滿樂趣，日復一日努力的報導也為本書奠定基礎（以及幾乎所有關於直美這樣的現代網球明星的報導）。

我還要特別感謝日本網球報導界的女王內田亞紀，她為我慷慨解說日本文化和語言，使我受益匪淺。還要感謝《球拍》雜誌的大衛・沙夫特爾（David Shaftel）和凱特琳・湯普森（Caitlin Thompson），他們讓我最偉大奇特的想法有了歸宿；感謝《斯萊特》雜誌的喬許・萊文，他的智慧和勇敢幫助我完成一些最值得驕傲的工作；感謝我的播客節目《圓滿完賽》的聽眾，自二〇一二年以來，他們用耳朵（和小額捐款）慷慨地支持我。

我還要感謝許多資深從業人員歡迎我加入他們的行列，包括道格・羅布森、湯姆・佩羅塔和麥特・克羅寧（Matt Cronin）等美網記者，以及為採訪提供便利措施的ＷＴＡ通訊人員。我從小就熱愛拜讀瑪麗・卡里略、帕姆・施萊佛和喬恩・威特海姆（Jon Wertheim）等網球媒體明星的報導，如今能跟他們成為朋友，讓我覺得每個人都應該有機會認識心目中的英雄。

我長年跟著網球巡迴賽四處奔波，這一年裡，能夠靜下心來寫這本書，是一種幸福。在閉關寫作期間，感謝那群「週三小夥伴」延續我的社交生活；他們的聰明才智既激勵了我，又令我謙卑。還要感謝愛犬貝蒂（Betty），感謝牠對我無盡的關愛，也感謝牠一直那麼可愛（我的睡眠時間非常不定，牠也完全不受影響）。

最後，要感謝姊姊馬利亞（Maria）和媽媽瑪格麗特（Margaretta）。我要告訴大家，因為她們的存在，我成了家裡表現最差的作家，這絕對是真話。感謝妳們無所不在的愛和支持。

參考資料

INTRODUCTION: LIKE NO ONE EVER WAS

Interview with Naomi Osaka by author.

Press conference with Naomi Osaka at 2016 Australian Open.

Aurélien Delfosse, "L'énigme multiculturelle Naomi Osaka, nouvelle star du tennis." *L'Équipe,* January 26, 2019.

CHAPTER 1: PAR ADISE

Interviews with Sergey Demekhin, Wim Fissette, Tommy Haas, Yutaka Nakamura, Chanda Rubin, Daria Saville, fan at Indian Wells by author.

Press conferences with Naomi Osaka at 2022 Indian Wells, 2022 Miami, 2022 Madrid, 2021 Cincinnati.

Press conference with Rafael Nadal at 2022 Indian Wells.

Broadcast of Naomi Osaka vs. Veronika Kudermetova. Tennis Channel, March 12, 2022. Broadcast of Naomi Osaka vs. Daria Kasatkina. Tennis Channel, March 18, 2018.

Broadcast of Serena Williams vs. Kim Clijsters. Eurosport, March 17, 2001.

Kurt Badenhausen, "Naomi Osaka Is the Highest-Paid Female Athlete Ever, Topping Serena Williams." *Forbes,* May 22, 2020.

Gregg Doyel, "Doyel: Naomi Osaka Heckler Shows What Courage Looks Like, and What It Doesn't." *The Indianapolis Star,* March 13, 2022.

Soraya Nadia McDonald, "The One and Only Naomi Osaka." *The Undefeated,* March 8, 2019.

Serena Williams and Daniel Paisner, *On the Line*. Grand Central Publishing, 2009.

Fearless with Jason Whitlock, March 15, 2022.

Late Night with Seth Meyers, March 16, 2022.

Alyson Watson and Naomi Osaka, "Elevate 2022 Opening Keynote." *Modern Health,* Septem- ber 7, 2022.

BNP Paribas Open website, https://bnpparibasopen.com/.

CHAPTER 2: THE MOTHERLAND

Interviews with Pedro Herivaux by author.

Brook Larmer, "Naomi Osaka's Breakthrough Game." *The New York Times Magazine,* August 23, 2018.

Yomiuri Shimbun, "Raising Naomi, as Told by Her Mother / Naomi Osaka's Mother Dreamed of Tennis-Playing Sisters." *The Japan News,* August 10, 2023.

Naomi Yamaguchi, "Osaka Tamaki: Mom of Tennis Star Osaka Naomi on Life and Her Daughter's Determination." *Nippon.com,* July 12, 2022.

Tamaki Osaka, *Through the Tunnel: Just One More Day, My Days of Chasing a Reckless Dream.*

Shueisha, 2022.

Venus Williams Instagram post, March 4, 2021. Tamaki Osaka Instagram story, May 20, 2023.

CHAPTER 3: WHERE DREAMS ARE MADE OF

Interviews with Mari Osaka, Sulaah Bien-Aime, Katrine Steffensen by author. Press conferences with Naomi Osaka at 2020 U.S. Open, 2022 Miami.

Sean Gregory, "Tennis Star Naomi Osaka Doesn't Like Attention. She's About to Get a Ton of It." *Time,* January 10, 2019.

Brennan Kilbane, "Naomi Osaka Wants to Win More than Anyone Else." *Allure,* July 16, 2019.

Elisa Lipsky-Karasz, "Naomi Osaka on Fighting for No. 1 at the U.S. Open and Why She's Speaking Out." *Wall Street Journal,* August 25, 2020.

Ben Machell, "Tennis Star Naomi Osaka: The One to Beat at Wimbledon." *The Times (UK)*, June 22, 2019.

Tamaki Osaka, *Through the Tunnel: Just One More Day, My Days of Chasing a Reckless Dream.*

Shueisha, 2022.

Selfish Love, directed by Leonard Maxime François, 2007.

The Late Show with Stephen Colbert. CBS, December 6, 2022.

"MINK! Naomi Osaka and Ben Proudfoot in Conversation." *Breakwater Studios* (YouTube), December 14, 2022.

TennisRecruiting.net results for Naomi Osaka and Mari Osaka.

CHAPTER 4: CHASING SUNSHINE

Interviews with Naomi Osaka, Bill Adams, Tom Downs, Christophe Jean,

Andrei Kozlov, Stefan Kozlov, Rick Macci, Johnnise Renaud, Eliseo Serrano, Harold Solomon, Eddie Sposa, Patrick Tauma, Neha Uberoi by author.
Naomi Osaka at Hana Kuma/Hypebeast event, August 24, 2022.
Dave Hyde, "An Uncommon Dream Came True on South Florida Courts for Naomi Osaka." *South Florida Sun Sentinel,* March 16, 2019.
Elisa Lipsky-Karasz, "Naomi Osaka on Fighting for No. 1 at the U.S. Open and Why She's Speaking Out." *Wall Street Journal,* August 25, 2020.
Christophe Jean Plaintiff vs. Leonard Francois, et al Defendant. Broward County Clerk of Courts, February 7, 2019.

CHAPTER 5: EARLY START

Interviews with Naomi Osaka, Anamika Bhargava, Richard Russell by author.
Akatsuki Uchida, "大坂なおみが18年間を振り返る「お姉ちゃんこそ最大のライバル」." Sportiva, October 5, 2016.
"Naomi Osaka Shares Her First Time Meeting Serena Williams & More." *Teen Vogue* (You- Tube), May 5, 2020.
WTA, *2023 WTA Official Rule Book.* 2023.

CHAPTER 6: SISTER ACT 2

Interviews with Naomi Osaka, Mari Osaka, Bill Adams, Darren Cahill, Christophe Jean, Rick Macci, Johnnise Renaud, Harold Solomon, Patrick Tauma by author.
Press conferences with Naomi Osaka at 2014 Stanford, 2016 French Open, 2017 Wimbledon, 2021 Miami.
Press conference with Mari Osaka at 2019 Miami.
Naomi Osaka interview. *Wide World of Sports,* January 26, 2019.
Naomi Osaka interview. Tennis Channel, March 22, 2019.
The Last Dance, episode 2, April 19, 2020.
Naomi Osaka at Hana Kuma/Hypebeast event, August 24, 2022.
Elena Bergeron, "How Putting on a Mask Raised Naomi Osaka's Voice." *The New York Times,* December 16, 2020.
Rob Hodgetts and Christina Macfarlane, "Naomi Osaka on Setbacks, Role Models and Inspir- ing Others." CNN, July 3, 2019.
Dave Hyde, "An Uncommon Dream Came True on South Florida Courts for Naomi Osaka." *South Florida Sun Sentinel,* March 16, 2019.
Brook Larmer, "Naomi Osaka's Breakthrough Game." *The New York Times Magazine,* August 23, 2018.
Mari Osaka, "To My Sister Naomi Osaka, a Love Letter." *Glamour,* June 29, 2020.
S. L. Price, "Who's Your Daddy?" *Sports Illustrated,* May 31, 1999.
Tim Wigmore, "Why Are Great Athletes More Likely to Be Younger Siblings?" FiveThirty- Eight, December 1, 2020.
Tamaki Osaka, *Through the Tunnel: Just One More Day, My Days of Chasing a Reckless Dream.* Shueisha, 2022.
Amanda de Cadenet, "VS x Naomi Osaka." *VS Voices,* December 17, 2021.
"Mari & Naomi 1st Golf Day "初ゴルフの日 (打ちっぱなし) '08." *Liberty NY* (YouTube), July 25, 2008.
TennisRecruiting.net results for Naomi Osaka and Mari Osaka.

CHAPTER 7: THE DOTTED LINE

Interviews with Daniel Balog, Belinda Bencic, Ivan Bencic, Darren Cahill, Nori Shimojo by author.
Press conferences with Naomi Osaka at 2022 Miami. Michael Mewshaw, *Ladies of the Court.* Crown, 1993.
Tamaki Osaka, *Through the Tunnel: Just One More Day, My Days of Chasing a Reckless Dream.*
Shueisha, 2022.

CHAPTER 8: MAKING MOVES

Interviews with Daniel Balog, Darren Cahill, Kevin Fischer, Petra Marti , Simon Rea, Saman- tha Stosur by author.
Press conferences with Naomi Osaka, Andrea Petkovic at 2014 Stanford. Press conference with Serena Williams at 2016 Australian Open.
Broadcast of Naomi Osaka vs. Andrea Petkovic. Tennis Channel, July 30, 2014.
Brennan Kilbane, "Naomi Osaka Wants to Win More Than Anyone Else." *Allure,* July 16, 2019.
Susana Castelo, et al Plaintiff vs. Tamaki Osaka, et al Defendant. Broward County Clerk of Courts, July 8, 2014.
Tamaki Osaka, *Through the Tunnel: Just One More Day, My Days of Chasing a Reckless Dream.*
Shueisha, 2022.

CHAPTER 9: RISING SUN

Interviews with Naomi Osaka, Leonard François, Katrina Adams, Daniel Balog, Florent Daba- die, Mary Joe Fernández, Treat Huey, Jason Jung, Patrick McEnroe, Johnnise Renaud, Ena Shibahara, Harold Solomon, unnamed tennis parent by author.

Ben Rothenberg, "Bogomolov Switches Flags in a Boost for Russia." *The New York Times*

(Straight Sets), January 19, 2012.

Ben Rothenberg, "A Best-Ranked Player for One Country Has Decided to Represent Another."

The New York Times, August 27, 2013.

Ben Rothenberg, "Questioned About Body, Townsend Rises and Inspires." *The New York Times,* May 27, 2014.

James Buddell, "Kei Nishikori: Project 45 No Longer a Secret." ATP Tour, November 7, 2008. Jenny Cosgrave, "Maria Sharapova: I Won't Trade Russian Citizenship." CNBC, March 23,

2015.

Aurélien Delfosse, "L'énigme multiculturelle Naomi Osaka, nouvelle star du tennis." *L'Équipe,* January 26, 2019.

Miguel Morales, "How Rising Tennis Star Kei Nishikori Made $10 Million This Year." *Forbes,* August 26, 2013.

Nick Pachelli, "Defying Tennis Tradition, a Product of Public Courts Is on the Rise." *The New York Times,* March 5, 2017.

Tom Perrotta, "Why the USTA Benched America's Best Junior." *The Wall Street Journal,* September 7, 2012.

——, "Tennis Legends 'Livid' About USTA Decision." *The Wall Street Journal,* September 7, 2012.

——, "Naomi Osaka: The Tennis Star Who Was Overlooked by Everyone." *The Wall Street Journal,* September 12, 2018.

Mike Cation and Noah Rubin, "Behind the Racquet with Ernesto Escobedo: Why He's Now Playing for Mexico." *Behind the Racquet,* February 1, 2023.

Draw of 2008 USTA National Clay Court Championships.

CHAPTER 10: RISING STAR

Interviews with Naomi Osaka, Caroline Garcia, Ons Jabeur by author.

Press conferences with Naomi Osaka at 2015 Singapore, 2021 Australian Open.

Reem Abulleil, "Reem's Diary: New Star Is Born at WTA Rising Stars in Osaka." Sport360, October 25, 2015.

"Vote for Naomi Osaka." *ioaproductions* (YouTube), September 28, 2014. Twitter post of Andy Murray, May 26, 2011.

CHAPTER 11: TRANSLATING

Interviews with Naomi Osaka, Florent Dabadie, Wim Fissette, Elina Svitolina, Aki Uchida by author.

Press conferences with Naomi Osaka at 2016 Australian Open, 2016 French Open, 2016 U.S. Open.

Ben Rothenberg, "Another Win for a Player Getting in Touch with Her Japanese Roots." *The New York Times,* January 21, 2016.

Aurélien Delfosse, "L'énigme multiculturelle Naomi Osaka, nouvelle star du tennis." *L'Équipe,* January 26, 2019.

Rakuten Research, Inc., "Rakuten Research Announces Results of Survey on Attitudes Towards English." August 26, 2016.

Ben Rothenberg and Courtney Nguyen, "Episode 141d: Australian Open Day 4: Hooroo, Hewitt! Yokoso, Osaka!" *No Challenges Remaining,* January 21, 2016.

Courtney Nguyen, "New Year, New Me: Naomi Osaka Bringing Positive Vibes into 2019."

WTA Insider Podcast, December 30, 2018.

Tamaki Osaka, *Through the Tunnel: Just One More Day, My Days of Chasing a Reckless Dream*. Shueisha, 2022.

CHAPTER 12: CLOSE

Interviews with Daniel Balog, Christine Keys by author.

Press conferences with Naomi Osaka, CoCo Vandeweghe, Madison Keys at 2016 U.S. Open. Broadcast of Naomi Osaka vs. CoCo Vandeweghe. USTA, August 29, 2016.

Broadcast of Naomi Osaka vs. Madison Keys. USTA, September 2, 2016.

News Watch 9. NHK, September 27, 2016.

Reem Abulleil, "Rising Teens Naomi Osaka and Ana Konjuh Discuss Challenges of Life on Tour." Sport360, March 7, 2017.

Harvey Araton, "As Williamses Age, Here Comes Youth." *The New York Times,* August 31, 2011.

Marc Berman, "Coco Vandeweghe Blasts Ump over Disputed Bathroom Break." *New York Post,* August 29, 2016.
Christopher Clarey, "Long Anticipated, Madison Keys's Big Moment Is Here." *The New York Times,* January 28, 2015.
Craig DeVrieze, "Former Q-C Girl Has Potential to Win Grand Slams." *Quad-City Times,* June 13, 2009.
Noah Rubin, "Madison Keys." *Behind the Racquet,* February 18, 2019.

CHAPTER 13: THE SOCIAL GAME

Interviews with Taro Daniel, Ana Konjuh by author.
Press conferences with Naomi Osaka at 2017 U.S. Open, 2019 Australian Open, 2020 Brisbane, 2022 Miami.
Press conference with Madison Keys at 2017 Indian Wells.
Reem Abulleil, "Rising Teens Naomi Osaka and Ana Konjuh Discuss Challenges of Life on Tour." Sport360, March 7, 2017.
Levi Baker and Debra Oswald, "Shyness and Online Social Networking Services." *Journal of Social and Personal Relationships,* November 2010.
Courtney Nguyen, "Daily Dispatch: Naomi Osaka's Worst Day Ever." *WTA Insider Podcast,* February 19, 2017.
Instagram Live with Naomi Osaka and Iga wi tek.
Twitter accounts of Naomi Osaka, Taro Daniel, Ana Konjuh, Madison Keys.

CHAPTER 14: INTO VENUS'S ORBIT

Interview with David Taylor by author.
Press conferences with Naomi Osaka at 2017 Wimbledon, 2017 U.S. Open. Press conferences with Venus Williams at 2017 Wimbledon.
Broadcast of Naomi Osaka vs. Karolína Plíšková. WTA, August 10, 2017. Broadcast of Naomi Osaka vs. Angelique Kerber. USTA, August 29, 2017.
René Denfeld, "WTA Stuttgart—Getting to Know: Naomi Osaka." *Inside Out* magazine, April 25, 2017.

CHAPTER 15: FOOTSTEPS

Interviews with Sascha Bajin, Sven Groeneveld, Daria Kasatkina by author.
Press conferences with Naomi Osaka at 2018 Australian Open, 2018 Indian Wells, 2018 Miami, 2022 Miami.
Naomi Osaka interview. Tennis Channel, May 28, 2018.
Naomi Osaka at Hana Kuma/Hypebeast event. August 24, 2022.
Broadcast of Naomi Osaka vs. Sachia Vickery. Tennis Channel, March 12, 2018.
Broadcast of Naomi Osaka vs. Daria Kasatkina. Tennis Channel, March 18, 2018.
Sascha Bajin, *Strengthen Your Mind: 50 Habits for Mental Change.* Asuka Shinsha, 2019.
Jonathan Newman and James Rogers, "Rogers Cup Wrap, Sascha Bajin Chat." *The Body Serve Podcast,* August 12, 2018.
Craig Shapiro, "Big Sascha Talks with Craig Shapiro." *The Craig Shapiro Tennis Podcast,* July 22, 2022.
Leslie Koroma Sr., "A Conversation with Abdul Sillah, a Trainer of World Champions." *African Sports Monthly* (YouTube), September 13, 2021.
Vera Papisova. "Naomi Osaka on Her US Open Victory and Serena Williams." *Teen Vogue* (YouTube), September 11, 2018.

CHAPTER 16: WELCOME TO SERENA

Press conference with Naomi Osaka at 2018 Miami.
Broadcast of Naomi Osaka vs. Serena Williams. WTA, March 21, 2018.
"Chapter 1, Fear," May 2, 2018; "Chapter 4, Change," May 23, 2018; "Chapter 5, Resolve," May 30, 2018. *Being Serena.* HBO, 2018.
Twitter account of Ivanka Trump.

CHAPTER 17: CHARLESTON

Press conference with Naomi Osaka at 2018 Charleston.
Broadcast of Naomi Osaka vs. Laura Siegemund. WTA, April 4, 2018.
Broadcast of Naomi Osaka vs. Julia Görges, WTA, April 5, 2018.
Kevin Nguyen, "Naomi Osaka Is the Coolest Thing in Tennis." *GQ,* May 24, 2018.
Amanda de Cadenet, "VS x Naomi Osaka." *VS Voices,* December 17, 2021.
Allyson Felix and Wes Felix, "Naomi Osaka: Motherhood, Grand Slams, and Nike (Feat: Stu Duguid)." *Mountaintop Conversations by Saysh,* August 1, 2023.

CHAPTER 18: COLLISION COURSE

Press conferences with Naomi Osaka, Serena Williams at 2018 U.S. Open.
Press conference with Madison Keys at 2018 Wuhan.

Broadcast of Naomi Osaka vs. Aryna Sabalenka. ESPN, September 3, 2018.
Broadcast of Naomi Osaka vs. Madison Keys. ESPN, September 6, 2018.
Brook Larmer, "Naomi Osaka's Breakthrough Game." *The New York Times Magazine,* August 23, 2018.
Sascha Bajin, *Strengthen Your Mind: 50 Habits for Mental Change*. Asuka Shinsha, 2019.
Craig Shapiro, "Big Sascha Talks with Craig Shapiro." *The Craig Shapiro Tennis Podcast,* July 22, 2022.
"US Open Interview: Naomi Osaka." *US Open* (YouTube), September 7, 2018.
Twitter account of Naomi Osaka.

CHAPTER 19: BOILING POINT

Champion's roundtable for Naomi Osaka at 2018 U.S. Open.
Press conference with Serena Williams at 2018 U.S. Open.
Drew Nantais, "2018 U.S. Open Odds: Serena, Djokovic Open as Betting Favorites." *The Sporting News*, August 27, 2018.
Nerisha Penrose, "Virgil Abloh Creates Ballerina-Inspired Collection for Serena Williams' U.S. Open Return." *Elle,* August 13, 2018.
J.S., "An Overzealous Chair Umpire Overshadows Naomi Osaka's Impressive Victory." *The Economist*, September 9, 2018.
Steff Yotka, "Serena Williams Will Return to the U.S. Open in Virgil Abloh x Nike." *Vogue,* August 13, 2018.
Broadcast of Serena Williams vs. Jennifer Capriati. USA Network, September 7, 2004.
Broadcast of Serena Williams vs. Kim Clijsters. CBS, September 12, 2009.
Broadcast of Serena Williams vs. Samantha Stosur. CBS, September 11, 2011.
Broadcast of Naomi Osaka vs. Serena Williams. ESPN, September 8, 2018.
Dave Meyers (director), "Queen of Queens" commercial. *Beats by Dre,* August 2018.
Grand Slam Board, *Official 2018 Grand Slam Rule Book,* 2018.

CHAPTER 20: FROM ASHE TO WILDFIRE

Champion's roundtable for Naomi Osaka at 2018 U.S. Open.
Press conferences with Naomi Osaka at 2018 U.S. Open, 2018 Beijing. Press conference with Serena Williams at 2018 U.S. Open.
Naomi Osaka interview. ESPN, September 8, 2018.
Today. NBC, September 10, 2018.
The View. ABC, September 10, 2018.
America's Newsroom. Fox News, September 10, 2018.
Saturday Night Live. NBC, September 29, 2018.
The Project. Channel 10, September 17, 2018.
MSNBC Reports (with Stephanie Ruhle). MSNBC, September 10, 2018.
Don Van Natta Jr., "Backstory: Serena vs. the Umpire." ESPN, August 19, 2019.
Reem Abulleil, "Naomi Osaka on Her 'Bittersweet' US Open Win, the Difficulty of Opening Up, and Her Belief in Future Grand Slam Success." Sport360, October 1, 2018.
——, "Naomi Osaka's Coach Sascha Bajin Discusses Her 'Sad' Reaction to US Open Win, Her Mental Strength and WTA Finals Campaign." Sport360, October 25, 2018.
Breanna Edwards, "So . . . About Mark Knight's Racist Serena Williams Cartoon." *Essence,* September 10, 2018.
Mark Anthony Green, "Love All, with Naomi Osaka and Cordae." *GQ,* February 10, 2021.
Sean Gregory, "Tennis Star Naomi Osaka Doesn't Like Attention. She's About to Get a Ton of It." *Time,* January 10, 2019.
Sally Jenkins, "At U.S. Open, Power of Serena Williams and Naomi Osaka Is Overshadowed by an Umpire's Power Play." *The Washington Post,* September 8, 2018.
Soraya Nadia McDonald, "The One and Only Naomi Osaka." *The Undefeated,* March 8, 2019.
Louisa Thomas, "Full Swing." *Vogue,* March 21, 2019.
Serena Williams, "Serena Williams Poses Unretouched for Harper's BAZAAR." *Harper's Ba- zaar,* July 9, 2019.
Naomi Osaka interview. Tennis Channel, March 22, 2019.
Sascha Bajin, *Strengthen Your Mind: 50 Habits for Mental Change*. Asuka Shinsha, 2019.
Billie Jean King, Mardy Fish, Naomi Osaka, Nick Kyrgios, and Stuart Duguid, "The Players' Lounge." *Racquet,* August 2021.
Josh Levin, Vann Newkirk, and Louisa Thomas, "The Let's Talk About Serena Edition." *Hang Up and Listen Podcast,* September 10, 2018.
Ira Madison III, Kara Brown, and Louis Virtel, "A Binderella Story." *Keep It,*

September 11, 2018.

Courtney Nguyen, "Champions Corner: Naomi Osaka Wins the US Open." *WTA Insider*, September 10, 2018.

Taylor Swift, "The Man" (official video). Directed by Taylor Swift, February 27, 2020.

CHAPTER 21: THE TALK OF TOKYO

Interviews of Florent Dabadie and Baye McNeil by author.

Press conferences with Naomi Osaka by Nissin, September 13, 2018, and 2019 Australian Open.

Press conferences with Petra Kvitová and Madison Keys, 2018 Wuhan.

Akihide Anzai and Daisuke Uozumi, "Naomi Osaka Serves Japanese Brands a Golden Olympic Opportunity." *Financial Times* (*Nikkei Asian Review*), September 25, 2018.

Mike Dickson, "Naomi Osaka Is Set to Become One of Sport's Highest Earners After Winning the Women's US Open Aged Just 20." *Daily Mail*, September 9, 2018.

Sean Gregory, "Tennis Star Naomi Osaka Doesn't Like Attention. She's About to Get a Ton of It." *Time*, January 10, 2019.

Motoko Rich, "In U.S. Open Victory, Naomi Osaka Pushes Japan to Redefine Japanese." *The New York Times*, September 9, 2018.

Stephen Wade and Mari Yamaguchi, "Osaka Charms Japan with Her Manners—and Broken Japanese." Associated Press, September 10, 2018.

"Japanese React to Naomi Osaka Winning US Open." *Asian Boss* (YouTube), September 15, 2019.

"Should Naomi Osaka Be a Japanese or US Citizen? [Street Interview]." *Asian Boss* (YouTube), February 20, 2019.

"Are Half Japanese HAFU Athletes Like Naomi Osaka Changing Japan? | Biculturalism ft. Joe Oliver." Max D. Capo (YouTube), December 12, 2018.

Allyson Felix and Wes Felix, "Naomi Osaka: Motherhood, Grand Slams, and Nike (Feat: Stu Duguid)." *Mountaintop Conversations by Saysh*, August 1, 2023.

Quarterly Publication of Individuals, Who Have Chosen to Expatriate. Internal Revenue Ser- vice, 2015–2023.

Twitter account of Naomi Osaka.

CHAPTER 22: DOWN UNDER TO THE TOP

Champion's roundtable for Naomi Osaka at 2019 Australian Open.

Press conferences with Naomi Osaka at 2019 Brisbane, 2019 Australian Open.

Press conference with Serena Williams at 2018 U.S. Open.

Broadcast of Naomi Osaka vs. Lesia Tsurenko. WTA, January 4, 2019.

Broadcast of Naomi Osaka vs. Karolína Plíšková. Tennis Australia, January 23, 2019.

Broadcast of Naomi Osaka vs. Petra Kvitová. Tennis Australia, January 25, 2019.

Broadcast of Naomi Osaka vs. Petra Kvitová. ESPN, January 25, 2019.

Naomi Osaka interview. *Wide World of Sports*, January 26, 2019.

Sascha Bajin, *Strengthen Your Mind: 50 Habits for Mental Change*. Asuka Shinsha, 2019.

Courtney Nguyen, "New Year, New Me: Naomi Osaka Bringing Positive Vibes into 2019." *WTA Insider Podcast*, December 30, 2018.

Courtney Nguyen, "Champions Corner: Naomi Osaka Ascends to No.1 After Australian Open Triumph." *WTA Insider Podcast*, January 27, 2019.

Craig Shapiro, "Big Sascha Talks with Craig Shapiro." *The Craig Shapiro Tennis Podcast*, July 22, 2022.

CHAPTER 23: HEAVY IS THE HEAD

Interviews with Christophe Jean, Cyril Saulnier, Eddie Sposa by author.

Press conferences with Naomi Osaka at 2019 Dubai, 2019 Indian Wells, 2019 Cincinnati.

"Tennis Channel Live." Tennis Channel, February 11, 2019.

Mark Anthony Green, "Love All, with Naomi Osaka and Cordae." *GQ*, February 10, 2021.

Dave Hyde, "An Uncommon Dream Came True on South Florida Courts for Naomi Osaka." *South Florida Sun Sentinel*, March 16, 2019.

Courtney Nguyen, "Naomi Osaka Finds Peace and Happiness After Coaching Split." *WTA Insider*, February 17, 2019.

Christophe Jean Plaintiff vs. Leonard Francois, et al Defendant. Broward County Clerk of Courts, February 7, 2019.

Tamaki Osaka, *Through the Tunnel: Just One More Day, My Days of Chasing a Reckless Dream*. Shueisha, 2022.

Allyson Felix and Wes Felix, "Naomi Osaka: Motherhood, Grand Slams, and Nike (Feat: Stu Duguid)." *Mountaintop Conversations by Saysh*, August 1, 2023.
"Naomi Osaka Shares Her First Time Meeting Serena Williams & More." *Teen Vogue* (YouTube), May 5, 2020.
"Mari Osaka—Porto Open 2019." *Bola Amarela* (YouTube), July 30, 2019.
WTA, *2023 WTA Official Rule Book*. 2023.
Twitter accounts of Naomi Osaka, Sascha Bajin.

CHAPTER 24: MARI'S SHOT

Interviews with Mari Osaka, James Blake, Krasimir by author.
Press conferences with Naomi Osaka, Mari Osaka, Novak Djokovi at 2019 Miami.
Broadcast of Mari Osaka vs. Whitney Osuigwe. WTA, March 21, 2019.
David Gertler, "Mari Osaka Wild Card an Embarrassment." *Last Word on Sports*, March 17, 2019.

CHAPTER 25: SHOOTING STARS

Interview with Yulia Putintseva by author.
Press conferences with Naomi Osaka at 2019 Stuttgart, 2019 French Open, 2019 Birmingham, 2019 Wimbledon, 2019 Toronto, 2019 Cincinnati, 2019 U.S. Open.
Press conference with Serena Williams at 2019 Toronto.
Press conferences with Coco Gauff at 2019 U.S. Open, 2022 Berlin.
Naomi Osaka. Directed by Garrett Bradley. Netflix, July 16, 2021.
Broadcast of Naomi Osaka vs. Serena Williams. WTA, August 9, 2019.
Broadcast of Naomi Osaka vs. Aliaksandra Sasnovich. WTA, August 14, 2019.
Broadcast of Naomi Osaka vs. Coco Gauff. ESPN, August 31, 2019.
Interview of Kobe Bryant. Tennis Channel, August 30, 2019.
Tennis Channel at U.S. Open. Tennis Channel, August 31, 2019.
Simon Briggs, "Exclusive Naomi Osaka Interview: Quirky, Quizzical and Brilliant—Meet a Different Kind of Tennis Superstar." *The Sunday Telegraph*, June 23, 2019.
Susan Cheng, "Naomi Osaka Is Ready to Go Supernova." *Highsnobiety*, August 26, 2020.
Helene Elliott, "Column: Kobe Bryant Has Nothing but Adulation for Coco Gauff and Naomi Osaka." *Los Angeles Times*, August 29, 2019.
Josh Smith, "GLAMOUR Women of the Year Sports Gamechanger: Naomi Osaka on Activism, Racism and Speaking Out—'I Want to Be a Voice for Change.'" *Glamour UK*, March 8, 2021.
Steff Yotka, "US Open Champion Naomi Osaka Returns to Queens in a Custom Sacai x Nike Outfit." *Vogue*, August 23, 2019.
"Why Naomi Osaka Is 'Nervous' to Talk to Serena Williams." *CBS This Morning* (YouTube), August 23, 2019.
"Naomi Osaka | 2019 Birmingham Pre-Tournament Interview." WTA (YouTube), June 17, 2019.
"Kobe Bryant | US Open Now Interview." US Open Tennis Championships (YouTube), Au- gust 30, 2019.
Twitter account of Naomi Osaka.

CHAPTER 26: STAYING IN, SPEAKING OUT

The Ingraham Report. Fox News, February 15, 2018.
Caitlin Brody, "An Easy Risotto Recipe Care of Tennis Champ Naomi Osaka." *Glamour*, May 11, 2020.
Susan Cheng, "Naomi Osaka Is Ready to Go Supernova." *Highsnobiety*, August 26, 2020.
Evan Hill, Ainara Tiefenthäler, Christiaan Triebert, Drew Jordan, Haley Willis, and Robin Stein, "How George Floyd Was Killed in Police Custody." *The New York Times*, May 31, 2020.
Elisa Lipsky-Karasz, "Naomi Osaka on Fighting for No. 1 at the U.S. Open and Why She's Speaking Out." *Wall Street Journal*, August 25, 2020.
Naomi Osaka, "I Never Would've Imagined Writing This Two Years Ago." *Esquire*, July 1, 2020.
Instagram Live of Venus Williams with Naomi Osaka.
Instagram Live of Naomi Osaka with Iga Świątek.
TikTok account of Naomi Osaka.
Twitter account of Naomi Osaka.

CHAPTER 27: STOP AND START

Interviews with Roberto Bautista Agut, Wim Fissette, Elise Mertens, Yutaka Nakamura, Karue Sell by author.
Press conference with Naomi Osaka at 2019 Cincinnati.
Press conference with Milos Raonic at 2019 Cincinnati.
Press conference with Victoria Azarenka at 2019 Cincinnati.

Interview of Chris Paul. TNT, August 24, 2020.
Interview of Naomi Osaka. ESPN, August 28, 2020.
David Avakian, "Osaka Door de Ogen van Fissette." *Tennis* magazine (Netherlands), December 2020.
Twitter account of Naomi Osaka.

CHAPTER 28: THE NAMES ON HER LIPS

Interviews with Wim Fissette, Baye McNeil, Chanda Rubin, Rennae Stubbs by author.
Press conferences with Naomi Osaka at 2020 U.S. Open.
Press conference with Victoria Azarenka at 2020 U.S. Open.
Broadcast of Naomi Osaka vs. Misaki Doi. USTA, August 31, 2020.
Interview of Naomi Osaka. ESPN, September 8, 2020.
Broadcast of Naomi Osaka vs. Shelby Rogers. ESPN, September 8, 2020.
Broadcast of Naomi Osaka vs. Jennifer Brady. ESPN, September 10, 2020.
Broadcast of Naomi Osaka vs. Victoria Azarenka. USTA, September 12, 2020.
Jerry Bembry, Bill Connelly, and D'Arcy Maine, "How Naomi Osaka Carved Her Own Path onto World's Biggest Stage." ESPN, July 22, 2021.
Allyson Felix and Wes Felix, "Naomi Osaka: Motherhood, Grand Slams, and Nike (Feat: Stu Duguid)." *Mountaintop Conversations by Saysh*, August 1, 2023.
"Naomi Osaka and Billie Jean King in Conversation." Mastercard (YouTube), October 9, 2020.
Twitter account of Naomi Osaka.

CHAPTER 29: ANCESTORS

Press conferences with Naomi Osaka at 2019 Australian Open, 2022 San Jose.
Aurélien Delfosse, "L'énigme multiculturelle Naomi Osaka, nouvelle star du tennis." *L'Équipe*, January 26, 2019.
Allyson Felix and Wes Felix, "Naomi Osaka: Motherhood, Grand Slams, and Nike (Feat: Stu Duguid)." *Mountaintop Conversations by Saysh*, August 1, 2023.
Interview of Naomi Osaka. ESPN, August 28, 2020.
Twitter accounts of Naomi Osaka, Michelle Obama, Shizzy Shane.

CHAPTER 30: IMPERIAL PHASE

Interviews with Wim Fissette, Karue Sell by author.
Press conferences with Naomi Osaka at 2021 Australian Open.
Press conferences with Serena Williams at 2021 Australian Open.
Broadcast of Naomi Osaka vs. Garbiñe Muguruza. Tennis Australia, February 13, 2021.
Broadcast of Naomi Osaka vs. Jennifer Brady. Tennis Australia, February 20, 2021.
David Avakian, "Osaka Door de Ogen van Fissette." *Tennis* magazine (Netherlands), December 2020.
Kurt Badenhausen, "Naomi Osaka Is the Highest-Paid Female Athlete Ever, Topping Serena Williams." *Forbes*, May 22, 2020.
Tom Ewing, "Imperial." *Pitchfork*, May 28, 2010.
Dan Quarrell, "Australian Open 2021—'Naomi Osaka Can Win at Least 10 Grand Slams'— Mats Wilander." Eurosport, February 20, 2021.
Jeff Sackmann, "Expected Points, Feb. 18: Naomi Osaka Makes the Hardest Things Look Easy." *Tennis Abstract*, February 18, 2021.
——, "How Much Does Naomi Osaka Raise Her Game?" *Tennis Abstract*, February 21, 2021.
Instagram account of Naomi Osaka.

CHAPTER 31: A JOURNEY WHICH SHE DIDN'T ENJOY ULTIMATELY

Interviews with Mari Osaka, Darren Cahill by author.
Press conferences with Naomi Osaka at 2021 Australian Open, 2021 Miami.
Mari Osaka at Racquet House at Rockefeller Center. August 2022.
Liam Hess, "Naomi Osaka's Met Gala Look Is a Powerful Celebration of Her Heritage." *Vogue*, September 13, 2021.
Honor Titus, "Honor Titus vs. Mari Osaka." *Racquet*, summer 2021.
Tamaki Osaka, *Through the Tunnel: Just One More Day, My Days of Chasing a Reckless Dream*. Shueisha, 2022.
Jonathan Newman and James Rogers, "A Journey Which I Didn't Enjoy Ultimately." *The Body Serve Podcast*, March 16, 2018.
Instagram account of Mari Osaka.

CHAPTER 32: SLIDING

Interviews with Wim Fissette, Steve Malik, Jessica Pegula by author.

Press conferences with Naomi Osaka at 2019 Rome, 2021 Australian Open, 2021 Miami, 2021 Madrid, 2021 Rome, 2022 Miami.
Broadcast of Naomi Osaka vs. Jessica Pegula. WTA, May 12, 2021.
Kurt Badenhausen, "Naomi Osaka's Historic Year Includes Record $55 Million Payday." Sportico, May 25, 2021.
Sheila Marikar, "How Naomi Osaka Became Everyone's Favorite Spokesmodel." *The New York Times,* May 19, 2021.
"Why Panasonic Appointed Naomi Osaka." *Panasonic* (Facebook), July 18, 2021.
Twitter account of Naomi Osaka.
Instagram account of Naomi Osaka.

CHAPTER 33: READ ALL ABOUT IT

Interviews with Wim Fissette, Pam Shriver by author.
Press conferences with Ash Barty, Petra Kvitová, Daniil Medvedev, Gilles Moretton, Rafael Nadal, Iga Świątek at 2021 French Open.
Broadcast of Naomi Osaka vs. Patricia Maria Tig. Tennis Channel, May 30, 2021.
Michael Beattie, "The Women Who Changed the Sport of Tennis Forever." ITF, September 23, 2020.
Oliver Brown, "Naomi Osaka's Press Omerta at French Open Is Diva Behaviour at Its Worst." *The Daily Telegraph,* May 27, 2021.
Susan Cheng, "Naomi Osaka Is Ready to Go Supernova." *Highsnobiety,* August 26, 2020.
Helene Elliott, "The 'Original Nine' of Women's Tennis Made History—and a Dollar Each—50 Years Ago." *Los Angeles Times,* September 24, 2020.
——, "Column: Why Naomi Osaka's News Conference Boycott Is a Major Tennis Talking Point." *Los Angeles Times,* May 29, 2021.
Piers Morgan, "Narcissistic Naomi's Cynical Exploitation of Mental Health to Silence the Media Is Right from the Meghan and Harry Playbook of Wanting Their Press Cake and Eating It." *Daily Mail,* May 31, 2021.
Quentin Moynet, "Gilles Moretton: Naomi Osaka « fait du mal au tennis » avec son boycott des conférences de presse." *L'Équipe,* May 27, 2021.
Will Swanton, "Princess Naomi's Comical Media Ban." *The Australian,* May 30, 2021.
Jayne Hrdlicka, Gilles Moretton, Ian Hewitt, and Mike McNulty, "STATEMENT FROM GRAND SLAM TOURNAMENTS REGARDING NAOMI OSAKA." Roland Garros, May 30, 2021.
Arthur M. Schlesinger Sr., *The Rise of the City.* The Macmillan Company, 1933.
Grand Slam Board, *Official 2021 Grand Slam Rule Book.* 2021.
Billie Jean King, Mardy Fish, Naomi Osaka, Nick Kyrgios, and Stuart Duguid, "The Players' Lounge." *Racquet,* August 2021.
Allyson Felix and Wes Felix, "Naomi Osaka: Motherhood, Grand Slams, and Nike (Feat: Stu Duguid)." *Mountaintop Conversations by Saysh,* August 1, 2023.
Luvvie Ajayi Jones, "Naomi Osaka on Gratitude and Greatness." *Can't Wait to Hear from You.* Hana Kuma, June 29, 2023.
Email sent by Naomi Osaka to FFT.
Twitter accounts of Naomi Osaka, Piers Morgan, Hannah Wilks.
Reddit post of Mari Osaka.
Instagram account of Venus Williams.

CHAPTER 34: TORCHBEARER

Interviews with Daria Abramowicz, Wim Fissette, Megumi Nishikura, Sloane Stephens, Markéta Vondroušová by author.
Press conferences with Naomi Osaka at 2021 Cincinnati, 2022 Indian Wells.
Kevin B. Blackistone, "Naomi Osaka, Simone Biles and the Enduring Sports Message of 2021." *The Washington Post,* December 26, 2021.
Naomi Osaka, "It's O.K. Not to Be O.K." *Time,* July 8, 2021.
Robin D. Stone, "Protect Your Peace." *Psychology Today,* July 15, 2021.
Tamaki Osaka, *Through the Tunnel: Just One More Day, My Days of Chasing a Reckless Dream.* Shueisha, 2022.
"Social Media Abuse of Tennis Stars." *Pickswise,* February 2022.
Amanda de Cadenet, "VS x Naomi Osaka." *VS Voices,* December 17, 2021.
Michael Che, *Shame the Devil.* Netflix, November 16, 2021.
"Fault Lines," *Law & Order.* NBC, March 17, 2021.
Outside the Lines. ESPN, June 2021.
The 2021 ESPY Awards. ESPN, July 10, 2021.
Twitter accounts of Megyn Kelly, Clay Travis.
Instagram account of Naomi Osaka.

CHAPTER 35: THE BRAKES
Interview with Mardy Fish by author.
Press conferences with Naomi Osaka at 2021 Cincinnati, 2021 U.S. Open.
Billie Jean King, Mardy Fish, Naomi Osaka, Nick Kyrgios, and Stuart Duguid, "The Players' Lounge." *Racquet,* August 2021.
Untold: Breaking Point. Directed by Chapman Way, Maclain Way. Netflix, September 7, 2021.

CHAPTER 36: GAME OVER?
Interviews with Wim Fissette by author.
Press conferences with Naomi Osaka at 2022 Melbourne, 2022 Australian Open, 2022 Miami, 2022 Madrid, 2022 French Open, 2022 San Jose, 2022 U.S. Open, 2022 Tokyo.
Press conference with Amélie Mauresmo at 2022 French Open.
Press conference with Serena Williams at 2022 U.S. Open.
Broadcast of Naomi Osaka vs. Iga Świątek. WTA, April 2, 2022.
Broadcast of Naomi Osaka vs. Daria Saville. WTA, September 20, 2022.
Good Morning America. ABC, December 6, 2022.
Jonathan Liew, "Quietly Quitting: Osaka's Unapologetic Hiatus Is a Small Act of Rebellion." *The Guardian,* January 10, 2023.
"Naomi Osaka Brand Book." Red Antler, 2020.
Craig Shapiro, "Superstar Tennis Agent Stuart Duguid." *The Craig Shapiro Tennis Podcast,* June 21, 2022.
Twitter account of Naomi Osaka.

EPILOGUE: RESET
Interviews with Wim Fissette by author.
Press conferences with Aryna Sabalenka at 2023 French Open.
Naomi Osaka at Hana Kuma/Hypebeast event. August 24, 2022.
Shuzo Matsuoka interviews Naomi Osaka. *Hōdō Station.* TV Asahi, April 2023.
Emily Giambalvo, "With 'Obvious' Motivation, Simone Biles Sets Sights on a Third Olympics." *The Washington Post,* August 6, 2023.
Serena Williams and Rob Haskell, "Serena Williams Says Farewell to Tennis On Her Own Terms—And In Her Own Words." *Vogue,* August 9, 2022.
Naomi Osaka (2021). Directed by Garrett Bradley. Netflix, July 16, 2021.
Allyson Felix and Wes Felix, "Naomi Osaka: Motherhood, Grand Slams, and Nike (Feat: Stu Duguid)." *Mountaintop Conversations by Saysh,* August 1, 2023.
Luvvie Ajayi Jones, "Naomi Osaka on Gratitude and Greatness." *Can't Wait to Hear from You.* Hana Kuma, June 29, 2023.
Instagram account of Amanda Anisimova.
Twitter account of Naomi Osaka.

心靈方舟 0058

大坂直美

觸地有聲的非凡旅程

Naomi Osaka: Her Journey to Finding Her Power and Her Voice

作　　者　班・羅森柏格 Ben Rothenberg
譯　　者　蔡心語

封面設計　萬勝安
內文設計　薛美惠
資深主編　林雋昀
行　　銷　林舜婷
行銷經理　許文薰
總 編 輯　林淑雯

方舟文化官方網站　方舟文化讀者回函

出版者　方舟文化／遠足文化事業股份有限公司
發　行　遠足文化事業股份有限公司（讀書共和國出版集團）
231 新北市新店區民權路 108-2 號 9 樓
電話：（02）2218-1417　傳真：（02）8667-1851
劃撥帳號：19504465　戶名：遠足文化事業股份有限公司
客服專線：0800-221-029　E-MAIL：service@bookrep.com.tw
網站　www.bookrep.com.tw
印製　通南彩色印刷有限公司
法律顧問　華洋法律事務所　蘇文生律師
定價　680 元
初版一刷　2025 年 01 月
ISBN　978-626-7596-30-2　書號 0AHT0058

國家圖書館出版品預行編目 (CIP) 資料

大坂直美：觸地有聲的非凡旅程／班．羅森柏格 (Ben Rothenberg) 著；蔡心語譯．-- 初版．-- 新北市：方舟文化，遠足文化事業股份有限公司，2025.01
面；　公分．--（心靈方舟；58）
譯自：Naomi Osaka : her journey to finding her power and her voice.
ISBN 978-626-7596-30-2（平裝）
1.CST: 大坂直美 2.CST: 網球 3.CST: 運動員 4.CST: 傳記 5.CST: 日本
783.18　　113017617

NAOMI OSAKA

NAOMI OSAKA